suhrkamp taschenbuch 1242

53 Stil

Oskar Loerke wurde am 13. 3. 1884 in dem westpreußischen Dorf Jungen an der Weichsel geboren. Studium der Philosophie, Germanistik, Geschichte und Musik in Berlin. Erste Buchveröffentlichung, die Erzählung »Vineta«, 1907. »Seither«, so schrieb er in einer autobiographischen Betrachtung, »wurde ich im Hauptberuf Schriftsteller.« 1913 erhielt Oskar Loerke für seine bis dahin erschienenen Gedichte und Erzählungen den Kleist-Preis. Während des Ersten Weltkrieges trat er als Lektor in den S. Fischer Verlag ein; diesen seinen »Brotberuf« hat er bis zu seinem Tode am 24. 2. 1941 (in Berlin-Frohnau) ausgeübt.
Die Tagebücher Oskar Loerkes sind ein zeit- und kulturgeschichtliches Quellenwerk ersten Ranges. Als Autor und Lektor des S. Fischer Verlags, als Kritiker und Sekretär der Preußischen Akademie für Sprache und Dichtung war Oskar Loerke lange Jahre einer der integersten Augenzeugen in den Brennpunkten der Zeitgeschichte, bis er 1941 unter dem Alpdruck nationalsozialistischer Kulturpolitik und zunehmender existentieller Bedrohung einem Herzversagen erlag.
»Man kann ohne Übertreibung sagen, daß das Volk der Dichter und Denker in Loerke wieder einmal eine Begabung und einen Charakter höchsten Ranges unerkannt, ungenutzt und ungeehrt hat leben, arbeiten und sterben lassen... In hundert Eintragungen seiner rein privaten, ohne jeden Gedanken an Veröffentlichung geschriebenen Tagebücher weht einen die Not und die stille Tragik dieses Lebens herzbewegend und beklemmend an. Es war ein schweres, hartes und oft verzweifeltes Leben, das dieser edle Dichter zwischen den Forderungen seines Schöpfertums, den Lasten und schwer empfundenen Verantwortungen seines Brotberufes hat bestehen müssen. Wie er es bestanden hat, davon erzählt dieses ergreifende Gedenkbuch viel... Bis zuletzt bleibt sein Gemüt und sein Denken unerschrocken und unverführbar sich selber treu.« *Hermann Hesse*

Oskar Loerke
Tagebücher
1903–1939

Herausgegeben von
Hermann Kasack

Suhrkamp

Die Erstausgabe erschien 1955
Der Text folgt der 2. Auflage von 1956; Druckfehler und Verlesungen konnten nur in einzelnen Fällen verbessert werden. Überprüft und berichtigt sind indessen die Datierungen der Tagebucheinträge. Ebenso wurden die Auszüge aus Loerkes »Gedanken und Bemerkungen zu Literatur und Leben«, die den Tagebuchaufzeichnungen von 1922 an beigegeben sind, zwar an ihren Stellen belassen (obgleich sie tatsächlich erst später einsetzen), aber nach einer Transkription von Reinhard Tgahrt korrigiert. Das Auswahlregister von V. O. Stomps ist durch ein neues, vollständigeres ersetzt worden.
Umschlagbild: Radierung von Emil Orlik

suhrkamp taschenbuch 1242
Erste Auflage 1986

Satz: Hümmer, Waldbüttelbrunn
Druck: Ebner Ulm
Printed in Germany
Umschlag nach Entwürfen von
Willy Fleckhaus und Rolf Staudt

1 2 3 4 5 6 – 91 90 89 88 87 86

Tagebücher 1903–1939

Oskar Loerke, 1926

Einführung

Zu den wenigen großen Verwirklichungen des deutschen Gedichts in der ersten Hälfte des zwanzigsten Jahrhunderts gehört die Lyrik Oskar Loerkes. Am 13. März 1884 in Jungen, einem Dorf im ehemaligen Westpreußen geboren, lebte Loerke seit 1903 in Berlin, wo er am 24. Februar 1941 in einem Vorort gestorben ist. Seine sieben zwischen 1911 und 1936 erschienenen Gedichtbände sind vergriffen. 1949, acht Jahre nach Loerkes Tod, wurden seine letzten Gedichte unter dem Titel Die Abschiedshand veröffentlicht. Ein Auswahlband (Gedichte, 1954) gibt lediglich einen Querschnitt durch seine Lyrik. Vergriffen sind auch seine erzählenden und essayistischen Bücher, mit Ausnahme der 1950 neu gedruckten Aufsätze über Johann Sebastian Bach. Vielleicht trägt unsere Akademie-Veröffentlichung von Auszügen aus Loerkes Tagebüchern dazu bei, das Interesse an seiner geistigen Erscheinung stärker zu wecken und nicht nur seinem Gedichtwerk, sondern auch seinen Essaysammlungen, dem Bruckner-Buch und nicht zuletzt dem autobiographischen Roman Der Oger zum Wiedererscheinen zu verhelfen.

Von Jugend an hat Loerke Tagebuch geführt und diese Aufzeichnungen mit geringen Unterbrechungen bis an sein Lebensende fortgesetzt. Wenn auch die Form der Eintragungen innerhalb einer so langen Zeitspanne zwischen ausladender Beschreibung, kritischer Kommentierung und stichwortartigem Registrieren wechselt, so bleibt die Absicht stets die gleiche: Fakten, Eindrücke und Einfälle für die eigene Erinnerung festzuhalten. Charakteristisch dafür sind beispielsweise die in späterer Zeit häufigen Rückblendungen auf eine Reihe von einzelnen Tagen, an denen er nicht zum Schreiben kam, auch die genauen Hinweise auf Entstehungszeiten von Gedichten und Aufsätzen und die Zusammenfassungen, in denen er sich oft am Ende eines Jahres über das Getane und noch zu Tuende Rechenschaft ablegt. Indiskretion und Klatschsucht waren seinem Wesen fremd; daher findet sich dergleichen auch nicht in seinen Tagebüchern.

In den Jugendjahren überwiegen Elemente der Betrachtung, der Reflexion und Selbstanalyse. Zuweilen gelingen aphoristisch zugespitzte Prägungen. Hier klingt schon früh ein Ton seines Talents auf, der epigrammatisch später in Gedichten wiederkehrt. Die Auf-

zeichnungen erstrecken sich zunächst auf Auseinandersetzungen mit Büchern, Theateraufführungen, Musikwerken, mit dem eigenen Schicksal. Allmählich gewinnen die Begegnungen mit der Landschaft und mit Menschen an Farbe und an Raum. Die Jugendfreundschaft mit Hans Kyser, die später völlig auseinanderbrach, wird schon vor dem ersten Weltkrieg abgelöst durch die nahe Verbundenheit mit Moritz Heimann, dem großen Prosaiker und entscheidenden Lektor des S. Fischer Verlages, dessen Nachfolge Loerke später übernahm, mit dem Maler und Schriftkünstler Emil Rudolf Weiß, mit dem Maler Emil Orlik, mit Julius Levin, dem Geigenbauer und Schriftsteller. Die Tagebücher der zwanziger und der ersten Hälfte der dreißiger Jahre spiegeln eine Fülle von Begegnungen, die sich aus seiner Tätigkeit im Verlage und auch aus seinem Amt als Sekretär der Sektion für Dichtkunst in der Preußischen Akademie der Künste ergaben. Sie werden meist mit knappen Bemerkungen glossiert, die in ihrer Genauigkeit eine ungewöhnliche Treffsicherheit der Beobachtungsgabe verraten.
Eine großen Umfang nehmen die Bemerkungen zur Musik ein. Sie machen anschaulich, daß neben dem dichterischen Auftrag ihm der fast tägliche Umgang mit der Musik zum Sinn des Daseins wurde. Die Aufzeichnungen nach 1933 sind schicksalhaft durch die politischen Ereignisse bestimmt. Loerke gab den handgeschriebenen Bänden den kennzeichnenden Titel: Jahre des Unheils. Sie zeigen unverhüllt sein Leiden an der Zeit, auch an den persönlichen Umständen, und das verzweifelte Ringen, der Bitterkeit Herr zu werden.
Die Tagebücher sind nicht im Hinblick auf eine spätere Veröffentlichung geschrieben – gerade das macht ihren Reiz aus und sichert ihren Wert. Sie enthalten keine gestellten und zurechtfrisierten Darstellungen; sind ohne Bedenken notiert, verantwortlich nur dem eigenen Gewissen; um einen Vers Loerkes zu zitieren: sie »kommen schildlos, das Visier steht offen«. Allerdings mit einer Ausnahme: in den Notizen nach 1933 spricht sich Loerke in verständlicher Vorsicht nicht unmittelbar frei aus, er sagt vieles zwischen den Zeilen oder gibt in bitterer Ironie zu verstehen, was er meine. Doch bleibt es unmißverständlich genug. Auch herausgeschnittene und nachträglich korrigierte Stellen finden sich, wie zum Beispiel in der Eintragung vom 14. Februar 1933, wo der erste Satz »Viel Entsetzliches hat sich ereignet« später getarnt wurde in »Viel Entscheidendes«.

Wenn auch Loerke auf eine unverkennbare Weise hinter und in jedem Wort steht, so sind die Tagebücher zugleich von grundsätzlicher Bedeutung. Denn sie gewähren einen nachhaltigen Einblick in die Gefährdung und die Schwierigkeiten, denen das Phänomen der dichterischen Existenz ausgesetzt ist, und sie legen zugleich Zeugnis ab für die Glaubensgewißheit an die Notwendigkeit und an den moralischen Rang der Dichtung. Unabhängig davon werden die Aufzeichnungen durch das Licht, das auf zahlreiche bedeutende Menschen des geistigen, kulturellen und politischen Lebens in Deutschland fällt, zu einer einzigartigen Dokumentation des Zeitgeschehens von mehr als drei Jahrzehnten. Es sei nur auf Ereignisse wie Menzels Begräbnis, Rathenaus Ermordung, auf Veranstaltungen und Vorgänge der Preußischen Akademie vor und nach 1933 hingewiesen oder auf Begegnungen mit Gerhart Hauptmann, Max Liebermann, S. Fischer, E. R. Weiß, Renée Sintenis, François-Ponçet, Eduard Stucken, Gottfried Benn, Hermann Stehr, Walter von Molo, Max Herrmann-Neiße, Wilhelm von Scholz, Bengt Berg, Wilhelm Lehmann, Alfred Döblin, Leo Greiner, Paul Eipper, Emil Orlik, Martin Buber, Mechtilde Lichnowsky, Peter Suhrkamp, Gottfried Bermann-Fischer und vielen anderen. So entsteht ein bewegtes Bild, das auch den Lesern Leben und Lebendigkeit einer Zeit gegenwärtig machen kann, die sie nicht selbst miterlebt haben.
Eine vollständige Veröffentlichung der Tagebücher verbot sich schon aus Raumgründen. So kam es für die Redaktion darauf an, die Auszüge so zu gestalten, daß der Charakter der einzelnen Tagebücher gewahrt blieb. In den Jahren von 1903 bis 1908 war es verhältnismäßig einfach, die ausschweifenden Längen auf das Wesentliche zu konzentrieren. In späteren Jahren konnten stimmungsmäßige Wiederholungen der allgemeinen Umstände, wie sie beispielsweise die Tätigkeit im Verlage mit sich brachte, eingeschränkt und Nebensächlichkeiten, beiläufige Erwähnungen, kurz alles das, was für das Bild Loerkes und das Bild der Zeit unerheblich ist, mit gutem Gewissen fortgelassen werden. Hingegen wurden die Hinweise auf sein eigenes Schaffen nahezu vollständig gebracht. Einige Beurteilungen von Menschen und Büchern, positive wie auch negative, müssen aus dem Impulsiven des Gefühls verstanden werden, aus dem sie hingeschrieben wurden. Als jähe Reaktion, als unmittelbarer Eindruck. Oft aus Notwehr. Dazu gehört auch der eine und andere Verzweiflungsausbruch über den

Verlag. Frau Hedwig Fischer erinnert noch 1948 an ein früheres Wort Heimanns: »daß man in Loerke, ohne es zu wissen, einen Hölderlin um sich habe«. Das überlieferte Wort ist nicht zu bezweifeln, wohl aber, ob Loerke diesen Ausspruch gekannt hat. Die Tagebücher erweisen, daß er sich oft mißkannt und mißbraucht gefühlt hat. Es wäre falsch gewesen, Äußerungen, die einem unbewachten Augenblick entsprungen sind, gänzlich zu eliminieren. Wer Loerke gekannt hat, weiß, daß er ein von Güte überströmender Mensch gewesen ist, dem jede Kränkung fern lag. Nur in der politischen Sphäre war er hart und unerbittlich.

Auf seinen Reisen pflegte er die täglichen Eintragungen auf kleine Zettel eines Notizbuches zu schreiben, die er später meist in den jeweiligen Band des Tagebuchs eingeklebt hat. Es hätte jedoch den Rahmen dieser Veröffentlichung gesprengt, folgende Reisetagebücher, die zum Teil schon publiziert sind, aufzunehmen: Harzreise 1908; Riesengebirge 1909; Nordafrika und Italien 1914; Italien 1924 und 1925. Außer den Tagebüchern liegen zwei Arbeitshefte vor: Notizen aus den Jahren 1907 bis 1914 und: »Gedanken und Bemerkungen« mit dem späteren Zusatz: »zu Literatur und Leben«, begonnen 1922 und in Abständen bis etwa 1937 fortgesetzt. Auszüge daraus stehen am Schluß der Tagebücher der jeweiligen Jahre. Mitunter war es nicht ganz einfach, die Handschrift zu entziffern. Das mag eine Probe aus dem Jahre 1931 sichtbar machen. Der Duktus der Schrift wechselt häufig. Der Vergleich mit einer anderen Probe gibt davon andeutungsweise ein Bild.

Ein persönliches Wort zum Schluß: Ich kenne Loerke seit 1917. Die Tagebücher verzeichnen, wie sich im Laufe der Jahre aus dieser Beziehung eine herzliche Lebensfreundschaft entwickelt hat. So erklärt es sich, daß mein Name häufig erwähnt wird, zumal da ich auch 1926/27 vorübergehend im S. Fischer Verlag tätig war. Ich habe es für richtig gehalten, auch kritische, strenge Worte über mich ungekürzt ebenso stehen zu lassen, wie Äußerungen der Zuneigung. Dieses Beispiel möge dartun, daß mich bei der Zusammenstellung der Auszüge ausschließlich sachliche Gesichtspunkte geleitet haben.

Es geht um die getreue Überlieferung des Loerkebildes als Dichter, Mensch und Charakter, und ich bin mir der großen Verantwortung bewußt, die ich mit der Auswahl seiner persönlichen Aufzeichnungen auf mich genommen habe. Ich habe mich ehrfürchtig bemüht, die Gewichtsverteilung gerecht vorzunehmen.

Wir sollten die Tagebuchaufzeichnungen Oskar Loerkes lesen wie den Roman des schöpferischen Lebens.

Stuttgart, Juli 1955 *Hermann Kasack*

Übersicht

I	»Angelegt am 23. April 1903 zu Berlin.« Diarium. Erhalten noch 16 beschriebene Seiten.
II	25. Juni – 12. November 1903. Diarium. Erhalten noch 46 S.
III	12. November 1903 – 31. Mai 1904. Diarium. Mit etlichen dramatischen Entwürfen. Erhalten noch 56 S.
IV	3. Juni – 14. September 1904. Wachstuchheft. Oktav. 189 S.
V	14. September – 31. Dezember 1904. Wachstuchheft. Oktav. 170 S.
VI	1. Januar 1905 – 2. Januar 1907. Diarium. 1905: 301 S.; 1906: 144 S.
VII	2. Januar 1907 – 28. September 1914. Diarium. 1907: 97 S.; 1908: 62 S.; 1909: 54 S.; 1910: 22 S.; 1911: 21 S.; 1912: 36 S. (mit 16 Daten); 1913: 196 S.; 1914: 80 S.
VIII	12. Oktober 1914 – Mitte 1915. Diarium. 55 S.
IX	[Vermutlich 1919 – 1920. Nicht aufgefunden.]
X	1. Januar 1921 – 31. Dezember 1922. Kleinoktav. Nur stichwortartige Eintragungen. 1921: 122 S.; 1922: 75 S.
XI	[Vermutlich vom Januar 1923 – März 1924. Nicht aufgefunden.]
XII	13. März 1924 – 31. Dezember 1925. Oktav. 1924: 131 S.; 1925: 196 S.
XIII	1. Januar – 31. Dezember 1926. Oktav, großräumig beschrieben. 506 S.
XIV	1. Januar 1927 – 31. Dezember 1929. Oktav. 1927: 151 S.; 1928: 138 S.; 1929: 235 S.
XV	12. Januar 1930 – 31. Dezember 1931. Oktav. 1930: 196 S.; 1931: 316 S.
XVI	1. Januar – 31. Dezember 1932. Oktav. 276 S.
XVII	1. Januar 1933 – 31. Dezember 1934. Oktav. 1933: 196 S.; 1934: 114 S.
XVIII	5. Januar – 31. Dezember 1935. Oktav. 183 S.
XIX	6. Januar 1936 – 6. September 1937. Oktav. 1936: 137 S.; 1937: 22 S.
XX	Kleines Kalendarium 1939.

Die Orthographie der Handschriften wurde im allgemeinen beibehalten. Die zahlreichen Absätze im Text, die Loerke häufig gemacht hat, wurden nicht berücksichtigt und die Anführungszeichen bei Titeln von Gedichten, Theaterstücken, Büchern nach Möglichkeit fortgelassen. Abkürzungen wurden stillschweigend ergänzt, Zusätze in [ ] gerückt. Unter »Verlag« ist stets der S. Fischer Verlag, Berlin, zu verstehen. Die häufig erwähnten Aufsätze sind, wenn nicht anders angegeben, Buchbesprechungen für die Tageszeitung: Berliner Börsen- Courier. Loerke hat dort viele Jahre in fast jeder Sonntagsnummer eine Besprechung veröffentlicht.

Die mühevolle Transkription der Handschriften hat im wesentlichen Klaus Hoche, der mich auch bei der Herausgabe des Auswahlbandes der »Gedichte« von 1954 beraten hatte, sorgfältig und verständnisvoll vorgenommen. Die Akademie-Veröffentlichung der Tagebücher ist ihm noch bekannt geworden, aber ihr Erscheinen hat er nicht mehr erleben dürfen. Im Alter von dreißig Jahren ist er im Juli 1955 gestorben. So gilt mein Dank für seine Arbeit dem bleibenden Gedenken seines jungen Lebens.

Für die Förderung der Handschriftenübertragung aus Loerkes Nachlaß durch Klaus Hoche in den Jahren 1950/51 bin ich der Akademie der Wissenschaften und der Literatur in Mainz zu besonderem Dank verpflichtet.

H. K.

Autobiographische Skizze – 1934

Ich wurde am 13. März 1884 in Jungen, Kreis Schwetz an der Weichsel, geboren. Mein Vater war dort Hofbesitzer und betrieb auch eine Ziegelei. In der Größe und Stille der Natur Westpreußens habe ich meine für das Leben entscheidenden Eindrücke empfangen. Zunächst besuchte ich die Volksschule des von unserem Gehöfte eine halbe Stunde abgelegenen Dorfes Jungen und erhielt daneben Privatunterricht in der Musik. Als Zehnjähriger kam ich auf das Gymnasium in Graudenz, wo ich bis zur Erlangung des Reifezeugnisses 1903 verblieb. Ich förderte dort meine musikalischen Kenntnisse und unternahm die ersten dichterischen Versuche auf lyrischem und dramatischem Gebiete. Zum Sommersemester 1903 bezog ich die Universität Berlin, um Philosophie, Geschichte, germanische Philologie und Musik zu studieren. Ich nahm vier Jahre lang an vielen Vorlesungen und Seminaren teil. Inzwischen war mein erstes erzählendes Buch [Vineta] entstanden. Es erschien als meine erste literarische Veröffentlichung im Februar 1907. Seither wurde ich im Hauptberuf Schriftsteller. Den Frühling 1910 verlebte ich zur Erweiterung meines Gesichtskreises in Paris. 1913 erhielt ich für meine bis dahin entstandenen Erzählungen und Gedichte den Kleistpreis, zu welchem auch eine vom Norddeutschen Lloyd gestiftete Reise gehörte. Ich nahm einen längeren Aufenthalt am Nordrande der Sahara und in Süditalien. Im Kriege durch ein organisches Leiden militärdienstuntauglich, wirkte ich, abgesehen von einigen Monaten Garnisondienst in Königsberg i. Pr. [1917] als Verlagslektor [im S. Fischer Verlag, Berlin]. Diese seither um des Lebensunterhaltes beibehaltene Tätigkeit half mir das Gebiet des Essays neben Epik und Lyrik erschließen. 1926 wurde ich als ordentliches Mitglied in die Preußische Akademie der Künste gewählt; seit 1928 auch als Sekretär der Sektion für Dichtkunst [bis 1933].

Tagebücher

Berlin, 23. April 1903

Die Eindrücke, welche ich in der Reichshauptstadt erhielt, blieben hinter den zu hoch gespannten Erwartungen um ein Bedeutendes zurück. Das kommt daher, weil Leute, die von hier nach außerhalb kommen, in unglaublichen Übertreibungen sprechen. Was sich mir am ersten Tage meines hiesigen Aufenthaltes, dem 20. April, nicht bot, fand eine Entschädigung durch das, was in den wenigen folgenden Tagen meine Bewunderung in Anspruch nahm. Nicht viel ist, was ich gesehen habe von all den Sehenswürdigkeiten meiner neuen Heimat. Heimat? Das Elternhaus ist verlassen mit den Unterbrechungen der Ferien auf immer. Die Hoffnungen auf ein arbeitsames, freies, fast ideales Studentenleben, versinken schon jetzt in Nacht. Die Zeremonien der Immatrikulation, die Notwendigkeit, ein leidiges Brotstudium zu ergreifen, ein gewisses banges Gefühl, auch den schönen Künsten zu leben, das wirkt etwas drükkend auf meine ganze Stimmung.

Mai 1903

Ein dramatisches Kunstwerk kann nicht einen hohen Grad von Vollkommenheit haben, wenn zum Verständnis der in ihm vereinigten Charaktere die Zeit ihres Lebens und Wirkens zu sehr berücksichtigt wird. Der Zeitraum, der für dramatische Bearbeitungen überhaupt in Betracht kommt, ist so begrenzt, daß das innere Gepräge der auftretenden Personen aus dem 20. Jahrhundert v. Chr. und aus dem 20. Jahrhundert nach Chr. nicht wesentlich verschieden ist. Die Geschichte hat erst einen kurzen Weg zurückgelegt.

Mittwoch, 1. Juli 1903

Wenn jemand den Drang nach Freiheit in sich fühlt, so kann ihn der Zwang nicht zähmen. Er wartet in Schlauheit entweder so lange, bis er ihn von sich abschütteln kann, oder er geht zugrunde, körperlich und geistig – einerlei! Unsere verkehrte Erziehung dulden die meisten wie die Schafe, andere wären gern des Zwanges los – aber was sind die Ideale, die ihnen an Stelle des Zwanges vorschweben? Nur ein ganz verschwindender Teil ist es, der die Morgenröte als Morgenröte begrüßen darf. – Große Künstler wirkten stets nur auf einen kleinen Kreis. Die große Masse bewunderte nur ihren Namen. Unbewußt ging ihr das Wirken der Großen zu. Der Künstler wirkt unmittelbar auf den Künstler, auf die übrigen aber nur mittelbar. Durch Theoretisieren wird gar nichts bewirkt, nur durch Verwirklichung in der Kunst.

Juli 1903

Musikalisch im weitesten Sinne gefaßt, ist die Welt der Erscheinungen, Formen notwendig, weil Musik erst durch das Hinzutreten von Dissonanzen Musik wird. Auflösung dieser Dissonanzen, völlige Auflösung, wäre Auflösung der Bewegung. Das Gewordene ist keine so schneidende Dissonanz wie das Gemachte.

Graudenz, Montag, 24. August 1903

Wie oft habe ich schon über den Ernst früherer Zeiten gelacht! Das ist gewiß nicht recht. Man macht sich von sich selbst ein falsches Bild. Und doch – die Ehrlichkeit, die Ehrlichkeit im Leben, welche die objektive Wahrheit ist, ist doch das Höchste.

Graudenz, Montag, 14. September 1903

Im Traum erscheinen oft mehrere Personen und zwar mit völligem Leben erfüllt. Sie sind trotz ihrer Irrealität deutlich, sprechen, handeln usw. Vielleicht ist diese Erscheinung dadurch zu erklären, daß der Mensch sich spaltet und einen Teil seines eigenen Wesens mit Erinnerungsbildern vermischt.

Graudenz, Dienstag, 29. September 1903

Ich machte die Wahrnehmung, daß ich über die Gegenstände, über die ich mich mit jemandem unterhalte, so nachdenke, als müßte ich eine Disposition finden. Mich einmal recht ungezwungen auszusprechen, dazu komme ich sehr selten. Man könnte fast die beneiden, welche dieses Glück oft oder immer genießen. Aber was könnten diese alles wiederum an mir beneiden!

Graudenz, Oktober 1903

Heute ist ein schöner Herbsttag voll Sterbegedanken, schön auch in dem Sinne, als ob der Sommer entschwebend sich noch einmal auf all dem roten Laube niedergelassen habe. Um die Mittagsstunde machte ich meinen gewöhnlichen Gang an der Plantage entlang bis hinauf zu der Anhöhe, wo man in das Weichseltal hinabsieht. Auf dem Strome lag ein leichter Nebel, der sich nach hinten zu verdickte, der herbe Geruch des abgefallenen Laubes zog die Blicke auf den Boden nieder.

November 1903

Begeistert bin ich für Jean Paul, dessen Quintus Fixlein ich jetzt beginne. Im Zusammenhange damit habe ich mich über das blöde, philisterhafte Urteil Vilmars über den genialen Dichter geärgert. Auf vier gleichgültigen Seiten macht man einen solchen Geist ab! Glücklicherweise steht es mir ja frei, mein eigenes Urteil haben zu dürfen. An Gedanken, Bildern, Vorstellungen, schönen Gefühlen ist der Dichter so reich, daß ich hier sogar die Grundidee dafür in Kauf gebe.[1]

Donnerstag, 12. November 1903

Zufall sind nur wir Menschen selbst, alles andere ist Notwendigkeit.

Donnerstag, 10. Dezember 1903

Es ist nur nötig, daß die Menschen ihre Götter haben. Welche Namen sie ihnen beilegen, unter welchem Kleid sie ihn fassen, darauf kommt es nicht an.

15. Dezember 1903

Es kommt zuletzt nicht so sehr auf die Stärke und Größe der Gedanken an, sondern auf die Kraft der Empfindung, die sie begleitet und ihnen Form und Verbreitung gibt.

23. Mai 1904

Ich spielte gestern, Pfingsten, noch neun Präludien von Bach und wurde durch sie in reinstes Menschentum versetzt. Dabei möchte ich bemerken, daß ich mich so in Bach hineingelebt habe, daß ich unter allen Musikern ihn wohl am wenigsten missen möchte. Einsame Stunden in Graudenz in stiller, hingebender Beschäftigung mit dem Meister haben mir seine Schönheit offenbart.

Sonnabend, 4. Juni 1904

Ich bemerke ein stetiges Wachsen meiner Aufnahmefähigkeit gegenüber den individuellen Stimmungen der Tageszeiten und fühle, fast möchte ich sagen: begreife die Landschaft, namentlich wenn sie recht einfach ist, tiefer denn bisher. Der Mittag mit seiner blitzenden Pracht und dennoch lastenden Wucht trat mir heute besonders lebendig vor das innere Auge. Die meisten Menschen haben nur eine Empfindung für den Abend, fast ebenso viele noch für den Morgen. Die übrigen Zeiten lassen sie nichts Individuelles entdecken.

In dem Erfassen und Ausgestalten der intimsten, feinsten, eigensten Lebenserlebnisse läge noch ein weites Gebiet für die lyrische Poesie, möglicherweise auch für ihre anderen Gattungen. In dieser Beziehung wirkt in unseren Tgen außer Stefan George niemand, die Mitglieder seines Kreises sind größtenteils nicht sonderlich begabte Nachahmer. Wenn man also schaffen will wie jener Meister, ist es unvermeidlich, sich zunächst seinen Stil, seine Form zu schaffen. Und wie schwer gerade dieses ist, fühle ich außerordentlich lebhaft. Denn ich hätte wohl wie einer die stürmende Lust, mich zu erproben, aber ein aufmerksamer Blick zeigt die völlige Unmöglichkeit, den Weg zu wandeln. In der Lyrik ist ja nur die Form das Maßgebende, sie hat die Feinheit des Erlebnisses aufzuzeigen, oder umgekehrt das Erlebnis hat eine passende, unwidersprechliche, vollständig deutliche Form anzunehmen.

Sehe ich ein Werk Meister Bachs im Klange Gestalt annehmen, wird es mir immer neu klar: alles enthüllen des Tiefsten bleibt ein ewiges, unverbrüchliches Geheimnis. Aber die reine Freude bleibe darum stets!

Montag, 6. Juni 1904

Heute lebe ich wieder recht in der Empfindung, daß unsere deutsche Sprache die schönste sei von allen, die seit Anbeginn auf dem Erdenrund erblühten. Daß ich es einmal auch zu einiger Meisterschaft in ihrem Gebrauch brächte! Ihre Kindheit und die Zeit ihres Jünglingstums im Mittelalter müßten eifrig studiert werden, um in den ganzen Reichtum des einzelnen Wortes eindringen zu können.

Donnerstag, 16. Juni 1904

Es ist so ganz anders, wie ein ganz Großer spricht, selbst dann, wenn er nicht ganz Großes sagt; denn Dinge, die man fast übersah, nimmt er warm in seine Hand und streut seiner Augen Licht über sie aus.

Donnerstag, 23. Juni 1904

Wie erschreckend wenig wahre große Gelehrte gibt es doch! Zwar viele, deren Kopf so aussehen mag wie der Berliner Universitätsgarten: alles ist dort wohlgeordnet und mit einem sauberen Täfelchen versehen, alles wird pünktlich begossen und artig gepflegt, alles trägt seine Frucht, und zwar keine vertrocknete kleine, kümmerliche, sondern eine ausgewachsene glänzende. Und dennoch macht das Ganze nicht den Eindruck eines Gartens, nur wenn man von unten her aufschaut, wo auf den Spitzen der Wipfel ein letzter grüner Abendschein flutet und hinausschaut in ein großes, großes Blau, dann erst fühlt man sich ganz frei und empfindet Freude.

Freitag, 8. Juli 1904

Ich habe Pläne; besonders klar schwebt mir ein größerer Zyklus Lyrik vor. So blicke ich nicht traurig in die Zukunft.
Nur wiederholte liebevolle Betrachtung bringt Individualitäten näher und zum Verständnis, wie man jedes Ding der Erde liebevoll betrachten muß, damit es seine leise Stimme erhebe. Wir sind vielleicht zu taub und geben uns viel zu wenig Mühe, das Gehör nach dem Leisesten zu wenden und es auszubilden.

Marienwerder, Freitag, 22. Juli 1904

Was man im Leben möglichst getreu festhalten sollte, ist der dichterischen Umbildung im Gedächtnis bestimmt: man fixiert es verstreut und schöner in späterer Zeit als bald nach dem Augenblicke des Erlebens.

Sonnabend, 6. August 1904

Das sogenannte Milieu kann nicht die ganze Psyche eines Menschen prononcieren, wie einige neuere Poeten und Schriftsteller meinen, so sehr es auf sie auch einwirken mag. Nach meiner Vorstellung wird dadurch nur an Äußerlichkeiten geändert, an den dem Alltage offenliegenden Seiten; das aber sind nicht die edelsten, das tiefste, innerste und eigentlich um- und fortbildende Erleben liegt in anderer Richtung den unerkennbaren Nachtseiten zu und vollzieht sich wohl in anderer Weise als das uns erkennbare. Bei einer tief eingreifenden Wirkung von außen her ließe sich ja fast rechnerisch unsere ganze Seelengenesis bestimmen, und auch ihr Erleben liefe auf ein solch ledernes Rechenexempel hinaus – wenigstens denkbar, wäre etwas derartiges – und wir hätten dann das *Arithmos Kosmos* in seiner letzten Konsequenz vor uns. Das mag ich aber nicht glauben, das wäre für mich die größeste Trostlosigkeit.

Graudenz, 18. August 1904

Die Musik erscheint mir wieder als ein unlösbares Problem: man kann Gewisses erklären und in manchen Stunden glauben, das Wesen erfaßt zu haben; aber im Grunde löscht man nur die Fragezeichen aus, und die Fragen stehen trotzdem da.

Dienstag, 23. August 1904

Was bin ich? – Wieder ein schwankendes Rohr. Ich nehme Eindrücke aller Art in mich auf, verwerte sie in schleuniger Hast und gewinne doch keinen eigenen Grund. Ich sollte erhöhte Seelenzustände dazu benutzen, über mich selbst nachzudenken und über mich selbst hinauszudenken.

Wenigstens beglückt mich einiges Gelingen bei den Versuchen, die Geschichte der Völker auf den einzelnen Menschen anzuwenden – also auf mich. Zu welchem Ende betriebe ich sonst Geschichte? Um sie mit weitem Blicke überschauen zu können, muß man durch sie seine eigenen Weiten ergreifen lernen und über die eigene Torheit und Hoheit einmal staunen. Es kann ja auch nicht anders sein, als daß der ganze Geist der großen und kleinen Epochen im eigenen Geiste lebte.

Da die Menschen selten sind, die mich lehren möchten, wessen ich bedürfte, so muß ich mich als meinen eigenen Lehrer achten und werde auf diesem Wege – wenn die Dämonen günstig sind – am weitesten kommen. Möchte der Lehrer in mir in bedrohlichen Stunden aufstehen und nur fördernde Worte reden!

Graudenz, Donnerstag, 25. August 1904

Nur kein Ende in irgendwelchem Sinn! Nur nicht das Bewußtsein, irgendwo kurz vor dem Ziele zu stehen, das man sich gesteckt glaubt. Jedes Ganze sei nur ein Teil und eine Stufe, eine Möglichkeit. Auch jedes Unglück sei nur ein Teil der Erfüllung in dem Streben nach dem höchsten Unstern. Nie fertige Welten, immer Chaos – doch auch Hoffnung auf Sterne, aber sie mögen unzählig sein, die noch auf Entstehung harren, im Verhältnis zu denen, die schon geworden sind. Und gäbe es keine Größe als im heiligen Hoffen – diese sei närrisch groß!

Graudenz, Freitag, 26. August 1904

Wo findet man das Allerfremdeste? Bisweilen in Menschen, mit denen man längere Zeit Umgang gehabt hat. Bei völlig Fremden empfindet man den überraschendsten Zwiespalt bei weitem nicht in der Weise wie bei jenen.

Graudenz, Dienstag, 6. September 1904

An mir ist viel versäumt worden, und für mich ist es nun schwer, da jetzt der Kern durchbrechen will, alle die festgewachsenen Häute abzustreifen.

Graudenz, 13. September 1904

Da ich anscheinend ein hartes Leben vor mir habe, mag es äußerlich noch so unbewegt scheinen, wegen innerlicher zwiespältiger Triebe, die sich bekriegen, so muß ich meine Kräfte auf das äußerste spannen. Sich innerlich zu befreien und dabei nicht auf falsche Wege zu geraten, ist eine Aufgabe, die mir fast unvollführbar scheint.

Graudenz, Mittwoch, 14. September 1904

Der Herbst mit seinem Ernste beginnt schon ernsthafter sein Walten. Daß etwas von seiner schweren Stimmung auf mich überginge! Ich möchte alle Lebenslagen mit den tiefsten, also reinsten Gefühlen begleiten. Ich habe vielleicht offener mit den mir begegnenden Menschen zu reden, ihnen mit auf den Seelengründen einherschwebenden Fragen entgegenzutreten, daß sich unter ihnen die richtige Sonderung vollziehe.

Graudenz, Mittwoch, 28. September 1904

Heute hatte ich wieder einen Streit mit meinen Eltern, weil ich mich weigere, zum Abendmahl zu gehen. Wut über aufgeblasenes Pfaffentum ergriff mich. So habe ich doch wenigstens Einen Glauben, der mir unerschütterlich fest steht. Und dieser Glaube ist mir Mittelpunkt und Quelle aller Kraft – wenn es vorläufig auch nur die Kraft war, ihn mir nicht nehmen zu lassen. Dieses eine ist selbständig errungen, wie ich überhaupt glaube, vor allem eine religiös angelegte Natur zu sein, und für diese eine Überzeugung büße ich, wenn es sein muß, mit dem Leben.

Mittwoch, 12. Oktober 1904

Wie schwer es mir wird, die Einsamkeit zu ertragen, kann ich nicht aussprechen. Man macht wohl große Worte von stiller Arbeit und Muße und Ungestörtsein, aber lebt einmal so ausgestoßen wie ich in einem solchen Alter! Ich glaube, wenn ich einmal mit Menschen rede, so geschieht es auf eine sehr ungeschickt freudige Weise. O wenn mir die Einsamkeit eigen wäre, die in Bruckners neunter Symphonie lebt!

Mittwoch, 19. Oktober 1904

Nun habe ich Stefan George wahrhaft erkannt und sehe ein, daß es für keinen Dichter, der nicht nur Verse als Einfassung für seine Gedanken und die groben Oberflächen seiner Erlebnisse macht, möglich ist, an ihm vorüber zu gehen, wenn anders er überhaupt vorwärts will.

Ich kann meine Stimmungen nicht beschreiben, nur andeuten, da mir bis jetzt keine künstlerische Form gegeben ist. Sie sind zusammengesetzt aus einem Durste nach ästhetischen Genüssen und einem Gefühle der dankbarsten und klarsten Aufnahmefähigkeit und treiben in halb somnambulem Zustande doch nach anderen Zielen, die beim Namen zu nennen mir unmöglich wäre; sie sind aus Scham und Schuldgefühl zusammengesetzt, die von Untätigkeit wegdrängen, mit einer gewissen Nervosität erfüllen und daher gerade sehr fruchtlos sind.

Donnerstag, 24. November 1904

Man kann die Grundfesten der ganzen Welt umwerfen, ohne andere durch persönliche Angriffe zu verletzen; es gibt aber viel dummes Volk, das alle anderen als dummes Volk bezeichnet, wenn sie nicht ihrer Ansicht sind. Der Einsicht fehlt der Adel, und dadurch wird sie beinahe wertlos.

Montag, 28. November 1904

Das Zeitungswesen ist oft so schmutzig und die Zeitschriften in ihrer Masse von einer sumpfigen Unfruchtbarkeit, während die besseren in ihren grellen und manchmal frech vorgetragenen und mit absoluter Gültigkeit hingestellten Ansichten, die einander glatt widersprechen, einen knabenhaften Eindruck machen und bei ernsten Dingen des Ernstes entbehren.

Sonnabend, 10. Dezember 1904

Ein Weg im Tiergarten, schmal, langgedehnt, von hohen Bäumen in gerader Richtung gesäumt, übt einen gewissen magischen Einfluß auf mich.

Sonnabend, 24. Dezember 1904

Der Mensch drängt immer nach Abschlüssen hin. Wenn er eine Weile gegangen ist, meint er, nun müsse er bald einen Kreis beschrieben haben, und geht in hartnäckiger Eile weiter, bis ihn die Spirallinie immer weiter vom Mittelpunkte entfernt. Es wird kälter in ihm und um ihn: der Weg zum geistigen Tode.

Donnerstag, 29. Dezember 1904

Man soll nicht sagen, daß die vereinzelten Gedanken wertlos und jedermanns Eigentum sind. Bei Hebbel baut sich daraus in den Tagebüchern der Mensch fast auf.

Wenn man hört, Tagebücher seien Selbstzergliederung, so ist das offenbar Unsinn. Die das sagen können, haben offenbar selbst solche Bücher nie geführt oder doch schon nach einigen Monaten beiseitegelegt. O wie kommt es doch, daß solche, die ehrlich begonnen haben, vor ihrem Tode nicht leicht wieder aufhören! Charakterbildend sind diese Aufzeichnungen gewißlich.

Berlin, 31. Dezember 1904

Es schneit in großen Flocken. Ich kann die Flocken weit in ihrer Bahn verfolgen. Das ist die herrlichste nordische Poesie in der Natur, mögen die Sommer und Herbste und die ungestümen Frühlinge in unseren Breiten auch noch so viele Reize haben. – Die Natur hat sich mir in diesem Jahre erschütternder, gewaltiger enthüllt als sonst. Wie schön dieser Schneefall in der Dämmerung. Also ein Bild der Natur hat das letzte Wort.

Dienstag, 3. Januar 1905

Man kommt sich manchmal wie ein Schlafwandler vor, wie eine willenlose, von sicherer Hand geleitete Marionette. Ferner Glanz zieht das für sein wirkliches Schicksal blinde Auge an, und solange es nur irgend sehen kann, bleibt es am Lichte hängen.

Das Angefangene zu Ende führen, soweit es beabsichtigt war, und koste es die härteste Überwindung. Natürlich nur Dinge, zu denen einige Kräfte immer wach sind. Das führt vielleicht zu einer größeren Vorsicht im Vornehmen und bewahrt vor Enttäuschungen. Auch ist das möglicherweise der leichteste Weg zur Erkenntnis der Kräfte. Ich will sehen, wie weit mein Wille reicht, den ich an einer bestimmten Wegstelle anspanne, und ich will sehen, wo er gebeugt wird.

Im Kunstwerke darf man nie allgemein werden, weil man gerade dann – das Allgemeine stellt sich mit Vorliebe bei bedeutenden Gelegenheiten ein – die Kunst der überzeugend schönen Eindringlichkeit, die sie nur im Besonderen hat, beraubt. Freilich, wenn es gelingt, etwas Allgemeines als Zusammenfassung oder Deutung zu sagen, dann kann es wohl wirken wie das Zerlegen einer herangereiften Frucht, die man sorgsam hegte und nur teilt, um sie nicht faulen zu lassen.

Mag etwas Dämonisches über mir hängen, ein Fels, der an festem Angelpunkt in der Schwebe hängend, mir immer wieder entgegenrollt; eine Erinnerung kann mir das Zeugnis nicht versagen, daß ich in jedem Rückfall die ernstliche Hoffnung bewahrt habe, nun müsse es doch ohne Hemmung vorwärts gehen.

Wenn man Goethe liest, wird man immer wohl und weit. Seine Prosa ist wie die Vollkommenheit der Natur. Eine schönere ist wohl zu keiner Zeit vor ihm und sicher nie nach ihm geschrieben worden.

Freitag, 6. Januar 1905

Nietzsche ist doch wohl nur eine vorübergehende Erscheinung. Sein Ganzes ist anfechtbar, sein Einzelnes ist meist anfechtbar. Freilich, gewisse Keime liegen überall verborgen, die auch wohl fruchtbar werden können.

Sonnabend, 7. Januar 1905

Ich tadelte oft an mir, daß ich mich andern gegenüber bisweilen nicht so zu geben vermöchte, wie ich gern wünschte. Das beweist, daß ich mich selbst noch nicht genug erobert habe. Denn wenn man erst recht ausgebildet hat, was als Tugend oder Wünschenswertes vorschwebt, kann es wohl nicht schwer sein, dies gegen andere zu bewähren.

Montag, 9. Januar 1905

Wenn man etwas Heiliges sehr lange gegen Angriffe zu verteidigen hat, verliert es etwas von seinem Wert. Denn die Begeisterung, die einmal erkaltete, kann nie wiederkommen, höchstens ein Nachspiel dieser – etwa wie eine aus schon schwarzer Asche noch kurz herausgeblasene Glut.

Sonntag, 15. Januar 1905

In einem kleinen Satz kann der Inhalt eines ganzen Lebens liegen. Dem Künstler liegt es ob, ihn zu erhören an den Atemzügen seines Schlafes und ihn zu erwecken. –
Hans Kyser besuchte mich. Wir lasen Gedichte von Goethe und Hofmannsthal und sehr schlechte von Falke und Lindner. An den letzteren sah man, wie es nicht zu machen ist. Plattheiten, Trivialitäten, Ladenbuchweisheit.

Mittwoch, 18. Januar 1905

Alle Gedanken, die nicht ein Gefühl als Blut in sich tragen, sind falsch und gemein. Darum begreift man auch fremde Gedanken nicht eher, als bis man ihnen dies Blut in die Adern fließen läßt. Das Reproduzieren einer Gedankenreihe ist zugleich ein Produzieren.
Manche Schriftsteller haben hübsche Morgenträume. Sie möchten diese anderen gern in ihrer Begeisterung vortragen, stürzen aus dem Bett, laufen in den Salon und vergessen, ihre Toilette zu machen. So zeigen sie ihre Persönlichkeit im Hemd.

Mittwoch, 8. Februar 1905

Mörike ist auf der höchsten Stufe der lyrischen Kunstbildung heimisch wie nur eben die ganz Großen. Man muß sich erst gewöhnen, Namen, die wenig genannt sind, an den rechten Ort zu schreiben.

Montag, 13. Februar 1905

Menzels Begräbnis. Der Zug war groß und prunkhaft. Eine Anzahl Gesandte und Botschafter waren erschienen, der Kaiser hatte einen schönen Kranz gespendet, den ich im Schaufenster Unter den Linden sah. Prächtig machte sich die Reihe der Wagen mit studentischen Abordnungen. Uniformen und Fahnen in allen Farben; freilich glich der Aufzug mehr einer karnevalistischen Vue als einer Leichenfeier. Empfindungen hatte ich nicht, weil sie durch das unerwartet lange Warten in der Kälte ertötet waren.

Sonnabend, 18. Februar 1905

Spaziergang durch den Tiergarten. In der Spree lagen die langen gelben Streifen der Laternenflammen. Harmonie des Schwankens dieser Widerscheine. Auf dem Rückweg sah das Wasser aus wie dunkelblaue Seide, auf der gleißendes Silber und Gold in seltsamen Flecken eingewebt ist.

Donnerstag, 23. Februar 1905

Nicht nur solange wir uns im Banne eines großen Geistes befinden, dünken wir uns leistungswürdiger und fähiger und besser als gewöhnlich, sondern selbst, wenn wir einer eigenen bedeutenden Vorstellung, einer packenden Idee nachhängen, tritt leise eine tiefe Umwandlung in unseren Anschauungen und übrigen Gedanken ein.

Dienstag, 28. Februar 1905

Wie kommt es, daß gerade bedeutenden Denkern der wörtliche Ausdruck oft Schwierigkeiten macht, während geringeren die Worte ebenso häufig leicht von den Lippen fließen? Die Begriffe müssen jenen doch deutlicher und beweglicher vorschweben. Bei Schwätzern laufen vielleicht viele Wörter instinktiv unter, ohne daß sie vorher in leidenschaftlichem Erfassen gewogen wurden.

Montag, 13. März 1905

Gedanken wie plumpe, mühsame Glocken.

Vor dem gestrigen Einschlafen trat mir mit besonderer Deutlichkeit vor die Seele, wie ich als Fünfzehn- oder Sechzehnjähriger um religiöse Klarheit bis zur letzten Kraft rang. In der Salzstraße bei dem redegewandten Prediger Hoff besuchte ich Evangelisationsversammlungen und wurde von der weltabgeschiedenen Leidenschaft hingebungsvollen Glaubenslebens gewaltig ergriffen. So ernst lag ich eines Abends im Bette in der Not des Gebetes, daß ich ernstlich nervös erkrankte. Meine Angehörigen glaubten, ich stürbe. Wochenlang habe ich krank gelegen. Aber die Zweifel waren bis zur Genesung ziemlich beschwichtigt: die Liebe zum Leben hatte sich selber über diesen entsetzlichen Ernst zum Herrn gemacht.[2]

Donnerstag, 16. März 1905

Wieder einmal ist es mir zu Bewußtsein gekommen, daß die Ideen durchaus organisch aus dem täglich gepflegten Umkreise des Denkens hervorspringen, und die Konsequenzen aus dieser Gewißheit zu ziehen, sollte man nie vergessen. –

Es gibt Bücher, die aus weiter nichts als aus Übergängen bestehen.

Graudenz, Montag, 20. März 1905

Das Schönste von heute war ein einsamer Spaziergang an der in Werdestille schweigenden Plantage entlang hinauf zu dem Wege nach Parsken, wo man die weite Aussicht über flache Felder, über die Weichsel und eine breite verschwimmende Senkung hinter ihrer hellen Fläche genießt. Die ganze Gegend trug einen blauen Ton. Davon hoben sich zu eigentümlichem Zauber die grünen Moosschäfte der Baumreihen, auch seltsam rötlich gefärbte, mit ihren kahlen Rispen, nur wie mit kleinen Perlen besetzt, ab. An farbigen Wirkungen, die meine Seele erhöhten und rein machten wie ein Kunstwerk, war der Nachmittag auch sonst reich. In einem Hägchen dünner, junger Stämme lag das Sonnenlicht der Vordämmerung auf den Rinden wie ein dicker gelber Plüsch, überall stark aufgetragen, köstlich müdes Licht, während sonst sich jene Stimmung ausbreitete, von der man nicht sagen kann, ob der Schatten oder die Ruhe ihre Ursache ist. An anderer Stelle kontrastierte ein auf einer Seite offenes Quadrat intensiv hellroter Dächer gegen die dunkelblaue, beinahe düstere Wolkenwand am östlichen Horizonte, allein beschienen, an anderer Stelle ruhte ein helles Kesseltal im Schattenrißkranz säumender Bäume. Endlich jenseits der gleißenden, schweren Weichselwellen der tiefere Grund, in dem der blaue Nebel wuchs. Musikalisch stimmte es sich im Inneren, und es wäre schön, Beobachtungen anzustellen, welche Töne und Farben sich heute und morgen grüßen.

Montag, 27. März 1905

Ich kann mich bei einem schlechten Gedanken vor den Blumen schämen, die mit mir in demselben Zimmer leben.

Donnerstag, 6. April 1905

Die Richtung, in der Stefan George und seine Nachfolger sich bewegen, ist doch wohl neu. Denn es ist die erste große Einwirkung Goethes, von dem außer Mörike – von Platen wüßte ich es nicht zu sagen – kaum jemand in seinem formenden Gewissen stark beeinflußt war.

Man kann aus der Natur nichts aufzeichnen, ohne die Bezüge des eigenen Geistes hineinzuweben, weil der Geist sie in sich erst aufnehmen muß und dann seine Beobachtungen hergibt. Weil auch die bewußte Objektivität nie frei ohne seelische Schwingungen ist, gibt jede Naturschilderung doch ein seelisches Gemälde. Man trifft immer eine gewisse nach geheimen Gesetzen bestimmte Auslese, da man das Ganze ja nie geben könnte. Nichts übertreiben, nichts vermindern, sonst erweckt eine Darstellung den Eindruck des Kranken.

Dienstag, 18. April 1905

Sich der ungebundenen Freiheit der Phantasie in der Kunst hinzugeben, bedeutet nicht nur ein ästhetisches Höhersteigen, sondern auch ein ethisches.

Donnerstag, 20. April 1905

In der Lyrik ein schönes Mittel zu charakterisieren, erst streng ein Bild, eine Geste etc. hinzustellen und dann die Erklärung nur leis andeutend zu geben.

Freitag, 21. April 1905

Regen und Nebel lastet auf der Erde. Die sonnige und die düstere schattenhafte Luft scheinen ein seelisches Element der Natur zu sein. Eine gleichmäßige unbeglänzte oder ungetrübte Helle hat etwas Gleichgültiges.

Freitag, 28. April 1905

Jedes Große wird gering geachtet werden, wenigstens heimlich, von jedem, der diese Größe nicht ersehnte oder wenigstens erahnte.

Einem Heuchler saß das Gewand wie eine Kutte. Bei der Unterhaltung mit manchen Menschen ist es, als schliche ein Gespenst in der Kutte vorbei.

Sonntag, 4. Juni 1905

Die Wellen unseres Meeres sind meist kalt und dunkel. Wir wohnen zu nahe dem Pol und sind zu sehr auf unbestimmbare, ungewisse Nordlichter angewiesen. Laßt uns nach Süden ziehen, wo die Nächte nicht so viel verschlingen und der schauende, wärmende Glanz seine Heimat hat!

Dienstag, 6. Juni 1905

Goethes Pandora. An Schönheit der Sprache in jedem Sinn ist dieses das schönste Werk, das die Erde trägt. Ob es notwendig ist, überhaupt etwas noch hervorzubringen aus der jämmerlichen Kleinheit und Nichtigkeit, wäre anzuzweifeln.

Donnerstag, 8. Juni 1905

Ich bin wie eine Kerze, deren Licht ängstlich hin und her im Winde flackert, deren Stumpf aber dunkel und kalt ist. Kaum gelebt, kaum etwas schaffend, das soll ein Dasein sein! Der Baum im Wechsel von Nacht und Licht, Schein und Regen, Wind und Milde ist mehr. Zwar will es aus mir nach allen Richtungen hinausstrahlen, aber ich habe so oft das Gefühl des Abgerissenseins von der ganzen Welt.

Montag, 19. Juni 1905

Eine ethische Idee pflegt dann zu sterben, wenn sie in eine wirkliche Tat umgesetzt wird. Weil sie mit vielen Menschen zu tun hat, von denen die einen träge, die anderen dumm, die letzten zu eigen sind, verknöchert sie bald und wird dogmatisch. Bei jeder Kirchenbildung ist das notwendig. Das Religiöse wird moralisch, und dann haben wir das Widerliche des Stillstandes, das notwendig Widerliche und widerlich Notwendige.

Mittwoch, 28. Juni 1905

Goethe. Mit Hans [Kyser] wieder die chinesisch-deutschen Jahres- und Tageszeiten gelesen. –

Ein unvergeßlicher Sommertag in Jungen, als mir aus einem Buchsbaumbeet eine große Heuschrecke ins Ohr sprang und ein heftiger Donnerschlag noch in derselben Stunde den Mittag mit seltsamen Schrecken füllte. Ich weiß noch, die Fenster standen im Hause auf, der Hof war leer und die Chaussee ebenso. Ich könnte das ganze Umgebungsbild bis in Einzelheiten wiedergeben. Das Bastklopfen am Kirchhof – und wie die Flöten entstanden. Wie die Weidenäste im vorüberfließenden Bache geschmeidigt wurden.

Sonntag, 9. Juli 1905

Kann ein anderer Mensch mehr locken als der, dessen Leben aus einem Stück war, dessen Gefühle ausstrahlten von einem lebentragenden Gefühl im Mittelpunkt, dessen Gedanken Teile, Verhüllungen eines Grundgedankens waren wie die Mannigfaltigkeit der Welt immanent das Absolute enthält, dem es seinen Reichtum verleiht!

Wir erschrecken vor einem Fatalismus, der unser ganzes Dasein mit Eis zu überziehen scheint, und führen uns nicht zu Gemüte, daß durch das Zugeben der Notwendigkeit nicht das geringste geändert wird, daß es uns unsere Freudigkeit nicht nehmen kann, daß es alles Geschätzte in uns erhält. Nur wenn wir zugeben, schwindet viel Dunkelheit, die real geglaubte Gewalten verbreitet hatten.

Mittwoch, 12. Juli 1905

Welche Größe der Einsamkeit müßte es sein, wenn man ganz vergessen könnte, was gewöhnlich in der Nähe von Auge und Ohr steht! Welche Dinge müßte man da sehen und hören!

Eine Farbensymphonie in meiner gedrückten, harten Umgebung: ein rotgelber Vorhang wehte gebläht aus gegenüberliegendem Fenster, daneben lag ganz starr eine schwarze Höhlung, des Himmels klares Blau schien schnell zurückzuweichen, immer in die Höhe, die weißen Wolken davor zogen bedächtig vorüber, die roten Rosen in der Vase vor mir waren in der unsichtbaren Bewegung des welkenden Ermattens. So strebten die verschiedenen Farben nach verschiedenen Richtungen in verschiedener Geschwindigkeit, und doch schön der Zusammenklang, zu ruhen.

Mittwoch, 9. August 1905

Viele geredete und geschriebenen Sätze haben keine Farben, kein Licht und kein Spiel des Lichtes an sich, und doch begegnet uns kein Ding in der Natur, das nicht von der Sonne getroffen wäre.

Dienstag, 3. Oktober 1905

Idee zu einer Erzählung gefaßt, wahrscheinlich unter dem Titel: Vineta.

Donnerstag, 19. Oktober 1905

Die dreihundertfünfundsechzig Abende des Jahres sind bei mir dreihundertfünfundsechzig Anstrengungen, besser, größer, lichter zu werden, doch jeder neue Tag ist ein neues Zeugnis der Schwäche. Ein Jahr liegt hinter mir wie ein Meer, das mir übergeben war, um seine Wüsten fruchtbar zu machen, in seine Tiefen Perlen zu senken, auf seine flachen Gründe Korallen zu bauen und seine Wellen zu rühren.

Freitag, 27. Oktober 1905

Am meisten erregt in dieser Zeit der russische Aufstand. Doch in diese Abgeschiedenheit bricht nicht die ganze Wucht der greuelhaften Ereignisse. Ich lese die Zeitung etwa so, wie ich eine Darstellung von politischer Geschichte lese. Meine gänzliche Abneigung gegen kriegerisches Wesen läßt mich diese Art von Revolution nicht als modern empfinden. Eine Umwälzung auf religiösem Gebiet oder in der Kunst, auch schon in der Wirtschaft würde mich weit mehr mitnehmen. Wenn es sich um Krieg handelt, packen mich nur die Persönlichkeiten, soweit sie mit großen Ideen eingreifen, und vorübergehend wie ein Feuerwerk die Buntheit der Schauspiele.

Freitag, 17. November 1905

Den Zarathustra von Richard Strauss habe ich in der letzten Woche und länger fast alle Tage gespielt, und andere Werke von ihm ebenfalls. Nur diese Musik gab mir ganz, was die Seele ersehnte. Diesen Glanz und diese Farbe und diese neue Helle fand ich sonst nirgends. Es lohnt nicht, über die Größe des Komponisten zu reden. Entweder man hat die Empfindung beim Anhören der Musik, oder man hat sie nicht. Beweisen läßt sich in entschiedenen Dingen fast nichts. Da muß man die niederen Sphären des Lebens aufsuchen, Politik usw.

Sonntag, 7. Januar 1906

Vineta disponiert und erweitert. Es war ein sehr entscheidender Abend.

Donnerstag, 18. Januar 1906

Beim künstlerischen Schaffen, soweit es sich um Gestalten handelt, kommt es mehr auf das Gefühl der dargestellten Persönlichkeiten an als auf Einsichten über sie. Fühlt man sie lebendig, werden sich die Worte setzen, daß sie jedem Leser klar aufsteigen. Wenn wir eine halbe Seite Goethe lesen, sei es schon irgendwo in den wissenschaftlichen Schriften, so wissen wir, mit wem wir es zu tun haben, und es handelt sich gar nicht um die eigentümlichen Gedanken.
Mit meiner Arbeit [Vineta] geht es nicht vorwärts. Mit Hans Kyser habe ich eingesehen, wie schlecht, unendlich schlecht das Geschriebene ist.

Mittwoch, 24. Januar 1906

Heute habe ich für meine Erzählung [Vineta] Erfindungen gemacht, über die ich sehr zufrieden sein darf.
Eben, da ich mich zu Bette legen will, packt mich der ganze Ernst einer Arbeitsart, wie die meine ist. Man entleert sein Herz und weiß nicht, wohinaus die Entwicklung geht. So Unendliches hat die neuere Kunst hervorgebracht, daß man fast an eine Erschöpfung denken möchte. Die Form scheint so vollkommen, daß es

ungeheuer schwer ist für jeden, sie noch zu erfüllen, und das ganze Vertrauen muß sich darauf richten, daß jede Generation einen spezifischen Geschmack für das Poetische haben und so der Kreis der Möglichkeiten nicht vollendet werden werde.

Sonntag, 25. Februar 1906

Viel an der eigenen Erzählung [Vineta] gearbeitet.

Dienstag, 27. Februar 1906

Gestern bei Professor Breysig. Er hatte mich eingeladen, über meine Gedichte zu sprechen. Er erkannte die Reinheit der Form an und bemängelte, daß vor dem Genusse eine rationale Arbeit notwendig sei. Allerdings hatte ich dieses Moment als Mangel auch eingesehen. Daß ich nicht reich an Farbe sei, war mir eine seltsame Entdeckung, doch glaube ich eben, eine Entdeckung sei es überhaupt nicht. Das gleiche gilt von Prof. Breysigs persönlicher Empfindung, als strömten mir die Bilder nicht sehr zu. Ich kann aber beides fruchtbar machen, indem ich es von der Unvollkommenheit der Form aus zu erklären versuche und nach größerer Einheit und unmittelbarer Farbigkeit streben werde.

Mittwoch, 21. März 1906

Heute nach etlichen flauen Tagen fühle ich mich wieder innerlich frei. Anlaß: ein hocherfreulicher Brief des Verlages Fischer, der an meiner Novelle Der Tod im Gelächter viel anerkennt und mich zu weiteren Einsendungen auffordert.

Donnerstag, 26. April 1906

Heute habe ich meine Vineta abgeschlossen und bin der glücklichste Mensch.

Dienstag. 15. Mai 1906

Heute ist die Vineta an den Verlag S. Fischer abgegangen. Ich halte es für ziemlich wahrscheinlich, daß sie mir zurückgesandt wird, obwohl sie gewiß mancherlei Gutes enthält.

Dienstag, 22. Mai 1906

Kreuzungen von Emil Strauß gelesen. Dieses Buch klingt. Ich möchte es den schönsten anreihen, die ich in der epischen Literatur kennengelernt habe. Abgesehen von der Feinheit der seelischen

Entwicklungen und der ganz einzigen Schönheit der Sprache sind die Charaktere mir menschlich ungemein sympathisch, besonders Elfriede und die Tante Ulrike. Alle sind so gezeichnet, daß man auch nach der letzten Seite mit ihnen herzlich umgehen kann, ähnlich wie in Freund Hein. Indessen ist das Kolorit hier noch tiefer.

Sonntag, 27. Mai 1906

Hermann Hesse, Peter Camenzind – ein sehr gutes Buch. Ich glaube, es gehört zu denen, die lange und verstohlen mitklingen. Emil Strauß aber gab das Schönste unter dem Neuen aus der Epik, das ich diese Zeit aufgesucht habe.

Montag, 11. Juni 1906

Gelesen von Gerhart Hauptmann: Der Arme Heinrich, College Crampton, Bahnwärter Thiel, Der Apostel. Wahrlich, es gibt keinen Menschen in Deutschland heutzutage, der Menschen so trefflich zu bilden wüßte und bei aller Naturfülle mit solch einer Fülle von Poesie. Der Bahnwärter Thiel ist episch noch ungeschickt, freilich so, wie alle Erzähler ungeschickt sind. Es müßte sich wohl eine Methode finden lassen, nach der der wechselnde Gesichtspunkt der Erzählung nicht mehr störte. Dadurch, daß der Autor den einen und dann wieder den anderen verfolgt und bei seinen Menschen innerlich und äußerlich Bescheid weiß, tritt er zu sehr in den Vordergrund, wenn auch meist mit eigenen Meinungen oder gar Kritiken. Wenn man nur eine Gestalt auftreten läßt, kann man ziemlich einheitlich darstellen. Was sich bei mehreren Gestalten zur Vervollkommnung der Technik zunächst anbietet, weist auf das Drama hin.

Sonntag, 1. Juli 1906

Nur für andere sind wir bestimmte Menschen; für uns selbst sind wir nichts. Wir fassen uns als unvollständig und suchen beständig nach uns selbst. Und was gewesen ist, das haftet uns nicht starrgeworden an, das ist wie ein Traum, und selbst dort schafft unser Suchen und Sehnen nach vorwärts noch Wandel.

Dienstag, 17. Juli 1906

Des morgens habe ich jetzt wahre Qualen auszustehen, wenn der Briefträger nicht kommt. Auf die Antwort des Verlages warte ich einen Tag um den anderen und immer umsonst. Jetzt sind beinahe drei Monate vergangen, seit ich das Buch [Vineta] abgeschlossen habe, und sein Schicksal schwebt noch immer in der Luft. Nach einer Woche erwartete ich Bescheid, weil ich eingeladen bin. Man wird hingehalten und an weiteren Arbeiten geradezu gehindert.

Sonnabend, 28. Juli 1906

Heute erhielt ich endlich vom Verlage S. Fischer Nachricht. Es besteht also die gegründete Hoffnung, daß man mein Buch annehmen wird. Herr Fischer selbst ist verreist, und so muß die offizielle Entscheidung noch ausstehen. Aber man zweifelt nicht, daß ich in den Verlag aufgenommen werde. So wäre das kaum Geglaubte fast geschehen. Meine Freude ist sehr groß. Nicht verhehlen will ich, daß mich selbst Zweifel an der Güte der Vineta plagen. Mir erscheint vieles äußerlich und grob. Aber ich will wenigstens einen Ansporn zu künftigen Arbeiten aus der Annahme mitnehmen, dann ist es auch gut.

Dienstag, 31. Juli 1906

Thomas Mann, Buddenbrooks beendet. Es steht viel Gutes in dem Buche. Der Stil ist oft wundervoll; manchmal, als ich etwas nervös war, hatte ich das Gefühl einer etwas zeitungsmäßigen Glätte und fühlte mich etwas verstimmt. Die Charakteristik der Personen ist meist untadelig, besonders, wenn ihr nur ein kleiner Raum gegönnt ist. Die Leitmotive haben viel Reizvolles, indessen kam mir die immerwährende Wiederholung hie und da etwas banal vor, besonders da, wo eine Person nichts hat als sie. Lebendig zwar stehen die Menschen vor mir. Etwas schematisch scheinen sie mir aber in vielen Kapiteln durchgeführt. Ausnahmen gibt es hier wie den Senator Thomas und Hanno und den Grafen Kai Mölln. Die Erörterungen scheinen mir des öfteren einen gar zu großen Raum einzunehmen und gleichgültige Erlebnisse öfters gar zu breit behandelt zu sein, ohne psychologische Enthüllungen oder dichterische Entdeckungen zu bringen. Überhaupt ist wohl der Umfang die Hauptursache aller Fehler, selbst die Gesamtkomposition büßt dadurch an Übersichtlichkeit ein. Dennoch verkenne ich nicht etwa, daß ich in dem Buche ein Meisterwerk der Erzählerkunst vor mir habe. Schönheit, was Sprache, Aufbau, Neuheit, Charakteristik und Psychologie, Steigerung, Abwechslung, Ausmalung und Verhüllung anbetrifft, findet sich überall, und das Buch gehört zu denen, die wohl nie zu wirken aufhören.

Thomas Mann, Fiorenza dagegen hat gestern einen im ganzen abstoßenden Eindruck auf mich gemacht. Erzählt ist einiges gut darin, dramatisch ist nichts, keine Person lebt recht außerhalb des Buches.

Sonnabend, 18. August 1906

Ich habe Bach gespielt. Seine Kunst könnte einem oft eine Trösterin sein. Die Töne sind alle so ernst genommen, jeder einzelne verliert beinahe seine sinnliche Substanz und wird ein Stück Seele, aber zu ungeheurer Klarheit geläutert. Die Arbeit in ihrer Strenge hat wohl auch viel zur Vertiefung des Künstlers beigetragen. Wenn man sich so zusammenfassen muß, wird man schwerer etwas Unbedeutendes sagen. Wo es fließen darf, wie es fließt, wird mit dem Breiten auch etwas Leichteres und weniger Gediegenes untermengt werden. Das d-moll-Konzert hat mich innig berührt. –
Mag der Epiker sich behaglich in den Sätzen ausdehnen und ausführlich einen Zustand schildern, er muß viel sinnliche und seelische Fülle in seine Sätze legen können: Richtigkeit und Intensität allein tun es nicht. Im Verweilen kann er seine Poesie anbringen, anders als die Dichter der anderen Gattungen, obwohl er Situationen und interessante Charaktere nicht entbehren kann. – Die echteste Epik wird einen Hauch des Altertümlichen tragen, selbst wenn sie sehr zeitgemäße Probleme darstellt. Schon daß sie als vergangen ihren Inhalt vorträgt, wird etwas dafür tun. Das Drama ferner gibt fast nur die seelische Entwicklung, die Erzählung auch vieles von der Umgebung. Die ewig bewegliche Seele in der Darstellung erweckt immer den Eindruck gegenwärtigen Daseins, während tote Gegenstände durch die bloße Darstellung und Beschreibung etwas altern.

Sonntag, 19. August 1906

Ähnlich wie Dürer ist mein Johann Sebastian Bach, nur drängen sich die Tonmassen nicht so schwer entwirrbar. Krauses und Eckiges findet man auch hier und Herbes von der schönsten Art, einen Wein, der in einem guten Keller gelagert hat und von den Bergen vieler Geschlechter erspart und gekeltert ist: das Wirken liegt in der Erfindung selbst. Was keine Dimension hat, ist doch fast in Linien aufgezeichnet, und man muß mit dieser Sprache erst etwas vertraut sein, um in ihr die Muttersprache köstlicher Provinz unseres Innern zu erkennen und zu verehren. Wenn Bach sinnt und grüblerische Akkorde lang hinklingen läßt, ist es, als riefe man in Grüfte und das Verklingen des bohrenden Rufes enthalte schon die erahnte Antwort im wehen leisen Nachhall, als sei man vertraut mit den Rätseln, und alle Lösung führe in versonnenere neue, stillere, immer tiefere, in Mitternacht, bis der letzte Hauch vergeht und nur ein Schaudern vor der Pfadlosigkeit übrigbleibt.

Sonnabend, 22. Dezember 1906

Rilke: Das Buch der Bilder und Das Stundenbuch gelesen, diese beiden natürlich nicht hintereinander. Diese reichen Bücher sollen wiedergelesen werden und in Stille wirken. Das Kranke wird schon ausscheiden. Deutliche Gefühle des Persönlich-Gesuchten. Grad der Freude über Schönheiten. Stille. Befriedigung. Glück. – Man könnte aus dem Reagieren auf ein Buch die Vielgestaltigkeit und die Hauptrichtung der aufnehmenden Seele beinahe wissenschaftlich feststellen, wenn man das Naive darin gegenwärtig hätte und die betreffenden Stellen, wo die Reaktionen eintraten, untersuchte. Ort, Stunde, Lage und sonstiges vorher mit in Rechnung gestellt.

Freitag, 28. Dezember 1906

Am besten gelangt man zu einem Urteil über ein Werk, wenn man ihm sich hingibt, so sehr man nur kann. Wird man davon eine Zeitlang berauscht sein, so werden nachher die geringkräftigen Eindrücke abfallen. Während beim Herantreten mit kritischem Blick auch das Große an Wirkungskraft einbüßt.
Wohlgefühl und Festigung durch den Winter. Ein weißer Nebel füllt die Welt und macht alle Gestalten, die sich darin bewegen, schwarz. Selbst das Rot der Kirche ist zu einem schwärzlichen Grau heruntergedämpft. Die Bäume scheinen Blüten wie silberne Räupchen und Kätzchen zu tragen.

Mittwoch, 2. Januar 1907

Ich bin ein sehr einsamer Mensch. Mir darf wohl nichts zur Dauer auswachsen. Schicksal: laß viele Kreuzwege in meinem Innern sein, Kreuzwege, wo man schwankt, sich erregt und schließlich nur einen Arm geht, die anderen beiseite lassend. Dann wieder ein neues Wegekreuz!
So schwankt das Ewige. So stürzt ein Sternenhimmel zusammen. Für uns ist nichts von Feste und Garantie als wir selbst, wie verächt-

lich wir auch werden mögen. Den Geist des Weltalls aber, der über eingestürzten Sternenhimmeln, über Göttern und ihrer Dämmerung ruhen mag, vermag niemand zu erkennen, und alles Ahnen ist Irregehn und alles Fühlen rührendes Suchen eines Selbst – menschlich: Ich.

Ein Roman – Vineta. Der ist gedruckt worden und wird also in den nächsten Wochen erscheinen. Er scheint mir aber weit weniger wert als die kleinen Prosaarbeiten.

Montag, 7. Januar 1907

Wie man doch mit den Menschen umgeht, und wie die Menschen wiederum mit einem selbst umgehen. Bei manchen bleibt übrig der Wert der Persönlichkeit, wenn man alle ihre Ideen abzieht, bei anderen besteht er in den Ideen. Das letztere scheint mir aber weit seltener der Fall. – Bei anderen, die man oft sieht und nahe kennt, stockt schon das Gespräch, so daß man sich trostbar und öde im Erleben vorkommt bisweilen. Das Kleine des Tages vergißt man; es fließt erst ein, nachdem es sich bis zu seiner ersten Reife ausgewachsen hat. Weil es heutzutage soviel wichtig wirkendes Kleines gibt, ist es wohl nahezu unmöglich, eine triftige Biographie irgend eines Menschen zu schreiben, denn das ganz Persönliche wird sehr oft hier zu fassen sein.

Donnerstag, 10. Januar 1907

Salome – eine göttliche Musik. Diese Zartheit bei aller Fülle und immer Schönheit, Schönheit. Am besten wäre, während des Stükkes die Augen zu schließen und nur die Töne, wie sie in der Seele aufleben, brennen, leuchten, schimmern, funkeln, zu beobachten. Für die Herrlichkeit spricht, daß man nie ein Bemühen des Komponisten verfolgt, sondern in stetigem Strom fortgetragen wird. Oft sieht man etwas, was man bis dahin noch nie gesehen hat. Diese Musik gibt neue Aufschlüsse und bereichert die Seele. Elend genug ist sie ja oft. Hier dämmert es wieder neu und überzeugend auf, daß die Schönheit auch ein Wille ist, erreichbar. Man hat viel dummes Zeug über dieses erhabene Werk geredet. Ich habe es ganz naiv aufgenommen. Der stärkste Beweis für seinen Vortrefflichkeit ist, daß man das Neue erst nachträglich als neu erfaßt, unmittelbar aber als schön. Ich habe keine Dissonanz als Dissonanz gehört, sondern als – ja als was? Jeder Name sagt zuviel und zu wenig. Als Natürlichkeit, als Notwendigkeit. Kommt man heraus, erscheint einem in der Dichtung plötzlich alle Psychologie zu fehlen. Und man sagt am Schluß: neue, ganz individuelle Seelen gestalten kann nur der Klang, nicht die Melodie an sich, es sei denn, daß es jemand einmal anders vorzuführen vermöchte. Alles, was man nachsingen kann aus diesem Drama, das ist nur ein Schatten, das gibt keinen Begriff, das ist Oberfläche, und man muß durchschneiden, um den geheimnisvollen Lauf der Adern zu erkennen.

Dienstag, 15. Januar 1907

Wir gingen nach Erkner hinüber. Es war ein staubender Regen in der Luft und ein Wind, der alles blähte, was zu blähen war. Wunderschön wurde die Rückfahrt. Der Wald ganz schwer von der Nacht und der Himmel ebenso. Man konnte sich leicht zu der Einbildung verhelfen, eine angerußte Hand ins Licht zu strecken. Der Wald duftete. Frisch und stark und wachstumsfeucht; nichts Winterliches lag in dem Duft, es war ein verborgener Frühling. Die Laternen verdichteten die Dunkelheit hinter ihrem Lichtkreise zu einem Wall. Ein Ängstlicher möchte fürchten dürfen, darin zerdrückt zu werden. Aus dem Zuge verfolgte ich den Himmel in seine Ferne, bis er in die Wälder niederfiel. Schließlich wurde das Architekturbild von Ost-Berlin etwas Rätselhaftes. Die öfter gesehenen Formen tauchten wieder als etwas Erstes auf.

Mittwoch, 23. Januar 1907

Man schafft. Wenn es vorüber ist, zeigt sich bald, wie gering es war. Und ich habe das eigene Buch [die Erzählung Vineta] nicht so lieb wie andere, bei denen ich größere Vollkommenheiten sehen muß. Sie erscheinen mir viel notwendiger als meins. Wem habe ich etwas gesagt? Wem will ich etwas sagen? Soll man das Geschaffene, das Erzeugnis langer Mühe, vieler Freuden und vieler Qualen nur so als Füllsel einer schläfrigen Stunde hinnehmen, im ersten Jahre nach dem Erscheinen, und soll es nachher vergessen daliegen? Einmal lesen die meisten die Bücher, aber es gibt doch wenige, mit denen sie mitgehen, denen sie ein Bausteinchen im Schicksal sind. Werde ich auch solche finden? Werde ich auch das leisten können? Wird man mir einmal mit anderem Interesse nahen können als mit dem, auf die Fehler hinzuweisen und daraus eine Fratze meiner Person zu konstruieren? O man muß sich verbluten und nichts zurückbehalten, so mag es vielleicht einige Wirksamkeit geben. Und was ist doch alles? Sich selbst suchen, das ist das Hauptaugenmerk. Wer bin ich? Woher kommen mir diese Gestalten und Szenen, woher diese Bilder, warum fallen meine Sätze so, warum kehrt diese Stimmung zurück? Wer bin ich? Und vielleicht erkennt man sich doch nicht. Vielleicht will man nicht: nein, nicht dies, etwas mehr, ach, doch nur etwas mehr!

Sonnabend, 16. Februar 1907

Gestern ist meine Vineta erschienen. Sie hat eine sehr gute Ausstattung erhalten, was mich natürlich ungemein erfreute. Ich habe die gebundenen Exemplare bis auf eines schon vergeben, hatte gestern den ganzen Tag Briefe zu schreiben und bin neugierig, ob und welche Antworten ich zu hören bekommen werde. Ich selbst habe das Buch wiedergelesen und kann mir wenigstens bis jetzt das Zeugnis ausstellen, daß es nicht oberflächlich ist, wenn auch bisweilen etwas weichlich und oft unklar und schwerfällig. Ferner müßten sich Seelendarstellungen solcher Art in der Weise darstellen, daß man sie flüssiger und weniger mühevoll liest, indem man die Sätze mehr verschachtelt, aus zwei flüchtigen einen gründlichen macht, wo das nur Ausgestaltende und Erweiternde dem Entscheidenden untergeordnet ist. Wie jetzt manches dasteht, sieht es gefährlicher aus, als es ist.

Mittwoch, 6. März 1907

Schließe ich also gleich an das Vorhergehende an. Ich habe mein Büchlein an verschiedene Gelehrte und Künstler gehen lassen, die ich persönlich kenne und schätze. Bis jetzt ist keine einzige Antwort eingetroffen, und diese grauenhafte Stille hat etwas sehr Peinliches für mich. Wenigstens Schöndank könnte man wohl sagen. Alles in allem festigt mich der Umstand, daß ich in die Öffentlichkeit getreten bin, in dem Willen, alle künstlerische Arbeit durchaus als Privatsache zu betrachten, für keinen als für mich zu streben, und ich glaube, damit bleibe ich am leichtesten von Selbstgenügsamkeit entfernt.
Ich sehne mich auch viel aus der Einsamkeit hinaus. Es ist natürlich, daß sie mir leicht drückend wird, etwas Wüstes und Verstörendes hat. Dennoch, wenn dann wieder die Geselligkeit nicht recht strömend ist, treibt sie auf die Einsamkeit zurück. Ich bin durch die Erfahrungen einiger Jahr gewitzigt genug, um zu wissen, daß die Ursachen beider Sehnsüchte im eigenen Zentrum liegen. Arbeitet man von Grund aus, läßt sich wohl Gleichgewicht finden. Aber bei mir ist

es so, daß ich entweder über die Tage hinweggerissen werde und mir keine Unterbrechung erlauben mag, oder ich fliehe die Stunden, die mir etwas geben könnten, und flattre von Nichtigkeit zu Nichtigkeit.

Freitag, 8. März 1907

Die Sucht nach dem Epigrammatischen kann etwas tief Angelegtes nachträglich verflachen, wenigstens ihm den Anschein des Flachen geben.

Donnerstag, 14. März 1907

Es ist ein Mensch denkbar, der sein tiefstes Leben derart in der Vergangenheit lebt und daher müde durch seine Tage schleicht, immer müder, so daß die Gegenwart so blaß wird, daß sie für spätere Erinnerung fast nichts mehr aufspeichert – und so wird das ganze Leben dünner, der Schein schwächer und schwächer. Seine Seele sitzt zwanzig Jahre hinter ihm. Der Vierzigjährige paßt nicht mehr dorthin zurück. Ein solches Auslöschen. Ein Licht, das so beiseite geweht wird, sich vom Dochte abzureißen und zurückzufliegen versucht und mit dem Augenblick, da es ganz frei schwebt, erloschen ist. Das Körperhafte an den Dingen hinderte zu sehr. Er war nicht sinnlich genug. Dies Problem muß ich künstlerisch gestalten. Hoffentlich brauche ich dann im Leben nicht mehr Furcht zu haben, ihm zu unterliegen. »August Stievkärzler« (von den äußeren Dingen) wäre eins, noch drei liegen bereit.

Dienstag, 18. Juni 1907

Auch in der Erzählung knüpft sich alle Enthüllung an Situationen. Möglichst sei auch die Schilderung hineingeschlossen, nicht als Eingang oder Zugang mitteninne, sondern als stimmungserhöhende und selbst als Retardation treibende Erklärung. Wie Ereignisse eine Seele erklären und bereichern, so erkläre und bereichere sie auch alles Äußere, die Beschreibung der Körper, Häuser, jeglichen Milieus, und alles werde aufgesaugt, mindestens angesaugt von der Handlung. – Manchmal ist man gezwungen, über Jahre hinwegzugehen. Selbst dann sei die Entwickelung der Seele nicht mit halbwissenschaftlichen Redewendungen abgetan, sondern lieber ein notwendigerweise zwar unvollständiges, aber suggestionsstarkes Mosaik von kleinen Situationen gegeben, mögen sieben in einem Satze stehe. Unser Inneres arbeitet selten spontan aus sich selbst, abgelöst vom Andern, sondern das Spontane in einer gewissen Zeit (wiewohl nicht spontane für alle Vergangenheit) sind die Dispositionen, die an Kleines anknüpfen, wo das Große fehlt und vom Künstler stets in sichtbaren Impressionsbildern wiedergegeben werden können.

Gefühlsduselei: Dieses Wort wird meist von Menschen, die ihr Beruf vom Gefühlsleben fernhält, feindselig gebraucht. Ihnen schwebt Weichheit und Weichlichkeit vor. Die ist zu scheuen und zu fliehen. Aber überall, wo das Gefühlsleben eigentümlich und stark ist, stellt sich ein gewisses Brennen ein, das unbewußt jeder aufsucht. Hier wird das Sinnliche geistig und das Geistige sinnlich. Es lähmt nicht, sondern stärkt. So wird die Phrase von der Flamme des Lebens noch einmal zum Sinn.

Ich hatte ein waches Auge für die Menschen. Es ist bei vielen doch nicht schwer, die Seele ihres Alltags kennenzulernen. Schwer aber ist, sie darzustellen und das Kleinliche dabei zu vermeiden. Ohne Anregung, will sagen ohne vielseitig veränderte Tätigkeit bleibt jeder stehen. Eine gewisse Tiefe kann für die Enge nicht entschädigen. Man soll bei einem Ding bleiben, solange man Mühe und Unruhe dabei findet; fühlt man sich darüber Herr, komme ein zweites heran. Wer nicht flach ist, der wird sich selbst vor oberflächlichem Flattern bewahren.

11. Juli 1907

Das einzige Problem ist der Tod. Daraus fließen alle anderen als aus einer wässernden Quelle. Die Probleme wären anders ohne ihn, vielleicht gar nicht da.

Sonntag, 14. Juli 1907

Man zeichnet einen Menschen besser, wenn man einen Tag seines Lebens als Szene gibt, als wenn man sein ganzes Leben gibt. Im letzteren Falle steht man darüber, im ersten darin. Betrachtet man in der Epik die Kunst des Absatzes, so wird man in der Psychologie und im Stile klarer werden. Züge wählen, die den ganzen Menschen geben. Keine novellistischen Züge. Beim Charakterisieren nicht vergessen, daß man Bildner ist. Die Gefahr der Schmetterlingssammlung liegt immer sehr nahe.

Freitag, 26. Juli 1907

[Aus einem in das Tagebuch abgeschriebenen Briefe an Hans Kyser vom 26. Juli.] Keiner hat es ja so schwer wie ein Poet, nicht Romantiker zu werden, immer von sich selbst zu zehren, so verstehe ich es. An Deinem Geburtstage las ich nämlich viele Gedichte von Novalis. Was soll ich darüber sagen: diese Stunde übertrifft vielleicht noch unsere Mörike-Andacht. Aber nachher konnte ich nicht einschlafen vor Schreck über diese Unfähigkeit, aus dem Ich herauszugehen. Ich traue diesem Dichter keine Gestalten zu. Seine Geliebte ist Er. Seine Muttergottes ist Er. Ich meine nicht, sie ist von ihm, er darin nicht verkennbar – sondern Er ohne objektive Züge, er berührt sich nicht mit der Welt, in der er lebt.

28. August 1907

Jeder Mensch hat einen Schlüssel zu einer anderen Kammer in mir. Ich muß ihnen schmeicheln, sie mir aufzuschließen. Auch alle Dinge haben Schlüssel zu mir. Ich muß die Sprache der Dinge lernen.

Sonnabend, 7. September 1907

Vielleicht kann man die Größe eines Werkes danach bemessen, wielange es braucht, um historisch zu werden.

Montag, 9. September 1907

Dehmels Erlösungen zu Ende gelesen. Das Lyrisch-Klingende ist hier ziemlich vereinzelt. Ab und zu finden sich schon jene großen für Dehmel charakteristischen Gedichte wie der Wunschgeist, die mehr den Eindruck eines großen Gemäldes geben als den einer Musik. Wie denn auch das metaphysische Oratorium, die Vollendung zum fortreißenden Klange, zu reflektiert bleibt. Ein gutes Zeichen für die Trefflichkeit dieser Verse ist, daß man sie Silbe für Silbe lesen muß, ohne daß dadurch der Charakter des Großen zerstört würde. Von hier aus läßt sich auch der Titel erklären: Erlösungen – zur Klarheit. Daher das oft Spruchhafte auch in Liebesgedichten. – Selten mutet etwas schon historisch an.
Der Inhalt läßt sich ziemlich leicht auf Formeln bringen. Erziehung durch die Lust zur Stärke und Weisheit und Höhe. In mannigfachen Variationen.
Naturbilder knapp und schön.
Alle Beschreibungen sind von herrlicher Plastik. Bewegungen macht man mit. Es gehört schon etwas dazu, durch eine Beschreibung leidenschaftlich fortzureißen. Die Eigenart in den Liedern und den wenigen kurzen Gedichten entdeckt man erst bei liebevol-

lem Hinhorchen. Ist es nicht bei den meisten Liedern so? – Ihm sehr ähnlich geartete Naturen könnten sich Dehmel zum Führer nehmen.

Dienstag, 10. September 1907

Überall, wo etwas ganz Natur ist im Kunstwerk, überströmt mich ein unnennbarer Segen.

Donnerstag, 12. September 1907

Gestern abend Ibsen, Stützen der Gesellschaft. Die Aufführung trefflich. Das schweigende Ringen in einer Seele und ihre Umwandlung wird hier vorgeführt, daß einem die Tränen vor Freude herunterlaufen. Bassermann – Konsul Bernick, Else Lehmann – Lona Hessel. Ich habe gelesen, Else Lehmann übertreffe Bassermann in diesem Stück vielleicht noch, ich bin der Meinung, daß uns von allen in Berlin niemand schauspielerisch [so viel] zu sagen hat wie Bassermann. Die Seelenschätze, die er allein durch die Wandlung seiner Stimme sinnlich zu machen weiß, geben schon stark ein Drama aus ihm. Dann seine Pausen, Zaudern und Eilen beim Gehen, Aufblick, Anblick, Hinsinken, Gesten, insbesondere seine müden, leidenden Gesten. Die Beine müssen mitsprechen, die ganze Gestalt.

Es ist schwer, Menschen zu finden, und hat man sie gefunden, schwer mit ihnen zu leben.

Die Lyrik eins der hellsten Lichter, daß wir einsam sind: selten bricht sich Gegenwart in Versen – Erinnerung oder Wunsch, Vergangenheit und Zukunft sind die Anlässe der meisten Gedichte. Damit sie überwältigen, muß man einsam sein. Rätsel des Klanges. Rätsel aller Kunst. So einsam erschaffen auf viele zu wirken.

Dienstag, 17. September 1907

Seltsam: Wenn wir vor den liebsten Menschen zärtlich sein wollen, können wir das nur, indem wir nicht in sie, sondern in uns recht tief hineintauchen.

Mittwoch, 18. September 1907

Das Widerwärtigste in der Kritik sind die jovialen Rippentriller. Mit Schmunzeln werden blaue Flecke geschlagen.

Sonnabend, 23. November 1907

Der Segen der Arbeit: einen von sich selbst wegzuführen, auch wo sie ins Innere hineinführt.

Montag, 13. Januar 1908

Vergleiche zu ziehen ist ziemlich töricht, weil jedes herzliche Verhältnis, sei es Freundschaft, sei es Liebe, ein anderes ist. Völlig wiederholt sich ja nicht einmal ein Alltag im Leben.
Den stärksten Eindruck habe ich von Liliencron erhalten, Nebel und Sonne, Bunte Beute. Neben allen großen Werten wirkt das nahe Persönlichkeitsgefühl. Über das Künstlerische läßt sich nichts Geringeres sagen, als daß alles von Anfang bis zu Ende ganz stark, ganz neu und ganz gesund ist. Niemals gesucht trotzdem, sondern aus starkem Lebenstrieb mit Hilfe starker Sinne gefunden. An keinen hat er sich gekehrt, um nichts sich geschert, was ihn nichts anging, und da ist es so erstaunlich, wieviel ihn anging. Oft habe ich den Eindruck, als hätte er nie ein Buch gelesen, so eigen und zwanglos weiß er alles zu sagen. Menschlich gibt er manche alten starken Grundgefühle neu und groß. So führt ihn viel zum Balladenhaften insbesondere, wie zum Epischen überhaupt. In Naturstimmungen und allem Beschreibenden schafft er durchaus Modernes und Förderliches für unsere Welt.

Mittwoch, 15. Januar 1908

Ich habe die ganze Sankt-Joseph-Erzählung der Wanderjahre gelesen. Wie man hier von Nachlassen der Dichterkraft reden kann, ist unbegreiflich. Ebenmaß, das auch das scheinbar Kleine großmacht. Dieser Mensch in dem Buche! Herbstliche Innigkeit. Es redet einer, der über alle langsam hinausgestiegen und also einsam geworden ist, aber mit mildem Anteil seines Herzens und dankbarer zugleich und noch immer begehrender Freude am Leben die Fülle unserer lieben Welt ansieht. Die Sätze klingen in einer Melodie, die ein Hoher und Gütiger – diese beiden Dinge sind in ihnen allen – sich fand, glättete, hörte und redete. Ihr, die ihr Goethen nicht kennt und lest und viele Armut des Lebens, die er nehmen kann, behaltet, was dünkt euch um solche Anschaulichkeit und Prägnanz und Epik überhaupt!

Donnerstag, 16. Januar 1908

Man vergißt große Gedanken, die man gedacht hat, und es ist, als wären sie nie im Geiste gewesen. Man vergißt blutige Ereignisse, die man ganz nah erlebt hat. Man vergißt auch, wie man selbst manchmal innerlich ein blutiger Brei war, und die Erinnerung daran wird sanft. Das Leben vergißt wie der Tod. Auch das Leben

ist Tod, weil es Gegenwart ist. Und auch die Erinnerung ist Gegenwart, bedingt durch tausenderlei Konstellationen, und insofern läßt sich kein vergangenes Ding haschen. Spiegelbilder bleiben unser Besitz. Am meisten zugänglich scheinen der reine Schmerz und das reine Glück. Dies alles ist wahr. Aber wahr ist – wohl uns Menschen! – auch diese Ableitung von demselben Gedankengang: Man vergißt große Gedanken, die man gedacht hat, und es ist, als wären sie nie im Geiste gewesen. Man vergißt blutige Ereignisse, die man ganz nah erlebt hat. Aber kleine Dinge, wo wir mit einer tieferen innigeren Aufmerksamkeit dabeiwaren, gehen nie unter in uns. Erst sind sie Ding, und unsere Seele spielt herum, unten, drüber, hin und her, in der Nähe. Nachher sind sie nicht Ding, sondern die Seele von damals.
Jungen, meine Heimat, ist ein Bibelbuch, so stark und voll. Überall, wohin man greift, greift man einen Urspruch, der gesagt ist wie niemand ihn besser sagen kann. So: »Seine Saat stehet dicht bei den Quellen und sein Haus auf Steinen.«

Freitag, 17. Januar 1908

Mein Gott, die Armen, die eine fade Verehrung vor einem aufgebauschten Namen haben, nach Gelderfolg oder Verbreitung der Werke rechnen, aber das Beste daran trotzdem nicht kennen! Das Beste an unserer Kunst ist nicht für viele. Die meisten, die sie lesen, lesen ein einziges Mal, und das, wobei wir beim Schreiben Verzückte waren, das geht an ihnen flüchtig vorüber, und zuletzt wissen sie den Inhalt und haben genug. Nicht fragen, für wen? Das ist so töricht und bedrückend wie die Frage: Was ist Leben?
Selig, wer an sich glaubt und mit Überzeugung sagt: es ist doch wichtiger als vieles, was mit sauerer Miene getan wird und wovon man redet, wie es Schweiß und Schwielen bringt. Wir haben unverstandene Qualen und Ängste mehr, aber auch das Glück, aus seinen Gründen heraus zu leben.

Mittwoch, 12. Februar 1908

Sonnabend in der Ausstellung älterer englischer Kunst gewesen. Die stärksten Eindrücke von der Portraitkunst. Der malerische Genuß ist für mich meist etwas verschieden von dem der Poesie oder Musik. Erst sehen, dann klingen. In den anderen Künsten scheint es unmittelbarer.
Tizian. Wie der Meister zwischen seinen Schöpfungen sitzt. Ein-

drücke, wie sie eben nur ein großer Mensch und genialer Künstler gibt, verlassen einen tagelang nicht. Ein Gefühl der Freiheit und des Leuchtens bleibt.

Dienstag, 3. März 1908

Hans Kyser hat seinen Blumenhiob beendet, der mir gewidmet ist [Roman, 1909 bei S. Fischer erschienen]. Solche Stunden wie die, in denen er mir das Werk vorlas, kommen nicht wieder, solch Klingen, solch Honigduft der Wonne. Und es steigt zu Gipfeln, es rührt an alle Tiefen. Es ist in einem berauschenden Rhythmus erzählt, stark und groß. Es quillt eine herrliche Menschlichkeit daraus. Es hat Einheit und wird in seiner Art ein Höhepunkt von wollüstigem Naturempfinden bleiben.
Hans war zwei Tage hier; wir haben viel durchgesprochen. Wille, Lust zum Schaffen. Mir ist der Plan zu einem großen Roman klar geworden.

Sonntag, 31. Mai 1908

Wenn man morgens in solchem Gartenhaus den Briefträger erwartet. Man dehnt das Kaffeetrinken, um in nichts Ernstes zu versinken. Man dreht die Zeitung und kommt nicht zur Sammlung. Die Fenster stehen offen, damit man hört, wenn er im Vorderhaus die Treppen emporsteigt und klingelt. Jetzt, rechts, links, man sieht hinaus – wieder: rechts, links, man sieht das weiße Beinkleid hinter den buntgemalten großen Treppenfenstern steigen, höher, rechts, links. Die verschiedensten Glockentöne, hohe, harte, klirrende, schnarrende. Dann kommt der Bote über den Hof, die Ungeduld ist beruhigt, man trinkt einen Schluck, liest einen Aufsatz. Endlich klingelt es. Gute Nachricht. Und doch erwartete man meistens etwas Besonderes, wenn man auch nicht wußte, was. Erst beim zweiten Lesen Ruhe, Lust, volles Genügen. Bringt der Briefträger nichts, bleibt etwas Hartes, Gleichgültiges zurück, selten ein deutliches Gefühl der Enttäuschung, eher, wenn Nachricht bestimmt zu erhoffen war, Angst, Besorgnis und Unruhe, die oft mehrere Stunden, manchmal, sich abschwächend und intermittierend, bis gegen Abend anhält. – Wissen wir, wie tief solche Geringfügigkeiten in unser gesamtes Seelenleben eingreifen, als Gegensatz, Schatten, Staumittel, Unterbrecher, Töter. Ich sage, man könnte religiöse Furcht und Ehrfurcht vor den banalsten Alltagsdingen lernen, wenn man die Linien zu ihren letzten Resultaten sähe.

Ich träumte, in einer meiner Darstellungen etwas mit starken Gesichten und Worten zu halten. Unter dem erwachte ich und wußte auch da das meiste. Selbst das Glück blieb. Dann war es plötzlich alles entglitten. Ich habe dann nachgesonnen und sah nur, wie wenig Wille und wieviel Schicksal im Künstlerischen ist. Der Wille schafft nur die Bedingungen, damit es rätselhaft auftauchen kann. Denken ist nur konzentriertes Warten auf das Einfallen. Das Ordnen und Ergänzen am Schluß ist schon wie das Aufstellen des Hauses nach fertigem Plan. Und das Überlieferte ist für den Gegenwärtigen nichts, wenn ihm nichts einfällt. Leben auf das Wunder des Einfallens, auf das Unbestimmte.

[Außer den Aufzeichnungen der Harzreise im Juni 1908 keine Eintragungen zwischen 9. Juni und 5. August.][3]

Donnerstag, 6. August 1908

Ich weiß häufig nicht, soll ich schreiben, soll ichs lassen? Man ergreift meistens nur das im Leben sofort, worüber sich denken läßt, was schon einen Zusammenhang hat. Gerade das Beste, Neueste, was erst Zusammenhang sucht, bleibt anfangs unfaßbar. So kommt fast alles bei mir auf Bemerkungen über Kunst und Lektüre hinaus. Und doch ist mein Leben weit entfernt, nur dies zu sein.

Problem: Ein Mensch, dem das Leben zu langsam geht. Er drängt nach Ereignissen und Überblicken. Er kann aber nicht Abenteurer werden, weil er weiß, das sei nicht Leben. Er haßt das Unerfüllte. – Letzter Grund: der mangelhafte Strom in ihm. Alle Ablenkungen mißlingen.

[Vom 7. August bis 30. November keine Eintragungen.]

1. Dezember 1908

Inzwischen das Schönste: Samlandreise im Herbst. Bei meiner Schwester Erna in Cranz. An der See habe ich vielleicht zweihundert Bernsteinstückchen gesammelt. Unter der Leidenschaft des Sammelns kann man das Meer selbst vergessen. Nachher vergißt man das Sammeln, aber nicht Es. Harscher Wind, ein, zwei, drei, vier Meter hohe Wellen. Wunsch, sie möchten immer größer werden. Man wächst mit. Ich fror steif auf dem Steg und sah, sah. Wonne zum Aufschreien, wenn sie wie ein Wald nahe waren und anfingen umzubrechen, man dirigierte das irgendwie, man war irgendwie als Meergott in jeder herrlichen Welle vorhanden, dem

ihr Aufstehen und Umschäumen zur Lust war. Graugrün marmoriert. Knüppel, Steine, Tang, Quallen, Frösche. Ich dachte: Vielleicht bin ich nur da, um diese Qualle, die sonst verdorrt wäre, in das Wasser zu werfen, sie leben zu lassen. Hüpfende rote, gelbe, weiße Segel, sie stiegen quer an gegen die blaue Flut. Möwen breit, weiß, spielend. Bei Sturm immer wilder. Die Molenköpfe mit hellgrünen Zöpfen behangen. Die Ziselierung des Ufersandes. Die Holzgrenze. – Rauschen, Warnicken. Mit der Eisenbahn nach Neukuhren. Dieses Schluchzen mit Brücken und Bächen.[4] Überall wundervolles Herbstlaub, weite Hänge hinan. Neuer Begriff: Gut am Meer. Georgenwarth. Die peitschenknallenden Knechte, roh. Auf dem Rückwege hin die Uferhöhe entlang zwischen Birken, Buchengebüsch, Gras, Sand. Die Steilküsten, von denen sich das Meer ums Doppelte erweitert. Besonderer Reiz, daß die Wände aus Erde sind. Rauschen, um winters mit einer lieben Frau aus der Welt zu fliehen.
[Bis Jahresende keine Eintragungen.]

Sonnabend, 2. Januar 1909

Ist die Sehnsucht, draußen Erfolg zu haben, ein Symptom innerer Schwäche? Gewiß manchmal. Gewiß aber ist auch, daß äußerer Erfolg das Innere stärkt.
Stille. Nur ab und zu Türklappern, Schließen, die Glocken. Etwas Heimliches, Heiliges ist in der Luft. Die Einsamkeit als Freundin. Merkwürdig, wieviel schöne Höhlen der Einsamkeit es in dem Zellenleben der Weltstadt gibt, wie still es zwischen all dem Geklapper ist. Und aus dieser Stille quillt das Beste. Bedürfnisse in sich selber wecken, sich ausbreiten. –
Peter Altenberg. Seine schöne Sanftmut hat für diese Tage vielen Glanz gegeben. Gewiß steht auf guten anderen Seiten so viel wie auf seinen, aber das Gefühl: in diesen Worten steht alles genau, was darin stehen sollte, ist vielleicht das Schönste am künstlerischen Genießen.
Für meine Kunst: Ich habe nach Einfachheit zu streben. Ich bin daran, nach mancher Richtung verschroben zu werden. War es schon. Das kommt vom zu eifrigen Aufpassen. Die Bewußtheit der erworbenen Einsichten bleibt nicht theoretisch genug. Sie muß ins Blut gehen und bei praktischer Arbeit nur als Blut wirken.

Mittwoch, 6. Januar 1909

Gestern die erste geistige Amputation erlebt. Ein Aufsatz fürs Berliner Tageblatt. Das Beste gestrichen. Ich habe mich natürlich fürchterlich geärgert. Man ist so dumm, immer möglichst Gutes zu liefern – und bleibt so. Äußerlich kommt man mit Schlechtem ganz anders voran.

Dienstag, 12. Januar 1909

Plötzlich Dunkel, daß in den Ecken meines Zimmers nichts mehr zu sehen ist. Spiegel verhüllt, das Spind wird schwarz. Regen – und Schneeschauer. Die Mauern des Hofes sind von einem schwärzlichen Grau. Zu ihrem Schachte aber ein Zerren und Hopsen. Weißliche Dämpfe, Schleierlaken. Der Ofen stöhnt dazu. Er scheint den Tanz anzublasen. Irgendwoher fällt ein Blatt herein. Wohl keine Minute später riesige Flocken. Man denkt sich mitschwebend.[5] Je nachdem man die Augen stellt, Tanzen schräg nach rechts oder schräg nach links. Pause. Die zweite Wolke schneit. Welchen weißen Traum hat sie lautlos auszuschütten? – Sie tuts und geht dann größeren Gesetzen nach.

Menschliches Unglück: mit der räumlichen Entfernung wirkt es kleiner, mit der zeitlichen, durch öfteres Nachdenken kann es größer werden. Daran wird die Puppenhaftigkeit und Kleinheit unseres Wesens klar. Erst als Dichtung wirkt das Ferne. Unsere Phantasie ist nicht sofort geneigt zu bearbeiten. Sie muß sich einstellen, ihre Dispositionen treffen. Übrigens, für räumliche Entfernung und Wirksamkeit gibt es nicht einmal Gesetze. Vielleicht dieses: nah, ziemlich nah, weit – und dementsprechend Gefühlswerte. Das Weit hat keine Modifikationen mehr. Stärker wirkt da schon eine Beschreibung von Schönheiten als eine von Qualen, weil im letzten Fall keine Sehnsucht beigemischt ist.

Ältere Leute verallgemeinern häufig so, daß sie Versäumnisse und Unfähigkeiten, die sie persönlich in ihren Jahren gerade spüren, als Eigentümlichkeiten des Älterwerdens überhaupt hinstellen, am häufigsten die Lust, sich zu begeistern.

Donnerstag, 14. Januar 1909

Zum Nachgeben ist in jedem noch sehr viel Raum, mag er selbst schon eine volle Person sein, und das ist der größte Reiz des Umgangs mit Menschen. Das Gefallen (auch vorübergehend) an einem guten Gesellschafter, Faxer, einem Geistreichen, ist der

Wunsch: ich möchte auch mal so sein. Er befriedigt sich im Verkehr häufig sehr schnell. Im Grunde will jeder bleiben, der er ist, trotz der siebenhundert Hoffnungen, die er erst an sich erfüllt wünscht.

Freitag, 15. Januar 1909

In der Kunst liegt etwas vollkommen Gelungenes und vollkommen Mißlungenes für den Künstler ganz dicht beisammen. Er hat vielleicht bei beiden den gleichen Grad von Entzückung empfunden. Für einen anderen sind das gelungene und mißlungene Werk Gegenteile, ihm eins und dasselbe.

Sonntag, 17. Januar 1909

Was wir erleben, hat in seiner Wirksamkeit ein sehr verschiedenes Tempo. Diese Stunde – Stunde der Aussaat. Etwas geht heute noch auf, anderes übermorgen, anderes in zehn Jahren, anderes in zwanzig. Vielleicht wurden darum manche Dichter erst so spät reif? Wir dürfen mit den Werturteilen nicht voreilig sein. Etwas wird taub genannt und kann am 25. Juni 1922 seine wundervolle Wirksamkeit entfalten. Manch Erlebnis auch wartet auf seinen Bruder oder ein anderes, das seine Geliebte ist. Einzeln unfruchtbar, wird es in der Vereinigung fruchtüberreich. Verurteilen durch andere? Der organische Prozeß ist bei jedem ein anderer.

In jedem Leben steht eine Philosophie. Es gäbe kein verfehltes Leben, könnte jeder, der ein Leben trägt, seine Philosophie entdekken. (Darum gibt es kein verfehltes für das Auge des Künstlers, der die Philosophie überall als eine Art Musik hört.)

Gewinne ich das ehrliche Zutrauen zu mir: ich will so sein – so werde ich so sein. Die objektiven Emanationen sind vielleicht erst Symbole dessen, was sie sein sollten, aber bei langer Beharrlichkeit werden sie dem Subjekt nachkommen, und ihr Wert für mich und andere – der subjektive und der objektive – wird gleich sein. Dies ist wahr, denn man kann wirklich wollen nur das, wozu man auch fähig ist. Willensakt ist Zeugungsakt. Der Same muß weiter.

Welche Stunden sind zahlreicher, da wir Subjekt oder Objekt sind? In allen, da das Innenleben nicht spielt, sind wir Objekt. Was sind wir in den Träumen?

Jeder ethische Fehlweg, alles, was man schlecht oder häßlich nennen mag, kann zu einem ethischen Wert, zu etwas Gutem und Schönem werden durch die Erkenntnis, die man daraus abzieht, oder Willenskraft, Einsicht, und durch das, was man daraus gestaltet.

Sonnabend, 23. Januar 1909

Nach langen trüben Tagen wieder einmal Sonne. Um den Neuen See gegangen. Eine große runde Scheibe zwischen den dünnen, aufrechten, schwarzen Bäumen. Das Gelb färbt den Nebel hellblau. Das Eis von der Farbe einer Apfelsinenschale. Fahnen. Stille, die mir nicht klang, weil ich in Angst um mein Werk ging. Man sieht dann nicht viel, hat keine Impression wegen der gegendrängenden Expression, der inneren Impression. Phantasie – verspätet wirkende Impression verketteter Erinnerungen.

Donnerstag, 28. Januar 1909

Draußen dunstiges Rieseln und Fahle. Aber innen wieder einmal ganz selbstsicheres Leben und Quellen. Das Denken über die Arbeit wird zum Schaffen. Und die Stunden haben ein Versprechen im Munde: so sind wir ewig.

Sonntag, 31. Januar 1909

Einen Spaziergang bis zur Dämmerung gemacht. Charlottenburg. Die Fabrikufer. Ich habe schon lange nicht recht in Muße eine Gegend genossen. Nie aus der Ferne sah ich das Winterbild: leicht beschneite Villen und Fabriken hinter Haufen und Rechen schwarzer, zarter Bäume. Kein Rauch und Arbeitsgetöse, wenig Menschen, nur spielende Kinder, deren Geschrei mich hell und winzig berührte, aber viel hellblauer Himmel und Licht. Ich komme mir aber in solchen Gegenden unserer großen Stadt als ein rechter Fremdling vor.

Ich ging aus, beschäftigt mit meinem Werk und hatte forscherliche Gedanken, solange ich bekannte Wege ging: da sah ich mich. Man bleibt für das gleiche Bild nicht sehr lange eindrucksfähig.

Nachher ein verwirrendes Staunen.

Sonntag über Mittag ist es sehr still. Mein Weltgefühl in solchen Stunden ist unbeschreiblich merkwürdig, die Rinde (gleichsam) der Seele wie in einen magnetischen Schlaf gesunken.

Dienstag, 9. Februar 1909

Gestern nacht erwachte ich in einem solchen nervösen Stumpfsinn, daß ich dachte, ich werde verrückt. Mein Kopf als runde Schattenkugel an der Wand. Ich erschrak und dachte, nun müsse ich bald, unter Zwang, mit dem Kopf gegen diesen Schatten und die Wand rennen.

Mittwoch, 24. Februar 1909

Am vergangenen Montag die Erstaufführung von Straussens Elektra, und ich mit Hans Kyser dabei. Das Erlebnis an einem Genie, sich in dieses Orchester zu werfen. – Und man zetert um Kleinigkeiten.

Mit Moritz Heimann bei Steinert Wein getrunken. Heimann zu sprechen für mich ein ethisches, tagelang bis in alle Tiefen nachwirkendes Erlebnis. Diese Klugheit, und eine unbegrenzte Fähigkeit anzuregen.

Freitag, 16. April 1909

Unsere Heiligkeiten, sie mögen sich oft nicht aufmachen und mit Welt beladen, wo wir es möchten. Sie stehen vielmehr etwa auf, das, was Flügel hat in uns, fliegt etwa durch den stinkigen Duft des Lokomotivrauches, der rote Widerschein des puffenden Ofens wird ihm Erlebnis, es steigt, bohrt sich mitten durch einen Dreck, der auf der Straße liegt – und wir wissen nicht, welcher Stoff sich zu dem wandelt, was uns Leben ist.

Montag, 19. April 1909

Fontane, Familienbriefe. Ich habe diese Briefe mit Entzücken gelesen. Fontane weiß, daß er herrliche Briefe schreibt. Was schadet das?

Mittwoch, 12. Mai 1909

Es ist irrtümlich, das Leben so einfach zu nehmen, als ließe es sich in seinen Taten packen, so wirksam diese sein mögen. Die Ereignisse, Entschlüsse und so weiter sind doch nur die Zufälle, durch die der Grundstrom abgelenkt, auch ganz unterbrochen werden kann. In der Kunst die Biederkeit, die unkompliziert die Entschlüsse aus dem letzten nur motiviert, ist verkehrt. Übertragt das nur einmal ins Leben, und die Langeweile, der Automatismus müßte unerträglich sein. Kritiker, die sich auf feinere Blicke nicht einlassen mögen und nur von Nervenschwäche und Krankheit sprechen, sind Esel, große sogar.

Dienstag, 18. Mai 1909

Kants Kritik der reinen Vernunft wird mir nun zum großen, religiösen Erlebnis. Was früher Spiel schien, lebt im reifer gewordenen geistigen Organismus auf und zieht viel in sich hinein.

[Undatiert] 1907/1909

Das Allgemeine in der Lyrik ergreift heute niemand mehr, es sei denn, es ist einmal so eigen gesagt (als es einst noch nicht allgemein war), daß die Einzelseele noch durchklingt. Heute will jeder die ganz besondere Persönlichkeit. Ist das Wahrung des Selbst? Oder weiß man sich in jedem verborgen und genießt sich in jedem, erfreut über die Mehrung und Weitung des Seelenreiches?

Gefahren des allzu sehr ausgebildeten Kunstverstandes: 1. Er verleitet auch zu schreiben, wenn die Stimmung fehlt. 2. Er verleitet bei vorhandener Stimmung zum Forcierten. – Merkwürdig scheint mir, daß er für eine feinere Bildung der Sprache von sehr geringem Nutzen ist.

Verschiedenen Seelen können die verschiedensten Dinge Sinnbilder für das Gleiche werden. Der Weltseele müßte darum jedes Ding Sinnbild für alles oder nichts sein.

Im »Was« mehr der Dichter – im »Wie« der Künstler. Müßte die Form in der Konzeption nicht gleich mitkonzipiert sein beim Kunstwerk wie bei anderen organischen Wesen? Und gleicht die Ausgestaltung mehr der Erziehung eines Menschen?

Ich glaube nicht daran, daß es nur einen Stil gäbe. Wer könnte das im Ernst? Aber für den einzelnen Schriftsteller gibt es nur einen Stil, den er suchen muß, und zwar ist es der, ein Ding so einfach und genau wie möglich zu sagen. So wird echter Glanz und echte Schlichtheit vorhanden sein. Alles Gute kann als Vorbild gelten.

Die Vortrefflichkeit eines Romans müßte mit seiner Länge wachsen. Es ist in unserer eiligen Zeit eine Anmaßung, die Lektüre eines endlosen Werkes zu verlangen, das nur mittelmäßig ist.

Ich glaube, lange Sätze von Anmut des Klangs und Baus sind doch das am meisten Erstrebenswerte und Fördernde für unsere Sprache. Sie lehren konzentrieren, das Treffende suchen, das Nebensächliche unterordnen und meiden, sie reinigen den Ausdruck von Schwulst und Leere, sie erfordern Beherrschung aller wesentlichen Wortgattungen und erlauben keine Eselsbrücken von allzu zahlreichen Hilfszeitwörtern, von verdunkelnden Beiwörtern. Sie

lehren auch Abschnitte und Kapitel sicherer, übersichtreicher bauen.
[Außer den Aufzeichnungen der Riesengebirgsreise im Juni 1909 liegen keine weiteren Eintragungen im Tagebuch von 3. Juni bis 14. Januar 1910 vor.][6]

Sonnabend, 15. Januar 1910

Manche Poeten laufen nur hinterm Pegasus her und sammeln die Roßäpfel auf.

Dienstag, 18. Januar 1910

Nur das Menschliche an den Göttern ist unsterblich. – Und das Göttliche haben sie vor den Menschen nicht voraus.

[Undatiert] 1910

Drollig ist bei vielen Kritikern das Bedauern, daß ein Autor nicht will, wie sie wollen. Das kommt nicht aus Wut, nicht aus Enthusiasmus, sondern aus flauer, schläfriger Lektüre.

Der geringe Dichter sagt nicht vom Menschen, nur von sich etwas aus. Er bleibt im Privaten stecken.

Es begegnet mir oft, daß ich die Worte, die ich zu einer anwesenden Person spreche, eigentlich an eine oder mehrere abwesende richte.

Wie man oft einen Knall vernimmt, bevor er knallt, oder einen noch nie erfahrenen Schmerz vor dem Schmerze erfährt, empfindet man vielleicht den Tod spezifisch untrüglich, bevor man stirbt.

Ich lerne aus gelegentlichen Äußerungen von Dichtern, die wirklich etwas können, viel mehr als aus langen Abhandlungen. Der kleine Briefwechsel zwischen Storm und Keller war mir ein Kompendium der ganzen Epik. Die Bestimmtheit, die nichts mehr beweisen will, reißt mit – ist Beweis.

Man mache einen Fall so individuell wie möglich, wenn man ihm typische oder symbolische Gültigkeit verschaffen will. Das Individuelle gibt ihm die starke Vitalität.

Das im höchsten Sinne Poetische ragt über die Beschränkung der Gattungsbegriffe hinaus. Die Stellen, die es enthalten, könnten in Drama, Epischem oder lyrischem Gedicht stehen.

[Außer kurzen Aufzeichnungen aus Paris, die am 24. März beginnen, aber schon mit dem 12. April abbrechen, liegen bis zum 23. Januar 1911 keine Eintragungen vor.]

24. Januar 1911

Aus Zurückziehen in mich selbst schreibe ich wieder einmal. Äußerlich – was war? Weiter Paris und Umgebung. Brüssel, Köln. Der Rhein. Zurück. Berlin. Einleben. Innerlich: Glück bei den Gedichten in immer größere Weite und Tiefe zu sinken. Praktisch: immer erfolglos. Roman vom Turmbau bringt weder Geld noch Ruhm [1910 bei S. Fischer erschienen].

Donnerstag, 2. Februar 1911

Gide: Die enge Pforte. Merkwürdig erregte Stimmung. Kunstlos, aber Virtuosität des Kunstlosen, die aus dem Leben geboren ist. Verstreute Kleinigkeiten, die zunächst wahr sind, werden nachher notwendig und dadurch in gewisser Weise groß. Man beginnt: ist das ein Roman? Nachher – ja, ja, eine Lebens-, Weltanschauung darin! Das Spirituelle seine Stärke; wäre es nicht kunstvoll, d.h. im letzten Grunde wahr, so fielen viele der feinen Szenen. Bei uns oft ideenlose Feinheit, richtig sagt man: gewisse schläfrige Stimmung, die aber eigentlich nur eine breite Illustration ist für einen kleinen Gedanken. Der Gedanke hat Symbolwert, die Illustration erniedrigt sich zum Beispiel. – Während bei Gide etwa die Situation das Symbolische ist für etwas noch darüber. Die Ausführung ist nicht länger als das Material. Trotz der Glossen, der scheinbaren Lässigkeit.
Gide: El Hadj oder Der Traktat vom falschen Propheten. Wie der Nebel eines Rausches, blaß, aber intensiv bohrend. – Liebesversuch gar zu arabeskenhaft. Fruchtbar aber das Erlebnis des Narkissos. Sich anzuschauen, der paradiesische Zustand. Der Traum schafft die Welt. Die Geste zerstört sie. Kunst. Alte Gedanken, neu geordnet, neu erregend. Symbol. Ästhetik in nuce.

Dienstag, 7. Februar 1911

Eine Musik hüllt mich ein, hebt mich auf, trägt mich sublim durch fließenden Marmor der Wolken, über schimmernde Ordnungen. – Wahnsinniges Heimweh nach Paris.
Ich fühle, mein Berliner Drama, die Geschichte vom Oger, wächst. Das wird wohl werden. Wahlverwandtschaft des Stoffes. Man muß durch Arbeit sich überwinden.

Sonnabend, 18. März 1911

Wie solls mich nicht beleidigen,
wenn Esel mich verteidigen?

März 1911

Wenn eine Stunde schlägt, so ist zwar nur der Schlag für sich selber da. Aber das Nachhallen des Schlages zieht Blick, Gehör und Gefühl mit sich und bringt in immer weiteren Kreisen Welt hinein, sie verändernd, bereichernd – jedenfalls berührend.
[Von April bis Anfang Juli keine Eintragungen.]

Sonntag, 2. Juli 1911

Reise in den Frühling, in die schimmernden Ordnungen hinein. Vogesen. Schwarzwald. Bodensee. Rheinfall. Basel. Heidelberg. Dort Vorlesung. Sympathischen Eindruck davon. Man muß nur arbeiten, so ist man glücklich. Sei es auch noch so wenig. Mein Rükkert [für die Pantheon-Ausgabe bei S. Fischer] ist fertig: Auswahl und Einleitung. Ich freue mich darauf. Ein Aufsatz für die Neue Rundschau über Bücher desgleichen. Fischer druckt nun meine Gedichte, ist sehr liebenswürdig zu mir. All das hat viel Belebendes, wenn die größeren Arbeiten auch noch zurückstehen mußten.

Dienstag, 24. Oktober 1911

Samstag, den 22., war das fünfundzwanzigjährige Jubiläum des Verlages. Diner im Kaiserhof. Hauptmann kennengelernt, was mir ein großes Glück ist. Dehmel ebenso. Ferner Johannes V. Jensen. Peter Nansen, der ein herzlicher Mensch ist und eine schöne Rede auf Fischer hielt; Schlenther eine ziemlich taktlose, Osborn eine alberne. Falscher Humor: den meisten Menschen ist Humor oder Witz erst möglich, wenn sie die Wahrheit der Wirklichkeit verlassen. Ein Spiel nebenbei, auf Kosten der Bewitzelten. Hans Kyser sprach schön und stark für die Jungen. Fischer dankte prachtvoll einfach und herzlich und dadurch bedeutend. Vollmöller kennengelernt und andere, mir zunächst gleichgültigere.
Man tummelt sich eine Zeitlang mit, aber wenn man nicht arbeitet, liegt man plötzlich unter den Füßen. Ich habe nicht das Talent, mich lange in einem Wirbel aufrecht zu erhalten. Ich komme mir abhanden, leide an mir. Ich brauche die Einsamkeit viel. Und doch, wenn ich jemand genau kenne, so wirkt er auf mich. Ich darf nicht gleich nach Aufnahme eines Dinges die Urteile bedeutender Men-

schen hören. Ich nehme sie dann gleich auf und unterbinde mir den Umweg, dessen ich bedarf. Was mir durchs Hirn kommt, muß erst das Blut durchsickert haben und dann ins Hirn wiederkehren.[7]

Sonnabend, 28. Oktober 1911

Interessante Menschen: sogenannte interessante Menschen sind nicht interessant, sondern nur auffällig. Das Auffällige stumpft ab oder wird aufdringlich. Interessant kann nur etwas Allgemeines sein, etwas, was viele angeht. Und bei Menschen: Gesetze werden durch natürliche innere Formen, durch die sie sich ausdrücken, erkenntlich, eindringlich faßbar.

22. November 1911

Ich lese Aufsätze über Künstler, die zur Natur ganz zart stehen, ihre Seele gleichsam entblößend. Ich glaube nicht daran. Gesundheit muß sein. Man sagt mir von meiner Ehrfurcht in den Gedichten. Davon weiß ich nichts. Ich gebe nur, was da ist. Überhaupt ein Wunsch nach dem Gesunden. Heine, Baudelaire sind gesund, weil sie das Kranke gesund geben, kleinere, Rilke usw. sind krank, weil sie das Gesunde krank geben.

1. Dezember 1911

Trübe Tage; die Stadt [Berlin] liegt wie einem Feuer im Rachen. Sie qualmt. Schwarzrote Hintergründe. Sie liegt da wie eine dunkle Sünde. Phantastisch graue Häusermassen krümmen sich in den Horizont hinein.

28. Dezember 1911

Das Jahr geht zu Ende, ohne viel gebracht zu haben. Das äußere Elend stürzt mich in inneres Elend. Ich frage immer, bevor ich etwas schreibe: wozu? wer liests? wer druckts? wen freuts? Und das zerbricht. Höchstens Gedichte werden, um die sich meinetwegen niemand kümmern soll. Sonst Zurücksetzung überall. Das ist so ungefähr der Aspekt des vergangenen Jahres. Neue Pläne mag ich nicht ausführen. Wozu? Damit sie liegen und liegen?
Ein bißchen fröhlichen Zugwind in die Seele! Woher? Der Beifall strenger Freunde hilft, hilft innen, aber er gibt nicht die Notwendigkeit neuer Dinge.
Bachs Weihnachtsoratorium gehört.

[Undatiert] 1911

Man darf einen Einfall nicht immer erst auf seinen Wert prüfen, bevor man ihn aufschreibt. Er gewinnt oft dadurch an Wert, daß man bei ihm verweilt. Fast jeder Gedanke hat zwei magnetische Pole, einen positiven und einen negativen. Man muß ihnen ein wenig Zeit lassen zu wirken.

Die meisten Lyriker sind Sonntagsjäger. Sie schießen alles an, aber sie schießen nichts.

Die Einzelheit, die der Dilettant gibt, entfernt das Ganze; die Einzelheit, die vom Künstler kommt, enthält es.

Könnte nicht ein Traum jemanden töten? Aus ihm kommend und doch wie ein Schwert von oben ihn überfallend?

Sonnabend, 10. Februar 1912

Äußerlich durch Erfolg bei den Wenigen weitergekommen. Hätte ich z.B. gedacht, daß ich heute an der Wand vier Blätter von E. R. Weiß haben würde, die durch meine Gedichte eigentlich zu mir gezogen sind. Bachstudium fortgesetzt. Viel kennengelernt, in schönen Abendstunden Heimann manches auch kennengelehrt.

Montag, 26. Februar 1912

Jahres- und Tageszeiten sind doch das größte Glück des Lebens, und daran hat jeder Teil, der lebt. Ich habe das nie so intensiv gefühlt wie heute. Arbeit muß man dazu haben, Gebundenheit, um sich zu sehnen. Das immer Wiederkehrende. Es kehrt im Grunde ja doch nur so selten wieder. Ich bin heute daran so glücklich, daß es mich für Augenblicke schmerzt. Ich gebe mich hin wie eine Blume oder ein Baum. Es muß auch in ihnen dieses Glück sein. Was wir auch erleben, im Grunde ist es nicht mehr. Alles andere ist das Vorübergehende, dies das Konstituierende.

Montag, 4. März 1912

Gestern einer der größten Eindrücke meines Lebens. Bach: h-moll-Messe. Immer tiefer in Anbetung vor einer so unfaßlichen Fülle von Genie. Wundersam, daß vor solchen Wundern an Kunst so viele kleine Künstler den Mut behalten. Es ist eben dies, daß wir uns das Größte selten zur wirklichen Gegenwart machen können.

Das Ungeheuerste waren der erste Chor (das erste Kyrie eleison), das Incarnatus est, das Sanctus; das Höchste an Wucht und Gewalt, was mir je begegnet ist, das Agnus Dei, vorher die Violinen und der Schluß. Die Fuge ist die Form des Chores. Ja, was ist Musik! Man sollte ihre Formen historisch in ein System bringen und würde den Organismus sehen. Von der Zeit angefangen, da man zum Unisono die Quint treten ließ, bis auf Bach.
Musikalischer Abend bei Fischers. Zum ersten Male dort gewesen. Sehr nette Geselligkeit, die Musik war mäßig, aber es war doch wert, sie zu hören, weil ich dadurch das Es-dur-Quartett von Mozart kennenlernte. Eindruck eines Stillebens von Cézanne und einer Landschaft van Goghs.

29. Juni 1912

Ich wohne seit Ende Mai in Berlin-Halensee, Joachim Friedrichstr. 34 [Gartenhaus[IV]]. Arbeiten bleibt die Hauptsache. Ich habe es in diesen Graudenzer Ferien, Mitte Mai bis Mitte Juni war ich drüben, eingesehen.

29. Juli 1912

Bin ich sonderlich ehrgeizig? Sicherlich nicht. Ruhmsüchtig ganz gewiß nicht. Wenn ich ohne Zweifel mit etwas vor mir selbst bestehe, so ist mir das genug. Wenn ich nachdenke, erschrecke ich nur, wieviel Verbissenheit ich habe, wieviel Verbissenheit auf den Geldjammer zurückgeht. Vergittert, ohne Aussicht, jemals das Gitter zerbrechen zu können. Drei totgeborene Bücher hinter mir [Vineta 1907, Franz Pfinz 1909, Der Turmbau 1910], eines, das auf ein paar bedeutende Menschen seine Wirkung gehabt hat. Also noch ganz am Anfang. Episch nichts Gültiges. Manchmal eine Lust, zu schmieren wie Balzac. Aber mit der natürlichen Kenntnis meiner Dürre und Schwerfälligkeit bleibt das nur eine ab und zu auftauchende phantastische Idee.
Musikalisch bin ich um sehr viel weitergekommen. In Bach lasse ich mich seit wohl einem Jahr hineinfallen. Nie werde ich wohl in diesem Weltmeer ans Ende kommen.
Vom 7. bis 19. Juli eine wunderschöne Reise auf einem Fischdampfer auf der Nordsee gemacht. Davon Sonderaufzeichnungen und Aufsatz.[8]
Die Aussichtslosigkeit auf einen Erwerb, der die Existenz ermöglicht, lähmt immer, immer mehr. Man mag nichts Umfangreiches

mehr anfassen. Aber ich werde mich, da ich mit den kleineren Bemühungen nichts erreiche, dem Romanplan vom Epileptiker [Der Oger] wieder zuwenden.

Dienstag, 30. Juli 1912

Musikkritiker: Bestenfalls schreiben die Leute über Musikalia, aber nicht über Musik.

Sonnabend, 3. August 1912

Gestern nachmittag bei Dr. Julius Levin, der musikalisch nach manchen Richtungen so ungemein begabt ist. Sein Gedächtnis und dessen Präsenz, immer mit Überzeugungskraft, ist eminent. Er scheint jetzt ein einsamer Mensch zu sein, der unter der Ankunft des Alters leidet. Seine Küche ist als Werkstatt für Geigenbau eingerichtet, an einem Draht hängen wohl 20 Modelle in verschiedenen Stadien, in allerlei Farben und viele, viele Instrumente. Dutzende von Messern, allerlei Sägen, Formen, Hölzer usw. Er arbeitete mir das erste Stadium eines Geigenbodens vor, aus dem Rohen. Das Entscheidende wird mit freier, begeisterter Hand gemacht ohne Vorzeichnung. Ferner las er mir aus einer Novelle ein paar treffliche Seiten vor. Erzählte allerlei Pläne. Bescheiden strenges Leben mit gut und fruchtbar verborgener oder überwundener Verbitterung.

Mittwoch, 7. August 1912

Arm sein macht müde. Habe ich zu sorgen um Essen und Kleidung, so quält mich die grelle Pracht der Schaufensterauslagen, und die Stadt hört auf zu leben und fängt an zu schnurren. – Arm sein macht müde. Habe ich nichts mehr in meiner Seele, so will ich nicht mehr die Bäume, die Wolken und das Licht sprechen hören. – Arm sein macht müde. Ist mein Leben arm geworden, so kann ich auch nichts anderes mehr erleben, die Menschen nicht mehr und also kein Schicksal in diesem tiefen Sinne.

Freitag, 9. August 1912

Abends bei Eduard Stucken. Liebenswürdig und heiter wars. Stukken las sein neues Stück: Merlins Geburt. In sieben Bildern. Es brachte mir eine angenehme musikalische Stimmung. Sein Vers ist in der Tat schön und gibt dem Irrealen seine Realität. Am besten, wo es um schwebende Dinge geht, um Länder des Todes. Die Idee des Ganzen, einen Gegengral und einen Gegenheiland zu schaffen, ebenfalls von Größe.

24. September 1912

Oft Schwermut des Lebens. Schwermut des Daseins. Gefühl des Nichtzubegreifenden. Ausgeliefert wie auf dem Meere. Immer so. Durch das All fliegen. Aber die Welt selbst ist nicht mehr ausgeliefert als ich allein. Der es am tiefsten empfindet, empfindet es für alle. Mehr ist nicht denkbar.

Sonntag vor einer Woche und Sonnabend bei Moritz Heimann noch einmal in Kagel. In freundschaftlich verdoppelten, erweckten, ermunterten, genährten, erhaltenen Gefühlen klingt der herbstliche Gefühlsgrund der Welt auf. Die Mark mit ihrer Ebene, mit ihren wankenden Gebirgen aus fahlem Wolkendunst, wandelnden Lichtbrunnen, in ihren hängenden und wechselnden Tälern. Und Gott wächst auf den Sandwegen in den Kräutern und verdorrt. Dann, während man es draußen verdunkelt über seinem Kopf weiter geschehen läßt, zu Haus gesprochen im steifen Lampenlicht, Musik gemacht am Flügel mit Spinett-Ton.

Berlin ist wie ein Nährgrund um mich. Als nützten mir die Millionen Menschen. Als wäre ich ein Vampyr, das Gefühl abenteuerlicher Schicksale ein mir notwendiger abenteuerlicher Untergrund. Ein Resonanzboden.

Sonntag, 20. Oktober 1912

Quantität ist auch eine Qualität, wenn sie ein Wille der Produktivität ist, nicht einer »zur« Produktivität.

Mit Fischer das monatliche Vorschußverhältnis um ein weiteres Jahr verlängert. Ich bin glücklich, wenigstens vorläufig aus der Not zu sein. – Mittwoch, 16., mit E. R. Weiß, Orlik, der aus China wieder da ist und viel Interessantes erzählte, und Barchan in Kagel gewesen. [Vom 25. Oktober bis Jahresende keine Eintragungen.]

Sonntag, 12. Januar 1913

Armut ohne Anlage dazu, ob das wohl mein größtes Erlebnis ist! So dauert es schon zehn Jahre lang, mit einigen kürzeren Unterbrechungen. Ewiger Druck, nie zu lösende Depression. Versagungen, Entbehrungen aller Art. Dazwischen gepreßt, eingeengt, Glück des Genießens. Heulende Elende – halbe Dutzende an jedem Tag. Einsamkeit und Verdüsterung. Unbezwingbare Müdigkeit. Hinschleichen der Tage über mich. Qualvolle Inhaltslosigkeit. Und die Seele grübelt sich noch immer Schlimmeres selber vor, die lügnerische – gebs Gott.

Montag, 19. Mai 1913

Am vergangenen Donnerstag abend aus Kagel zurückgekehrt, wo ich etwa vier schöne Wochen – 21. April bis 15. Mai – verlebt habe, als Statthalter in Heimanns schönem Hause. Ich habe das ganze Heraufkommen des Frühlings dort erlebt; die Blätter waren bei der Ankunft erst ganz klein, jetzt sind sie voll und haben nicht einmal das erste Grün mehr, der Flieder, die Kastanien umblühten mich, blaue und weiße duftende Feuerklumpen. Hochsommerwärme. Dann wieder so kalt, daß Frost im Wasser ansetzte. Gänge, wohin irgend ein Weg ums Dorf herum führte. Gedichte gefeilt, eine ganze Reihe von Rondellen fertig gemacht.

Nachholend: wichtig, daß mir im Februar Walther Rathenau durch sechshundert Mark sehr geholfen hat. Ich war bis zur Zerrütterung verlegen, dabei krank.

[Vom 20. Mai bis 16. Juli keine Eintragungen.]

Donnerstag, 17. Juli 1913

Hans Kyser kam vom Bodensee, um für Hauptmann in der Volksversammlung des Schutzverbandes zu reden. Wir haben historische Studien der Zeit gemacht. 2500 Menschen in der Philharmonie. Erstaunliche Wirkung der Suggestion. Brutaler Wille; keine Vernunft hätte ihn ablenken können. Man kann es nicht übersehen: dieselben Menschen, die hier Hauptmann zujubeln, würden ihn ebenso gut kreuzigen.

Vom 28. Juni bis zum 10. Juli bei Hauptmann gewesen. Dies ist ein unvergeßliches Haupterlebnis. Hauptmann von einem hellen Zauber der Menschlichkeit, dem man sich nicht entziehen kann. Spaziergänge um Agnetendorf, mitunter bei strömendem Regen, im Garten, um den Teich, bei den Turngeräten, Begegnungen mit aufdringlichen und ehrfurchtsvollen Fremden. – Gespräche bei den Mahlzeiten, besonders abends, wo viel gezecht und viel gelacht wurde. – Musik mit Frau Hauptmann, dieser ausgezeichneten Geigerin (Max Müller aus Leipzig, Hauptmanns Jugendfreund). – Vorlesen: Hauptmann über Humor, mehrere Aphorismen, ein Schmähgedicht, aus seinen Nibelungen (1900) einen Teil, Drama »Der weiße Heiland« und »Der Bogen des Odysseus«. Unerhörte Stunden.

Dann zu Stehr. Dieser erschlug mich zunächst mit Gedanken, die alle zu schwer für Zufall und Alltag schienen, bis ich merkte, woher sie kamen. Aus einem über die Maßen grandiosen Roman, von dem ich etwa 400 Druckseiten hörte. Außerdem auch eine große Novelle und mehrere Anfänge. Gedichte, Aufsätze, die abgebrochene Steine waren, um die Romanlawine rollen zu machen. Auch noch vier Tage, die eigentlich ganz von Kunst erfüllt waren.

Montag, 4. August 1913

Meine musikalische Neigung jetzt wieder mannigfaltiger, nach mehreren Jahren, die ganz und gar und ausschließlich Bach gewidmet waren.
Von Emil Orlik das schöne Porträt Hauptmanns, Radierung, bekommen, die über meinem Sofa nun hängt, Freude und Anregung zugleich.
An dem Romane [Der Oger] fortgearbeitet, wie mir scheint, mit gutem Gelingen, wirklich entdeckend, Wesentliches findend. Es geht bei mir ruckweise, ein Stück schnell, aus dem Moment der inneren Erscheinung, dann dazwischen zögernd und widerwillig.

Dienstag, 5. August 1913

Die Musik setzt sich rhythmisch in meinen Körper um und läßt die Seele dann auch in meinem eigenen Gebiet produktiv werden. Denn persönliche Wohlgestimmtheit ist nur eine Bedingung, sicher nicht ein Erfordernis. Eine Erleichterung, die die Zusammenhänge williger hergibt – ein Glück für das Was, eine Gefahr für das Wie. Sonderbar, wie jeder Tag nur sein Quantum hergeben zu wollen scheint und nichts darüber hinaus. Mit dem Willen kann ich nichts erreichen.

Mittwoch, 6. August 1913

Gestern noch sehr eifrig gearbeitet [am Oger]. Die bisher höchste Seitenzahl erreicht, auch wohl die höchste Leichtigkeit in der Formulierung.

Donnerstag, 7. August 1913

Es ist schon ganz herbstlich geworden. Es weht kühl herein. Morgens weckte mich der Wind, der Türen zuwarf. Gefühl, als griffe ich den Herbst schon und zöge ihn herein, als ich die herausgewehte Küchengardine hereinnahm.

Mittwoch, 13. August 1913

In Kagel bei Heimann gewesen. Dort auch aus meinem Roman vorgelesen. Er macht einen großen Eindruck.

Gespräch mit Moritz Heimann über die Stufen des Gottesglaubens, besonders die ungeheure Genialität des Menschen, der zum ersten Mal ein Stück Holz nimmt und sagt: das ist Gott. Damit ein Loch in die Welt gerissen, aufgehobener Zwang. Das geistige Element, ihre Konstruktion durchaus von innen. – Ebenso die zweite Stufe im Tier, womit eigentlich die Gottheit vermenschlicht ist. Dieses der Beethovensche Schritt. – Keineswegs größer ist dann zu sagen: Gott ist Geist.

Donnerstag, 14. August 1913

Eine kleine phantastische Erzählung, Das Inguanodon, geschrieben. Der Roman bildet sich innerlich in seinen Einzelheiten weiter. Große Beglückung durch die Gegenwart seiner Menschen und Ereignisse.

Sonnabend, 16. August 1913

Diese Nacht den wirklichen Genuß des Schlafes gehabt, trotz wüster Träume. In einem nahm auf einem Schulhof, der einem Graudenzer Schulhof glich, ein irgendwie verzweifelter Schüler eine Dynamitbombe in den Mund, eine Zigarette, die er in der Ecke des Hofes anzündete. Er ging von den Kameraden beiseite, das Geschoß explodierte, seltsam gut gebrochene Stücke wie von einer Bildsäule glatt durchgehauen, lagen von seinem Körper umher. Das Sonderbare ist, daß ich vorher, aber auch im Traum, den Vorgang in der Zeitung gelesen hatte und ich dann hinzukam, um ihn zu sehen.

Montag, 18. August 1913

Die ordnende Tätigkeit im Hirn ist bei mir wohl das Wichtigere, das eigentliche Schreiben eben nur ein Niederlegen und Fixieren, bloß in den Einzelheiten noch quellend, auch von Erkenntnis der Zusammenhänge, doch wären die nicht instinktiv schon vorgebildet, fände ich sie auch nicht.

Dienstag, 19. August 1913

Wie groß doch die Einsamkeit werden kann, wenn man eine Weile keinen Menschen gesprochen hat. So gewiß ich die Hauptsachen meines Lebens einsam durchmache, so gewiß die Qualen dort liegen, so gewiß bin ich doch ein Mensch, der Gesellschaft und Geselligkeit braucht, um nicht krank zu werden, geradezu physisch krank.

Mittwoch, 20. August 1913

Heute habe ich mir im »Sturm«, dieser interessanten Zeitschrift, die ich über ein Jahr regelmäßig lese, die Arbeiten von Paul Zech zusammengesucht. Es wird von ihm so viel Rühmens gemacht. Aber an den meisten Gedichten ist das Gedicht vergessen, was mir bei der Feierlichkeit besonders peinlich ist. Aber eine Menge Einzelbegabung ist da. Freude des Ausdrückens. Nicht Freude, etwas auszudrücken. Vielfach so. Hervorragend nur Halluzinierte Nacht. – Reich Alfred Döblin. Besonders gefiel mir Die Ermordung einer Butterblume. Leider geht sie wieder in manchen Einzelheiten zu weit, während das Ganze vortrefflich ist.

Spaziergang nachmittags. Fließende Wolkengebirge jagen über dem Bahndamm auf, so gewaltige Berge als Fäuste, aufbrechende Sonnen, bleiche Mandorlenscheine, daß es unwahrscheinlich ist, darunter das geklebte Weiß der Häuserchenreihen zu sehen, die Signalarme der Eisenbahn. Und unten buchstabiert der fallende Dämmer vor weißem Plakat wortlos ein Lied zwischen dem Bilde gekreuzter Hämmer und den Worten: Holz – Kohlen – Anthrazit. Die Bäume rauschen einsamer auf gegen Abend, scheinen die Frische auszuströmen.

Lust an den kleinen grellen neuen Poesien, die meist nur ein geahntes, noch nicht gefühltes Teilchen zarter Stimmung in dem Wirrwarr grob unterstrichener, eigentlich wenig sagender Sinneseindrücke haben. Es kommt nicht darauf an, Realität zusammenzutragen in der Kunst. Mehr als er immer in sich hat, kann doch niemand geben. Das Inszenierte der Realität wird immer tot bleiben. Daran kann nichts dokumentiert werden.

Freitag, 22. August 1913

Für den Roman neue Verbindungen, Fortführungen, Bereicherungen gefunden. Fortgearbeitet an der Ausführung.

Sonnabend, 23. August 1913

Fünf engbeschriebene Quartseiten mit der, wie ich glaube, geratenen Hauptszene des Opfers an den Oger liegen hinter mir. Wie wohl ich mich darüber fühle! Wieder neue Verbindungen im Roman entdeckt. Sie sind darin vorhanden, weil die Menschen vorhanden sind. Mir ist nicht so, als erfinde meine Phantasie, sondern als sähe ich ein Stück Wirklichkeit.

Wenn ich eine, wie ich mir einbilde, treffliche Szene geschrieben habe, denke ich mir, daß ihre Einzelheiten vom Zufall abhängig sind. Gestern hätte ich sie so wohl nicht ausgeführt, morgen auch nicht. Und wenn sie dastehen, sind sie plötzlich feste Notwendigkeit, und der Zufall wirkt weiter, schafft aus sich neuen Zufall und so fort, und immer erstarrt er zur Notwendigkeit. Schließlich ist solch ein Werk dann etwas ganz anderes als es hätte werden müssen, wenn es gestern oder morgen begonnen wäre, wenn es andere, kürzere oder längere Pausen gehabt hätte, und doch ist es zuletzt ein Dokument, und man muß es völlig als dokumentarischen Ausdruck gelten lassen. – Sind wir nun so frei oder so gebunden?

Dienstag, 26. August 1913

Heute war einmal einer der hitzigen Arbeitstage, Vormittag und Nachmittag eine Menge gefördert. Es sollte so weitergehen, dann könnte ich bald sagen, ich habe das Werk.

Donnerstag, 28. August 1913

Gestern einmal wieder Bach gespielt, den ich drei Jahre lang ziemlich ausschließlich studiert habe. Bei der absoluten Vertrautheit mit diesen Kompositionen wurde mir die Konzentration ganz leicht, und ich fühlte, wie losgelöst von mir und der Materie der Stücke, intensiv das Lebensgefühl Bachs in der Musik.

Sonnabend, 30. August 1913

Ich habe mir für siebzig Pfennig in alle Vasen Blumen gekauft, nach denen ich Sehnsucht hatte, und bin sehr glücklich darüber. Das blüht nun ein Weilchen.
Heute ein Gedicht von dem Pudel mit der Löwenschnur geschrieben. Ob's taugt? Natürlich immer am Roman [Oger] gearbeitet. Man sollte jeden Tag etwas schreiben, ein wenig nur – wenn man an einer großen Arbeit ist, diese nie ganz sein lassen. Die erzwungene Konzentration, selbst wenn sie heute nicht viel hergäbe, zieht für morgen die guten Geister an.

Sonntag, 31. August 1913

Ernst Weerth, ein lieber, herzlicher und geistreicher Mensch noch immer wie damals in Paris, hatte viel zu erzählen: Picasso, der Maler, stanzt die Unterschriften der Bilder in Blech. Stört sehr, die Aufwärterin kommt ihn bitten, nicht so viel Krach zu machen. Er dreht sich feierlich um und sagt: Je ne fais pas de bruit, je fais la peinture.

Montag, 1. September 1913

Der zweite Teil des Romans hat sich mir gestern hart kristallisiert. Er schien mir bis dahin besonders schwierig wegen des Tempowechsels und der langen Zeit, die er zu umfassen hat. Jetzt ist es gut um die Idee herumgerückt und fließt alles aus ihr, so daß es auf die Zeit nicht mehr ankommt.

Dienstag, 2. September 1913

Gestern habe ich in der Arbeit den Rekord aufgesetzt: elfeinhalb engbeschriebene Quartseiten, d. h. etwa fünfundzwanzig Druckseiten. Abends beim Aufhören flatterten mir aber auch die Hände.

Donnerstag, 4. September 1913

Vom Simplizissimus die Novelle [Das Avancement] zurückbekommen. Ein paar Stunden war ich aus der Schwermut heraus, aber es ist dafür gesorgt, daß die Bäume nicht in den Himmel wachsen. Die Form meines Geistes scheint in diese Welt nicht zu passen. Ah, könnte ich mich doch der Traurigkeit entreißen! Mein Leib hängt wie Blei. Was nützt mir die Schätzung der Freunde, wenn ich nicht leben kann! Für Ruhm arbeiten, für Nachruhm? Das ist mir egal, weil ich jetzt zu leben habe und nicht leben soll. Maulschellen dem Hund, weiter nichts! So, nun habe ich die Novelle an den »März« weitergeschickt und erwarte das Weitere. Auch diesmal beim Durchlesen hat sie mir sehr gut geschienen.

Gestern noch fleißig bis zum Abendbrot gearbeitet. Glück des Verkehrs mit den Personen des Buches. Es dehnt sich doch noch recht auseinander. Aber es wird überall reich und voll. Das ist die Hauptsache. Die äußere Geschichte wird vielleicht hier schneller, dort langsamer vorgehen. Die innere dagegen wird ein ganz gleichmäßiges Tempo haben.

Im Roman fügt sich alles immer fester ineinander. Immer nach einem Funde staune ich, wieviel doch zu sehen und zu bemerken bleibt. Das ist überhaupt das Geheimnis der Kunst, alles zu sehen in dem Komplex, den man sich einmal gewählt hat. Wer viel übersieht, wird ein geringes Werk zustande bringen.

Freitag, 5. September 1913

So kann ich auch heute sagen, ich habe geruht, wennschon Träume aus dem Buche kamen und sich verwirrten. Ich bin dann an dem Schicksal dieser Menschen beteiligt, und da ich im Traume nicht

über sie verfüge und mit keinem logischen und psychologischen Blick in ihnen stecke, tun sie, was ihnen gefällt. Trotzdem verliere ich nicht völlig das Bewußtsein davon, daß die Leute von mir stammen, und nicht daran, daß ich etwas zu leisten hätte, und das gibt ein sehr peinliches Gefühl.
Man sagt, meine Bücher seien düster. Aber dieses Buch von meinem Leben ist doch wohl das traurigste.

Sonnabend, 6. September 1913

Wieder ausgezeichnete Blicke über meine Arbeit. Himmeldonnerwetter, das wird was!

Sonntag, 7. September 1913

Ich habe mein Pensum gearbeitet unter wahnsinniger Anspannung und ohne zu essen bis in den Nachmittag hinein und sinke nun wieder in die alte Schwermut zurück.

Sonntag, 14. September 1913

Heute bei Heimann gewesen. Er ist ein hilfsbereiter Freund. Wir gingen in den Grunewald herunter und haben über meine verzweifelte Lage gesprochen. Er will dafür sorgen, daß meine Mitarbeiterschaft bei der Neuen Rundschau nicht so im Argen liegen bleibt. – Rowohlt, der einen Verlag macht, würde mich als Lektor nehmen sofort, wenn ich sein Autor würde, was natürlich nicht geht. Treue um Treue.

Dienstag, 16. September 1913

Gestern abend setzte ein riesiger Platzregen ein und dauerte dann bis in die Nacht. Ein großes Gewitter fand sich dazu. Ich sah zuerst von der Stadtbahn die Blitze, breit über den ganzen Himmel, regelmäßig, wie von einem Leuchtturm nach der Uhr gezuckt. Dann die Gervinusstraße entlang, wo es frei ist neben der Stadtbahn, wie Flügelschläge eines weißblauen Vogels, der halb so groß ist wie die Stadt, sich jenseits des Horizonts heraufmüht und dann immer wieder unter ihn zurücksinkt. Dazwischen ein Kreuzschlagen, schwächer. Und der Regen rauschte und erregte einen Druck wie in der Kinderzeit, als ich in Graudenz und in den Ferien in Jungen mein erstes erzählendes Buch schrieb, so eine Räubergeschichte von einem zuerst spielenden, dann durchbrennenden Jungen. Dieser Regenduft hatte das erste Kapitel erregt, wie ich weiß, als der

Junge in einen großen Baum klettert, von dem die Strickleiter hängt; er zieht sie herauf und belauscht natürlich die Leute, die einen Schatz vergraben haben und sich bei dem übelsten Wetter treffen. Am deutlichsten sehe ich meine selbstgezeichnete Illustration, den Baum mit dem Strick und den Bach mit den Blattpflanzen, breitblättrig wie Rhabarber, für die ich eine große Vorliebe hatte. Aber das ist fast zwanzig Jahre her und bis auf den Gefühlskomplex vergessen.

Niemals habe ich daran gedacht, daß eine Erzählung gedruckt und gelesen werden könnte. – Mir fällt dabei ein, daß meine ganze Jugend doch von dichterischen Versuchen begleitet gewesen ist, naiv dumm und geschmacklos wohl öfter, aber in dem subjektiven Gefühl der Freude daran doch rein.

Fünfte Symphonie Bruckners gespielt. Es hilft nichts, diese Musik ist einzig in der Welt. Wem etwas zu lang ist daran oder wem es in Einzelheiten zerfällt, der ist eben unfähig, etwas ganz Grandioses aufzufassen, das da auf der Grenzscheide liegt, wo der Mensch Gott und Gott Mensch ist, beide gleichweit entfernt von ihrem Kampf, von ihrem Alltag. Feiernde Musik, Geschöpf und Schöpfer.

Donnerstag, 18. September 1913

Als ich nachmittags an der Bahnlinie entlang ging, eine schmerzhaft gesteigerte Aufmerksamkeit auf den Frieden des Lebens, die Empfindung: auf immer verloren und ausgeschlossen. Dagegen bei der Rückkehr nachts ein überschwengliches Glücksgefühl: bei der Vorstellung gewisser Musik Tränen in den Augen. Unfaßbar, als bräche die Seele zum Körper heraus.

Freitag, 19. September 1913

Gottseidank. Der »März« hat meine Novelle Das Avancement angenommen! Nun ist mit einem Ruck das, was ich für körperliche Erschöpfung hielt, weggenommen. Ich war zu sehr entmutigt. Es muß einem ab und zu ein Strohhalm hingeworfen werden.

Montag, 22. September 1913

Bei Clärchen.[9] Wir spielten Bruckners 2. Symphonie, 1. Satz. Nach so langer Pause wieder ganz intensives Gefühl der Größe dieser Urdichtung der Musik. Es quillt überall wie zum ersten Mal in diesem großen Organismus.

Dienstag, 23. September 1913

Bruckners 1. Symphonie gespielt. Schon hier ist es wie in den späteren. Eine Schöpfung, aufgetan. Alles steht an seinem Platz von Anbeginn und ruft und dampft und singt, unbekümmert in sich selbst. So wie wenn man irgendwo in einem großartigen Lande die Erde aufgetan sieht. Sie ist da bis zum Horizont und darüber hinaus, sie wird nicht, sie ist. So lebt eine solche Symphonie. Ihre Pausen und ihr Tönendes leben in gleicher Weise, nicht trennend und nicht fortleitend, sondern in einem höheren göttlichen Rang.

Mittwoch, 24. September 1913

Bruckners 6. Symphonie mit einem ungeheuren Eindruck gespielt. Die Welt muß anders werden, um diese Musik zu begreifen. Die Einfälle und Einzelschönheiten hat vielleicht mancher noch, aber niemand den Gesamtorganismus. Der ist das Grandioseste, was es gibt. Was man Bruckner als Schwäche vorwirft, da reckt sich der Riese, ungeheuer, ungeheuer!

Wieder tüchtig gearbeitet. Die Szene an der Windmühle und bei den Kaninchen. Ich bin neugierig, ob das Urtümliche, das ich jetzt bei der Arbeit empfinde, nachher drin sein wird. Ich will nicht zuviel die Länge des Buches beschränken, da es auch für mich persönlich ein vielbedeutendes Werk ist.

Sonnabend, 27. September 1913

Donnerstag abend noch bei Heimanns gewesen. Ich habe Musik gemacht, Schubert gespielt, Bruckner: den ersten Satz der 4. Symphonie. Was darüber zu sagen ist, fühle ich immer wieder. Wir sprachen darüber, wie dieser Fall wieder der Beweis ist, daß die ganz Großen von ihrer Zeit regelmäßig verkannt zu werden pflegen. Alle nur bedingte Anerkennung ist absolute Verkennung.

Montag, 29. September 1913

Als ich Clärchen zum Bahnhof gebracht hatte, breitete sich der Abend wunderbar: ein Lichtschleier mit Düsternissen. Darin die abgehackten Stümpfe der Häuserblöcke, der Schlote. Und die einsamen Lichtpunkte gaben ihren Ort im Raume an, wie ohne Zweck, nicht leuchtend, nur weiß trauernd.

Mittwoch, 29. Oktober 1913

Eine Premiere für mich war Bruckners Quintett in F, gespielt vom Rose-Quintett. Eine ungeheure Leistung. Eine Weltschöpfung, eine

Symphonie, zuerst im Widerspruch mit den wenigen Instrumenten, dann aber treten sie ganz zurück und nur die Musik lebt. Danach war Brahms' Sextett ganz nüchtern und trivial. Überhaupt, wie habe ich mich in der Musik geändert, seit ich Bruckner begreife! Was vorher reizte, wie Richard Strauss, aus der Instrumentation heraus u. a. tritt ganz in den Winkel, um dort für gelegentlich zu leben. Nur was aus der durchgeistigten großen Seele quillt, gilt und ist große Kunst.
Gestern fing mir die Musik des Romans Gottseidank wieder an zu klingen. Ich dachte manchen Moment schon, er würde verloren sein und mittelmäßig zu Ende geführt werden müssen. Jetzt werde ich ihn zwingen.

Freitag, 7. November 1913

Sonntag vormittag bei Heimann spazierengegangen. Abends bei E. R. Weiß zu nachträglicher Feier seines Geburtstages. Dort Hofer und Frau, Barchan, Levin, Fräulein Sintenis. Gestern habe ich an einem Gedicht gearbeitet, das mir aber noch nicht geraten ist. Am Donnerstagtisch war Schmidtbonn als Gast und Dülberg, welch letzterer mit seinen Ähnlichkeiten mit Rembrandts Bruder, Richard Strauss und Strindberg hausiert. Viel über Malerei geredet.

Dienstag, 11. November 1913

Die Kleiststiftung ist nun Ereignis geworden. Sonnabend nachmittag überraschte mich der eingeschriebene Brief. Montag kam die erste Rate von 450 Mark und am Abend die Notizen in den Zeitungen, was alles mir doch eine sehr große Freude gemacht hat.
Mit erschütterter Freude die Novellen von Heimann gelesen. Mit das Schönste an Deutsch, was heutigen Tages geschrieben wird.

Sonntag, 16. November 1913

Nach dem Besuch bei Irene Triesch bei Levin, der aus seinem Buche weiter vorlas. Darauf bei Heimann. Dort vorgespielt: Philipp Emanuel Bach, mit großem Eindruck. Philipp Emanuel schreibt in seiner ganz besonderen Sprache. Der Vortrag will gelernt sein. Seelisch völlig eigen. Eine Schwermut aus der Welt und aus den Nerven in den langsamen Sätzen. Blut und Sterne balancieren in der Ahnung wie unter das Gesetz der Zunge an einer Waage gestellt.
Die Fischdampferfahrt ist mir ein großes Erlebnis. Sie verändert

mich sehr: ins Kosmische. Seitdem sehe und fühle ich mehr die Erde als den Wasserball mit den Inseln.
Gestern wurde angenommen Das Goldbergwerk [Novelle] von den Weißen Blättern. Heute »Pansmusik« vom Berliner Tageblatt angenommen.[10]

Donnerstag, 20. November 1913

Zu heute Nacht schlecht geschlafen. Der Mond schwamm – ich muß ihn abnehmend immer wie ein angeschriebenes, taumelndes, auf den Rücken fallendes C sehen – über den Häusern. Weiße Wolken tief darunter, Schachte gleichsam aus brüchigen Schieferlagen eingerissen, flogen. Es sah aus wie viel Segelwerk an dem großen Erdenschiff. Es stürmte, gestern schon den ganzen Tag.
Zwei Rondelle geschrieben. Das gewünschte Dutzend wird mit noch einem voll werden. Und so wächst auch das neue Gedichtbuch ziemlich rasch fertig. In meine Produktion scheint etwas Organisches gekommen zu sein.
Es war gestern Bußtag. Da holt jeder im Hinterhaus sein Instrument hervor und spielt. Fast den ganzen Tag über war es nicht still.

Montag, 1. Dezember 1913

Donnerstag nachmittag kam Levin und las seinen Roman: Das Lächeln des Herrn von Golubice-Golubicki zu Ende. Fähigkeit zu komponieren und zu fühlen, aber mit ganz dilettantischen Ausdrucksmitteln. Es wird fast wie Sonntag der Kunst, weil die Mittel des Alltags angewendet werden. Das Typische ist nur durch einmalige Mittel (d.h. auch Kunst), das Einmalige wiederum durch das Typisierende (d.h. Form) zu erreichen. Saloppheit ist nicht Typus, Lässigkeit nicht Ungezwungenheit. Dennoch hatte ich von den letzten Kapiteln einen Eindruck. Wir spielten noch die G-dur-Sonate von Bach und den mitternächtigen ersten Satz der f-moll-Sonate.[11]

Donnerstag, 4. Dezember 1913

Inzwischen herrlich musiziert. Diese Kunst immer neue Quellen meines Wesens öffnend. Ohne sie wären meine Phantasien wahrscheinlich ärmer, schlechter, belangloser für das verborgene Wesen der Dinge.
Die hängenden Arbeiten peinigen.
[Bis Jahresende keine weiteren Eintragungen.]

Sonnabend, 3. Januar 1914

Wir können uns nur fördern, indem wir das Gute anerkennen, das Schlechte nicht übersehen und auf eine positive Weise zu entfernen suchen.

Gelesen von Alfred Mombert: Äon der Weltgesuchte und Äon zwischen den Frauen. Das ist großartig über gewöhnliches Maß. Als ganz reine Lyrik kommt es am reinsten, wenn Philosophie und Poesie eins sind. Das sind sie miteinander in einer gedankenhaften, mitunter in einer bildhaften Zeile. Oft in großen Stücken. Wo sie nicht ganz zusammenfallen, setzt die Allegorie ein, und das stört die reine Wirkung, weil man übersetzen, umdenken muß. Oft grandios der Strom der Bilder, Rhythmen, Gefühle, eine wirkliche Mythologie entsteht. Äon wird, obschon er doch der ewige Geist ist, etwas wie eine Person. Das vielfach Wiederholte der großen Grundvision von Meeren, Eisbergen, Chaos usw. wirken mit ihrem Spezifischen immer eindringlicher. Herrlich und groß die reine Urklarheit des Kosmischen, fern allem Menschlichen, oder vielmehr nur Menschliches, weil es Kosmos ist und wie es Kosmos ist, ist bei Mombert versammelt. In aller Poesie natürlich.

Donnerstag, 15. Januar 1914

Für Heimann den Band der Gedichte von Max Herrmann-Neiße [Sie und die Stadt] gesichtet. Herrmann-Neiße ist mehr eine Erscheinung einer Massensuggestion als ein eigener Mensch, so in der Deskription, so in der Darstellung der Zerrissenheit und Nervenschwäche. Oft stark in der Sprache, in der Fähigkeit, reimweise einen Baukasten aufzuschichten. Denn er macht die Welt zu einem Baukasten.

Mittwoch, 11. Februar 1914

Inzwischen erlebt die Hauptmannpremiere Bogen des Odysseus. Die Generalprobe viel besser. Ich sah, wie dramatisch der Dichter alles sah, dichterisch gegen das Buch mußte ich Einschränkungen fühlen. Nach der Generalprobe war ich mit Kyser und Stehr bei Keymeier, Kantstraße, zusammen, sehr herzlich, und darauf mit Stehr zu Heimanns, darauf wir alle zu Rathenau, wo noch Kapitän Bremer und Professor Sombart waren. Auch Emil Strauß. Haltloser Boxkampf zwischen Rathenau und Sombart, die ganz genau über die Zukunft der Menschheit Bescheid wissen und in Logik und Gefühl die großen Linien der Entwicklung haben. Alles Irrtum, alles Täuschung, nichts wirklich letzter blutiger Ernst, sondern nur Philanthropie. Zuviel Pessimismus für die Gegenwart. Nach der Premiere im Edenhotel ausgezeichnetes Essen und ausgezeichneter Burgunder, aber es gehörte eigentlich nicht dazu. Gut war nur, daß unser Tisch gute Gesellschaft war: ich saß mit Stehr, Heimanns, Emil Strauß, Lovis Corinth und Frau, Ivo Hauptmann, später Frau von Hofmann, Rudolf Rittner, Kapitän Bremer. Meier-Gräfe hielt eine kurze deutsche, Herr Bertolini eine lange italienische Rede auf Hauptmann. Rittner sprach davon, wie ungern er beim Theater wäre, wie er die Tage zähle; er fuhr mich im Auto nach Hause.

Mit Julius Levin habe ich ein paarmal geübt für Stehrs 50. Geburtstag, zu dem wir, eine größere Zahl von Freunden, nach Dittersbach fahren. Mein Aufsatz in der Neuen Rundschau hat Stehr große Freude gemacht, er schrieb einen überaus herzlichen Brief und schloß Bruderschaft mit mir. Darüber bin ich sehr glücklich.

Montag, 23. Februar 1914

Am Sonntag, 15., dann zu Hermann Stehr nach Schlesien. Es fuhren: Heimann, Frau Heimann, Orlik, E. R. Weiß, Barchan, Beradt, Arthur Holitscher, Levin. Rupé kam aus München mit, Martin Buber den nächsten Tag nach Waldenburg nach. Am Donnerstag vorher berieten wir am Stammtisch, auch Rathenau war erschienen. Später noch Dauthendey von unsagbarer Fadheit und hinreißender Dummheit, der einen peinlichen Streit mit Rathenau über einheimisch Deutsches und eingeführtes Fremdes hatte, aber trotz seiner gänzlichen Unwissenheit nicht schwieg.

Sonnabend, den 14., hatten wir noch eine letzte Probe unserer Musik. Sonntag verging die Fahrt schnell. Eine zusammengehörige Gesellschaft ist immer fröhlich. Hinter Görlitz wird die Landschaft herrlich. Oft wie bei Dürer. Das Entzücken, das Weiß daran hatte, schenkte sie einem noch einmal neu. Orlik porträtierte sie natürlich. Es lag an den Lehnen und in den Winkeln viel Schnee, in dem Geschiebe der Wolken und mit Einbruch der Dämmerung auch ein Gegensatz zu der nackten Erde. Schöne und schöngelegene Häuser. Auf dem Dittersbacher Bahnhof begrüßte uns Stehr. In Waldenburg wurde eine Droschke hoch mit unserem Gepäck beladen, und wir zogen ihr in ziemlich malerischem Aufzug zum Markte nach ins Hotel Schwarzes Roß. Ein altes Haus mit breiten Treppen, geräumigen Büfettschränken auf den Korridoren. Orlik mußte

natürlich sofort das Treppenhaus zeichnen, Heimann als Staffage hinein. Dann gut gegessen, Orlik malte ein Willkommen mit Lorbeerkranz an Stehrs Platz, und als er gerade fertig wurde, kam Stehr. Fröhliche Stunde.
Den nächsten Morgen die Blumengeschäfte Waldenburgs geplündert und in drei Wagen nach Dittersbach. Gratulieren. Die Maler hatten schöne Graphiken mitgebracht, Barchan einen russischen Zigarettenkasten, Rupé herrliche Drucke der Reichsdruckerei. Wir machten unsere Musik, die sehr viel Freude bereitete. Ein ausgezeichnetes Essen mit köstlichem Wein, den Rathenau geschickt hatte. Wir blieben bis gegen Abend in großer Herzlichkeit. Vielfache Verbrüderungen, die beim Festmahl in Waldenburg dann fortgesetzt wurden. Dort sprach Heimann, sehr herzlich, aber darüber hinaus setzten tiefinnerliche Ströme ein, aus der Gegend, in der wir verbunden sind: Stehr, der Dichter, der wie keiner jetzt und so stark wie keiner zuvor und überhaupt, die Ungewißheit des Lebens, deren volles Gefühl für einen Augenblick die höchste Gewißheit gibt, zum Ausgang seiner Werke macht. Und aus unserer Bewegung fängt das Unbewegte ringsum an zu leben, wie der Weg unter dem Automobil sich krümmt, hebt und senkt – lebt. Wir seien eine Einheit, wir kommen nicht zu feiern, wir seien selbstverständlich da. Stehr saß erst hart und unbewegt. Dann plötzlich ging ein gigantisches Schluchzen und Schütteln an, er ging mit seiner Tochter Ursula und Frau Heimann in den Nebenraum, sagte, plötzlich seien so viele warme Ströme auf ihn zugekommen, daß er es nicht ertragen habe. Und mit Sturm im Innern kehrte er wieder und sprach Worte wie heiße Lava von sich werfend, das Ganze wie ein trotziger Fluch: »Verflucht, entweder schmeißts einen oder es schmeißt einen nicht. Dazwischen liegt die Ordnung. Und diese Unbewegtheit haben wir, wenn wir Künstler sind. Mich hats gepackt.« Dann erzählte er von seinem Traum, wie er am Wasser gesessen und mathematische Figuren, Dreiecke, Vierecke aus seinem Kopfe darauf gefallen seien, und das war die Deutung und Gewißheit des Lebenssinnes. Und wenn das Wasser sie fortzog, war der Sinn dahin. So preisgegeben. So Zuversicht. Und darauf ging eine große innere Bewegtheit bis zum Schluß bei allen nicht mehr weg. Wir spielten nun. Es klang schön in dem großen Raume. Erst Händel, D-dur-Sonate, dann Mozart, den zweiten Satz Es-dur. Als wir geendet, stand Stehr mit strömenden Augen vor uns, und alle, dionysisch bewegt, forderten die Wiederholung des zweiten Satzes.

Ungeheure Teilnahme. Es geriet herrlich. Dann noch mit Rupé eine Sonate extemporiert. Wir blieben bis drei. Stehr in der Erregung zuletzt wie aus der Klarheit geworfen.[11a]
Morgens drauf fuhren viele weg. Heimanns, Levin, ich, Rupé, Buber nochmals zu Stehr zum Krümelfrühstück. Rupé las anderthalb Akte eines Dramas vor, das jedoch ganz undramatisch ist. Nach dem Abendbrot zurück nach Waldenburg und früh am Mittwoch nach Dresden, außer Buber. Guter Eindruck der Stadt. Mit Levin, dem Duzbruder von zwei Tagen vorher, am Zwinger. Abends bei Emil Strauß in Hellerau. Prachtvolle Kinder, so wie die von Stehr. Paquet und Frau dort in Hellerau. Wieder musiziert. Donnerstag ein ganz großer Eindruck von der Galerie! Dürer, Cranach, Tintoretto, Rembrandt, [Vermeer van] Delft wohl die gewaltigsten Eindrücke, doch beim Nachdenken leuchtet unendlich viel noch auf. Sehr, sehr zum Guten überraschte die Sixtinische Madonna. Unglaublich der Zwinger. Levin war müde und fuhr gleich nachmittags; ich lief in Einsamkeit weit durch die Stadt und fuhr gegen Abend und war zu guter Zeit zu Hause.
Vorgestern ein Gedicht beendet, aber wieder gesehen, daß es noch nicht geraten war. Lust zur Prosa. Etwas wie der Gewinn neuer Gewißheit darüber in mir.

Mittwoch, 25. Februar 1914

Es ist recht anstrengend, mehrere Stunden mit Levin ohne Musik alleinzusein. Er ist fast nur rezeptiv, langsam, und in seinen kritischen Äußerungen, die er fast immer macht, außerordentlich ungerecht. Nachher kam Frau Kyser, die in Kagel gewesen war.
Vormittags besuchte mich der Student Arthur Rosen, um über die Grundsätze einer großen akademischen Zeitschrift mit mir zu verhandeln. Ich soll so eine Art Oberleitung über den literarischen Teil haben. Abwarten.

Donnerstag, 26. Februar 1914

Zwei, wie ich glaube, wesentliche Gedichte vollendet. Bevor ich etwas über den Berg bekomme, befällt mich eine Trostlosigkeit und Verhülltheit, nicht zu fassen.

Freitag, 27. Februar 1914

Gestern noch ein drittes Gedicht vollendet. Urteilen kann ich erst später. Die nun ganz verfahrenen Weißen Blätter gelesen, in deren letzter Nummer ich wiederum nicht erschienen bin. Franz Blei total verrückt. Ein erwachsener Mensch mit solchen Ansichten! Gespielt aus der h-moll-Messe und Bruckners Achte Symphonie. Diese letztere hat einen neuen Hintergrund mir offenbart. – Donnerstagstisch vollbesetzt. Heimann spät nach Hause gebracht. Wir sprachen über Rupés mißratenes, übrigens ja erst begonnenes Stück. Auf dem Heimweg in der Württembergischen Allee lief ein Hirsch mit großem Geweih die Straße entlang, brach dann durch eine Lücke im Stacheldrahtzaun in den Wald.

Sonntag, 15. März 1914

Vorgestern bin ich 30 Jahre alt geworden. Nach dem Donnerstagstisch überfiel mich eine Schwermut: das zwischen 20 und 30 Sein ist für alle Ewigkeit gewesen. Keinen einzigen Schritt kann man mehr dahin zurücktun. Und so etwas wie eine Verpflichtung zu größerem Ernst und mehr Arbeit überfiel mich.
Den Reisezuschuß vom Norddeutschen Lloyd und den der Schillerstiftung erhalten. Ich bin ganz und gar damit beschäftigt, mich vorzubereiten und einzufühlen in meine Reise. Am 15. April geht mein Schiff von Bremerhaven. Am 26. bin ich in Algier und reise im Lande bis zum 10. Mai. Am 15. bin ich in Neapel, am 30. Sizilien und am 10. Juni wiederum in Genua, gegen den 20. wohl in Berlin zurück.

Montag, 27. Juli 1914

Seit einem Monat wieder zurück. Zwei dicke Notizbücher sind angefüllt, das ist der erste, ganz vorläufige Erlös. Auch einige Verse sind geworden. Gleich nach der Heimkehr hatte ich den Besuch Hermann Stehrs.
Das Wichtigste, daß ich seit dem 1. vorigen Monats eine Stellung als Dramaturg bei Felix Bloch Erben hier habe. Schlecht bezahlt, 140 Mark monatlich, aber es ist doch etwas. Selbständig bekomme ich sie ja doch nimmermehr zusammen.

Montag, 17. August 1914

Krieg. Auskosten aller Schrecken, aller Trauer. Viele schlaflose Nächte. Die Seele wird so schwer. –

Sonntag, 27. September 1914

Wie ist doch entsetzlich, was ich jetzt tue. Stücke lesen, die auf einem Niveau stehen, das von jeder Art Wert wer weiß wie weit entfernt ist, Reklame machen für Blödheit, die sich aus Geschäftswucher etabliert. Ich habe alle Tage einen Ekel davor. Das Einzige ist noch die Musik.

Montag, 28. September 1914

Aus der Welt nichts Neues. Tage, reich an Beklemmung. Es ist sehr stürmisch. Der Schornstein stöhnt und heult. Die Rinnen klappern. Es ist, als wälzten sich die Wolken mit Klappern, Donnern, Stöhnen. Der Regen schlägt. Wie Wolkenbruch. Springende Bäche hängen von den Ziegeln des Daches. Ein flacher See ist im Nu auf den Steinen.

Nachmittags war die Familie Strauß bei mir. Gute, einfache Unterhaltung. Nachher spielte ich Bach, Orgelpräludium und Fuge in g-moll und das d-moll-Konzert. Das ist Musik, die heute besteht wie zu jeder Zeit.

Ernst und Grauen, daß das Ende des Krieges noch gar nicht abzusehen ist. Gefühl, er kann lange noch sein.

Und so schließe ich dieses Buch, das acht Jahre meines Lebens umspannt. Wohl die acht wichtigsten. Unendliche Bangigkeit beim Zurückdenken. Ich habe kein kleines Pfund erhalten, aber die Natur in mir ist nicht so stark, recht damit zu tun. Splitter davon wurden bisher nur fruchtbar. Ich hoffe, ein größerer Teil davon wird aus mir gestaltet werden und dadurch in mir leben. Ich hoffe auf meine Freiheit, aber ganz durch mich. Erhoffe schwere Mühe des Werks mehr als unbesiegbare Natur.

Feierlichkeit und Dank.

[Die weiteren Aufzeichnungen von 1914 und 1915 enthalten grundsätzliche Betrachtungen über den Krieg. Die Tagebücher der Jahre 1916 bis 1920 sind nicht mehr vorhanden.][12]

Sonnabend, 1. Januar 1921

Aufsatz über Mombert beendet. Nachmittags kam Julius Levin zu mir. Viel über Musik geredet. Ich bewunderte wieder seine enorme Kenntnis. Ich las Gedichte vor.

Montag, 3. Januar 1921

Jetzt Aufsätze für den Börsen-Courier: Flaubert, Der Büchernarr. Anton Bruckner. Gespielt Beethoven 3. und 5. Symphonie. Gewaltige Freude.

Mittwoch, 5. Januar 1921

Zum ersten Male Florian Geyer. Ungeheure Bewegung. Tränenüberströmt. Klöpfer ausgezeichneter Schauspieler. Der helle, warme Schmerz. Der unsagbar schöne 4. Akt.

Freitag, 7. Januar 1921

Ich war im Verlag von Frau Hauptmann angerufen worden. Fuhr nach Hause, zog mich um. Halb drei im Adlon. Frau Hauptmanns Geburtstag, Frühstück. Noch der Oberlehrer aus Görlitz, der Schwatzbold Avenarius, Frau Paula Conrad-Schlenther, später Benvenuto. Um halb fünf wieder weg. Unter den Linden und Friedrichstraße entlang geschlendert: Schaufenster, Luft, Menschen.

Montag, 10. Januar 1921

Aufsatz über: Rheinhardt, Tiefer als Liebe. An Gedichten. Beethoven, Sonaten.

Dienstag, 11. Januar 1921

Am Gedicht Der heimliche Gast.

Dienstag, 18. Januar 1921

Herrlichste Eindrücke von Bachs: O Ewigkeit, du Donnerwort. Dieser Choral! Sehet, wir gehen hinauf gen Jerusalem. – Wie schwach, theatralisch die Messe von Bruch!

Freitag, 21. Januar 1921

Nachmittags Hermann Kasack. Blieb bis Mitternacht. Über Kunst. Brachte mir den Sonderdruck meiner Gedicht-Reihe Pompeji mit, der endlich fertig geworden ist.

Montag, 24. Januar 1921

Abends Gedicht vom Heimlichen Gaste.

Sonnabend, 5. Februar 1921

Gedicht von der Brandmauer bei Nacht.

Sonntag, 6. Februar 1921

Unter gewaltigem Eindruck: Meier-Gräfe, das Buch über van Gogh. Welch ein Mensch war van Gogh!

Mittwoch, 9. Februar 1921

Neubabelsberg gewesen bei Kasack (Kohlhasenbrück), Haus mit der Eiche. Viel geredet, gelesen. Ausgezeichnete Frau. Przygode.

Donnerstag, 10. Februar 1921

Premiere: Stucken, Die Gesellschaft des Abbé Châteauneuf. Welch ein Film! Wie falsch!

Sonntag, 20. Februar 1921

Aufsatz über Anthologie Verkündigung. Anderthalb Bände Novellen von Zola gelesen.

Donnerstag, 24. Februar 1921

Von Arbeit bedrängt. An Aufsätzen überlegt und Gedichte gefeilt.

Donnerstag, 3. März 1921

Gedicht vom Auszug des heimlichen Gastes und von der Doppelten Mittagszeit beendet. Damit den Band abgeschlossen und für Fischer mitgenommen.

Dienstag, 8. März 1921

Musiziert im Wohltemperierten Klavier I, 1-14. Unendliches Wohlgefühl bei der Klarheit und vollkommenen Sicherheit, wo es sich um schwebendste Gefühle handelt.

Sonnabend, 12. März 1921

Bach, Wohltemperiertes Klavier. Schaeffer, Göttlicher Dulder fast zu Ende gelesen.

Dienstag, 15. März 1921

Fest für den Schreiber des Oger.[13] Bis halb zwölf. Viel und schön musiziert. Mozart. Sonaten Es-dur, C-dur, F-dur. Beethoven, die letzte in G-dur. Bach, Orgel-Tokkata und Fuge d-moll. Schöner Abend.

Mittwoch, 16. März 1921

Przygode kam wegen des Vorlesungssonntags. Die ersten Exemplare Oger heute vormittag gekommen. Starker Eindruck durch Kasacks Gedichtband Die Insel.

Freitag, 18. März 1921

Aufsatz über Hermann Kasacks Gedichte. Dauerte ziemlich lange.

Sonntag, 20. März 1921

Vorlesung Tribüne. Mit Kasack, Gumpert, Kronberg. – Ungeheurer Eindruck der fünf Bachschen Kantaten. Besonders: Christ lag in Todesbanden und Nun ist das Heil.

Dienstag, 22. März 1921

Wilhelm Lehmann. Morgens im Büro und dann bis zwei Uhr nachts bei mir. Las seinen neuen Roman Weingott und seine Kinder. Schön.

Donnerstag, 24. März 1921

Kleiststiftung. Angriffe wegen Hans Henny Jahnn. Monty Jacobs und Bab. Sehr häßlich. – Ärger bis in die Nacht, weil nicht zu fassen.[14]

Sonnabend, 2. April 1921

Max Herrmann kam ins Büro. – Flaubert, Tagebücher, bis zur äußersten Erschöpfung und mit höchstem Genuß gelesen.

Sonntag, 3. April 1921

Werfel, Vorlesung im Beethovensaal. Lebhafter Eindruck seiner ungemeinen Virtuosität. Kälte, Verstimmung wegen der Lüge darin.

Montag, 4. April 1921

Fleißig im Büro. Mit Greiner zu Fuß nach Hause im Gespräch über Werfel. Nachts wieder Tagebücher Flauberts mit großem Eifer studiert. Herrliche Freude.

Mittwoch, 13. April 1921

Aufsatz über Flauberts Tagebücher geschrieben.

Sonntag, 17. April 1921

Die Erzählungen Voltaires zu Ende. Ernsthafter Eindruck! Goethes Äußerungen über ihn nachgeschlagen.

Mittwoch, 20. April 1921

Aufsatz über Godwin Die Frau im Kreise. Interessantes Buch. Korrekturen zur »Dichtung« gemacht.[15]

Donnerstag, 28. April 1921

Bei Dr. Ludwig Berger. Schöne Wohnung. Dort Faktors, Osborns, Agnes Straub, Schendell. Drama Griseldis. Volkstümlich, vers-nett, reizende Synkopen. Nicht wesentlich. Es wurde musiziert.

Freitag, 29. April 1921

Pindar gelesen in der Übersetzung von Dornseiff. Einladung von Hauptmanns nach Agnetendorf. Bangigkeit, wie umsonst und aussichtslos all meine Arbeit ist. Der Oger neuer Schlag ins Wasser. Hölderlins Späte Hymnen.

Dienstag, 3. Mai 1921

Bach gespielt nach Busonis Ausgabe. Nachmittags Johannes Urzidil bei mir mit Przygode, später Kasack. Urzidil etwas gesellschaftlich, erzählt Anekdoten, zuweilen bricht Tieferes durch. Vital.

Freitag, 6. Mai 1921

Aufsatz über Voltaire beendet.

Sonnabend, 7. Mai 1921

Studien zu dem Bachaufsatz begonnen. Notizen, gut fließend. Es wurde sehr spät.

Montag, 9. Mai 1921

Ohne zu fackeln an den Aufsatz über Bach. Nicht gespielt, nicht abgelenkt. Bis halb vier Uhr nachts gearbeitet.

Dienstag, 10. Mai 1921

Aufsatz über Bach für Melos beendet. Spät nachts. Fleißiges Denken und Studieren dabei.

Mittwoch, 11. Mai 1921

Aufsatz über Urzidil geschrieben für Börsen-Courier. Abends zu Levin. Mittelhochdeutsche Dichter gelesen. Großer Eindruck: Walther von der Vogelweide und Süßkind (Tief unter einem Hute, Demütiglich). Um drei nachts Aufbruch. Wunderbare Frühlingswelt. Leere Straßen. Frühe Dämmerung.

Mittwoch, 25. Mai 1921

Viele Tage Dehmelbriefe gesichtet. Bach-Busoni gespielt.

Sonntag, 29. Mai 1921

Abfahrt zu Hauptmanns. Zug überfüllt. Kühl. Schöne Fahrt von Hermsdorf. Kynast hinauf, ganz langsam, eins der Pferde lahmte. Schöner Empfang. Kleine Terzinendichtung Hauptmanns. Frau d'Albert. Spaziergang über die nächsten Hügel.

Montag, 30. Mai 1921

Aufstieg gegen die Schneegrube. Nachmittags wenig gelungenes Aufsätzchen über das scheußliche unterwegs gelesene Büchlein von Gleichen-Rußwurm. Hauptmann las aus seinem Till Eulenspiegel.

Dienstag, 31. Mai 1921

Aufstieg bis auf den Kamm. Wehmütig in Erinnerungen. Schlechte Wege. Über das Hohe Rad und die Kleine Sturmhaube. Abstieg. Die ganze Tour sehr schnell, kaum vier Stunden.

Mittwoch, 1. Juni 1921

Benvenuto Geburtstag. Es regnete sehr. Gutachten über die Briefe Dehmels. Nachmittags kamen Professor Heinrich Grünfeld und Herr Sandor. Herr von Hülsen. Herr und Frau Geheimrat Kreuz (Generalverwalter der Schaffgottschen-Besitzungen). Bei Tische Grünfeld laute Witze. Musik. Edlen Rheinwein und Sekt.

Donnerstag, 2. Juni 1921

Mit Herrn von Hülsen im Garten. Es wurde musiziert. Schubert, Es-dur. Hauptmann las uns zu ungeheurem Eindruck den Anfang von Till Eulenspiegel.

Freitag, 3. Juni 1921

Musiziert. Der Zeichner Avenarius findet sich ein. Bis Mitternacht bowlenfröhlich beisammen.

Sonnabend, 4. Juni 1921

Sandor Geburtstag. Vor- und nachmittags fleißig musiziert. Schönes Zechen, nachdem um zwei Uhr Konzertmeister Herrmann aus Breslau gekommen war. Angenehmer Mensch.

Sonntag, 5. Juni 1921

Musiziert. Mit Benvenuto Scheibenschießen. Hauptmann gestört. Mit Herrmann im Grase gelegen bei der Hängematte oben. Ungeheuer heiß. Musiziert.

Montag, 6. Juni 1921

Viel Musik. Dr. Röpke aus Schreiberhau. Brahms g-moll und Serenade Beethovens nach dem Abendbrot. Rote Bowle. Apfelwein und Portwein. Sekt. Ich sprach und las mit gewaltigem Beifall Gedichte, die jungen Leute Benvenuto und Herrmann begeistert. Über Orientalisches. Hohe Stimmung. Um halb drei Schluß. Benvenutos Abschied.

Dienstag, 7. Juni 1921

Beim Frühstück erschien Hauptmann mit Brummschädel: in zehn Minuten zur Schneegrube! Dreieinhalb Stunden wundervoller kühler Aufstieg. Oben Mittag. Mein Weg von neulich zurück. Sandor später übereilt nach. Er überstand schwer den Abstieg. Früh zu Bett.

Mittwoch, 8. Juni 1921

Hauptmann gab mir sein Epos Anna zu lesen. Viel Versagendes, aber doch bezwingende Schönheit. Bedeutend im Menschlichen. Musik: Schubert, Trio. Tschaikowski, zwei Sätze. Bowle und Sekt. Abschied Sandor.

Donnerstag, 9. Juni 1921

Fahrt nach Schreiberhau. Durchs Zackental. Besuch des Hauses Carl Hauptmanns. Fräulein Lotte Hauptmann, die Schwester. Gegen Mittag bei beginnendem Regen zurück. Unterm Schirm ins Dorf. Gegen Bismarckhöhe verlaufen. Grünfeld spielte gut die drei ersten Suiten Bachs. Mit Hauptmann über die Gesamtausgabe gesprochen. Geschenke: Schluck und Jau mit Widmung, von Frau Hauptmann ein Pfund Butter. Verabschiedet. Ziemlich früh ins Bett.

Freitag, 10. Juni 1921

Zeitig aufgestanden. Fahrt nach Hermsdorf. Zug weg. Elektrische Bahn durch Warmbrunn, Hirschberg. Kaffee auf dem Bahnhof. Gute Fahrt. Von Grünfeld in Johannistal verabschiedet. Zu Haus alles in Ordnung.

Montag, 27. Juni 1921

Bei Hoffmann & Campe. Herr Brinitzer schenkte mir ein Autogramm Heines. Gespielt Bach-Busoni, Orgelwerke. Aufsatz über Ludwig Strauß. Korrekturen meines Gedichtbandes [Die heimliche Stadt].

Sonnabend, 2. Juli 1921

Hermann Kasack bei mir. Ich machte die Wohnung sauber vorher, da Luise [die Putzfrau] krank ist. Er blieb bis Mitternacht. Musik. Dichtung. Schöne, reife Gespräche. Er schenkte mir die bei Kiepenheuer erschienene Ganzlederausgabe der Elegien Hölderlins auf Japan.

Mittwoch, 6. Juli 1921

Für das Fischersche Jahrbuch gearbeitet. Aufsatz über Dornseiff, Pindar für Börsen-Courier geschrieben. Es wurde mir anfangs schwer.

Freitag, 8. Juli 1921

Was tun? Zuerst die Besprechungen der mehrbändigen großen Werke erledigen oder eigene Arbeiten beginnen?

Sonnabend, 16. Juli 1921

Besuch Jakob Hegner im Büro. Will mich für den Plan einer paradigmatischen Literaturgeschichte gewinnen. Kritiken über Oger gelesen. Viel Rühmendes. Bach, Orgelmusik und die zweistimmigen Inventionen. Gedicht Der Schattenzweig geschrieben.

Sonntag, 17. Juli 1921

Das Gedicht durchgesehen und noch gebessert. An neuen Versen mich schwer gequält. Landauer, Hölderlin.

Dienstag, 19. Juli 1921

Zu Heimann zum Geburtstage. Hans Kyser stieg unterwegs ein. Über dessen geplante Paradiessucher gesprochen. Schöne Stunden in Kagel. Am See gelegen. Auf dem Hofe Kaffee. Heimann las den Anfang von Akiba vor. Ich den Schattenzweig. Mitternacht unheimlich. Heimann: »Merkwürdig, das ist der letzte.«

Mittwoch, 20. Juli 1921

Aufsatz über die Hölderlinfragmente. Auf dem Hofe gesessen. Zum Mittagszuge gewandert.

Freitag, 22. Juli 1921

Das Gedicht Der sinkende Unterweltsdom beendet. Abends kam Levin. Wir spielten Beethovens Sonaten Es-dur und G-dur.

Sonnabend, 23. Juli 1921

Mit Greiner zu Fuß nach Hause. Schwül. Herbstbäume. Klapperndes Laub. Ganz unnatürlich.

Sonntag, 24. Juli 1921

Hermann Kasacks Geburtstag. Ich fahre nach Potsdam. Dort noch Verleger Kiepenheuer und Frau, Kronberg und Frau. Hitze, Schwüle. Zu Fuß vom Bahnhof bis Wörtherstraße. Spaziergang am Wasser. Lustig-langweilige Gespräche.

Sonntag, 31. Juli 1921

Glücklich über den Aufsatz Heimanns über den Oger im »Tagebuch«. Den ganzen Tag. Thomas Mann, Rede und Antwort gelesen. Bach gespielt.

Montag, 1. August 1921

Lebhafter Tag im Büro. Mit Hans Kyser und Greiner zu Fuß nach Hause. Nachher kamen beide zu mir. Erst mit Greiner über den Direktorposten Kysers; dann Orgelmusik von Bach, auch mit großem Eindruck.

Donnerstag, 11. August 1921

Bei Professor Heinrich Grünfeld. Da las Herr von Moltke (Sohn des Generals) schlechte Gedichte.

Montag, 15. August 1921

Viel Indisches. Für Rundschau-Aufsatz Das Märchenmeer. Aus den Veden. Vedisches, Pantschatantra. Hitopadesa, andere Märchen. Bhagavadgita. Ungeheuer! Bis tief in die Nacht hinein. Gitagowinda in schlechter Übersetzung. Aufsatz darüber für Börsen-Courier geschrieben.

Mittwoch, 17. August 1921

Ich soll in der Lessinghochschule diesen Winter lesen über Roman des 19. Jahrhunderts. Ich habe abgelehnt.

Freitag, 19. August 1921

Nach Friedrichshagen, wunderschöne Fahrt nach Kalkberge mit der elektrischen Bahn über Schöneiche. Rüstiger Marsch durch den abgekühlten Herbst-Sommertag. Liebe, treue Gespräche. Heimann schwach, aber konzentriert. Las mir die ersten drei Szenen seines überaus herrlichen Rabbi Ben Akiba.

Sonnabend, 20. August 1921

Reiche schöne Gespräche mit Heimann. Nachmittags brach ich auf. Schönste Herbstlandschaft. Besinnliche Fahrt. Nicht müde, aber nach erfülltem Tage hier – so daß ich nicht mehr arbeiten werde.

Donnerstag, 25. August 1921

Upanischaden zu lesen versucht. Mir noch sehr fremd, im Großen wirds. Schöne ernste Einzelheiten.

Dienstag, 6. September 1921

Ziemlich langer Aufsatz über Carl Dallago: Versuch einer Wiedergabe des Taoteking. Soviel ich Zeit und Stimmung hatte, dieser Tage immer Konzerte von Beethoven gespielt.

Freitag, 9. September 1921

Aufsatz über Diderot. Neun Uhr abends bei Greiner. Dort der junge Franzose Guillemin. Liest fabelhaft den Charakter, die innere Struktur aus der Hand. Zuerst mir, dann Kayser. Wir saßen bis halb drei Uhr nachts. Schöne interessante Gespräche über Wege des Bewußtseins.

Dienstag, 20. September 1921

Mit Fischer konferiert über Hauptmann-Gesamtausgabe. Jahrbuch. Aufsatz über Hetta Mayr. Gespielt Bach, Präludium und Fuge a-moll, Orgel Es-dur, C-dur.

Mittwoch, 21. September 1921

Abfahrt nach Agnetendorf. Auf Kosten des Verlages. Herzlich bewillkommnet. Gleich zu arbeiten begonnen. Abends beim Weine, Kaminfeuer in der Halle, Rosen auf dem Tische, lang beisammen. Über den kranken Heimann. Hauptmann sehr lieb. Zum Schlusse Sekt.

Donnerstag, 22. September 1921

Wundervoller Tag. Intensives, fast spürbares Herbstgilben. Gearbeitet. Hauptmann las etwa sieben Stunden vor, vormittags, nachmittags. Er hat unendlich viele Fragmente, wohl fünfzig bis achtzig Dramen, viele Romananfänge und so weiter. Starke Eindrücke. Ich hatte tief beglückenden Erfolg mit einigen Gedichten.

Freitag, 23. September 1921

Weitergearbeitet. Mittags mit Benvenuto schöne Spaziergänge gegen Hain. Das herrliche rote Bullenkalb. Bach vorgespielt. Nach dem Eindruck meines Aufsatzes über Bach im Melos. Früh Aufbruch, ich las im Bette weiter.

Sonnabend, 24. September 1921

Die Rodungen Hauptmanns im Garten angesehen. Die Arbeit fortgesetzt. Etwas melancholisch in dem wunderbar still-warmen Herbst-Sonnentag. Abends kam Klaus Hauptmann. Zank zwischen Klaus und Benvenuto. Versöhnung. Ich stundenlang noch mit Klaus in meinem Zimmer.

Sonntag, 25. September 1921

Mit Klaus gefrühstückt. Ausflug Schreiberhau, Hauptmanns mit Wagen, Benvenuto Rad, Klaus und ich zu Fuß. Kühl. Etwas müde. Rast in Lindenhof, Frau Justizrat Jonas. Auf Umwegen zurück. Nachmittags mit Benvenuto nach Agnetendorf. Garten der englischen Schule angesehen. Fortgearbeitet. Gefühl: Zeit heimzufahren. Ziemlich früh schlafen.

Montag, 26. September 1921

Regen. Letzte Besprechung. Mit Klaus durch den Guß nach Warmbrunn zu Stehrs. Lieb empfangen. Behaglich erzählt. Der kleine Jochen viel Freude. Nach dem Abendbrot las Stehr sein neues, prachtvoll gerafftes, herrliches Buch von Peter Brindeisener. Wir gingen erst halb zwei schlafen.

Dienstag, 27. September 1921

Durch sich klärenden, sehr kühlen Morgen auf der Elektrischen nach Hirschberg. Gute Rückfahrt.

Mittwoch, 28. September 1921

Mit Fischer über Hauptmann gesprochen. Aufsatz über Kulka, Requiem. Hölderlin, Brief gelesen.

Sonntag, 2. Oktober 1921

Hans Kyser aus dem Verlag ausgetreten. An der Fahrt in die Wüste gearbeitet. Dann Friedemann Bach gespielt und über ihn gelesen. Hölderlin, Briefe und Gedichte. Ganz wunderbarer und herrlicher Eindruck.

Montag, 3. Oktober 1921

Unruhige Verlagsarbeit an Prospekten. Kaum war ich zu Hause, so besuchte mich Friedrich Burschell aus München. Aufsatz über Ernst Blaß, wohl gut gelungen. Hölderlin studiert. Bach.

Donnerstag, 6. Oktober 1921

Kasack und Frau, Kulka, Dr. Moreno Levy. Dieser las schrecklich tanzend und winselnd sein geschwätzig plattes Testament des Vaters. Übel. Dann Kulka Wunderbares, dann mußte ich lesen.

Freitag, 7. Oktober 1921

Furchtbar erschöpfender Besuchstag im Verlag. Frau Lina Lossen, Dr. Viktor Ludwig, Iwan und Claire Goll, Paquet, Wesse, Schendell. – Ich kam sehr spät heim. Mozart, Symphonie C-dur und Es-dur.

Mittwoch, 12. Oktober 1921

Wassermann im Büro. Gespräch über Heimanns Krankheit und wirtschaftliche Nöte. Mittags zu Stucken. Bis Mitternacht las Frau Stucken den letzten Band der Weißen Götter, erste Hälfte, vor. Ungeheure Anstrengung des Hörens.

Sonnabends, 15. Oktober 1921

Gelesen zu Studienzwecken in Tolstois Auferstehung mit größester Bewunderung. An meiner afrikanischen Erzählung gearbeitet. Es ist sehr schwer. Gespielt Bruckner, 1. Symphonie.

Dienstag, 18. Oktober 1921

Viel Besuch im Büro. Leo Rein. Mein Gott, welche Erwartungen bei so wenig Talent! Aufsatz über Max Herrmann, Verbannung. Bis in die Nacht umfangreiche und intensive Vorarbeiten an der Fahrt in die Wüste.

Dienstag, 8. November 1921

Aufsatz über Hölderlin für Börsen-Courier gemacht. Gern, aber mit ziemlicher Anstrengung. Dann noch Hölderlin gelesen, so den Archipelagos. Bach, Orgelwerke.

Sonnabend, 12. November 1921

Trübes Wetter. Im Büro Trübe. Nachmittags kam Greiner zu mir, blieb bis drei Uhr nachts. Wundervolle Stunden. Kerzenlicht. Bach, Orgelpräludium und Fuge Es-dur, Fuge »Durch Adams Fall«, a-moll-Präludium und Fuge für Klavier, »Wachet auf, ruft uns«, Englische Suite 2, Tokkata e-moll. Über China, Verse. Über Lebensaspekte. Freiheit. Weißwein, Burgunder. Herrlich.

Montag, 14. November 1921

Aufsatz auf die Umfrage (Dammert): Was bedeutet Ihnen Flaubert? Ziemlich schwierig. Franz Werfel im Büro. Max Tau. – Ansprache für Frau Rosenbaums morgiges Jubiläum (25 Jahre im Verlag) ausgearbeitet, machte Vergnügen, aber Mühe.

Freitag, 25. November 1921

Wieder große Versammlung im Verlag in meinem Zimmer. Heimanns, Wassermanns, Rittner, dann Stucken, zuletzt Frau Kyser. Viel geredet. Mit Hans Kyser nach Hause. Ich spielte a-moll-Präludium und Fuge aus dem Wohltemperierten Klavier. Las ein Kapitel aus der Fahrt in die Wüste. Lange Gespräche.

Sonnabend, 26. November 1921

Besuch S. Saengers im Büro, des Gesandten und Geheimrats. Nett. Mit Greiner und Kayser wie gewöhnlich heim. Vor der Tür schon Stucken. Las mir sein Drama Uter Pendragon vor. Sympathischer Eindruck.

Dienstag, 29. November 1921

Hugo von Hofmannsthal im Verlage. Nachmittags kam Levin – ein wenig ermüdend. Ich las ein Kapitel in Lehmanns Roman Weingott.

Mittwoch, 30. November 1921

Die schön gebundenen Exemplare meiner Heimlichen Stadt kamen heute. Freude. Ruhige Arbeit im Verlage. Besuch Benvenuto Hauptmanns. Bach, Wohltemperiertes Klavier II gespielt. Hafis gelesen. In Arbeitsatmosphäre.

Sonntag, 4. Dezember 1921

Rimbaud gelesen. Die Dichtung, das Leben. Brief an Hauptmann geschrieben, in dem ich ihm den Aufsatz über »Anna« schickte.

Donnerstag, 8. Dezember 1921

Besuch Hermann Stehr im Büro. Lieb. Durch seinen Besuch wieder einmal ein rechter Donnerstagstisch. Nur der Gast selbst fehlte. Nachmittags bis abends kamen Orlik, Weiß, Levin, Kyser. Ich hatte Brötchen gemacht. Die anderen brachten etwas mit zum Trinken. Gespräche über Steuern, Zensur, Musik, Malerei, Architektur, Dichtung. Ich spielte Bach. Wir saßen bis nach elf.

Dienstag, 13. Dezember 1921

Besuch Reisiger, Turel. Aufsatz über Viertel, Die Bahn und über Defoes Robinson in Reisigers Übersetzung.

Mittwoch, 14. Dezember 1921

In Brandes, Goethe, gelesen. Es scheint mit den literarischen Aussichten lichter zu werden. Allerlei Aufforderungen. Doch Erschrekken vor den wahnwitzigen Preissteigerungen.

Freitag, 16. Dezember 1921

Gedicht Die Tröstung vollendet und an die Vossische Zeitung geschickt. Bach, Orgelwerke gespielt. Bei Professor Plesch gewesen. Der war gar nicht mit mir zufrieden. Die Aorta sei zu breit. Herz in Unordnung. Sucht nach Gründen. – Reise nach Kagel zu Heimann gerüstet.

Mittwoch, 21. Dezember 1921

Weihnachtsoratorium. Schöne Aufführung. Neue Wunder entdeckt. Wie oft schon! Schönes Leben. Nur daß der Herzleidende die Flora und Fauna am Acheron in der Nacht kennenlernt.

Donnerstag, 22. Dezember 1921

Orlik beschenkte mich überreich. Der Beethoven, drei andere Radierungen. Stefan George, Drei Gesänge. Scheußlich!

Sonnabend, 31. Dezember 1921

Viel Bach gespielt. Sehr freudig. Heine, Romantische Schule, mit Entzücken ausgelesen. Wieder natürlicheres Lebensgefühl. – Abschlüsse. Immerhin ziemlich viel geschrieben. Leider mehr Aufsätze als Dichterisches. Nicht wenig studiert. Im Durchdringen nach Außen vielleicht wieder ein Stück weiter gekommen.

Sonnabend, 7. Januar 1922

Nachmittags Wilhelm Lehmann bei mir. Schöne Stunden. Iwan Goll, Unterwelt, für Börsen-Courier.

Sonnabend, 14. Januar 1922

Von Hauptmann »Anna« mit Widmung. Hauptmann dann am Telephon. Lud ins Adlon. Mit Hauptmann die Linden entlang bis Habel.

Sonntag, 22. Januar 1922

Nachmittags Przygode zu Besuch. Ein mir sehr sympathischer Mensch. Gallenschmerzen.

Mittwoch, 22. Februar 1922

Gesellschaft bei Professor Plesch. Viele reiche Leute. Ferner Minister und Staatssekretäre. Auch ein ungarischer. Sehr nobel dort. Fabelhafter Wein und Zigarren. Der wirkliche Gewinn des Abends: nähere Bekanntschaft mit der Fürstin Mechtilde Lichnowsky, einer außerordentlichen Frau. Über literarische Dinge, den Anteil des Intellekts und über Tiere. Zu Hause noch eine Weile gesessen.

Donnerstag, 23. Februar 1922

Vincent Lübeck und Bach gespielt. Töne bis in die Nerven. Abends bei Greiner. Dort Ernst Blaß und Frau.

Mittwoch, 8. März 1922

Wilhelm Lehmann, Der Weingott. Ein großer Dichter, ein großer Gestalter, so kraus immer er ist. Bach, größte Orgelwerke. Der Ernst dieser Leidenschaft fragt nicht nach dir, nicht nach der Welt und nicht nach sich: er ist nur.

Sonnabend, 11. März 1922

Melancholische Betrachtungen. Wieder an Gedichten. Gerät noch nicht. Gelesen. Aufgeräumt.

Montag, 13. März 1922

Ich bin also 38 Jahre alt. Gefühl meines vergeblichen Lebens. Dichterische Bemühung wirkt mir schon leise lächerlich. Wieder viel Gratulieren, etwas lästig. Kyser, Max Herrmann, Fritz Heimann im Büro. Nachmittags Willy Pagel, Kayser, Greiner. Mit Greiner wohlgefühlt bis 2 Uhr nachts.

Donnerstag, 23. März 1922

Gedicht vom Krebsreiter – Babylon. Gespielt Bruckner, Symphonie 5. Aufsatz Friedrich Schnack, Der Zauberer.

Sonnabend, 1. April 1922

Greiners Geburtstag. Vom Büro zu Fuß zu Heimanns in die Pension, dort zusammen gegessen. Zu Fuß heim. Eingekauft, schwer um die Zukunft wegen der Preise. Schubert gespielt. Nach dem Abendbrot zu Stuckens, dort Heimanns, der junge Komponist Spieß (spielte eine Sonate). Aufsatz über Heynicke. Schubert Quartette d- und a-moll. Mühsal und Glück an Versen.

Mittwoch, 5. April 1922

Sehr viel im Verlag erledigt. Bruckner, 7. Symphonie. Rieseneindruck wie auch gestern. Das Gedicht Der ewige Wassersturz um drei Uhr nachts vollendet.

Donnerstag, 6. April 1922

Überarbeitet, doch froh. Jean Paul, Flegeljahre. Nachmittags kam Greiner. Viel musiziert, besonders Bach, Wohltemperiertes Klavier. Über mein Bachbuch gesprochen.

Sonnabend, 29. April 1922

Frank Harris, Wilde, bis zwei Uhr nachts gelesen. Max Herrmann und Frau hier bis spät. Las schöne Gedichte.

Dienstag, 23. Mai 1922

Meine Notizen zu Bach durchgenommen, geprüft. Systematisierung vorzuzeichnen versucht. Die erste Seite geschrieben. Greiner bei mir zur Vorlesung des Geschriebenen. Mit Illustration am Klavier. Große Stimmung. Es gefiel ihm sehr.

Montag, 29. Mai 1922

Abends die letzten Seiten und die Einleitung zu dem Essay geschrieben. Es wurde wieder früh. Der Titel ist nun: Musik und ihr Gegenstand, Wandlungen eines Gedankens über Johann Sebastian Bach.[16]

Mittwoch, 7. Juni 1922

Beim Reichsminister des Äußeren [Rathenau] zum Tee. Orlik als ein guter Fremdenführer da. Der gut aussehende japanische Botschafter. Grauer Rock, nachher schwarzer Seidenumhang zum Zylinder. Die entzückende chinesische junge Damen. Rathenau sehr nett. Am Tisch mit Exzellenz von Bode, dem bayerischen Gesandten von Preyer, Reichskunstwart Redslob. Nachher Großmanns, Saenger. Wunderbarer Garten. Fürst Bülow sah sehr gut aus, viel besser als auf den Bildern. Abends Aufsatz Schaeffer, Gevatter Tod.

Donnerstag, 8. Juni 1922

Bach, Choralvorspiele für Orgel. Mit viel innerem Gewinn. Georg Kulka nachmittags und abends. Guter, gütiger, sehr begabter Mensch.

Mittwoch, 14. Juni 1922

Besuch Hermann Kasack. Brachte wieder wundervolle Gedichte mit. Schnurrige Anekdoten. Ich klagte mein wirtschaftliches Leid, das, wenn man die Abrechnungen durchsieht, wirklich grotesk ist. Aufsatz über Dantes Vita Nova von Rudolf Borchardt.

Mittwoch, 21. Juni 1922

Am Gedicht Der längste Tag gedacht.

Sonnabend, 24. Juni 1922

Furchtbarstes Entsetzen: Rathenau ermordet. Rudi Kayser erschlug mich mit der Nachricht. Den ganzen Tag ganz und gar niedergeschlagen. Schluchzend beim Zeitunglesen. Irrend in den Straßen. Trost gesucht bei Goethe. – Brandes gelesen. Gegen Abend löste sich die düstere Verwirrung in Schmerz auf. Die kameradschaftlichen Jahre tauchten aus der Verhüllung.

Sonntag, 25. Juni 1922

Mit Wut und Rachegier erfüllt. Sehr unruhig. Ich las den Brandes aus. Berührt, aber zwiespältig, weil das Buch nicht völlig wahrheitsliebend ist. Dann kam die finstere Unruhe über den Mord wieder empor.

Dienstag, 27. Juni 1922

In schwarzen Kleidern zum Büro. Wir fuhren im Auto zum Reichstag. Regen. Viele Menschen. Trauerfeier. Coriolan-Ouvertüre, Rede des Präsidenten Ebert, eine des Reichstagspräsidenten, des demokratischen Abgeordneten Korell. Wagner, Trauermusik aus der Götterdämmerung. Ehrlich, warm, doch etwas Mittelmäßiges haftete daran. Vor der Rampe gestanden. Im Regen. Reichswehr. Durch den regentriefenden Tiergarten nach Hause. Immer an den Toten gedacht.

Mittwoch, 28. Juni 1922

Von Ehrenstein die Reden Buddhos aus der mittleren Sammlung erhalten. Gleich mit größter Erschütterung und Beglückung darin gelesen. An Hauptmann geschrieben. Bach gespielt. Im Verlaine viel gelesen. – Ein Mörder Rathenaus ist schon gefaßt. – Über die Möglichkeit von Übersetzungen nachgedacht: eherner metallischer und blecherner Klang.

Dienstag, 4. Juli 1922

Im Büro die Aufzeichnungen über Rathenau fortgesetzt und zu Hause beendet.[16a] Der Heimweg dauerte zwei Stunden. Weil überall Demonstrationszüge für das Gesetz zum Schutze der Republik. Ernst und imposant.

Mittwoch, 5. Juli 1922

Trostsuchend die Reden Buddhos. Und sie befreien. Könnte man noch wollen: Mönch zu sein – aber die Kunst ist stärker. Freiwilliger Verzicht auf vieles – gern! Erzwungener Verzicht schwächt, macht häßlich.

Dienstag, 18. Juli 1922

Ich fühle etwas Auffrischendes in dem Verkehr mit Menschen, in dem Absehen von der verstumpfenden Arbeit. Als atme man ein nach dem immerwährenden Ausatmen.

Sonntag, 23. Juli 1922

Hauptmann studiert: Griechischer Frühling. Günther, Die deutsche Laute. Verse notiert.

Dienstag, 25. Juli 1922

Immer Regen! Kalt, grau. Not. Nicht gut im Innern. Zu schwer, auf sich selbst verzichten zu sollen! Die Kräfte zu töten. Aus läppischer äußerer Not. Aufsatz über Gozlan, Der intime Balzac.

Mittwoch, 26. Juli 1922

Im Büro Musil. Angenehm, klug, warm. Freude, daß es Menschen ab und zu gibt, die die Welt in der Gerechtigkeit halten. Dagegen einen Unsinn von Max Herrmann gelesen über proletarische Literaturgeschichte. Für die Kunst, mein Gott, ist der Klassenkampf nur etwas Winziges, so wie hier draußen für den ganzen äußeren Kosmos – ein Berg, ein Wurm, ja ein Mensch. Und was ist da der Massenmarsch für das rätselhafte Leben selbst! – Der Genius-Aufsatz über Bach in Fahnen ist da. Korrigiert.

Sonntag, 6. August 1922

An der Hauptmann-Ausgabe gearbeitet. Ich habe eine große Freude gehabt: von Kiepenheuer das Angebot, das Bach-Buch zu übernehmen gegen eine Rente für die 1. Auflage von 3000 Exemplaren von monatlich 5000 Mark mit Entwertungszuschlag gemäß der Indexziffer. Ich könnte auf dieses Jahr gerettet sein. Fischer müßte zustimmen. Nachmittags Aufsätze für Börsen-Courier: über Heynen, Dichtungen, und über Martin Buber.

Mittwoch, 9. August 1922

Fragmente Hauptmanns gelesen und für meinen Aufsatz notiert. Im Verlag erledigt, was noch wartete. Den ganzen Nachmittag und Abend zusammengesucht und gepackt.

Donnerstag, 10. August 1922

Früh auf. Fahrt nach Breslau. In einem Sanatorium der Gartenstraße untergebracht. Spaziergang. Eigentümlich geborgene Stimmung. Gang zwischen den beiden Bahnhöfen, Fischers abgeholt. Ins Hotel Savoy gefahren. Dort Abendessen mit Hauptmanns. Felix Holländer, Klaus Hauptmann. Nachher noch geblieben mit den Schauspielern Kühne, George, Klaus Bettauer.

Freitag, 11. August 1922

Fischers abgeholt. Sie sind ganz reizend liebenswürdig, sorgsam und gütig. Mittag gemeinsam, mit Kellermanns zum Schluß. Jahrhunderthalle: Florian Geyer. Ungeheuer die Pilgerung dahin. Merkwürdig auch die Droschkenfahrt zurück. An kleinem Tisch mit Kellermanns und von Hülsens gesessen. Nachher zu Hauptmanns in den Bankettsaal. Wieder bis drei Uhr früh. Der Morgen graute.

Sonnabend, 12. August 1922

Spaziergang. Früh Mittag. Um zwei im Rathaus Empfang. Hauptmanns. Der Reichspräsident Ebert. Reden. Stadttheater: Fuhrmann Henschel. In der Halle gegessen, getrunken. Sehr liebe große Tage.

Sonntag, 13. August 1922

Um halb elf Pressefrühstück. Gang zur Universität. Im Hotel Konzertmeister Herrmann. Eine Stunde geruht. »Das Opfer« [Indipohdi] im Stadttheater. Hernach im Hotel. Der Kreis verkleinerte sich. Hauptmann, seine drei Söhne, Herrmanns, der Schauspieler Wiecke und die entzückende Antonia Dietrich (Téhura). Hauptmann in diese verliebt. Am Schlusse mußte ich noch Verse sprechen, auf Hauptmanns Wunsch: Südliche Insel. Vielfach bedankt. Herrlich. Um fünf Uhr früh erst aufgebrochen. Nicht müde.

Montag, 14. August 1922

Gut ein paar Stunden lang geschlafen. Kleine Einkäufe, zum Bahnhof. Bequeme Rückfahrt. Zu Hause lustig. Gegessen, gepackt, Mozart gespielt und diese Notizen gemacht.

15. August 1922

Mit dem Eilzug nach Elend im Harz. Dichter Regen. In Wernigerode Aufenthalt. Dann in langsamer Fahrt durch Regendämmerzwielicht durch den Harz und das Gebirge. Wolkenfetzen um die Tannen hie und da. Der Lokomotivrauch hing nieder. Kälte. Des öfteren Durchblicke in nahe Schluchten und Abstürze, manchmal auch entferntere Lehnen und Berge. Abendliche Ankunft. Von Clärchen und ihrem Vater abgeholt.

Mittwoch, 16. August 1922

Morgens klärte sich das Wetter auf. Wir gingen auf schönen Waldwegen nach Braunlage.

Donnerstag, 17. August 1922

Strahlendes Blau. Auf den Brocken über Helenenruhe, Oberschierke. Kurze Rasten unterwegs am Hange des Brockens. Oben Wind. Das Haus jahrmarktmäßig überfüllt. Herrlichste Rundsicht. Bald Abstieg, schnell, ohne zu ermüden.

Freitag, 18. August 1922

Nach Rotehütte. Häßlicher Ort, ebenso Königshof. Waldweg gesucht. Ein alter dialektsprechender Arbeiter gibt angenehme Auskunft. Wir kamen auf der anderen Seite der Bode zurück. Nachmittag zwei kleine Jungen zum Balgentreten der Orgel. Ganz schönes Instrument. Zuerst Schwierigkeit mit dem Pedal.

Sonnabend, 19. August 1922

Kleine Spaziergänge in der Umgegend. Im Garten in der Sonne gesessen, gelesen und Kritiken geschrieben.

Sonntag, 20. August 1922

Zur Baumannshöhle. Die großen überraschend schönen neuen Teile. In der kleinen Wirtschaft Zur grünen Eiche, wo ich bei meiner letzten Reise gewohnt hatte, gesessen.

Montag, 21. August 1922

Nach den Schnarcherklippen. Umsonst auf die Balgentreter gewartet.

Mittwoch, 23. August 1922
Nachmittag wieder zwei Stunden Orgel gespielt. Erhebliche Fortschritte. Nach Schierke. Schöner Gang durch das Tal.

Donnerstag, 24. August 1922
Nach dem Kaffee Marsch nach Braunlage. In die entzückende Schnapsbude. Beschwingt durch den milder gewordenen Abend nach Hause.

Sonnabend, 26. August 1922
Nach Braunlage. Vom Teich her in die herrlich aufgetürmte Stadt.

Sonntag, 27. August 1922
Mit Kniepert [dem Wirt] im Auto nach Braunlage. Zu Fuß auf den Stöberhai. Zwölf km. Köstlicher Waldgang. In der Mittagsschwüle ziemlich schwieriger Aufstieg durch Buchenwald und Rodung. Strahlende Pracht.

Montag, 28. August 1922
In der Sonne gesessen. Gelesen. Geschrieben. Nach dem Abendbrot ein überaus zauberischer Gang. Die erste Sichel des Mondes. Der Friedhof. Alle Namen und Sprüche gelesen. Frau Kniepert erzählte spät in der Küche dann die Schicksale dieser. Ein Kommerzienrat schenkte die Orgel. Ein Lahmer erschoß sich, weil junges Mädchen sich wegen seiner Krankheit von ihm wandte. Ein zwölfjähriges Mädchen stürzte sich aus dem Fenster, weil es ein Bettuch entwendet haben sollte, usw.

Donnerstag, 31. August 1922
Vormittags auf der Gartenbank. Ich habe geschrieben über Blei, Traum und Leben der Frauen, und Schmidtbonn, Die Flucht zu den Hilflosen. Nachmittags in die Himbeeren. Gepflückt und gegessen.

Sonnabend, 2. September 1922
Als ich eben in den Garten hinuntergegangen war, fragte ein Herr nach mir – es war Herr Brinitzer. Er war sehr lieb den ganzen Tag.

Sonntag, 3. September 1922
Aufsatz über Film für Börsen-Courier. Über Mittag ein kleines Gedicht: Der Vogelherd.

Montag, 4. September 1922

Nach Braunlage. Bei völliger Dunkelheit im Nebel heim.

Sonntag, 17. September 1922

Wieder in Berlin. Am Bachbuch disponiert. Die Gedichte – Der längste Tag, Der Krebsreiter und Von fern – in die wohl endgültige Form gebracht. Es war keine leichte Mühe. Mittags Besuch von Fritz Heimann. Ich spielte ihm Orgelwerke von Bach vor.

Mittwoch, 20. September 1922

Nachmittag kam Kasack. Über den Vertrag mit Kiepenheuer geredet. Die Rente wird um 1000 M erhöht. Indexziffer kommt hinzu. Gedichte. Gespräch über Kulka. Kasacks Manuskript der »Anekdoten«. Ein guter Abend.

Sonnabend, 23. September 1922

Hauptmann-Aufsatz spät in der Nacht beendet. Musiziert, Bach natürlich.

Sonntag, 24. September 1922

Musikalische Studien. Formales, Ästhetisches. Es regt sich aller Enden.

Montag, 25. September 1922

Noch bis nachts an Bach. Großartige, mich beglückende Blicke auf das Werk. Es ist disponiert und gerettet.

Dienstag, 26. September 1922

Weitergearbeitet an Bach. Etwas schwermütig, weil das äußere Leben nicht aus der Schwierigkeit zu befreien ist.

Mittwoch, 27. September 1922

Bach, Kunst der Fuge ganz gespielt. Abends bei Kayser. Russische Musiker. Schlechte Musik. Aber der junge Osborn. Das ist ein sehr bedeutender Musiker. Bie kam und verbot zu musizieren. Lebenskunst, klug. Sehr angenehm der Schauspieler Lothar Müthel, offenbar auch seine Frau. Mit Greiner zu Fuß heim.

Donnerstag, 28. September 1922

Bach gearbeitet bis nachts zwei Uhr wie gewöhnlich.

Sonntag, 1. Oktober 1922

Bach, Orgelsonaten 4 bis 6 und Anhang studiert. Konzert in der Kaiser-Wilhelm-Gedächtnis-Kirche, drei Konzerte Händels, zwei Orgel mit Orchester, eines Orchester allein. Klangrausch. Mechanischer Bau. Konvention eines Genies. Busoni gelesen. Wieder halb drei nachts.

Dienstag, 3. Oktober 1922

Max Pulver besuchte mich im Büro. Über Steffen, und die Lage des Schriftstellers, die Unmöglichkeit, zu Ruhm zu kommen, der eine feste Realität im Bewußtsein des Volkes würde. Bach, Kunst der Fuge, 1. Orgelsonate. Aus der Klarheit leuchtet das Dunkel des Genies.

Montag, 9. Oktober 1922

Kantaten studiert. In der Hochschule ein Konzert, wo es das 2. Brandenburgische Konzert und die Kantaten gab: Selig ist der Mann; Jauchzet, Gott; Was Gott tut (2. Komp.); O Ewigkeit du Donnerwort (2. Komp.). Zu Hause darüber Erkenntnisse und Eindrücke notiert. Immer zwei Uhr nachts. Allmählich strengt es an.

Donnerstag, 12. Oktober 1922

Thomas Mann im Verlag kennengelernt. Erstaunt, wie lebhaft er ist. Noch bis nachts am Bach, erster Teil, fortgearbeitet. Wirklich tief drinnen.

Montag, 15. Oktober 1922

Gearbeitet wie toll. Es regt mich auf, ich kann schwer einschlafen. Das Herz schlägt wieder sehr lebhaft.

Freitag, 19. Oktober 1922

Pirro, L'Esthétique de J. S. Bach, begonnen. Gestern war ich sehr niedergeschlagen, weil Pirro alles weiß, was ich weiß. Als entdeckte ich einen Kontinent, der schon entdeckt ist, aber nun wendet es sich wieder. Ich habe doch etwas Neues auszusprechen.

Donnerstag, 25. Oktober 1922

Kaum andere Gedanken als Bach.

Freitag, 27. Oktober 1922

Greiners ein paar Stunden Bach vorgespielt. Weiter im Pirro. Viele Kantaten durchgegangen. Den Vertrag mit Kiepenheuer unterschrieben.

Freitag, 3. November 1922

Meine Aufzeichnungen zum Buche über Bach durchgegangen, um die Niederschrift zu beginnen.

Sonntag, 5. November 1922

Bis fast drei Uhr nachts fortgesetzt zu schreiben. Das Verhältnis Zelters zu Bach.

Dienstag, 7. November 1922

Besuch von Max Pulver im Büro, der aus meiner Handschrift den tief depressiven und melancholischen Zustand erkannte. Das war eine Art von Erleichterung.

Mittwoch, 15. November 1922

Hauptmanns Geburtstag. In der Universität. Viele Reden. Professor Petersen, Dessoir, schrecklich Roethe, ein junger Student Birkenfeld, Holländer, Hauptmann, zu pathetisch. d'Albert spielte großartig die Appassionata.

Sonntag, 19. November 1922

Recht fleißig am Bach gearbeitet. Gefühl, mehr Licht zu bekommen.

Freitag, 24. November 1922

Hauptmann-Vorlesung in der Philharmonie. Vorher mit Stefan Zweig, Greiner, Zech, Kayser, Zareck in der Konditorei Möhring. Die Vorlesung: Mißverhältnis zwischen dem Gebotenen und dem Riesenjubel. Es wird mit Hauptmann ein Jahrmarktsrummel veranstaltet. In galgenhumoriger Stimmung mit Kayser bei Gerold Wein getrunken.

Montag, 11. Dezember 1922

Nachmittags zu Kasack nach Potsdam. Ein bißchen unheimliche Dunkelheit, die hungergeblähte Zeit lastet über dem Land. Aus dem bisher vorliegenden Bachbuch vorgelesen. Der Anfang wirkt nicht, das Spätere wieder stark.

Donnerstag, 14. Dezember 1922

Hauptmann, aus Holland wiedergekehrt, rief an. Am Bach gearbeitet. Erregt. Abends im Adlon bei Hauptmann. Er war außerordentlich freundschaftlich.

Dienstag, 26. Dezember 1922

In der Nacht zu heute im Bett lang über Bach nachgedacht. Gute Einfälle gehabt.

Sonntag, 31. Dezember 1922

Viel gearbeitet an meinem Buche und gute Zuversicht geschöpft.

[Für das Jahr 1923 liegen keine Tagebuch-Aufzeichnungen vor.[17] Wohl aber wurde schon 1922 ein Band mit Eintragungen begonnen, die, meist undatiert, bis in die zweite Hälfte der dreißiger Jahre neben den Tagebüchern fortgesetzt worden sind als »Gedanken und Bemerkungen zu Literatur und Leben«.]

Gedanken und Bemerkungen. Undatiert 1922/23

Der Inhalt eines Gedichts beginnt erst dort, wo man aufhört zu sagen: und wenn schon!

Ohne Größe gibt es nicht Schönheit im Lyrischen. Die Größe kann im Gefühl wie im Bild liegen. Beschriebene Kleinigkeiten mit einem epigrammatischen Gefühlchen sind nichts.

Lyrik muß das Gefühl aus dem Zufall führen, der ihm vom Körper aus anhaftet.

Die Welt beschäftigt sich nicht damit, daß wir glücklich werden. Wir sagen: sie »will« sich nicht damit beschäftigen. Woher wissen wir das? Woher weiß die Welt von uns? Beschäftigen wir uns damit, daß »sie« glücklich werde.

Warum sollte es nicht eine höhere Wesen-Gattung über uns geben? Wir sehen Tiere, Pflanzen, Kristalle usw. »unter« uns. Gleichartiges. Körperumhülltes. Aber nach der anderen Richtung muß das uns Sichtbare doch aufhören. Es wäre, was dort ist, ja nicht höher, wenn wir es erkennen könnten, auch nicht, wenn es sich uns bemerkbar machte, was in deprimierender Form, als Nicht-Erkennen, auch ein Erkennen wäre. Nach unten, schon am niederen Tier,

wissen wir das Leben auch nicht mehr. Wir sehen nur noch Bewegung, schließlich nur noch Körper, und wissen darüber hinaus gar nichts mehr.
Leben als bloßes Vorhandensein – als Gegenstand – ist uns schon kein Begriff mehr. Warum sollte sich die Skala aber nicht fortsetzen: 1) Nicht-Bewegung – 2) Bewegung – 3) ? oder 1) Substanz – 2) Seele – 3) ? – Warum sollte es nichts über die Seele Hinausgehendes geben? Seele ist ohnehin vielfach Gefühl der Grenze, Abschiedsschmerz, Lebhaftigkeit als Empfindung des obersten Erreichbaren und dennoch Unzulänglichen.

Ohne ein Egoist zu sein doch am Ich als dem Höchsten hängen. Es gehört ein ungeheures Vertrauen zum Tode – oder da wir nicht wissen was er ist, zum Leben – dazu, zu glauben, das Fortreißen der Individualität könne eine ebenbürtige oder gar überlegenere Form freimachen, ermöglichen.

Natürlich sind Wertfragen der Kunst sittliche Fragen. Wer geringe Werke billigt, billigt niedrige Menschen. Ohne hohe sittliche Anstrengung ist kein hohes Kunstwerk möglich. Darum, ob sich um hohe Werke jemand kümmert oder nicht: ihr Antrieb treibt. Es ist nicht zu verhindern.

Ist einer ein Dichter, so kann er sich auch als Philosophen dichten. Seine eigene Person. Etwas Begonnenes heckt fort. Lyrische Stücke treiben neue hervor. Aphorismen hecken Aphorismen. (Beispiele: Morgenstern, z. T. selbst Heimann, wiewohl bei diesem eine ursprüngliche Neigung dahinaus ging: aber er ist doch auch ein großer Dichter – Gestalter, Fühler.)

Übereinkommen von Wille und Natur. – Natur allein schafft selten ein haltbares Kunstwerk. Wille, vor und über Natur gesetzt, bringt nur das peinlich Stimmende (Stimmen doppelt als Rechnung und Gefühl) hervor.

Der Roman heute häufig eine verkappte Abhandlung. Manchmal über ein Gedicht nur, manchmal nur über einen nüchternen trivialen Gedanken. Über einen einzigen. Und zwar nicht über den zentralen des Lebens.

Lesen ist vielerlei: Schlafen. Müßiggehen. Neugier befriedigen. Abenteuern. Eine Convention erleben. Angestoßen werden. Zu sich selbst kommen. Sich und die Welt entdecken etc.

Im Dogma, das sie zu suchen doch nicht aufhören darf, endet die Kritik. Die gesichert starre Erkenntnis ist ihr Tod. Sie muß etwas Endgültiges wissen, aber nur von Fall zu Fall. Weiß sie sich gefeit gegen alle Fälle, so ist sie unerfreulich wie eine unberührbare Staatsform, eine geronnene Religion, eine systematische Philosophie, – und schlimmer, sie ist ein Affe von allen diesen Erscheinungen.

Wieviele riesengroß ausgebaute Aphorismen gibt es doch. Systeme. Die Wirkung auf den idealen Leser ist vom Autor vorweggenommen.

Es ist wichtig für den Schriftsteller, sich zu der Einsicht zu erziehen, daß Schreiben seine einzige Möglichkeit zu allem ist. Tief genug durchdacht, wird Ehrgeiz dann zu transzendenter Notwendigkeit. Wirkung, Ergehen, Selbsterreichung, – alles hängt davon ab. Richtig schreiben lernen und richtig denken lernen fallen dann zusammen.

Zeitgemäß werden immer die Dichtungen genannt, die der Masse entgegenkommen. Daß aber die Masse einem Dichter entgegengehen könnte, darauf verfällt keiner. Was ein merkwürdiger und starker Kopf sich ausgedacht hat, ist dennoch letzthin das Entscheidende. Manchmal kam die Masse. Meist wollen die Menschen aber in ihrer Trivialität bestätigt werden. (Es gelingt mir hier nicht, das Spezifische zu fassen, das mich erregt.)

Die Dichtung wäre heute überflüssig? Überflüssig ist das, was sie als überflüssig erscheinen läßt.

Im Gehör eine Waage für Wortgewicht haben! Ohne das keine Kritik, keine Philosophie! Und zwar keine Gold-, keine Apothekerwaage. Eine Dezimal-, eine Zentesimal-, eine Viehwaage! Daran fehlt es am meisten. – Geringste Schriften gelten wer weiß wie hoch, wichtige gar nicht – weil die Viehwaage fehlt. Weil die Apothekerwaage eines schnurrigen Provisors damit verwechselt wird!

Donnerstag, 13. März 1924

Die Tagebuchaufzeichnungen in Italien während des Monats Februar haben mir Lust gemacht, die Notizen fortzusetzen.[18] Mein Geburtstag. Ich bin heute vierzig Jahre alt. Das Leben hat sich, nach starken Schwankungen im vorigen Jahre, besonders am Anfang des vorigen Jahres, als ich zusammenbrechend und versagend die Arbeit an meinem Buche über Bach aufgab, ins Positive gewandt: eine gewisse Ruhe ist in mir. Ich habe Freude an dem, was ist und kommt, das Vergangene hat genügt, mich mit dem auf diesem Sterne Möglichen bekannt zu machen. Die Qual, vielleicht vorzeitig abdanken zu müssen, hat abgelassen.

Mein Arbeitsraum liegt in Sonne. Vor mir steht ein Glas mit den Zweigen, die ich vor zwei Wochen aus dem Garten der Villa Porticindo mitnahm. Die Blätter sind noch grün. Die italienische Reise hat vielleicht das Große gebracht oder bestätigt, wieder auf den positiven Anteil am Dasein zu sehen und zu hoffen und nicht zu resignieren, weil die Hände gebunden sind. Freilich der Wunsch, ein anerkannter Dichter zu sein, auf den man hört, hat sich nicht erfüllt. Partielle Anerkennung, partielle Ablehnung. Draußen nur einer von vielen. Das scheint unwendbar. Aber mit manchem Werk bin ich dennoch einer von wenigen. Geht der harte Winter endlich vorüber? An Kälte und Dunkelheit leide ich sehr wie schon immer. Süden: ich wäre ein anderer geworden. Gestern ein Gedicht Flußlauf. Empfangen in Elend [im Harz] vergangenen Sommer.

Sonntag, 30. März 1924

Gedicht Pompejanischer Abend am 29. abgeschlossen. Schriftstellerisch hoffnungsvoll. Mit Siegfried Jacobsohn gestern Mitarbeit an der Weltbühne verabredet.

Für mein Essaybuch Titel: Zeitgenossen. 1. Abteilung: Zeitgenossen von einst (Buddho, Chinesen, Jean Paul, Bach), 2. Abteilung: Zeitgenossen meiner Gegenwart (Hauptmann, Stehr, Heimann, Lehmann usw.).

Vorigen Montag und Dienstag bei Heimanns in Kagel gewesen. Ich will mich von S. Fischer geschäftlich lösen, Lektor zu Hause sein, womöglich ganz frei. Freiheitsdrang! Drang zu schreiben. Die Zunge hat sich mir ja etwas gelöst. Verse bleiben immer schwer, manchmal unbegreiflich.

Dienstag, 1. April 1924

Heute den ersten Schritt in die Freiheit gemacht: mit Fischer gesprochen, der eben zurückgekehrt ist. Ich brauche bloß ein- bis zweimal während der Woche ins Büro. Ganz verändert die Welt. Zeit vor mir. Arbeit. – Einen Aufsatz von Cucchetti aus dem Italienischen übersetzt. Man lernt dabei. – Gestern abend Hauptversammlung der Kleiststiftung. Die Journalisten spielen abgekartete Spiele. Es lohnt nicht mehr hinzugehen. – Sonntag abend in der Gedächtniskirche schöne Aufführung der Bachschen Kantaten: Ich armer Mensch; Ich habe genug. So ergreift mich keine andere Kunst auf der Welt wie diese.

Die Gerechtesten und vielleicht darum Größten gehen ziemlich unbemerkt in spätere Jahrhunderte ein. Die begabten Unvollkommenen machen durch ihr Gebrüll und Gezappel noch lange die Nachwelt auf sich aufmerksam.

Donnerstag, 3. April 1924

Gestern hat Fischer wieder die Freiheitsbewilligung von vorgestern zurückgenommen. Ich solle ein eigenes Zimmer haben, könne machen, was ich wolle, aber solle um ihn sein. So werde ich über kurz oder lang doch ganz gehen müssen. Ich habe genug. Zehn Jahre im Büro. Greiner hat gestern gekündigt. Unter dem Eindruck die Zurücknahme. Nicht schlaff werden!

Freitag, 18. April 1924

Im Verlag Besuch Paul Eipper, der als Direktor zu Fischer zurücksoll. Mir doch ein kleiner Schlag, weil ich sehe, niemand hat ein Interesse, daß ich vorankomme, äußerlich. Man muß natürlich selbst die Auswege suchen.

Mittwoch, 16., Rudi Kaysers Hochzeit. Interessant Albert Einstein. Gutaussehend. Klare Augen, schalkisch, gutherzig, mokant aus der Ferne, plötzlich hoheitsvoll. Musik: Händel, Mozart. Einstein spielte warm, doch Mozart zu leicht und dabei mit verschlepptem Tempo. Kaltes Essen mit humorvoller Rede Einsteins. Die Tage vorher einen größeren Aufsatz über den Prinzen Gottes [Quirinus Kuhlmann] für die Osternummer des Börsen-Couriers. Dann das Gedicht Abstieg nach Süden.

Sonntag, 27. April 1924

Dabei drückt das Abkommen mit Siegfried Jacobsohn, das ich vor ungefähr einem Monat traf: allmonatlich ein Aufsatz für je 150 Mark. Ich bin so ungeschickt, und das Malheur fürs Leben ist, daß ich halt doch ein Poet bin. Aufsätze schreiben ist mir fremd, obwohl ich es hunderte von Malen getan habe. – Einmal abends Tee getrunken und die Nacht darauf wenig geschlafen, dann spät erwacht. Bin ich schon so viel widerstandsloser geworden? Es ist aber doch so, daß die Stunden der Depression mich zur Äußerung hier veranlassen, während die guten, erfüllten, mit sich selbst beschäftigten, einen Niederschlag in Werken hinterlassen. – Vorsicht vor düsteren Perspektiven!

Mittwoch, 7. Mai 1924

Sonntag, 27. April, doch noch den Aufsatz über Bruckner geschafft. Montag, 28. früh um fünf aufgestanden, die Abschrift begonnen und im Verlage fortgesetzt, bis Mittag fertig damit, gleich an Jacobsohn gesandt. Mittwoch, 30. froh, weil Jacobsohn mit sehr liebenswürdigen Worten nicht nur den Bruckneraufsatz angenommen hat, sondern auch ein beigefügtes Gedicht. In mir werkelt oft ein gewaltsames, dumpfes Zuhüllen böser Stimmungen, die sich melden und mich überwältigen wollen, weil ich den Weg zur Freiheit nicht finden kann. Qual, daß eine sehr große Summe von Arbeit nicht hinreichen will, um das bißchen Lebensunterhalt zu sichern. Ein verwegener Wille, hartnäckig, manchmal zu galgenhumorigem Ausspringen neigend, setzt sich dagegen. Und dann kommt bisweilen wieder ein Genügenlassen an kleinsten Erfolgen, auch ein Anspringen, auf. Schlimm. Ein paar nehmen Herzensanteil an der Arbeit, sie können aber nicht helfen. – Grandiose Gedichte von Benn gelesen: Schutt. Groß: Stehr, Peter Brindeisener. Viel Jean Paul, um darüber zu schreiben.

Talente. Es gibt welche, die sich sehr tief hinunterschrauben müssen, damit ihre Begabung wirksam werde, damit sie ihrem Träger seine Welt sichtbar mache. Es kann höchste Werte fördern, aber sie werden mit der oberflächlichen Welt nicht übereinstimmen und nicht sehr viele Anhänger finden. Leicht wirkt ihre Kunst krank, ekstatisch. Mystisch. Andere nur in erhöhten Momenten arbeitsfähig. Kann eine helle, wird aber meist nur eine spärliche Produktion ergeben. – Die größten sind schon bei geringer Abkehr vom gewöhnlichen Verlaufe des Daseins produktiv. Gelegentliches und

Gültiges durcheinander. Erklärung für die Verfassung ihres Weltbildes.
Zum Roman vom Lügner gute Einfälle.[19]
Unfug der Geburtstage und Jubiläen. 50., 60., 70., 75., 100., 150., 200., 300. Eine ganze Primzahlenreihe. Unfug die Schreiberei und Entdeckerei. Durch das Schreiben für die Säkulargelegenheiten kommt oft nur Zweit- bis Drittrangiges zu Tage: es war für den Schreiber nicht der Moment. Auch Liebenswürdiges, Sentimentales. Kein Wunder, wenn die Wahrheit über ihn überhaupt nicht an den Tag kommt. Auch Wahrheit läßt sich nicht auf Eis legen, sie verdirbt, wird scheel, das Mark rinnt aus ihren Knochen.

Mittwoch, 21. Mai 1924

Wenn der Tod allen Wesen nur das Leben nähme. Die »Seele«. Welche Stapel von Körpern würden alle Vorzeiten aufbewahren. Alle Entwicklungstufen, alle Veränderungen. Wir würden viel begreifen und wissen. Aber die Vorstellung genügt, daß es der Natur an Stoff fehlen würde. Der Planet wäre erstickt. Die Heere der Menschen, aller Tiergärten, aller Pflanzen. Die Wälder allein würden wahrscheinlich schon den Raum sämtlicher Meere ausfüllen. Schönes Bild übrigens zu denken, Bäume rauschten um den ganzen Erdenball. – Heute vormittag Hauptmann kurz bei mir im Büro. Wie weit liegt der Monat in Italien! – Diese ganze Zeit sehr viel Jean Paul getrieben. Sehr viel darüber notiert, eine Menge erkannt, über ihn wie geistiges Schaffen überhaupt. – Aufsatz über Heimann geschrieben für Kunz, Görlitz.

Donnerstag, 29. Mai 1924

Donnerstag, 22. mit Hauptmanns gegessen im Adlon. Alexander Moissi kennengelernt. Herzlich einfacher Mensch. Er schwärmte von Masken. Geht jetzt nach Mexiko. Orlik kam nach dem Essen.

Sonnabend, 7. Juni 1924

Die ganze Woche ganz gut gearbeitet. Gespielt. Bach Orgelwerke, zwei Tage. Zwei Tage Händel, sechs Orchesterkonzerte. Mendelssohn, Fugen und Sonaten. Beethoven 6. und 8. Symphonie.

Sonntag, 15. Juni 1924

Der Essay über Jean Paul ist vollendet. Es wird eine sehr schwere Arbeit durch den Umfang und die Tiefe des Materials. Von vergangenem Montag ab war ich vollkommen, dämonisch davon eingenommen. Ich arbeitete Tag und Nacht daran. Keine Menschen gesehen. Gedacht, gedacht, geschrieben desgleichen.

Freitag, 20. Juni 1924

Mittwoch in Potsdam bei Kasacks. Über alles Maß herrliches Gedicht Große Tragödin. Aufatmen über die Leistung des Jean-Paul-Aufsatzes. – Gut gestimmt. Freudenvoll. Das Leben hat eine Art Vorwärtskommen. Ins Auge sehen: Was bisher nicht erreicht ist, kann nicht mehr erreicht werden. Persönliche Befriedigung über das Geraten und Streben wäre alles.

Freitag, 11. Juli 1924

Im Harz selige Tage verlebt. Wohltuende Ferienstille. Am 21. Juni über Wernigerode nach Elend. Die Fahrt durch den wie triefenden Harz schön. Einfälle zu der geplanten Novelle von der Gleichzeitigkeit und der gleichen Schnelle der verschieden schnellen Lebensabläufe. Freude wie Heimatfreude beim Gang durchs Elendtal. – Schierke. Viele Forellen in der Bode. – Braunlage. – Prachtvoller Gang nach Sorge. Über den Moosteppich. Die großartigen Schnarcherklippen. – Den letzten Abend beim Lehrer Mozarts Kleine Nachtmusik. Ich spielte eine Reihe von Präludien und Fugen aus dem Wohltemperierten Klavier. Am 2. Juli abends wiedergekommen.

Sonnabend, 12. Juli 1924

Gestern nacht und heute den ganzen Tag eine verzehrende und erfrischend nährende Sehnsucht nach Freiheit. Verse klangen, aber im Anpacken wurden sie schwer und entsanken. – Johannes R. Becher gelesen. Hymnen. Urlandschaften. Merkwürdig die Christgläubigkeit. Aber durch Bilderstärke eine Stätte für Seelenweichheit und Flucht, die nicht tragen will.

Montag, 14. Juli 1924

Wenn man den Kopf verdreht und hinaussieht, auch hier die Schönheit des Wolkenflusses. Die Schichten schoben sich durcheinander, Trübes und farbig Weißes, darüber das metallne Blau. Winde von verschiedener Geschwindigkeit. Ein für den in Mauern Gefangenen seltener Eindruck. Immerhin, ich war in diesem Jahre ja viel draußen.

Montag, 28. Juli 1924

Gestern Busoni gestorben! Herber Eindruck. Aber das Heer der Toten wächst und bleibt auf Erden, und vielleicht bleibt es auch irgendwie außer dem Irdischen eine Macht und Gemeinschaft.

Dienstag, 29. Juli 1924

Die Nachtwachen von Bonaventura zu Ende gelesen. Den Aufsatz darüber bedacht. Die Skepsis durchaus logisch angreifbar, aber sie stellt als Ganzes eine Persönlichkeit dar, welche bekämpft oder anerkannt werden mag, jedenfalls da ist.

Montag, 18. August 1924

Am vergangenen Sonnabend ist Frau Ania Stucken in Saaleck gestorben. Es reißen sich Stücke Leben los. Neulich erst Busoni. Der arme Stucken! Was beginnt der Hilflose! – Heimann sehr krank. Morphium-, Coffein- und Kampferspritzen.

Für mich hat sich das Los – scheints – zum Besseren gewendet. Fischer, dem ich in die Schweiz schrieb, erklärte in herzlichen Worten sein Einverständnis, daß ich die Verlagsarbeit zu Hause mache, mit einmaliger Anwesenheit in der Woche im Verlag. Von den Einleitungen zu den beiden Orlikschen Werken »Hauptmann, Bildnis« und »Handzeichnungen« ist die erste fertig und abgesandt. Die zweite entwickelt sich.

Dienstag, 19. August 1924

Heine gelesen für eine Einleitung zum Bande Nachlese, Hoffmann & Campe.[20]

Sonntag, 31. August 1924

Es scheint aufwärts zu gehen. Allerlei Arbeiten, zwar nur Aufsätze, doch da sie etwas einbringen, erhöht sich das dem Proletarischen sich entwindende Lebensgefühl. Vorigen Montag im Büro, wo ich Fräulein Jungmann erwartete, die mir allerlei von sich und Hauptmanns erzählte. Donnerstag im Verlage gewesen. Eine Menge Manuskripte erledigt. Freitag, wieder Verlag. Allerlei Erledigungen. Waschzettel Thomas Mann im ersten Entwurf.

Sonnabend, 20. September 1924

Sonnabend, 13. Manuskripte gelesen. Abends herrlichster Orgelabend mit Günther Ramin in der Garnisonkirche. Gewaltiger Ein-

druck. Bach: Passacaglia, Sonate G-dur, Präludium und Fuge G-dur (die große), Pastorale, auch die angehängten drei Sätze, Präludium und Fuge c-moll.
Hans Kyser besuchte mich nachmittags. Erzählte. Kunstsehnsüchtig, aber kunstfern. Wir spielten dreihändig eine Reihe Bachscher Orgelwerke.
Dienstag, 16. zwei Gedichte beendet: Die großen Mächte und Abends in der Oase.
Freitag, 19. schrieb ich den Tag über für den Kiepenheuerschen Europa-Almanach Aphorismen über Bach. Noch zwei Gedichte abgeschrieben und das Ganze an Kasack gesandt. Brief an Hauptmann.

Sonnabend, 27. September 1924

Gestern ins Deutsche Theater. Michael Kramer: Eugen Klöpfer. Schön. Manches etwas taub in dem Stück. Ins Adlon zu Fuß. Neben Hauptmann. Klöpfer. Frau Hauptmann erzählte von ihrem Augenarzt, Graf Wieser, Liebenstein. Benvenuto, Eulenbergs. Hauptmann: von der Kindlichkeit des Künstlers. Seine errungene zweite Kindheit.

Dienstag, 14. Oktober 1924

Sonnabend an einem Gedicht versucht. Noch immer recht herunter. Auch die Musik half nicht viel. Montag tüchtig gearbeitet. Zwei Aufsätze, über Max Herrmann und Lehmann, Der bedrängte Seraph für den Börsen-Courier.

Montag, 27. Oktober 1924

Sonnabend Gang zu Leonhard Frank. Wegen Verlagsangelegenheit. Drei Bände Erzählungen. Schlafanzug. Noble Allüren. Irgendwie herablassende Freundlichkeit: der berühmte Mann. Und ich bin nix.

Freitag, 7. November 1924

Mittwoch, 29. An Goethes Divan zu arbeiten angefangen dieser Tage, weil ich Anmerkungen und Einleitung für die Pantheon-Ausgabe machen muß. Gestern Verlagstag. Wieder sehr unruhig. Besuch: Annette Kolb. Alles gespielt, was ich an Klaviersachen von Joseph Haydn habe.

Mittwoch, 19. November 1924

Sonntag zu Cassirer. Dort eine Vorlesung von Tilla Durieux. Auch drei Gedichte von mir, das erste, Traumstadt, vollkommen mißlungen im Vortrag, die beiden anderen: Hinter asiatischen Bergen und Nächtlicher Kamelritt mir interessant, obwohl anders als von mir gemeint. Schwaches von Blaß, Halbschwaches von Max Herrmann – sehr aber ließ mir Werfel nach: begeistert-vergrübeltes Feuilleton. Vorgestern Divanarbeit in den Verlag gebracht. Mit Fischer über alles Mögliche, auch über Möglichkeiten meiner Bücher. Essays. Ich glaube, es wäre gut, einen Band herauszubringen. Jetzt in dieser Zeit, die mich zu Aufsätzen so sehr zwingt. – Auch wieder Antippen, ob ich nicht, gegen höheres Honorar, zweimal in der Woche kommen könnte. Nein.

Freitag, 21. November 1924

An meinem Essaybuche Zeitgenossen aus vielen Zeiten gearbeitet. Viel von meinen früheren Aufsätzen gelesen, gekürzt, zusammengestellt. Ich hatte Freude: Die Arbeiten sind nicht hinfällig geworden. Nachmittags mit Freude an Bengt Bergs Vogelbuch. Darüber schreiben. Die Beobachtungen äußerst spannend. Händel, die vier ersten Suiten.

Montag, 24. November 1924

Gestern mittags bei Fischer. Es waren dort: Thomas Mann und Frau, seine reizende junge Tochter Erika, Herr Schnitzler, der junge Sohn Arthur Schnitzlers, musikalisch interessiert und gebildet. Hans Reisiger. Tee. Im Auto zum Beethovensaal. Mann las aus dem Zauberberg den Anfang der Peeperkornepisode. Alle sagten: das ist Hauptmann. Besonders Herr von Hülsen. Das wird möglicherweise eine große Aufregung geben.

Sonntag, 30. November 1924

Ich muß noch viel mehr arbeiten als bisher. Wollen sehen, ob sich nicht eine Einteilung machen läßt: Kunst, Kritik, Tagesdienst. Ich werde mir völlig klar darüber, daß eine Menge literarische Notizen, Kritik, Besprechungen und so weiter nicht für längere Dauer gedacht werden kann. Sie dienen dazu, Mittel fürs Leben zu schaffen, und mögen dann vergessen sein. Auch von mir. Beim Zusammenstellen des Essaybandes las ich deutlich genug die Grenzlinie zwischen dem, was taugt und potentiell bleibt, und dem Hinfälligen. – Große Sehnsucht, Erzählungen vorzunehmen, auszubauen. Gestern nach Neubabelsberg. Schöner, heiter-kühler Herbsttag. Heimann leidlich angetroffen. Über seine und meine Arbeit gesprochen. Über Hauptmann und die allgemeine Verwerfung seiner »Insel«. Übrigens ist es ein Fluch, in der Hauptsache Lyriker zu sein. Den Ansprüchen des hohen Tones zugetrieben zu werden und ihn doch nur selten zu finden! – Fontane gelesen. Besonders Briefwechsel und Tagebücher. Das war ein merkwürdig großer Trost. Was hat er alles gearbeitet! Außer dem Größeren alle paar Tage eine Kritik. Klage ich zu früh? Reichen meine Kräfte nicht, bin ich zu schwerfällig?

Über Jean Paul: Die Schönheit allein brauchen die Menschen nicht. Isoliert ist sie fragwürdig. Die »Sentimentalität« möchte sie auch auflösen und verweichlichen. Schreibt einer aber, so ist er gezwungen, sie den Menschen aufzudringen. Sie erhält Wert dort, wo sie identisch wird mit dem Wahren, dem Tüchtigen. Ihr Weg ist vergrößert. Ihre Energie vermehrt. Wer bessern will oder trösten oder zu Erkenntnis führen, hat mehr Aussichten, gehört zu werden. Und er ist vor sich selbst mehr gerechtfertigt. Er hat nicht bloß mehr Schein zu schaffen. Er schafft Körperhaftes.

Dienstag, 2. Dezember 1924

Sonntag zu Siegfried Jacobsohn. Von ihm und seiner Frau einen sehr günstigen Eindruck. Neu verabredet, daß ich für die Weltbühne schreibe. – Gestern im Verlag. Wassermann dort. Sehr herzlich. Aber auch sehr arriviert. – Deutsches Theater: Die Heilige Johanna von Shaw. Ganz großer Eindruck, nicht von der Aufführung, doch weil das Stück ganz und gar meinem Begriff von Drama entspricht. Elisabeth Bergner zum ersten Male gesehen. Tiefe Freude an soviel Talent.

Mittwoch, 3. Dezember 1924

Kunst der Fuge 1 bis 4, Beethoven, Konzert c-moll. Einen längeren Aufsatz über Dauthendey geschrieben im Anschluß an sein letztes Buch Erlebnisse auf Java.

Sonnabend, 6. Dezember 1924

Ein poetischer Gedanke muß sofort notiert werden, sonst schwindet sein Leben. Es bleibt nur ein totes Skelett übrig, das man doch nicht wenden kann, ohne daß es vor dem Umsinken bewahrt werden könnte. So war es gestern: lebendig, heute: nichts. – Donnerstag Verlag. Nicht so unruhig wie meist. Besuch E. A. Rheinhardt. Er brachte mir fünf Bände seiner Epikon-Sammlung. Schöne große Freude. Ich soll auch ein Nachwort schreiben, eventuell einen Band, französisch, übersetzen. Auch H. E. Jacobs Anthologie ist erschienen. Da komme ich einmal zu Ruhm. Besuch Heinrich Kosnick. Schüler Busonis. Erzählte interessant, wie Busoni »in sich hinein« spielte. Wie er ihm gesagt hätte: »Spielen Sie aus dem Bauch.« Und aus der Vision. Es hat viel Überzeugendes. Aber das Eigentliche der Lehre zu übermitteln ist schwer.

Sonnabend, 20. Dezember 1924

Inzwischen mein Buch Zeitgenossen aus vielen Zeiten fertig gemacht und vorigen Donnerstag Fischer abgegeben. Es war ihm aber sofort zuviel. Sperrt er sich und will eine kleine Auswahl, so ziehe ich den Band zurück. Es machte Mühe, ihn zu redigieren. Ich las meine ganzen wohl dreihundert Aufsätze. Strich mir aus den Sammelaufsätzen der Neuen Rundschau das Grundsätzliche heraus.

Donnerstag, 25. Dezember 1924

Dienstag mit Orlik zu Heimanns. Heimann besser, geistig gesammelt. Aber körperlich ganz schwach. Gestern vormittag zu Fischer, ihm zum Geburtstag zu gratulieren. Überaus herzlich und freundschaftlich.

Freitag, 26. Dezember 1924

Gestern, was war das Schönste? Unter dem Zeichen: Jean Paul. Ich las in den beiden Erstausgaben, die mir Wilhelm Lehmann (Vorschule der Ästhetik) und Kulka geschenkt haben. Übrigens auch sonst reicher Weihnachtstisch. Es kam die Mappe mit Orliks Handzeichnungen, Ganzpergament. »Das Volk«, über Käthe Kollwitz und Zille. Buddho, Fragmente. Auch darin geklärt gelesen. – Das Jahr neigt sich. Recht bedacht hat es an äußerem Vorwärtskommen viel gebracht, und dieses Äußere ist jetzt das Wichtigste, der Grund, auf dem alles andere gebaut werden muß. In völliger Arbeit kann ich nicht gedeihen. Ja, ich möchte Schlüsse ziehn auf andere.

Gedanken und Bemerkungen. Undatiert 1924

Politiker. – Ihre Gedanken scheinen mir oft nur durch Inflation groß. Ihr Geschäft scheint notwendig, oft nicht durch den Willen zum Wohle der Völker. Die angebliche Dunkelheit der anderen fällt nur als Schatten aus dem »Licht« ihrer eigenen Anmaßung. Sie glauben führen zu müssen, weil Dünkel und Ehrgeiz ihnen sagen: wir »wollen« führen. Weil die Welt ihnen fremd ist in ihrem überstaatlichen Teil, also zu 99%, so nennen sie weltfremd den, dem das eine letzte Prozent nicht die Welt bedeutet. Sie suchen alles Leben und alles Schicksal für ihr Schachspiel zu annektieren, d. h. sie berauben es seiner Unwillkürlichkeit und Freiheit. Sie hetzen die Völker mit ihren Afterideen so lange, bis auch die Natürlichen sich ihrer ausschließlichen Unnatur unterwerfen müssen, bis auch sie leidenschaftlich auf den Plan müssen und für Dinge kämpfen, die sie nichts angehen, nur damit nicht das Gegenteil geschehe, das sie vielleicht bis zur Vernichtung angehen würde.

Die Gottlosigkeit der Zeit ist am deutlichsten darin sichtbar, daß sie sich in den Staaten Götzen erbaut hat, Absolutisten, die behaupten, den Inbegriff des Guten darzustellen oder doch anzustreben. Daher lassen die Staaten Religionen bestehen, soweit sie ihre Existenz nicht gefährden, sondern zu vermehren scheinen, daher lassen sie alles bestehen, was sich ihnen unterwirft. Sie gewähren alles, Freiheit, Recht, Schutz des Lebens, solange diese mit der Existenz des Staates nicht kollidieren. Ist die in Gefahr, so beginnt der sophistische Dreh. Ja, Existenz ist doch Voraussetzung! Wieder eine Sophistik. Denn alles Gute läuft um den Erdball. Nur das Böse setzt Grenzen und haust dort und bewacht sie.

Man sagt, die Äußerungen der heutigen literarischen Kunst seien oft »schwer«. Es ist Aufgabe des Kritikers, zu unterscheiden, was in fünfzig Jahren davon leicht und was dann unverständlich sein wird.

Ist nicht gerade die Verdunkelung manches erhabenen Geistes (Hölderlin, ev. Nietzsche) eine Art Beweis für seine metaphysische Freiheit? Physiologische Veränderung schränkt ihn ein. Bei minderbegabten, wo es nie anders war, schränkt sie ihn immer ein, zeitlebens. Das Exemplarische des hohen Geistes entfaltet sich durch dieses Physiologische nicht ganz. Liegt darin nicht eine Hoffnung? Auf Beständigkeit des Ichgefühls und seine volle Erfüllung?

Leichtigkeit ist die Fähigkeit zu disponieren – dem Leser Zwang und Lust antun, selbst durch Schwieriges zu folgen. Unter Leichtigkeit verstehen die Leute im allgemeinen: sich an das zu hängen, was Erfolg hat oder Erfolg verspricht. Ein anderer hat da schon für sie gearbeitet oder ein anderer soll es.
Manche Menschen empfangen das Leben und sind dann in einen Stoffkreis gestellt, als Verbannte. Dämonisch suchen sie ihn zu zwingen. Andere empfangen das Leben aus dem Stoffe, aus den Gegenständen. Sie lassen sich leiten und treiben, das ist alles. Sie wissen nicht, der Zufall schiebt sie auf die Bahn, die Gewohnheit hält sie darauf, und zuletzt wird Neigung aus der Gewohnheit. Welche sind die Heimischen? Die Verbannten oder die immer häuslich Eingerichteten? Wo treffen sie einander?

Kunst als eine Kraft zeigt, wieviel Kraft in ihrer Zeit vorhanden ist. Die höchste oder geringste kann nur dann aufgenommen werden, wenn genug Bereitschaft dazu vorhanden ist. Der Wille des Künstlers oder seines Kunstwerks kann nichts vollbringen, wenn die anderen gleicher Kraft fehlen. Die Beurteiler aber können verleiten und verführen. Also: wieviel hängt doch am Glück!

Montag, 19. Januar 1925

Ziemlich aufgeregte Zeit, da Rudi Kayser krank ist und ich die Neue Rundschau machen muß. Jeden Montag und Donnerstag darum im Verlage. – Ich selbst bei Professor Plesch in Behandlung. Ein Werk von Plesch über Herzklappenfehler zu korrigieren begonnen. Freitag, 2. vormittags Wilhelm Lehmann. Gemeinsam hier gegessen. Montag, 5. Abend bei Weiss. Mit Orlik und Levin. Sonnabend, 10. bei Eippers. Recht schöner Abend. Viel Grammophon. Italienischer Gesang. Caruso. Montag, 12. in Christian Morgenstern gelesen, den ich von [dem Verleger] Piper bekam. Phantas Schloß ganz. In den Aphorismen Eindruck eines gegründeten Daseins, wars auch zart.

Montag, 9. Februar 1925

Sonntag, 25. Januar, in Pleschs Auto zu Heimanns nach Neubabelsberg. Plesch und die Fürstin Lichnowsky holten Clärchen und mich ab. Unter Lachen und sehr angeregter Unterhaltung war die halbe Fahrtstunde rasch überwunden. Zwei Stunden bei Heimann. Er ist wohler. Außer Bett. Hat einen kleinen Aufsatz für die

Weltbühne geschrieben. Der Marienkäfer, den die Fürstin einen Zuckerwassertropfen trinken läßt. Über Kritik. Über die Kinder Pleschs. Über Dienstboten. Wir wurden wieder hierher vors Haus gebracht. Großer, sympathischer Eindruck von der Fürstin. Dieses Gespannte, herzlich Warme dabei. Mittwoch, 4. wieder den ganzen Tag für den Verlag gelesen und die Auswahl aus den Werken Altenbergs begonnen. Donnerstag, 5. Brief von der Fürstin Lichnowsky, ich habe mich sehr über den herzlichen Ton gefreut. Mit Fischer, der abends nach der Schweiz und Italien fährt, allerlei besprochen. Auch über mein Buch Zeitgenossen aus vielen Zeiten. Leider soll ich es kürzen. Aber es leuchtet mir halbwegs ein. Sonnabend, 7. vormittags Anruf aus Pleschs Büro, wir sollten den Abend kommen, Clärchen vorher Heimann im Auto abholen. Ich bügelte rasch meinen schwarzen Anzug. Enttäuschung, daß Orlik nicht kam. Es waren da: Clärchen und die Fürstin Lichnowsky als einzige Damen, die Herren Plesch – zwei seiner Brüder, der Diplomat und einer aus Argentinien –, Slevogt, Zahnarzt Grünberg. Der Pianist Eisner, ich. Schöner Abend, welcher sich bis gegen zwei Uhr nachts ausdehnte. Das Schönste: Fresken Slevogts in einer Veranda und einem Gartenpavillon des Hauses. Auch Eisners Spiel. Schubert, Chopin, schlechter Bach, Scarlatti, Beethoven, Variationen. Über Fliegerei. Jagd und Jagdausdrücke. Tierversuche und Tiere. Viel neue Welt. Die schönen Räume. Plesch sehr herzlich. – Orlik hat mir ein köstliches Kamel, welches die japanische Glücksgöttin trägt, eingerahmt geschenkt. – Aufsatz Börsen-Courier: Mit dem Automobil durch die Sahara.

Freitag, 27. Februar 1925

Gedichte von Kurt Wesse gelesen. Mit Freude. Auch in dem gestern erschienenen, mir gewidmeten Buch Himmels-Tier. Labsal: Schubert, Sonaten zu musizieren. Wie ein Erwachen aus der Verschüttung. O Kunst, komm!

Sonntag, 1. März 1925

Gestern noch Schubert gespielt, ein paar Sonaten. Auch in den minderen gefiel mir sehr das Liebkosen von einfachen Akkorden und Tonfolgen. Gleichsam ohne Zuschauer, arbeitslos bloß Elemente der Musik, denen sich der Komponist andächtig hingibt.

Mittwoch, 11. März 1925

Gedichte ausgesucht für ein Jahrbuch bei Cassirer. Gestern zur Buchgemeinschaft. Der blonde, tüchtige, sympathische Herr Posekel. Die Herausgabe eines Bandes Jean Paul und Stifter abgeschlossen. Recht glücklich. Trotz der übernommenen, von der Kunst entfernenden Arbeitslast. Aufsatz über Sakheim, Jüdische Elemente in der Weltliteratur.

Mittwoch, 18. März 1925

Die Verlagsarbeit ist ungeheuer. Man atmet aber auf, wenn das Danaidenfaß wieder ausgeschöpft scheint, bis man es am Donnerstag neu vollgelaufen findet. – Sonntag an Gedichten gefeilt. Für ein Ehrenbuch für E. R. Weiß. Das war ein schöner Tag. Die Welt seit einer Woche verschneit. – Montag Mombert, Ataïr ausgelesen. Wunder-wundervoll. – Dienstag Brief zu Stuckens 60. Geburtstag. Heute Besuch von Berthold Lehmann, dem Sohn Wilhelm Lehmanns. Ein prächtiger junger Kerl. Abiturient, will jetzt Musik studieren.

Montag, 23. März 1925

Sonnabend viel Bach gespielt. An den 240. Geburtstag gedacht. Gestern mit großem Seelengewinn die 4. Symphonie Bruckners. Freitag Verlagsarbeit. Bach-Spiel.
Sonnabend, 21., den Aufsatz begonnen über den Humor. Früh müde. – Gestern noch ein Gedicht begonnen. – Ludwig Kunz, Görlitz, hat ein liebenswürdiges Flugblatt zu meinen Ehren herausgegeben. [In der Reihe: Die Lebenden.]

Ostersonntag, 12. April 1925

Sehr fleißig gearbeitet von früh an, ununterbrochen. Jetzt geht die Sonne unter. Viel für die Einleitung zum Jean-Paul-Bande. Eine gewisse Beruhigung, weil nun von dem großen Aufsatz etwas da ist. Es ist tief wohltuend, in den Sphären eines ganz großen, reinen Geistes zu weilen. Viel gelesen und notiert. In Gedanken geblüht. Ein Adagio von Bruckner, um die eintretende Abspannung zu bewältigen.

Freitag, 1. Mai 1925

Heute eine große Last, zugleich eine große Freude losgeworden. Ich habe die Jean-Paul-Auswahl bei der Deutschen Buchgemeinschaft abgeliefert. Heute nachmittag um vier Uhr bei Frühlingsregen. Katzennaß bin ich hingekommen. Vormittags die Schlußredaktion gemacht.

Montag, 11. Mai 1925

Gestern den Aufsatz über E. R. Weiß beendet und an Reichner in Wien abgeschickt. Sonnabend nachmittag kam Julius Levin zu mir. Schöne Abendstunden in Gesprächen. Ich las vor über Bach (Europa-Almanach) und neue Gedichte, die auf ihn einen sehr großen Eindruck machten. Zuletzt Walther von der Vogelweide. In hoher Begeisterung.

Dienstag, 26. Mai 1925

Gestern abend habe ich Stifters Nachsommer zu Ende gelesen. Dieses Buch ist ein ganz großes Ereignis in meinem Leben. Ich weiß mich nicht zu entsinnen, wann ich mit derselben Erschütterung geschriebene Worte in mich aufnahm. Ich habe vor Empfindung der Schönheit oft weinen müssen wie ein Knabe. Eine reine Größe, die mich nicht schlafen ließ. Auch heute noch liegt mir das Werk, alles verwandelnd, in der Seele. Ich sehe den reinen Morgen durch es hindurch. Eine schöne Wehmut umfängt mich. Auch außer dem Nachsommer habe ich viel in Stifter gelesen, nun wohl das meiste. Die Gegenwart ist davor klein. Gestern Brief von Hermann Hesse. Freude darüber.

Mittwoch, 27. Mai 1925

Auch heute vom Nachsommer bis zum Bersten voll. Die Gestalten, der Klang gehen nicht von mir. Ich bin wie selig gelähmt. Ich möchte nichts anderes hören und lesen. Seit der Kindheit und wohl auch da nicht so schön, eine so tiefe Erschütterung. Das ist ganz unvergleichlich. War das die Enthüllung dessen, was ich als schönstes Leben zutiefst fühle? Dieses Schweigen der Natur, der Dinge, der Menschen in ihrer letzten vollkommenen Schönheit. Auch wenn ich andere Seiten von Stifter lese jetzt, nimmt die Magie mich hin. Dieses Altertümliche war ja nie wirklich so, also ist es nicht altertümlich. Es ist höheres Leben, höhere Welt.
Das Buch Monelle von Marcel Schwob gelesen und Aufsatz darüber. Eine Menge Korrekturen meiner Jean-Paul-Ausgabe gelesen und abgeschickt. Jetzt folgen Korrekturen meines Buches [Zeitgenossen]. Nach der Erschöpfung Sonate 10 von Schubert und von der 8. die beiden ersten Sätze. – Alles überglänzt von Stifter.

Sonnabend, 6. Juni 1925

Schwermütig. Heute ist Thomas Manns 50. Geburtstag. Ich mußte für den Börsen-Courier einen Artikel dazu schreiben. Mittelmäßig ist er. Ich mußte. Journalistendienst. Ich bin der abgesetzte Dichter, der es sich nicht eingestehen mag. Der Tisch ist belastet mit Bücherhaufen, die ich alle lesen, über die ich etwas schreiben muß. Wo stehle ich mir die Zeit? – Stifter immerfort. Einen ähnlich tiefen Eindruck wie der Nachsommer machte mir Der Waldgänger. – Levin las ein recht gutes und sehr einsichtiges Kapitel über Bach aus dem Roman Der bleierne Dampfer.

Sonnabend, 20. Juni 1925

Die Nerven sind wie Taue, die in die Unterwelt hinabhängen und an denen dort von den Dämonen hinabwärts gerissen wird. Mozarts sämtliche Sonaten nach und nach durchgespielt. Korrekturen und Revision zu Jean Paul beendet. Texte zu Stifter gesichtet. Die Einleitung dazu zu schreiben angefangen.

Sonntag, 21. Juni 1925

Die Nerven etwas besser, wenn auch noch schlaff und aufgeregt zugleich. Den ganzen Manuskriptberg heruntergelesen. Zehn Bogen Revision von meinem Buche. Entferntes Leuchten von Versen. O die Dämme davor!

Dienstag, 30. Juni 1925

Gestern habe ich das Manuskript meiner Stifter-Auswahl bei der Deutschen Buchgemeinschaft abgeliefert. Eine langdauernde, aber schöne Arbeit liegt vor dem Tage. Es ist schön, wenn sich die letzten Nebel lichten. Heute kam der letzte Umbruchbogen meines Essaybandes. Ist sonst nichts erreicht, so ist doch wieder ein Fazit gezogen. Die letzten Jahre waren ja unfreiwilligerweise an Aufsätzen so reich.

Mittwoch, 1. Juli 1925

Stifter, Der Hagestolz. Trotz der Unwahrscheinlichkeiten auch ein sehr großes Werk. Das Eindringen in diesen Dichter bis zum Selbstverständlichen ist das Große dieses Jahres. Gestern abend im Börsen-Courier das Gedicht Spuren. Wegen des Rundfunks. Kein angenehmer Eindruck, wie es so in der Zeitung steht. Man kommt sich verjährt vor.

Sonntag, 5. Juli 1925

Am 2. abends zu Kosels, um im Rundfunk Kasacks Einleitung zur modernen Lyrik zu hören, worin ich, durch den Gegensatz zu dem rhetorischen Werfel herausgestrichen, zu viel Ruhm kam. Vortrag Braun: Heynicke, Werfel; Demetriescu, Sonate von César Franck; dann sehr schön Gerda Müller, Harringer, darauf ich, leider nur drei Gedichte: Pansmusik, mir zu gehalten, zu meinem großen Dank aber Spuren und Nachtwanderung zu Tal. – Sehnsucht, einen neuen Versband zusammenzubekommen. Die Gelegenheit zu einigem Fortschritt in der äußeren Geltung scheint günstig.

Dienstag, 7. Juli 1925

Gestern und heute den größten Teil des Werkes von Frank Harris über Shakespeare gelesen: es interessiert mich außerordentlich. Es nähert den Menschen, lehrt mich kritische Unterscheidung, die mir hier noch gefehlt hat. Sehr früh am Abend war ich müde, schlief die ersten Stunden gut. Dann erlahmte der linke Arm. Furchtsamkeit. Traum von einer getöteten Kreuzotter, die mit menschlicher Stimme klagte: warum schlachtet ihr mich so langsam? – Harris hielt mich den ganze Tag fest. Hitze, dazwischen ein heftiger Regenschauer. Jetzt Verlagsarbeit. Brennendes Verlangen nach Versen.

Donnerstag, 9. Juli 1925

Harris beendet. Obgleich das doch kein irgendwie großes Buch ist, war es mir das Wärmste über Shakespeare, der bedeutendste Aufschluß über den Menschen und wohl ein Anfang für die weitere Kenntnis des Dichters. Im Verlag Heimann. Sehr leidend. Selbst das Gespräch mühsam. Plesch rät ihm alle Narkotika an. Heimanns Frage nach meiner Arbeit. Ja, da bleibt mir nur die Abwehr traurigen Erschreckens. Verdrängt!

Sonnabend, 11. Juli 1925

Gestern abend bis viertel zwölf an Morgenstern. Da war ich ermüdet. Es ist alles doch sehr dünnblütig, wenn auch edel. Das Fehlen der nachhaltigen Kraft ein großer Mangel. Ein Berg von Fragmenten, sowohl im Lyrischen wie im Gedachten. »Sehr richtig« ist beinahe der stärkste Grad von Zustimmung, der im Leser lebendig wird. So auch heute, da ich im letzten Bande Stufen lese, wer ein

Schriftsteller sei, solle jeden Tag etwas niederschreiben. Das ist allerdings richtig, wenn auch nicht aus dem einen Grund der Übung nur, sondern aus einem ganzen Bündel von Gründen, von denen wechselnd immer andere gelten.

Freitag, 17. Juli 1925

Jede Erkenntnis macht das Leben in seinem sinnlichen Gewichte leichter. Aber lange hält das Erkenntnisglück nicht an. Es wirken bald wieder alle Kräfte in ihrem angeborenen Gleichgewicht. Was zugleich Fleisch und Blut war, bleibt, das andere ist immer wieder vergessen.

Sonnabend, 1. August 1925

Gestern im Verlag. Von der Deutschen Buchgemeinschaft kam mein Jean Paul, zwanzig Exemplare. Das Buch sieht hübsch aus. Die etwas ertragreichen Arbeiten neigen sich so wieder dem Ende zu, meine Sorge um den Unterhalt wird verschärft beginnen. Der Satz ist nicht umzustoßen: ohne eine kleine Sorgenfreiheit ist künstlerisch nicht zu arbeiten!

Sonnabend, 15. August 1925

Fülle der Ereignisse. Freitag nachmittag nach Potsdam. Droschkenfahrt zu Kasack. Die entzückende kleine Renate. Spielzeug mitgebracht. Schöne Dichtungen Kasacks. Radio Berlin, Malmö, Toulouse, Bern. Merkwürdiger Eindruck. – Sonnabend, den 8. weckte mich nach kurzem Schlaf ein heftiges Gewitter. Gepackt. Zum Stettiner Bahnhof: Nach Letschin. Von Erna abgeholt. Die talmigroßbürgerliche Villa des Fabrikbesitzers. Wagenfahrt nach Groß-Neuendorf. Mutter sehr elend. Hertha weniger. Ich brachte 600 Mark mit. Das half auch beruhigen. Wärmendes Gefühl des Wiedersehens. Die großgewordenen Kinder Herberts: Ruth und der schwere Junge. Herrlicher Garten. Beim Abendessen brannten die Füße vor Mückenstichen. Zauberhafte Mondnacht. Im Gasthaus zur Oder. Sonntag mit Hertha durchs Dorf. An der alten Wohnung vorüber. Die Radfahrer mit Musik und eigener Uniformkapelle. Der Militärwahnsinn ist unendlich und unerstickbar. Mit Oderbahn in rascher Fahrt nach Berlin.

Sonnabend, 22. August 1925

Donnerstag Verlag. Abends herrliche Musik bei mir mit Levin. Händel, Mozart, Bach. Über Mittag Besuch bei Heimann. O, wie erschreckend elend ist er. Diese Qual ist kein Leben mehr.

Donnerstag, 10. September 1925

Sonntag zu Heimann. Völliger Verfall. Er konnte nicht sprechen, wir auch kein Wort. Machte Bewegungen, schauspielerisch fast, nicht zu deuten. Herzergreifendes Lächeln, wenn er die Augen aufschlug, wehmütig gütig, überströmend liebenswürdig und doch fast irr. Dienstag rief Frau Fischer an. Fräulein Brigitte hat sich mit Dr. Gottfried Bermann verlobt. Ich sollte um sieben Uhr kommen. Netter Abend. Grünfeld spielte mit der Jugend das d-moll-Quartett von Mozart, zwei langsame Quartettsätze Schuberts. Heute viele laufende Erledigungen. Mozarts Es-dur-Symphonie gespielt. Es fehlte aber das mitdichtende innere Ohr. – Innerlich gleichmütig.

Freitag, 18. September 1925

Letzten Sonntag in der Charité bei Heimann. So auch die anderen Tage. Montag Robert Michel. Er hat einen mäßigen Roman geschrieben.

Montag, 21. September 1925

Gestern nachmittag bei Greiners, zum Kaffee. Nachts fürchterliche Albträume. Gestalt, die ums Bett herumging. Erstickter Anruf, der mich weckte. Ich glaubte im Traume zu wachen.

Dienstag, 22. September 1925

Heute früh Anruf aus der Charité: Um halb sieben ist Heimann gestorben. Friede ihm. Schmerz. Und das Gefühl der Erlösung. Das Endgültige. Wenn ich einmal soll scheiden – möge es sanfter sein dürfen. Ich soll beim Begräbnis einige Worte sprechen. Mit Eipper zur Charité gefahren. Trude Heimann einigermaßen gefaßt. Viel Menschen. Ein Bildhauer nahm eine Totenmaske ab.

Sonnabend, 26. September 1925

Vor Heimanns Begräbnis große Unruhe für mich. Jeder rief an. Ich hatte zu sprechen. Schwer bei meiner Erschöpfung. Die Worte stehen in der Rundschau, Berichte in den Zeitungen. Im Moment Schmerz tief und Nichtbegreifenkönnen.[20a]

Donnerstag, 1. Oktober 1925

Im Verlage die Widmungen in mein neues Buch Zeitgenossen aus vielen Zeiten geschrieben. Gute Nachricht von der Deutschen Buchgemeinschaft. Gute Nachricht auch über die Bestellungen des Buches. Wohlgefühl. Zur Abfahrt fertig. Früh mit Clärchen und [ihrem] Vater am Anhalter Bahnhof getroffen. Schöne, erleichterte, zukunftsgierige Stimmung.

Freitag, 2. Oktober 1925

Die Nacht vergeht schnell, obgleich man nicht viel schläft. Die Geräusche auf den nächtlichen Bahnhöfen, Räderknirschen, Lokomotivpfiffe, Glocken, Gespräche. – Im Nebel München. Das schöne Kufstein und Innsbruck in Sonne. Frühstück im italienischen Speisewagen. Die Wärme wuchs spürbar von Minute zu Minute. Die unzähligen Tunnel vor der Höhe. Abwärts schneller, doch waren wir erst gegen sieben Uhr in Bozen. Unbekannt. Großer Andrang von Reisenden. Auf gut Glück Hoteldiener gefragt, und das Glück war gut, wenn auch ein wenig teuer. König Laurin. Wundervolles Haus und wundervolle Zimmer.

Sonnabend, 3. Oktober 1925

Sonne und Wärme über alle Erwartung. Seligkeitsschauer. Waltherplatz. Tauben. Ansichtskarten. Auf den Bänken gelungert. Die Stadt durchstreift. – Ich allein in den Gärten, Spazierweg. Wassermauer von der Talferbrücke an bis zu Ende, nach Gries. Dort zurück bis Guntschnabahn. Unerhörter Eindruck durch das Alpenglühen des Rosengartens. Mit einbrechender Dunkelheit die vielen Kehren der Guntschnapromenade zurück. Vom Platz Droschke zurück nach Bozen. Haupteindruck dieses Ausfluges die lastenden Zehntausende von blauen Weintrauben unter Spalieren. Sommer!

Sonntag, 4. Oktober 1925

Nach dem Frühstück zufälliges Angebot des Hotelportiers: Autofahrt nach Sellajoch. In rascher Fahrt durch das Eggental. Klamm. Gelbe Porphyrfelsen, kleine Tunnel. Grüne Höhen. Durch malerisch gelegene Ortschaften. Sonntäglich geschmückte Ladiner. Junge Ochsen gehen einmal nicht aus dem Wege. Die begleitende Frau schimpft. Chauffeur: Was, sie schimpft? Sie hat keinen Grund. – Hinauf zum Karersee. Gesunkener Wasserspiegel; aber unerhört verwunschene Smaragdfarbe. Wir halten ein Weilchen. Zum Karersee-Hotel. Mittagsrast. Das Latemar ganz nahe. Die schweigenden zerrissenen steilen Felsen. Tannen. Heiße Höhenluft, große Klarheit. Rückwärts hatten wir Schneeberge gesehen. Aufbruch. Rasch abwärts, dann rapides Ansteigen. Immer wieder Wegkehren, die der Chauffeur sehr geschickt nahm. Ein Dorf sank tiefer und tiefer, wir oft am Absturz darüber. Die hohen Berge erscheinen. Wunderbar der Rosengarten, von rückwärts gesehen. Wir fuhren in die Dolomitenwände fast hinein. Langkofel. Plattkofel. Fünffingerspitze. Turmwand, fahl, rissig. Gewaltige Schatten machten die Spalte unheimlich. Die Gletscher der Marmolata. Baumgrenze, Knieholz. Felsgeröll. Merkwürdig, wie hier die Straße angelegt werden konnte. Das Joch. Schweigen. Aussteigen. Eine braune Wiese. Vereinzelte Schafe. Wunderbare Fernsicht. Weiter rasch abwärts. Gehoben und fliegend. Großer Eindruck, wie die Straße bis Bozen immerfort steil sank. In St. Ulrich Kaffeerast. Ladiner. Frauen mit hohen glitzernden Kronen. Es wurde schon kühl, als wir durch das Grödener Tal an die Eisack kamen. Auch ein köstliches Tal. Runde belaubte Berge, sonnenrot zuweilen. Wir drehten uns dauernd um sie. Ein Zug. Brücken. Die Stadt. Windberauscht vor dem Hotel. Früh zu Bett gegangen.

Montag, 5. Oktober 1925

Spaziergang auf der Wassermauer. Die Eidechsen spielten. Allein ein wenig in der Stadt. Zur Virgl-Bahn. Oben ein schöner Blick auf die Stadtkomplexe im Tal. Alpenglühen herrlich.

Mittwoch, 7. Oktober 1925

Früh geweckt. Zeitig auf dem Bahnhof. Der Zug ziemlich besetzt. In Roveroto umsteigen. Nette Reisegesellschaft. Ein Herr mit alter Dame, der uns auf alles aufmerksam machte. Kriegsland, zerschossene Ortschaften. Wunderschöne Gegend. Fruchtbar. Baum- und Weinland. Der grüne Loppiosee, an dessen Ufer der Zug in Kehren ansteigt. Das schöngelegene Arco. Eindruck: Süd-Italien. Hinab nach Riva. Der hohe ernste Rocchetta mit dem Kastell. – Die Ankömmlinge verlaufen sich rasch. Wir suchen Wohnung. Zum Hotel Lido. Einer der herrlichsten Gärten, die denkbar sind. Wir erhalten im dritten Stock Seezimmer. Grandiose Palmenallee. Am See-Ende Zypressengruppen, Oleander, Feuerlilienbeete. Rotblühende große Bäume. Kastanien. Eukalyptos. Etwas altertümliches Haus. Die Klingeln schrillen durchs Geschoß; wird einer geweckt, müssen alle erwachen. Nach dem Mittagessen allein die anheimelnde Stadt angesehen. Kleine Geschäfte. Enge Straßen. Staub trotz Sprengen. Kühle Schatten, warme Sonnenseiten. Trotz Ermüdung viel Glücksgefühl. Um drei Uhr der Park im Schatten der hohen Berge. Aber Wärme. Mit Clärchen und Vater am See. Dann am Markt, gegenüber dem Hafen, zum Abendschoppen. Der Obsthändler, spielende Kinder. Dampfer. Trachten.

Donnerstag, 8. Oktober 1925

Post erledigt. Mit Clärchen durch die Stadt. Auslagen angesehen, die Pfarrkirche besucht. Reni. Das schöne Kastell und Municipio aus venezianischer Herrschaftszeit. Im Park geblieben. Nachmittags wieder im Park geruht.

Freitag, 9. Oktober 1925

Clärchen und ich früh zum Dampfer 7.45 Uhr. Bedeckter Himmel. Wir fuhren nach Gardone, Wohnung suchen. Ziemlich kühl. All die schönen Orte am Ufer. Nach einer Stunde hörte es auf zu regnen, die Sonne brach durch. Wir hatten im Hotel du Lac nach Pension gefragt. 40 Lire, wir mieteten und zahlten an. Beruhigt. Schöner Gang auf der Promenade zum Hotel Fasano. Im Garten den Dampfer erwartet. Nun im Sonnenschein zurück. Alles glänzt. Auf Deck Kaffee. Der herrlichste anheimelnde Eindruck von Limone, dann von der hoch am Fels eingeritzten Ponalestraße. Im Albergo centrale erwartet uns [Clärchens] Vater.

Sonnabend, 10. Oktober 1925

Gang auf der Ponalestraße. Im Park. Mittag. Nach der Ruhe Fußweg nach Torbole. Rast in einer netten Osteria. Wind. Freundlicher Wirt. Ein Maler hat schlechte Bilder angebracht. Zerstochertes Dorf. Vergeblich Wagen gesucht. Zurück.

Sonntag, 11. Oktober 1925

Letzter Morgen im Hotel Lido in Riva. Blauer warmer Tag wie immer. Wir gingen nach dem Frühstück (mit Wespen) durch den prachtvollen Garten an den See. Im Hotel das Letzte erledigt, Trinkgelder und so weiter mit der Ungewißheit, ob man alles recht tut; zu Fuß zum Hafen. Damper Depretis. Hinter Torbole im Salon Mittag. Die Zeit verging sehr schnell. In Gardone Wohlgefühl, den Koffer auf eine kleine Zeit auszupacken. Spaziergang durchs Dorf mit den hübschen Geschäften. Am Ufer entlang. Nach Gardone di sopra. Den Steinweg zurück.

Montag, 12. Oktober 1925

E. R. Weiß 50. Geburtstag. In köstlich warmer Sonne Frühstück im Garten. Allein Spaziergang nach Salò. Weg nicht sehr interessant. Die Stadt aufgerissen, lauter Kramladen mit vollgestopften Schaufenstern. Kirchen. Viele Häuser, die Partie am See entlang von malerischer Großartigkeit. Aus der Nähe gesehen, löst sich die Pracht, und die Kleinstadt kommt durch. Nach dem Essen mit Clärchen nach Maderno. Die Autos beschütten einen mit Staub. Neben dem Markuslöwen auf Stühlen vor einem Café. Mit der Tram zurück. Beschlossen, solche Wege zu fahren.

Dienstag, 13. Oktober 1925

Sonnenfrühstück. Mit Clärchen in die Berge. Eindruck: Frühling. Ölwälder, Wiesen im Tau. Dörfchen Morgnaga. Lebensbäume oder Zypressenzweige zu Hunderten vor Ehrenpforten gebogen. Lampions in den Fenstern. Freundliche Großartigkeit. Glück. Steinpfade hinab.

Mittwoch, 14. Oktober 1925

Beim Frühstück kam ein Telegramm des S. Fischer Verlages, ich möchte einen Festgruß für Emil Strauß schreiben. Aufregung über diese erste Nachricht. Kleiner Gang. Dann machte ich mich an die Arbeit. Bis Mittag Zweidrittel, nach dem Mittag den Schluß. – Wir machten einen schönen Spaziergang nach Gardone di sopra. Arbeiter, der immer kommt und seinen Wein trinkt. Kleine Vögelchen rösten an einer sich drehenden dreieckigen Rosttrommel über offenem Feuer. Freude an den spielenden Kindern. Sanfter Heimweg.

Donnerstag, 15. Oktober 1925

Sonnengänge. Alle Dampfer abgepaßt. Ein gemütlich schimpfender Italiener ärgerlich über die facchini, alarmiert die Polizei, kriegt Unrecht, sagt, man müsse das Land mit Kanonen zusammenschießen, ißt dann gut und freut sich des Lebens. – Nachmittags mit dem Dampfer nach Salò. Zuviel Andrang. Geruhsamer Abendspaziergang.

Freitag, 16. Oktober 1925

Alle Tage gleichmäßiges Sonnenwecken. Portier bietet Motorbootfahrt nach San Vigilio an. Wir überlegen, rechnen, nehmen an. Lungern bis Mittag in der Sonne. Zwei Uhr Abfahrt. Die herrlich märchenhafte Isola di Garda. Das Schloß, der Park. Nachher heftige Bewegung auf dem See. San Vigilio paradiesisch in seinen Zypressen, zauberhafte Villa in zauberhaftem Garten. Zypressenstraße. Latinische Inschrift. Büste Lukulls. Nach anderthalb Stunden Aufbruch. Der See noch bewegter. Seliges Wiegen im Boot. Im Schutze der Insel legen sich die Wellen. Die Berge gegen Norden in wunderbar entrückter Färbung gegen Abend. Helles Blau und Rot. Das Wasser tiefblau. Spürbare Kühle. Gänge am Ufer hin und her.

Sonnabend, 17. Oktober 1925

Zeitig ausgeschlafen. Geräusche im Haus. Der Himmel wie Fra Angelico. Selig hellblau intensiv, scheitelgekämmte rosa Wölkchen. Klarheit, die Sonne im Nordosten über den Bergen. Bald hellt sich die letzte Nachttrübung auf, strahlendes Weißblau am ganzen Himmel, zum Frühstück schon wieder intensivste Wärme. Spaziergang bis Fasano. Nachmittags etwas Post gemacht. Dann mit einer Droschke Spazierfahrt längs der Küste nach Maderno Tascolano. Hinter dem Vorsprung des Ufers bei Maderno herrliche Gärten, Wiesen, Blumen, zwischen Mauern. Das selig blaue Licht, Helle. Die Straßen von Maderno eng, ganz sauber, lauter frohe lachende Menschen. Einmal mußte ein Karren weggeräumt werden, um die Passage frei zu machen. Ein alter Schuster, alle Gewerbe offen. Erker, rohe Madonnenplastiken. Niedliche Kinder in großen Scharen. Rast am Hafen. Der Kutscher, ein Auge schielend, gemütlich, verschmäht den Schnaps. Rückfahrt kühler. Auf dem See ein Regenbogen von Farben ausgebreitet. Frau mit großen Cyklamenstrauß. Um halb sechs zu Hause.

Sonntag, 18. Oktober 1925

Ganz und gar Ruhetag. Auf den Bänken in der Sonne herumgesessen. Auf und ab. Ein Mittagsdampfer brachte Faschistenjugend, singende größere Mädchen und ganz kleine Knaben. Ein Knirps wurde auf der Schulter herumgetragen. Patriotische Lieder. Begleiter hielten auf Strammheit. Mit dem Abendschiff fuhren sie zurück. Gegen Abend im Garten.

Montag, 19. Oktober 1925

Heute früh war es etwas trübe. Ich sah immer nach der Sonne, sie blieb verschleiert, wenn sie auch schien. Nicht sonderlich lange geschlafen, um fünf Uhr erwacht. Das Wasser meist so klar, daß die Boote mitten in der Luft zu schweben scheinen. Das alte Wunder hat sich wiederholt: der Himmel wurde wolkenlos rein. Die Wärme ist so groß wie gestern. Kaum regt sich ein Lüftchen. Tausende von kleinen Fischen oben, fast unappetitlich, wie Maden die unzähligen ganz winzigen. – Sonnenbaden nach dem Essen. Erwartung Kropffs. Mit dem Vormittagsdampfer ist er nicht gekommen. Nachmittags kam er, sehr glücklich. Ausflug nach Gardone di sopra. Sehr warmer schöner heller Tag. Freundliche Gespräche. Später als sonst schlafen. Viel Post.

Dienstag, 20. Oktober 1925

Sonne ging prachtvoll rot auf. Aber Gewölknis zog den ganzen Tag herum, viele Stunden blieben jedoch sonnig. Warm bei Kaffee und Aufstieg nach San Michele. Rundpanorama der Berge. Auf Bänken in der Höhe gerastet. Steinige Pfade, vergeblich nach besseren gesucht. Sumpfige Stelle. Steil.

Mittwoch, 21. Oktober 1925

Trüber Morgen. Nach dem Frühstück Spaziergang auf der Straße gegen Salò, abgebogen in die Berge, vorher an einer Fabrik für Gegenstände aus Olivenholz, an vielen Wasserrädern vorbei. Ganz enge Schlucht, frostig. Mühle, Brücken, eine fast zerstört. Umkehr. Durch Olivenland und Wiesen zu den Bagni des Hotels Savoy. In der Sonne gelesen, Vermouth und Marsala getrunken. Badende. Schiffe mit gelben Segeln. Danach Droschke nach Maderno-Toscolano, Rast am Jana-delli-Denkmal und zurück. Gang in die Berge. Hoch hinauf. Zu einem malerisch am Felsen geklebten Dörfchen und höher. Ein störrisches Maultier. Herrliche Blicke auf das warme Abendland mit seinen Ölbäumen und dem dämmernden See. Durchs erleuchtete Gardone di sopra heim.

Donnerstag, 22. Oktober 1925

Auch heute die Sonne begrüßt. Feuerkrause im Osten um sieben Uhr früh. Über dem See rosige Streifen. Glück. Klarheit der Sonne gegenüber. Schiffe schwarz. Herrlich zarte Stimmung. Das Licht verbarg sich bald in den Wolken: es wurde ein sehr milder, doch bedeckter Tag. Gang auf halber Höhe, hinter dem Garten d'Annunzios bis zur Höhe seines blöden Kriegsschiffs. Schöner Rückweg zwischen Ölpflanzungen. Wunderbarer Gesang eines oder einer Halbwüchsigen. – Nach dem Essen Orvieto und kandierte Früchte. Der See ist spiegelglatt, ein unwahrscheinlich bleiches Licht liegt über ihm. Boote schwarz. Am Horizont verschwinden sie in den Himmel hinein. An den Apfelsinen und Palmen, die abwechselnd unsere Straße säumen, regt sich kein Blatt. Um sechs regnet es etwas, gegen sieben der Mond halboffen, gegen zehn eine Anzahl Sterne.

Freitag, 23. Oktober 1925

Früh in der Nacht wach. Lärm der Jalousien, Gespräche und Regengeräusch. Ich sah zum Fenster hinaus, alles bezogen, aber recht schönes Licht dennoch. Hoffnungslos für den für heute geplanten Ausflug nach Brescia. – Es blieb so den ganzen Tag ohne Unterbrechung. Gleichmäßig lauer Wind. Es sieht auch um vier Uhr nachmittags so aus, als wolle es nie wieder aufhören zu regnen. Kurz darauf zerreißen die Wolken. Wunderbare Bilder. Hinauf nach Gardone di sopra. Unglaublich herrlich hinter der Kirche Braungold, Zinnober, blau, rötlich der See, alles nahe. Erst blau, dann schwarz. Linde Luft. Strahlendes Grün.

Sonnabend, 24. Oktober 1925

Helles Morgenrot mit grünlichem Schein. Dann zog sich der Himmel rasch mit schweren Wolken zu. Gegen zehn fing es an zu tropfen, gegen Mittag zu regnen und zu gießen. Um drei heftiges Gewitter. Regen bis zum Abend. Nach dem Abendessen Sternklarheit und Mondschein.

In dieser Atmosphäre Ausflug nach Brescia. Mit der Tram. Bequeme Sitze, aber lange Fahrt, wacklig. Verspätung, zwei Stunden unterwegs, sowohl hin wie zurück. Durch schöne Landschaft auf die Salò umgebenden Höhen. Tormini und Caverno, größere Orte, romantisch gebaut und anheimelnd. Viele Geschäfte. Durch fruchtbare Äcker, im Regen schwimmend. Immer Hoffnung, es werde sich aufklären. Vergeblich. Steinbrüche. Wollfabrik, Elektrizität. Schwebebahn. Brescia Eindruck einer großen, sehr lebhaften Stadt. Viel Verkehr. Unter den Säulen bei den Corsi dichtes Gedränge. Man geht aber geschützt und kann Laden bei Laden die Auslagen mustern. Starke Eindrücke vom Domplatz und der Loggia. Die verwitternde Schönheit. Überall prächtige Fassaden, Tore, Kirchen, Höfe. Auch an einfachen Wohnhäusern. In einem Café gesessen, dann zur Porta Venezia gegangen, drauf die lange regenduschige Rückfahrt.

Sonntag, 25. Oktober 1925

Strahlender, wolkenloser Himmel am Morgen. Unendliches Wohlgefühl. Erst gegen Mittag kleiner Gang. Nachmittags mit drei jungen Leuten Motorbootfahrt nach San Vigilio. Ruhiger See, wieder sehr warm. Wolken kamen auf. Auf dem Lande ziemlich viel Leute aus Booten und mit Autos. Rückfahrt unter Gewölk, das die Landschaft herrlich gliederte. Eine der schönsten Fahrten, die denkbar sind. Zwischen titanischen Klötzen, Pyramiden und Säulen die Sonne. Aus beiden Ufern schnitt sie gelbleuchtende Stücke, im Norden der Monte Balvo im weichenden Neuschnee bleich, bläulich, auf ein Drittel Höhe ein Kragen von weißen Wolken. Das Wasser ruhig. Einige Regentropfen. Wieder schön still. An der ganzen Isola di Garda vorbei. Das Märchenschloß, der Märchengarten, an diesem Gegen-Abend besonders verwunschen. Das Kreuz an der Stelle, wo die Principessa Borghese ertrunken ist. Sirmione rückt herüber. Die ganzen Ufer sichtbar. So laufen wir unter ernstem Gewölk im Hafen ein.

Montag, 2. November 1925

Gestern abend sind wir aus Italien zurückgekehrt, Clärchen, Vater und ich. Es war eine der schönsten erholsamen Zeiten in meinem Leben. Die Nerven sind ruhig, Herz und Galle und was sonst etwa zuweilen nicht taugen möchte, sind still, sie haben sich nicht gemeldet. Gefühl, viele neue Kräfte geschöpft zu haben. Sehnsucht, gesund weiterzuleben. Neuer Mut. Neue Freude am Leben, Sehnsucht nicht nach Freude. Der Mensch ist ein wunderliches Wesen.

Donnerstag, 12. November 1925

Zone der Einsamkeit. Frost draußen. – Für den Verlag gelesen. Die ganzen Tage Joseph Conrad: Das Duell, Novelle. Mit den Augen des Westens, Roman. Kalter Geist. Talent sehr hohen Ranges. Bei den heißen Geschichten setzt man Eiszapfen an.
Vorgestern Gespräch mit Kasack über sein mögliches späteres Engagement bei Fischer. Literarische Dinge. Über mein Buch und seinen Erfolg. Schöne Besprechung von Fritz Landsberger für Weltbühne. Gute Stunden.

Freitag, 20. November 1925

Sonntag für den Verlag aufgeräumt. Viele Manuskripte den ganzen Tag über. Mittwoch das ausgezeichnete Buch von Friedrich Burschell über Jean Paul gelesen. Große Fähigkeit, gut, interessant zu erzählen im Anschluß an die Quellen. Träume von Schlangen. Eine Kreuzotter auf meinem Kleiderschrank deponiert, ohne daß ich es weiß. Und ich hatte dort immer zu kramen. Eine Riesenschlange; Beeteinfassung in doppelt gewundenen Linien. Keine Angst. Erst allmählich zum Bemerken gebracht durch Hans Kyser und Clärchen. Bald wars der, bald der, welcher die Tiere hingebracht hatte.

Mittwoch, 25. November 1925

Sonntag, den 22. vormittags Werner Schendell. Über seinen mißglückten Roman gesprochen. Ein netter, ernster, aber dumpfer Mensch. Abends mit Greiners gute Gesprächsstunden. Montag, den 23. an Rilke studiert für Börsen-Courier zum 50. Geburtstag.

Sonnabend, 5. Dezember 1925

Verronnenes Erlebnis könnte meist auch irgend ein anderer erlebt haben. Nur die Intensität hält es fest. Das ist die tiefste Begründung der Kunst.

Gestern abend die Freunde bei mir. Außer Clärchen: Orlik, Weiß, Levin, beide Kysers, Stehr. Das ist ein herrliches Aufklingen. Musik, die Heimann bei seinem letzten Besuch, dem Abschied hier, gehört hat: Mozart C-dur-, Bach c-moll-Sonate. Ich las ein paar Gedichte, Gedenken an die Jugenddichtung. Alte [handschriftliche] Bände von mir gezeigt: Melusina, Sunt lacrimae rerum, Lieder der Einsamkeit. Über Heimann gesprochen. Von seinen letzten Wochen erzählt.

Sonntag, 6. Dezember 1925

Todesgedanken. Empfindung der Weltauflösung, wenn den Körpern gleichsam die Körperlichkeit genommen ist – die Schwere ausgeblasen, die Ausdehnung nach hinten, Fassade bleibt. – Hans Henny Jahnn: Medea. Gemisch aus Großartigkeit, Dilettantismus in Vers und Perversionen. Trotz allem ein sehr großes Format. Der Abend der Freunde klingt sehr wohltätig nach. Man rafft sich auf. Verse klingen wundervoll in mir. O Zeit dazu, gebt sie, Götter!

Dienstag, 8. Dezember 1925

In Papieren und papierenen Verpflichtungen zu ersäufen – wieviel Zeit geht mir hin. Geschäftliche Briefe. Gesellschaftliches. Das Schrecklichste: das Manuskriptelesen. So sitze ich heute wieder Stunden und Stunden. Letzten Endes kommt ja nichts dabei heraus. Es lähmt, wie es nicht zu sagen ist, und macht tief nervös, unruhig. Eben die Notwendigkeit, meist tief unter das eigene Niveau hinunterzusteigen und gewaltsam niedergedrückt dort zu verharren. Gestern wenigstens Bachs Kunst der Fuge nach dem Bachjahrbuch studiert – Abhandlung Gräser – voll tiefer Erkenntnis, und heute daraus gespielt. Gestern lange vor Tag wachgewesen. Zum Kultusministerium, über den Jugendpreis beraten bei Geheimrat Waetzold. Außerdem noch Stehr, Schaffner, Georg Engel, Dr. Hans Martin Elster, Professor Petersen von der Universität Berlin. Zwei Stunden Formales. – Manuskripte Heimanns. Diese etwas gesichtet. Stunden gingen darüber hin. Ich kam nicht mehr zur geplanten Musik.

Mittwoch, 9. Dezember 1925

Heute für die Gesamtausgabe Bang. Abweichungen zu den Einzelausgaben festgestellt. Die meisterhaft erzählte, wenn auch etwas verjährte Novelle Von der Liebe gelesen. Leo Matthias, Ausflug nach Mexiko, vom Börsen-Courier erhalten und gleich darüber geschrieben. Beim Heruntertragen des Briefes einen kleinen Spaziergang im Frost gemacht.

Freitag, 11. Dezember 1925

In Heimanns Schriften gesichtet, das Fremde herausgesondert, die Bücher auch, alte und neue Aufsätze zusammengetan. Das Schwierigste werden die Notizen sein. Eine fast unübersehbare Fülle.

Sonntag, 13. Dezember 1925

Gestern Heimann Der Weiberschreck. 1896 erschienen. Das ist noch schwach und dünn, trotz geistreicher Einzelheiten, trotz allerlei Frischem in der Konvention und trotz lebhafter Lustigkeit. Briefe geschrieben. Aufsatz über Kipling. Beethovens Pastorale gespielt. Eine undurchlässige, wenn auch dünne, in den Willen anschmiegsame Schicht zwischen dem Gefühl und der Erscheinung der Musik. – Der liebe Julius Levin rief an. Es ginge ihm so schlecht in jeder Beziehung. Von zwanzig Aufsätzen erhalte er neunzehneinhalb zurück. Bitter ist schon, wenn man in der Sorge um andere zu kurz kommt. Das Bitterste ist, wenn man gegen sich selbst hilflos bleibt, Mühe anwendet, gute Lust, Heiterkeit zu bewahren sucht und dennoch zusammenbrechen muß. Alle werden bedauert, vielen wird geholfen, bei vielen findet man es traurig, wenn ihnen nicht geholfen wird, mit Levin hat keiner Mitleid, und keiner hat eine offene Hand.

Dienstag, 15. Dezember 1925

Zu Fischers zum Mittag. Mit Frau Alma Mahler und Franz Werfel. Lieb, aber Gesellschaft der Arrivierten und Erfolgreichen. Diese Einstellung zwingt mich zu innerer Rebellion. Man denkt nicht einmal daran, das vom Pöbel Unaufgenommene nach seinem Wert zu untersuchen und gelten zu lassen. Der Hin- und Rückweg zu Fuß waren das Schönste. Erholung war das Spiel von fünf großen Orgel-Präludien und Fugen von Bach. Da strömte es wieder kosmisch in mich ein.

Sonntag, 27. Dezember 1925

Ich bin wieder beschämend reich beschenkt worden, ohne meist mich vergeltungsvoll zeigen zu können. Von Orlik sein Werk Li und einen Scheck über 500 Mark. Der Gütige immer! Wilhelm Lehmann! Von Kasack ein rotes Schälchen mit entzückendem Beigedicht. Von Kulka die Werke Heinrichs von Morungen im Druck der Bremer Presse. Nachgelesen, was sich im vorigen Jahr um diese Zeit begeben hat: es ist wichtig, all den Kleinkram zu notieren, weil dann die Tage plastisch bleiben, und das Leben, das gelebte, nicht sofort entschwindet.

Dienstag, 29. Dezember 1925

Ich nahm das Buch des Kaplans Fahsel vor. Es erregt mich wegen seiner kirchlichen Gebundenheit. Es ist unmöglich, daß so aus Europa noch etwas anderes werden kann. Die Kirche hier, der Staat dort. Die Dinge verließen mich auch nachts nicht, so daß ich mäßig schlief.

Donnerstag, 31. Dezember 1925

Alban Berg, Wozzek. Das Werk machte auf mich einen sehr starken Eindruck. Doppelschichtig. Realistisch vorn, im Hintergrund metaphysisch. Das Publikum ging nicht mit. Kleiber dirigierte ausgezeichnet. Zu Hause noch den Wozzek nachgelesen, so daß es recht spät wurde. Mit Fischer konferiert. Mit Kasack lange telephoniert. Nächsten Freitag sollen wir nach Potsdam kommen. Jetzt will ich mich fertig machen, um zur Silvesterfeier zu Eippers zu fahren. Dann womöglich mit Bach hier das Jahr beschließen.

Gedanken und Bemerkungen. Undatiert 1925

Der Philister ist für den Literaten immer der andere.

Sich aufzugeben in das, was uns mit anderen eint, ist gut. Sich aufzugeben in das, was uns von andern trennt, ist böse.

Wer viel denkt und fühlt, ist wehrloser als ein anderer, der es nicht tut. Und er wird schärfer angegriffen.

Lyrischer Schwung »mit Henkeln«. Daran kann sich das Publikum hängen und fliegen. – Damit kommt man zum Erfolg – wenn auch nicht zur Kunst.

Der spöttische Kritiker eines großen Kunstwerks (oder eines großen Lebens) hat leicht recht: er nimmt es als Einzelheit. Das Vereinzelte ist immer zu vernichten, als zu gewichtig, als zu ernst – es paßt nicht in die allgemeine Fülle. Nicht zu vernichten, eher zu stärken, ist ein solches Werk, wenn im Gegenteil die Fülle, als eine Fülle von Einzelheiten, in diese große Einzelheit, das Ganze, eingezogen wird. – Nicht die Leistung als Beispiel des Ungeleisteten, sondern das Ungeleistete entdecken in seinen Möglichkeiten zur Leistung.

Heute scheinen wir noch mehr wert als ein großer Baum. Ein paar Jahre nach unserem Tode sind wir nur ebensoviel wert. Hundert Jahre nach dem Tode nur soviel wie das Gras am Wege, das wir zertreten. Perspektiven. Keine absoluten Werte.

Groß ist keiner – und dennoch lebt die Welt nur von großen Menschen. Für die Erkenntnis, die nicht lügen will, gibt es Größe nicht, – für die Ehrfurcht, die nicht lügen will, gibt es sie immer, sonst täte sie sich einen Zwang an und löge.

Unberührt ist niemand. Wo der Anschein besteht, da ist Verschweigen, da ist Lüge. Es gibt Aufgesogenes, das verstummt, weil das nicht Aufgesogene laut wird, aber es gibt auch Ausgelassenes, das, wenn es nicht fortgeblieben wäre, das Lautgewordene zerstören müßte.

Wenn ich formal und gedanklich zur Mitte gehöre und dahin zu neigen scheine, so mag das andern als ein Vorzug erscheinen – mir ist es ein Mangel, ein Beweis, daß ich mich nicht auszuprägen weiß.

Freitag, 1. Januar 1926

Sehnsucht nach meiner künstlerischen Arbeit bewegt mich. Helles Winterlicht. Sonst ist der Beginn des Jahres mir kein Wechsel als in der unterirdisch sickernden und überall anpochenden Wunschfreude zu arbeiten. Wenn es jeden Tag nur ganz wenig wäre, käme schon etwas Erfreuliches heraus. Wollen zusehen. – Vor mir steht das kleine stützende Bronzefüllen von Renée Sintenis. Seit heute. Freude bringend. Eipper hat es mir gestern geschenkt.

Sonnabend, 2. Januar 1926

Heimanns Manuskripte vorgenommen, um zu ordnen. Einen Schritt weitergekommen, nur einen kleinen. Telefon: Bruder Berthold ist da. In mir sofortige Ungeduld, weil ich wieder meine Zeit okkupiert sehe, wenngleich ich selbst zuweilen verschwenderisch genug damit umgehe. Aber ich will nicht von anderen gelebt werden.

Montag, 4. Januar 1926

Zur Gedenkfeier für Heimann in der Tribüne. Im Theater ungezählte Bekannte. Wir saßen bei Kysers, vor uns Kasacks. Die Feier ausgezeichnet, besonders die Musik und die Rede Eloessers. – Ich habe den ganzen Tag für den Verlag gearbeitet. Ein ganz Teil aufgeräumt. Wehmut, opfern zu müssen. Das Spiel von Mittel und Zweck wird ohne mich gespielt, über meinem Kopfe, mit meinem Blute. Ich bedachte, ob es nicht möglich wäre, den ungeheuren papierenen Druck durch einen entsprechenden schöpferischen Gegendruck aufzuheben. Das heißt, die Versandung zu verhindern. Ich will versuchen, mehr zu schreiben, zweckmäßig zunächst gedankenhaft.

Mittwoch, 6. Januar 1926

Für den Börsen-Courier eine Besprechung des Buches von Kaplan Fahsel: Gespräche mit einem Gottlosen. Es gelang mir, meine Erregung darüber zu mildern.

Donnerstag, 7. Januar 1926

Gestern abend noch langes Telefongespräch mit Ehrenstein über die Möglichkeit, chinesische Gedichte zu verlegen. Reizt mich sehr auf. Bockigkeit und eigentlich Dummheit, mit dem Kopf immerfort gegen eine Mauer zu rennen, die nun einmal nicht wegzuräumen ist. Ärgerlich wird mir auch Ehrensteins Art, meine Produktion als quantité negligeable zu behandeln in einem Tone, als müßte ich selbstverständlich zustimmen.

Sonnabend, 9. Januar 1926

Bubers, freundlich. Frau Buber, die ich ein Jahrzehnt nicht sah, ist natürlich etwas gealtert, auch beleibt geworden, aber im Wesen frisch wie eh. Wir sprachen über Heimann. Über die Bibelübersetzung Bubers, die mir jetzt einleuchtet. Ich las noch abends darin. Ein Gedicht. – Ein Gedicht auch gestern noch um die Mitternacht geschrieben, als ich erregt vom Besuch bei Kasacks in Postdam heimgekehrt war. Ich bin morgens mit Clärchen hingefahren. Das herrliche, liebe, entzückende Kind Renate. Über den Rundfunk, in welchem ich morgen zu spreche habe. Über Kasacks Novelle. Ein wundervolles Gedicht von ihm, auch ich eins gelesen – gemeinsam daran gebessert. Abends in Kafkas Prozeß gelesen, offenbar einem ungewöhnlichen , großartigen Werk. Fast den ganzen Tag an Kürzungen und Proben aus meinem Essaybuch, die ich morgen sprechen soll.

Sonntag, 10. Januar 1926

Voxhaus [Rundfunkgebäude]. Kasack, Köppen, Sibylle Binder. Drauf Przygode. Ich glaube, es war eine erfolgreiche Stunde. Das Stück aus dem Oger (durch Lautsprecher gehört), von Sibylle Binder, machte auf mich einen starken spannenden Eindruck. Auch die Regenwurmgeschichte aus dem Prinz und Tiger (von Kasack gelesen). Die Gedichte wohl etwas zu schwer. »Nächtliche Brandmauern« dennoch schön. Es wirkt mir alles fremd, als hätte nicht ich es geschrieben und als kennte ich es nicht mehr. So stürzt alles Leben zurück, ein warmes Gespenst für andere, unter welchen ich auch selbst sein kann. Nur der Augenblick, sogar in Wille und Begierde zur Zukunft. Das Gewitter selbst – vorüber – hat keine Stätte mehr in der Gegenwart. – Bestürztes Staunen, was wohl der Tod sei, als ich im Sonnenschein am Kanal heimging, ein Stück mit Sibylle Binder und Przygode.

Im Haus Brandenburg Mittag. Von Kellern erkannt nach der Photographie in der Zeitschrift Die Funkstunde. Ja, das ist also auch Ruhm. »Sie haben einen wunderbaren Vortrag gehalten.« Jetzt fühle ich mich etwas müde.

Montag, 11. Januar 1926

Gestern nachmittag Beethovens 2. und 4. Symphonie gespielt. Das ergriff mich in der Tiefe. Im Konzert ist es selten so wie hier, gesammelt, wirkend, bei Kerzen, ohne Ablenkung.

Mittwoch, 13. Januar 1926

Die Zeit. Es ist wenig, was man leisten kann. Hier einen Gedanken aufgeschrieben, dort einen Vers – wie schnell ist der Tag vorüber.

Freitag, 15. Januar 1926

In der Ordnung der Heimannschen Schriften fortgefahren. Mit Ergriffenheit hörte ich immer seine Stimme. Die scharfen Prägungen zeigen das Glück seines Findens. Die schlichtesten Gedanken wachsen daran hoch auf. Der aphoristische Einfall, immer ersten und letzten Dingen gehörig, ist sein Eigentliches. Ganz ähnliche Gedanken, immer wieder versucht, immer wieder erprobt, immer wieder geformt. Es müssen ihm wohl fast jeden Tag viele Blitze durchs Hirn gefahren sein. Denn die oft hastig hingeworfenen Notizen, alle voll schwerer Gedanken, zählen nach Zehntausenden.

Sonntag, 17. Januar 1926

Es wurde mir schwer, mich anzustrengen, weil ich die Aufsätze satt habe. Unterdrücke dieses Gefühl! Denn der Zwang, sie zu schreiben, reißt nicht ab, und bei ernstem Willen kann immer wieder etwas dabei herauskommen, bei ganz ernster Anspannung hört der Zwang auf. Aufsatz über Emil Strauß für die Vossische Zeitung, wohl gut. Nebst Vorbereitungen dazu. Wie Fuge: ist der rechte Anfang gefaßt, so rollt es.[20b]

Dienstag, 19. Januar 1926

Abends noch in Goethes Wanderjahren gelesen. Dieses gedankenhafte weise Planen beruhigt immer im Geiste, befreit. Etwas störend fast die zum Roman neigenden Teile. Lebensbilder schlechthin sind es, keine zum Spannungszweck komponierten. Dann ein schönes Gedicht geschrieben. Darüber wurde es Mitternacht. Ich habe beschlossen, das nächste Gedichtwerk vor allem zu fördern. Auf Erfolge kann ich nicht rechnen, wie das Abbrechen des Interesses auch bei den »Zeitgenossen« wieder zeigt. So würde mir die

Förderung der Erzählung nichts nützen, vor allem würde ich mir die zusammenhängende Zeit dafür nicht erringen können. Also, daß überhaupt etwas Wesentliches vollendet werde, muß ich suchen, die vielfach in meinem Innern schon weit ausgebildeten Gedichte sichtbar zu machen. – Mit ungeheurer Energie zurückgekehrt. Zwei Gedichte aufklingend bewältigt: Die Öde und Schwabenspiegel. Ich bin glücklich.

Mittwoch, 20. Januar 1926

Die Einleitung in Elegie und Ode am Gardasee für das Ehrenbuch für E. R. Weiß geschrieben. Es war nicht ganz leicht. Aber aus dankbarer Erinnerung an die schöne Zeit vor dem Kriege ging es.

Freitag, 22. Januar 1926

Vormittags mit leichter Hand ein Gedicht geschrieben. Froh darüber. Das Buch [Der längste Tag] wird runder. Schöne Schneestadt. Kleinbürger hausen in den Höhlen. So leblos wie die gleichmachende Phantasie. Wenn man dahinter sähe! Mozart, c-moll-Konzert, und Beethoven, c-moll-Romanze für Klavier gespielt, zur Geschmeidigung, mit Lust an der Übung, erregt durch die Lust an der Musik.

Sonnabend, 23. Januar 1926

Stundenlange Telefongespräche mit Leo Matthias und Levin. Über Heine. Das ist auch nicht leicht. Vielleicht handelt es sich um im Tiefsten Unbegründbares in meiner Zurückhaltung ihm gegenüber. Beethoven, 3. Symphonie. Ja, das hat mich erfrischt. Ohne große Welt in mir, wachsende Räume, wie das bei aller bedeutenden Kunst nun einmal ist, will es nicht gehen. Aber was hilft das Drücken. Jetzt unters Joch! Schlechte Manuskripte!

Sonntag, 24. Januar 1926

Nachts wüste Träume. Ich sollte mir zu irgend einem guten Zweck den Kopf abhauen lassen. Unsere alte verstorbene Kinderfrau mit dem Schwert.[21] Erst war ich ergeben, fast überzeugt, dann Widerspruch und empörtes Davonrennen.

Mittwoch, 27. Januar 1926

Wanderjahre zu Ende. Im Überdenken (mit Richard M. Meyers Notizen darüber) doch ungeheuer imposant. Pandora, heute den Schluß. Das ist ganz gewaltig. Verse wollten nicht geraten. Die Sammlung dazu behielt nicht ihre Spannkraft.

Sonntag, 31. Januar 1926

Donnerstag Verlag. Besuche. Lissauer, nach so langer Zeit, angenehm. Der unmögliche Lyriker Luschnat, d.h. er kann etwas, ist oder gibt sich aber menschlich völlig unzulänglich. Nachmittags Musik. Konzert zur Übung. An dem Gedicht Die Vogelstraßen. Nicht ganz leicht, damit fertig zu werden. Freitag: weiter an dem Gedicht. Auch noch nicht geschafft. Gestern endlich wurde das Gedicht von den Vogelstraßen geschafft. Verlagsarbeiten. Unglückliche Manuskripte. Wem es sich versagt, der kann sich fleißig auf den Kopf stellen, es fällt doch nichts zum Munde heraus. – Musik: Philipp Emanuel Bach, Sonaten. Neue Welt in manchen Adagios und Takten. Bewunderungswürdige Artistik im übrigen. Spiel mit den entdeckten Klangregionen. Spiel mit den Auflösungen in Figurationen. Spiel mit der technischen Spielweise. Die Themen oft schön, die Durchführungen oft zappelig, flackrig. Woher? Die Seele führt nicht mit durch, sondern das Talent, das Handwerk. Glut und Glanz der langsamen Harmonien jedoch enthalten das Neue, das die Ablösung vom Vater begründete.

Montag, 1. Februar 1926

Bengt Berg, Mein Freund der Regenpfeifer, mit hohem Entzücken gelesen. Die Andacht der Beobachtung überträgt sich frisch – die herrlichen Bilder.

Dienstag, 2. Februar 1926

Hochheiliges Erlebnis gestern abend die h-moll-Messe. Viel Neues hörend gesehen. Oft bis zur Unerträglichkeit groß. Und ganz Kunst. Das Artistisch-Handwerkliche recht spürbar in der Notwendigkeit, die Chöre gleichsam gefühllos aufzuführen, damit sie gegliedert und überschaubar werden.

Mittwoch, 3. Februar 1926

Für Börsen-Courier über Bengt Bergs Regenpfeiferbuch. Gedichte von Mörike. – Das Gedicht Heimweh heute vor Abendbrot geschrieben.

Donnerstag, 4. Februar 1926

Die Sehnsucht, in Stille aufzuatmen, erfüllt sich schwer. Immer wieder drängt etwas Neues nach.

Sonnabend, 6. Februar 1926

Donnerstag abend rief Hans Kyser an und drang darauf zu kommen. Ich war schließlich einverstanden, obwohl ich etwas erschöpft war und arbeiten wollte. Die Proben, die er las, befriedigten nur in Einzelheiten und hatten alle einen Zug zum Kleinlichen. Das Erzählte dagegen war gut. Ich las Gedichte vor, die letzten von mir, in welchen viel steckt. Ich spielte Bach mit nur mäßigem Gelingen. Gestern Bachsche Arien vorgeübt für die Musik am Montag mit Fräulein Grell. Orlik will kommen.

Montag, 8. Februar 1926

In der indischen Lyrik studiert. Große Gleichnisse darin erregen mich am meisten. Unzulängliche Übersetzungen.

Mittwoch, 10. Februar 1926

Die Musik verlief nicht ganz so erfrischend wie gehofft. Orlik hatte eine russische Sängerin mitgebracht, die in Amerika gesungen hat, welche zu Bach kaum tiefere Beziehungen finden kann; sie wußte Elementares nicht, ist hübsch und jung und Dame der großen, etwas oberflächlichen Welt, außer wohl in ihrem Fach, wo Ehrgeiz und Begabung ihr hilft, Haydn, Mozart, italienische Oper, Wagner. Doch sang sie Ich weide meine Herde aus Händels Messias mit angenehmer Stimme, gut und schön. Etwas wie Widerstand lähmte uns Ausführende. Dennoch allerlei Rechtes und auch wie hinter einem Schleier Ergreifendes.

Sonntag, 14. Februar 1926

Donnerstag ein paar Reime gemacht als Beilage für das Bruckner-Buch, das das junge Paar Bermann als Geschenk empfangen soll.

Montag, 15. Februar 1926

Die Hochzeit war vergnüglich und herzlich. 138 Personen. Das junge Paar ein erfreulicher Anblick. Fischers nett und gut. Eipper bemühte sich mit dem Tanzen sehr. Große festliche Räume. Reden: Eloesser, Minister Dernburg, Osborn. Rose Walter sang aus Mozarts Il re pastore. Erfreuliche Begegnungen. Fischers alle, Landshoff und Frau, Olga Eisner. Döblin. Der nette Sanitätsrat Bermann aus Gleiwitz, Alice Cohn, Walter Cohn, Kerr einen Augenblick, Julius Elias. Behagliche Minuten. Gegen drei mit dem Auto heim. Ich saß allein noch fast eine Stunde, lebensdankbar.

Dienstag, 16. Februar 1926

Verlagsarbeit. Den Abend über Wilhelm von Scholz, Die Schwestern. Ein Roman mit Hellsehen, guter Epik und Trompeter von Säckingen. Etwas lang und langweilig. Vortreffliches dazwischen.

Donnerstag, 18. Februar 1926

Gestern: viel Verlagsarbeit. Mittags über Benn, für Berliner Börsen-Courier.

Sonntag, 21. Februar 1926

Gestern im Verlag. Fischer zeigte keine Neigung, die Dramenfragmente Heimanns zu drucken. Nun, warten! Sehr herzlich. Dehmels Nachlaß für die neuaufgelegten Bände gelesen. Ein prachtvoller Kerl.

Montag, 22. Februar 1926

Vormittags rief Kasack an. Er kommt also zu Fischer am 1. Mai, fährt vorher nach Italien. Ärger, daß Fischer mir nichts gesagt hat. So vertraut und dann wieder so fremd und mißtrauisch.

Sonnabend, 27. Februar 1926

Leidvolle Woche wegen des Überdenkens meines stagnierenden Lebens nach außen hin. Ich kann und kann nicht weiterkommen. Ich muß so viel Sand in mich hineinfressen. Mir wird speiübel davon. Donnerstag Verlag. Immer grau, immer Regen. Viele Briefe diktiert. Besuch von Ernst Weiß.

Montag, 1. März 1926

Gestern früh der Dichter Oskar Baum und seine Frau. Roman angehört. Ergriffen durch den Blinden, der oft nach einer anderen Richtung spricht, als wo der Zuhörer sich befindet. Sympathisch die innere Freudigkeit, die Tüchtigkeit Baums. Corinth-Ausstellung, ganz gewaltige Eindrücke, am meisten durch die Werke der letzten Lebensjahre. Das Vollkommenste vielleicht die Blumenstücke. Aber hier schweigt noch das Wort. Dies alles ist erst mit dem beherzten Auge faßbar. Bruckner, 3. Symphonie. Das erhob mich und sammelte.

Dienstag, 2. März 1926

Gestern abend noch Arthur Schnitzlers neue – meisterhafte – Traumnovelle gelesen. Zwei Romane geprüft, einen krampfartigen von Karl Otten, einen ausgezeichneten von Oktavia Wessel. Der sollte gebracht werden. Nachmittags kam Orlik und las einen Aufsatz über Maskenfeste, den wir korrigierten. Nun werde ich noch die Nachworte der neuen Epikonbände studieren. Mit guter Stimmung zwingt man viel Widerwärtiges. Ich darf mir die Überarbeitszeit nicht nehmen lassen – dann werde ich vielleicht fertig. Wie täglich doch einige Seiten Schriftliches entstehen – Briefe, Notizen, Kritik und so fort, sollte die Übung und Gewohnheit nicht auch noch auf das Künstlerische erstreckt werden können? Nur jeden Tag hält man so viele Stunden nicht aus, ohne zu ermüden.

Sonntag, 7. März 1926

Ich habe an Heimanns Aphorismen ausziehend gearbeitet. Heute die zu veröffentlichenden Aufsätze gelesen, zusammengestellt, Umfang berechnet. Viel zu tun daran. Gestern im Film »Das Blumenwachsen«. Ein Erlebnis ersten Ranges. Ungeheuer. Es hat fast Beweiskraft für alles Übersinnliche. Sieht man Pflanzen wachsen und leben, die nur ein anderes Tempo haben als wir Menschen – da ist jede Ordnung zu denken, noch langsameres oder rasend schnelles Tempo beide, um dieser Verschiedenheit halber nicht wahrnehmbar. Die Schrift Der Zufall von Wilhelm von Scholz sehr interessiert gelesen.
Alle Entwürfe vernichten! Nichts in der Vorform aufbewahren, was ausgeführt ist!

Dienstag, 9. März 1926

Gestern intensiver Arbeitstag. Ich habe Shaws Essays gelesen, daraufhin, ob man sie neu auflegen soll. Man soll. Einige Kürzungen der Auswahl. Aufsatz über Burschells Jean Paul für Vossische Zeitung.

Mittwoch, 17. März 1926

Soeben genußvoll Schumann gespielt, Toccata, Humoreske, einige Noveletten. Alte Welten tauchen auf. Graudenz, Studentenjahre. Große, lang nicht besuchte innere Gebiete tauchen auf. Aufsatz über vier lyrische Bücher geschrieben.

Freitag, 26. März 1926

Sonnabend abend im Landwehrkasino Versammlung zur Gründung einer Ortsgruppe der Jean-Paul-Gesellschaft. Harich, Berend, Burschell, sonst Leute. Ein Herr Huettchen: wir gründen, wozu,

wird sich dann schon finden. Kläglich, kläglich. Diese Kinder und Idealismus spielenden Toren.
Dienstag, 23. Aufsatz über Greiner fertiggemacht. Zum Börsen-Courier. Gang durch die Geschäftsgegend. Wie ein Kleinstädter. Staunen über die Fülle von Geschäften. Die Firmen gelesen, die Auslagen bewundert.
Heute Lektüre. Hesse, Nürnberger Reise. Verdrießt mich durch seinen allzu trägen Quietismus. Etwas kindisch in der Abwehr dieser Welt, wie sie nun ist – trotzdem sie benutzt! Viel Talent zu erzählen. Trotz des Unbehagens liest man mit Entzücken. Greiner. Zwei schöne Gedichte. Er pfeife auf dem letzten Loch, sagt er, jede zehn Mark hoher Wert. Von Gewissensbissen zernagt und von Unlust zur Tagesfron und Sklavenarbeit des Schreibers. Der Arme! Ich sandte heute seinen Aufsatz »Huhn« an Belzners Badische Presse zum Zweitdruck. Mittwoch, 24. Aufsatz über Arno Nadels »Ton«. War mühselig. Schwer zu fassen.

Montag, 29. März 1926

Staatliches Schauspielhaus: Hebbels Herodes und Mariamne. Mir äußerst qualvoll durch die Unmenschlichkeit. Unzahl von Morden wegen seelischer Finessen. Was kann mit solchen Plumpheiten noch bewiesen werden? Zwischenein natürlich besteht das seelisch und besonders gedanklich überaus Großartige. Auf der Bühne wird ein Werk dieser Art kaum bleiben. Schauspielerisch herrlich Kortner als Herodes. Ganz Starkes in gedrängter Fülle. Lina Lossen zuerst teilweise bis zum Dilettantismus gehemmt, dann auch freie und starke Einzelheiten. Sonnabend nachmittag zu Max Herrmann. Er las mir auf meinen Wunsch eine lange Reihe seiner so außerordentlich begabt improvisierten Gedichte.

Donnerstag, 1. April 1926

Die letzten Tage sind sehr sonnig und warm. Es treibt einen gewaltsam hinaus, doch leider muß man widerstehen. Es regten sich in der letzten Zeit Lust, Empfindung und Gedanken zu epischer Produktion. Wäre nur nicht die zerstreuende, wahnsinnig erschöpfende und versandende Leserei.

Karfreitag, 2. April 1926

Der gestrige Abend war einer der schönsten, die man überhaupt erleben kann. Zu Glasers, Prinz Albrechtstraße. Zaubervoll, märchenhaft, wie alles eingerichtet war. Die ganz nah beieinander brennenden fünfzig Kerzen, ein Schrei – ein holder – von gelbem Licht. Ein seliges Aufsingen. Die herrlich in Blumen und Leuchtern – rote Tulpen, Lorbeer, Silber – prächtige Tafel. Der lange Raum. Tanz. Bowle. Melanie Kurth sang, zuerst Brahms, dann später Isoldes Liebestod, Mozart: Figaro; Fidelio, überaus herrlich. Lauter herzlich gelöste Menschen, Glasers beide, alle Greiners, Paul Schlesinger und Frau und Sohn, Faktors, Herbert Ihering, Frau von Allesch, Karl Scheffler und Frau, Siegfried Jacobsohn und Frau, Frau Moissi, Frau Falkenberg. Reden, Gespräche, Musik, Tanz, Mahl, alles überaus schön. Bis fünf Uhr früh.

Ostersonntag, 4. April 1926

Abends Nietzsche gelesen. Gedicht »Berghaus nachts« zu Ende.

Dienstag, 6. April 1926

Obwohl das Leben von innen kommt – das Außen verstellt es. Kurze Freude – böses Gewissen. Lastender Alltag. Woher Freiheit nehmen? Die Rechnung ist einfach genug. Brotarbeit – Philistererholung, Künstlerarbeit – Leben. Es lassen sich eben nicht mehrere Leben zusammenpfropfen.

Sonnabend, 10. April 1926

Langes Gespräch mit Fischer über die Bücher, die während seiner Reise eingelaufen waren und die ich zu empfehlen hatte. Arbeit im Übermaß wieder mitgenommen. Darunter Bücher, bei denen ich Zensor über das Uninteressante sein soll! und schlechte Übersetzungen, die ich korrigieren muß. Das ist grober Unfug. Nachmittags kam Kasack. Er blieb bis zum letzten Zug nach Potsdam. Wir machten Korrekturen an seinen herrlichen Gedichten. Viele von innen her erfüllte Stunden lang. Des Morgens nach solcher Anstrengung immer matt. Aber Freitag und heute immens intensiv für den Verlag Bücher gefressen. Mich bedrängt soviel Eigenes. Heute früh klang es wieder wunderbar in mir, ich habe es notgedrungen gewaltsam unterdrückt. Ich töte mein Leben. – Schumann gespielt die letzten Tage (und Mozartsche Symphonien), Sonaten, Davidsbündlertänze, Faschingsschwank.

Montag, 12. April 1926

Sonnabend abend eine Reihe Gedichte Schillers gelesen. George. Kritisch vielem nachgedacht.

Sonnabend, 17. April 1926

Arbeitsreiche Woche. Ich kam erst am Donnerstag nachmittag dazu, die Kritik über das tags zuvor gelesene Gedichtbuch von Felix Braun zu schreiben. Montag nachmittag rief Burschell an und kam, seinen Anekdotenverlagsplan entwickeln. Er wäre gern zum Abendbrot geblieben, aber ich mußte arbeiten. Freitag Korrekturen zu dem Bande Aufsätze von Heimann, heute darin bis Mittag fortgefahren, angespannt, erschüttert über die kluge Güte und Großartigkeit und Wahrheit dieses Menschen.

Mittwoch, 21. April 1926

Schumann weitergespielt. Dinge, die mir ganz neu vorkamen. Aber nicht von innen. Es ist sehr wenig Wechsel darin, immer wieder die zarten Melodien, die nur durch die Harmonie und das Rhythmische einigermaßen interessant werden. Fürs Klavier fast alles außerordentlich. Es kommt genau heraus, was gemeint ist. Und das ist denn auch etwas Neues. Zuweilen, zumal mit Jugenderinnerungen, mir sehr lieb. Große Musik ist jedoch anders. – Wie lange es wohl noch dauert mit mir? Manchmal fühle ich mich leergebrannt. Wenn das Alter vorrückt, ich es erlebe, so muß ich ja doch wohl an Mangel verrecken. Meine Gaben sind zu unglücklich, sie bringen nichts ein. Nachruhm suche ich nicht, da mir der Ruhm nicht wird. Immer heißt es: noch mehr, und nach dem Mehr: noch mehr! Es ist kein Ende. Ohne einige Zeit und Freiheit ist produktive Arbeit nicht möglich. Man hält nur ein gewisses Quantum aus. Nur Überstunden – es geht nicht.

Sonntag, 25. April 1926

Donnerstag Verlag ziemlich aufregend. Der Verleger Hädicke, sympathisch, zurückhaltend. Herr Mendel aus Chemnitz, der Phantast, der seine Magistratsstellung um nichts aufgeben wollte, auf pure Hoffnungen hin – dabei vorläufig nur in der witzigen Prägung begabt. Von Hermann Hesse empfohlen.
Optimismus kommt in mir wieder auf, weil ich einsehe, er ist die einzige Kraft, die noch ein wenig von dem Verlorenen retten könnte.

Dienstag, 27. April 1926

Sonntag bis Mittag Manuskripte gelesen. Wie ich zugebe mit Freude die Novelle des jungen Hans Aufricht. Gestern, Montag, mit Frau Antonina Vallentin den Harris durchgearbeitet, eine intelligente, anständige Frau. Wir wurden ganz gut fertig.

Sonnabend, 1. Mai 1926

Versucht, das Gedicht Walthers von der Vogelweide Unter der Linden ins Neuhochdeutsche zu übertragen. Es mißlang aber, es wurde klar, wie meisterhaft es in jedem Worte ist. Nachts noch das Buch über Torquemada fast zu Ende gelesen, Donnerstag vormittag dann die Besprechung geschrieben. Donnerstag um halb sieben Orlik, eine halbe Stunde später Hans Kyser. Gespräch über Heimann, aus Anlaß seiner Aufsätze über Orlik. Über Formgesetzhaftes in der Malerei. Orlik: Ohren und Hände; in der grotesken Verschiedenheit der Erscheinung doch ein gattungsmäßiges Gerüst. – Musik: Buxtehude, Bach. Gewaltige Orgelwerke. Las dann noch eine Stunde George und hatte viel zu denken und zu fühlen. Für den Verlag eine Menge gelesen. Oft das Telephon. – Es regten sich Verse. Einige Strophen bildeten sich. Aus dem Notizbuch Verse abgeschrieben.

Montag, 3. Mai 1926

Den Robinson Crusoe am Sonnabend, Sonntag und heute ausführlich studiert, zu dem Epikon-Nachwort. Es war eine gleichmäßige warme Freude, vielerlei dabei erkannt. Stefan Georges »Stern des Bundes« wieder einmal mit Eifer und mit im letzten rätselhaftem Glück gelesen. Sonnabend nachmittag Oskar Maurus Fontana, ein sympathischer Mensch. Gespräch über das schwere Ringen unserer ausgelassenen, glatt überschlagenen Generation. Austausch der Ansichten über das Wiener Schrifttum. Gestern gegen Abend rief Hanns Henny Jahnn an, bald darauf Julius Levin. Sie kamen alle, Levin mit Frau. Sehr interessanter Abend bis Mitternacht. Jahnn sprach aus den Grundlagen seiner Anschauung und erzählte sehr viel von seinen Bemühungen, den Orgelbau zu reformieren, das wertvolle Alte zu erkennen und die guten Orgeln in Deutschland zu katalogisieren. Von Fülle, Mensur, Mixtur und vom besten Material. Jahnn ist ein genialer Mann, dies Gefühl ist mir überzeugend nah.

Mittwoch, 5. Mai 1926

Gestern zur Medea-Premiere [von Jahnn] ins Staatliche Schauspielhaus. Eindrucksvoll trotz der zahllosen Gräßlichkeiten. Ich sehe immer mehr, daß mir Homosexualität zuwider, eklig, unerträglich ist. Großartigkeit dennoch. – An Conrad gearbeitet zu den Prospekten. Bach, fünf Partiten gespielt.

Sonnabend, 8. Mai 1926

Versuch an Versen, vergeblich. Mit hohem Interesse Julius Babs Buch über Faust bis zur Hälfte gelesen. Bach, virtuose Klavierwerke gespielt. Donnerstag zu Hofers. Da war schon Levin, pünktlich wie immer. Nach dem Essen noch Weiß, Jahnns und eine Schauspielerin, Frau Paula Knüpffer. Dann haben wir musiziert, zwischenein einen Schluck Chianti. Zuerst Arien Bachs. Alt (Frau Hofer), Violine, Klavier (ich). Dann Sonaten, h-moll und c-moll von Bach. Herrlich: Grammophon mit Chören Händels, eine Caruso-Platte. Doch das Letztere war nur Ausruhen. Sonst wir mit höchster Leidenschaft und überweltlichem Genuß! Einer der schönsten Musikabend, die ich erlebt habe.

Dienstag, 11. Mai 1926

Sonntag nachmittag rief Frau Fischer an. Ich möge kommen. Im Garten. Ein ungarischer Geiger mit Frau. Holitscher. Spaziergang. Mit Fischer allein über Verlagsdinge. Holitscher erzählte viel von Indien, China und wie er in der Mandschurei Jazz tanzen gelernt habe. Chinesisch: Ho-li-tse: Berg des kleinen Rechtes.

Donnerstag, 20. Mai 1926

Ein wenig zur Ruhe gekommen. Heute im Verlag lange Unterredung mit Fischer über den Almanach. Fast die gesamte Zeit. In Gegenwart Kasacks, Dr. Bermanns, Eippers. So mit rechtem Behagen für Fischer. Sein Spieltrieb im Plänemachen, ganz als Privatsache empfunden, wenn es natürlich auch öffentliches Werk ist. Gestern am Nachwort zu Heimanns Schrift gearbeitet. Notizen zu Robinson, Besprechung Stevenson begonnen, heute nachmittag beendet.

Montag, 24. Mai 1926

Nachmittag den Aufsatz über Robinson nach schweren Mühen beendet. Es waren den ganzen Tag bis gegen Abend dauernde Anspannungen, am Sonnabend, gestern und heute. Nun habe ich es mit Musik von Reger gefeiert, das Nervöse kam mir entgegen.

Mittwoch, 26. Mai 1926

Ein Leierkasten stört mich bei der Besprechung über Hessels anmutige »Teigwaren, leicht gefärbt«. Die gründliche Verballhornung des C-dur-Präludiums Bachs, zwischen Operetten-Gassenhauern. Gestern in gehetzter Eile und erzwungener Konzentration beinahe den ganzen Manuskriptberg der Woche abgetragen, u.a. Flake zu Ende, Wassermann, Junker Ernst. Das vielfach großartige Werk Belzners, Iwan der Pelzhändler, gelesen. Leider Wiederholungen. Reger, Tagebuch I. Das Harmonisch-Verwühlte war mir wohltätig, die melodische Sterilität jedoch vielfach peinlich.

Sonnabend, 29. Mai 1926

Gerüstet zur Reise nach Spremberg zur Goldenen Hochzeit der Eltern. Das ist ein zwar seltenes, aber in diesem Falle recht trübes Fest. – Das so oft musik- und verselose Leben ist oft sehr schwer.

Dienstag, 1. Juni 1926

Von der Reise zurück. Der Zug war überfüllt. Freude an der frischen Landschaft. Eindruck des einsam stolzen Funkturms bei Königswusterhausen. Niemand holte mich ab. Häßliche Stadt: Spremberg. Von der Höhe bei dem Friedhof und Bismarckturm versinkt sie in dem Schlotwalde der Tuchfabrikenschornsteine. Motoren kreischten und fauchten, Lokomotiven und Fuhrwagen durch fast alle Straßen. Freundliche Leute: sie starren Fremde nicht an!
Alle Geschwister waren gekommen. Die Eltern froh, Vater fröhlich, voll herzlichem Humorbedürfnis. Er weiß nicht, wie übel alles steht. Beweis für Befähigung und Willen der Natur zum Glück, keine Krankheit, keine Not erstickt sie. Alles ist weg, dies übriggeblieben. Mutter mager und abgerackert, aber doch munter und im Herzen erfreut, alle Kinder dazuhaben und ein Fest feiern zu dürfen. Wie alte Zeit. Fast mechanisch ausgelöst die Freude an diesem Tag. Bedeutsamkeit und Feierlichkeit als selbstverständlich empfunden.

Freitag, 4. Juni 1926

Mittwoch Verlagslektüre. Aufsatz über Marschall, Shakespeares Sonette. An Versen gebosselt. Gestern im Verlag. Fischers Bereitschaft, zu Weihnachten einen neuen Gedichtband von mir zu bringen. Kasack kam mittags im Auto mit. Von meinen neuen Gedichten eine ganze Reihe gelesen und besprochen. Abends zu Bermanns. Burschell, Döblin und Frau. Mit großem Erfolge meine Gedichte vorgelesen. Es war ein erfreulich frischer Luftzug in dem allen.

Mittwoch, 9. Juni 1926

Seit der letzten Eintragung erlebte ich eine meiner schönsten Arbeitszeiten. Ich habe sechzig Gedichte meines neuen Gedichtbandes durchgefeilt, eine Reihe ganz neu aufgestellt und etliche neugeschaffen. Es war viel Glück dabei. Zahlreiche Freude. Wenige Stunden Schlaf nur die ganzen Tage. Wenn ich etwas anderes tat, so war die Dauer dieses anderen hart abgegrenzt gegen die Gedichte, bis zur letzten Minute klangen sie und mit der ersten freien begannen sie wieder zu klingen. Der Band ist da. Ich kann jetzt soviel nachtragen wie ich will. Bedeutende Stücke sollen noch hinein. Viel ändern wird sich daran dennoch nicht. Viele Würfe sind gelungen. Der Weg wird frei zu anderem. Wohl Epischem.

Sonnabend, 12. Juni 1926

Immer wieder kommt das dicke Ende nach. Diesmal durch Plesch. Er fand gestern wieder eine erhebliche Aortaverbreiterung. Arrhythmien, Blutdruck 180. Ich bin erstaunt. Wenn das alles stimmt, muß ja wirklich vorgebeugt werden, aber ich fühle mich recht wohl. Die unangenehmste Verordnung ist mir die zu liegen. Soweit ichs aushalten kann, will ichs durchführen.

Dienstag, 22. Juni 1926

Sonntag wie Sonnabend tüchtig an meinen Versen gearbeitet. Das Pensum nähert sich dem Ende. Magisch ist dieses Entstehen. Fast Fertiges, der Wille hilft zu enden.

Montag, 28. Juni 1926

Fast lauter Regentage. Mittwoch Gedichte. Befriedigung, daß noch letzte schöne Stücke für den Band in Ordnung kommen. Er soll den Titel haben: Der längste Tag. Weiß rief mich gestern an und schlug ihn auch vor. Oder: Mitte des Lebens. Das geht aber nicht, die Mitte ist längst vorüber. Es kann nur ein Sinnbild werden. Wenn alles recht verlaufen wäre, so könnte dort vor ein paar Jahren, als jenes Gedicht entstand, die Mitte gewesen sein. So aber kann dem längsten Tag bald der kürzeste folgen. Gehts gut, so mögen auf diesen vierten Band noch drei weitere Gedichtbände folgen. Es ist ein feierlicher Gedanke. – Sonnabend Hauptmanns

Drama Dorothea Angermann gelesen. Mit großer Erschütterung, wiewohl Schwäche der Begründung und Konventionelles sofort spürbar wurden. Nachmittags fortgefahren, Aphorismen von Heimann auszuziehen. Es wurde dabei Abend. Angefangen Ehrensteins Aufsätze Menschen und Affen zu lesen, um darüber zu schreiben. Heimatloses Gefühl. Ich will versuchen, ein neues Gedicht unter Dach zu bringen. Die Fülle der Arbeit hat etwas bedrängendes.

Sonntag, 18. Juli 1926

Fast ein Monat vorbei! In ungeheuer unangenehmster Arbeit. Die rückblickende Zusammenstellung für den Almanach gemacht.[22] Heute bin ich damit fertig geworden. Oft im Verlage, um zu diktieren und Material abzuliefern. Heute endlich zwei Sätze von Bruckners 7. Symphonie, Beethoven. Auch meine Verse mußten liegen bleiben. –

Montag, 19. Juli 1926

Heimanns Geburtstag. In Schwermut seiner viel gedacht. Aufatmen, weil der Aufsatz vollendet ist. Im Verlag das letzte daran diktiert. Mit Kasack, Maril und Hermann Ungar im Krokodil zu Mittag gegessen. Bach gespielt.

Sonntag, 25. Juli 1926

Gestern zu Hermann Kasacks 30. Geburtstage in Potsdam. Um halb fünf holte Dr. Fritz Landsberger mich und Clärchen in einem Auto ab. Das liebe Kind Renate. Abends Frau Kasacks Schwestern, Eipper, Köppens. Bowle und Sekt. Als Tischkarten hübsche platzanweisende Reime. Gedichte von Kasack. Auf der Rückfahrt mit Dr. Landsberger von Reisen gesprochen. Vormittags das den Gestaltenzug im »Lager« einleitende Gedicht im Rohbau fertiggemacht, heute ausgefeilt. Gelesen, was mir als Preisrichter für den Jugendpreis geschickt wurde. Für den Börsen-Courier über Zuckmayers Gedichte. Geschrieben das Nachwort zu Heimanns Nachgelassenen Schriften.

Sonnabend, 31. Juli 1926

Mein Gedichtbuch bis auf wenige noch nachzuliefernde Stücke druckfertig. Donnerstag nachmittag mit Levin, blieb bis spät. Wir hörten Bach. Ich spielte eine Toccata und Vorspiele. Einige Gedichte. – Heute gepackt.

Freitag, 3. September 1926

Seit vorgestern nacht zurück [von der Ostseereise: Lübeck, Timmendorfer Strand, Barby, Kiel, Segeberg, Plön, vom 1. bis 31. August]. Gestern zum Verlage. Frohes Wiedersehen mit allen. Dr. Bermann, Fischer, Maril, alle gleichzeitig zurückgekehrt. Ich fand einen ungeheuren Manuskriptberg vor. Aber er hat mich nicht allzu sehr erschreckt. – Almanachfragen. Freude über das Aussehen meines Gedichtbandes. Lust zur Tätigkeit. Für den 20. September Vortrag im Rundfunk abgemacht, über Dauthendey und Mombert.

Sonntag, 5. September 1926

Im Arndtgymnasium Aufführung von Shakespeares »Was Ihr wollt« durch Schüler und Schülerinnen. Unterhaltsam, klug. Aber die Lehrer sahen größtenteils nach nichts aus, wenn nicht nach Humorlosigkeit.

Donnerstag, 9. September 1926

Langer Besuch des sehr sympathischen Emil Belzner. Viele Briefe diktiert. Außerordentlich eine kleine Schrift von Franz Rosenzweig über »Luther und die Schrift«. Wundervoll klar über das Problem des Übersetzens. Mir ist es nicht gelungen in jahrelangem Nachsinnen, die Resultate so einleuchtend zusammen zu bekommen.

Sonnabend, 11. September 1926

Abends gelesen und Gedanken notiert. Viel Freude machten mir Rückertsche Gedichte, wo sie witzig sind und dem Orientalischen angenähert. Ich erschrak aber, wieviele ganz philiströs und dilettantisch sind. Wie kam das nur, daß er sie alle mitlaufen ließ? Wie kam es, daß er bei der Niederschrift nicht merkte, was er zuweilen machte? War ihm das Reizlose doch irgendwie reizvoll? Bei jemand, der zuweilen den ersten Rang erreicht, kaum verständlich.

Sonntag, 12. September 1926

Mit der Leserei fortgefahren. Ich bin beim letzten Manuskript, einem Roman von Hans Meisel, mit dem viel los ist. Den Rosenkavalier Hofmannsthals gelesen. Teilweise mit Entzücken. Nach dem ersten Schlaf wüste Träume. Ich mußte mich immer zum Fenster hinausstürzen, um meinen Ernst zu beweisen. Ich war dann immer wieder lebendig, obgleich es alles Todesstürze gewesen waren.

Clärchen stimmte der Notwendigkeit zu. Dann sagte ich, ich wolle nicht, es sei furchtbar. Auch da stimmte sie zu. Nun erwachte ich. Gedanken, wie ein geringer Wahn ausreiche, um der Lockung der Gefahr wirklich zu folgen.

Montag, 13. September 1926

Mehrere Hefte Heimannscher Notizen studiert und ausgezogen. Ich will sehen, damit in Bälde fertig zu werden. Unfaßbar, daß fast ein Jahr seit dem Tode vergangen ist. Ja, was ist Zeit. Und wie nahe an diesen wird bald der eigene Tod gedrängt sein, für jeden, der mit dem Leben Heimanns und dem meinen keine ausführlichen Vorstellungen verbindet. Übrigens, was Heimann notierte, wirkt nicht sehr ergiebig. Es bleibt die Notiz; zur Ausführung hat er sich dann leider recht selten zusammengerafft.

Bach, Wohltemperiertes Klavier II, mit großer Aufrichtung, mit tiefer Ordnung nach innen, gespielt. Das, womit man die Tagesarbeit beginnt, das bestimmt sie. Beginne ich mit Schreiben, so pflegt es gut zu gehen. Beginne ich mit – amtlichem – Lesen, so ists schwer, von da fortzufinden.

Sonntag, 19. September 1926

Ich las den Anfang meiner Vineta. Zum ersten Mal. Eine recht respektable Leistung für einen so jungen Menschen. Sehr viel Anschaulichkeit und Gefühl zarter realer Dinge. Ich habe nun endlich vergessen, wie ich daran gearbeitet habe, und will versuchen, die Zeit zu gewinnen, das ganze Buch wie das eines Fremden zu lesen.

Dienstag, 21. September 1926

Zum Troubadour in der Staatsoper. Die Aufführung war sehr genußreich. Verdi – meine Schwärmerei, dieses andere Vaterland. Blech dirigierte, wunderbar.

Sonntag, 26. September 1926

Freitag zur Musik bei Fräulein Grell. Viel Bach, eine Reihe Alt-Arien, herrliche, und die h-moll-Sonate für Cembalo, Violine. Ich hatte vormittags noch ein bißchen geübt am Wohltemperierten Klavier II. Heute bis zum Anbruch der Dunkelheit Bach gespielt, Wohltemperiertes Klavier II zu Ende. Immer neues! Unerschöpfbar. Das kann nur bei wirklicher Form sein. Bei Schubert zum Beispiel, wo die Form kein Wesen für sich ist, das unter anderem auch die Empfindung beherbergt, ist das anders. Da lernt man bald das Gefühl in seinem Kleid. Dann Wiedersehensfreude, nicht mehr Entdeckerfreude.

Donnerstag, 30. September 1926

Heute beginnt das Bachfest. Feierliche Empfindung des Tages. Zurück aus dem ersten Konzert. Geniale Werke von Krieger, Buxtehude, Schütz.

Freitag, 1. Oktober 1926

Gestern abend überaus herrlich. Sämtliche Werke von Schütz, die gespielt wurden, zeigten das Genie. Das Undefinierbare. Trotz der einfachen Motive: es kommt das Allerletzte zu Tage. Dann völlig umwerfend Bachs »Es erhob sich ein Streit« und »Nun ist das Heil«. Worte versagen völlig.

Sonnabend, 2. Oktober 1926

Vormittags überaus herrliches Orchesterkonzert. Der Klang so völlig überzeugend wie bei neuen Werken fast nie. In den Instrumenten Bereitschaft zur Seligkeit und erreichte Seligkeit. Ergreifend Bachs Unerschöpflichkeit aus fröhlicher Hingabe in Sätze wie der Ouvertüre in der C-dur-Suite, im ganzen C-dur-Konzert für zwei Klaviere, im ersten Brandenburgischen Konzert. Abends zur Philharmonie. Wieder eindrucksvolle Kantatenaufführung, wenn Schumann auch alles zu dick bringt und allmählich die Wirkung abstumpft. »Ich hatte viel Bekümmernis« – erschlagend. Das junge Genie. Die Jahrhunderte um ihn bekamen Fußtritte, daß sie, wiewohl er alles aufnimmt, ein Jahrhundert weit fortfliegen und soviel freien Raum machen, den Bach mit seiner unfaßlichen Kraft erfüllt. »O Jesu, meines Lebens Licht.« Merkwürdig ergreifend die Wirkung der Bläser. Eine starre Süße. Gloria aus F-dur-Messe. Der weihnachtliche Wohlklang. Italien? Ich glaube doch nicht, daß solche Chöre zeitgenössisch entstanden. Die nicht sehr große Erfindung durch die Verarbeitung ständig gehoben in eine Sonnenheimat des Wohlklangs. – Für den Verlag Kleinigkeiten gemacht. Es häuft sich wieder viel an. Ich sehe, wie wenig Pausen ich mir erlauben kann. Heute ist Heimanns Nachlaßband gekommen.

Montag, 4. Oktober 1926

Herrliche Aufführungen der im Tiefsten hinreißenden Kantaten: »Christ lag in Todesbanden«, ungeheuer!! »Ihr werdet weinen und heulen.« – Große Gruppen, denen alles zugelegt werden kann: Geschäftiges, besonders in Instrumentalmusik, Kammermusik (Sinfonias). Freude und Jubel, besonders Chöre. Schmerz und Traurigkeit, wie die vorige Gruppe exzedierend nach ihrem höchsten Punkte hin. Sachliches: Magistrale, maestrose Kontrapunkte etc. Altväterisches nur in der ersten und vierten von diesen Gruppen. – Sonntag mittag Singakademie, Klavierkonzert. Hier war ich von allen Werken nur teilweise ergriffen. Das liegt aber nur an der Ausführung, die nicht überall groß und von der spezifisch Bachischen Hitzigkeit durchdrungen war. Trio aus dem Musikalischen Opfer, G-dur-Sonate für Klavier und Violine, 1. Fassung, Cembalostücke von Telemann, Pachelbel, I. K. F. Fischer, vollkommen gespielt und erst auf dem richtigen Instrument allen Reiz zeigend. Die vordergründlich eingängliche Sonate C-dur für zwei Violinen und Klavier. – In der Philharmonie war es unerträglich heiß, schlechte Luft. Das beeinträchtigte die Aufnahmefähigkeit für die h-moll-Messe. Nur stellenweise öffneten sich neue Himmel. Am Schlusse doch dankbar. Ein großes Erlebnis – das Resultat der vier Tage.

Sonntag, 10. Oktober 1926

Den ganzen Tag aus bisher elf Heften Heimanns Aphorismen ausgezogen, ebenso gestern und vorgestern. Friedemann Bach gespielt. Das ist im meisten doch eine zeitliche Kunst. Es zuckt aus Vergangenheit und Zukunft in ihn hinein, er überwältigt es nicht stark, gibt nur das melancholische Gefühl, das er dabei hat. Etwas Unsicheres, Schwankendes, fortgedrängtes, das noch rasch verweitet. Schönheit meist der Einzelheiten.

Sonnabend, 16. Oktober 1926

Gestern Bruckners 1. Symphonie, die beiden ersten Sätze. Viel daran gesehen.

Sonntag, 17. Oktober 1926

Soeben habe ich die Auszüge aus Heimanns Notizheften und -blättern vollendet. Eine ergreifende menschliche Fülle. Hauptsachen hat er sich immer wiederholt durch Jahrzehnte, fast wörtlich in der gleichen Formulierung. Politisch immer wieder: was konservativ, liberal, adlig, sozialistisch sei. Positiv: immer Goethe und Kant. Zwischenstufe: Schopenhauer. Negativ: immer wieder Nietzsche, vielleicht nimmt er den größten Raum ein. Heine, Hebbel. Auch Strindberg. Große Liebe bei viel Kritik: Hauptmann. Partielle Ausstrahlung aus Goethe, ihm heilig und verehrt: Eichendorff, Hölderlin.

Dienstag, 19. Oktober 1926

Mit dem allerhöchsten Entzücken in beiden Fassungen des Götz Goethes gelesen. Aufnehmend. Vergleichend. Schuberts 8. Sonate c-moll ergriff mich sehr, quellende Genialität trotz Ungeschick und nicht immer sehr bedeutender Einfälle.

Sonnabend, 23. Oktober 1926

Donnerstag das vierzigjährige Verlagsjubiläum. Eine schöne Feier. Fischer eine Ansprache, etwas reserviert und sachlich, er wollte das Fest nicht Fest sein lassen, nicht Jubiläum. Dann sprach ich. Es gefiel Fischers sehr und entzückte Saenger und Bie. Auch die Angehörigen des Verlags waren sehr erfreut.

Sonntag, 24. Oktober 1926

Simon Kronberg gestern. Ich freute mich, ihn gesehen zu haben. Masereel, die beiden Holzschnittbücher studiert. Sie sind herrlich. Orliks »95 Köpfe« mit Vergnügen angesehen.

Donnerstag, 28. Oktober 1926

Heute früh kam die Mitteilung durch Max Liebermann, den Präsidenten der Preußischen Akademie der Künste, daß ich dort zum Mitglied gewählt worden sei. Wenn man ringt um Anerkennung und Befreiung, so ist etwas Derartiges doch eine sehr große Freude. Mit begeistertem Entzücken habe ich gestern bis in die Nacht hinein Döblins indische Dichtung Manas gelesen. Heute mit ihm telefoniert und im Verlag gesprochen. Er war über das Gelingen froh. Besuch von Raoul Auernheimer. Er hat mich unendlich aufgehalten. Unzahl von Briefen. Aufsatz über Kiplings Dunkles Indien.

Sonnabend, 30. Oktober 1926

Donnerstag große Gesellschaft bei Fischers. Etwa sechzig Personen. Fischers wohl die liebsten. Hautpmann nur eben begrüßt, mit

Thomas Mann einige Worte; er gratulierte mir abseits als einem Mitglied der Akademie. Th. Wolff, Dernburg, Frau Hofer, ich sprach mit ihr über ihre Novellen. Bies, Kellermann. Tischdame Frau Grossmann. Orlik, zerstreut und flatternd. Holländer, Bankier Simon und Frau, Jessner. Saltens. Osborns. Elias. Kaysers. Maril, Meyerfeldt, etc. Alles, was gut und teuer ist. Ausgezeichnetes Mahl mit Zubehör, Fischer glücklich.

Sonntag, 31. Oktober 1926

Bruckners 8. Symphonie: das war Versinken in genialer Tiefe.

Sonntag, 7. November 1926

Brief von der Akademie. Erste Amtshandlung: Kundgebung gegen das geplante Zensurgesetz.

Mittwoch, 10. November 1926

Montag ein sehr aufregender und störungsreicher Tag. Unzählige Male das Telephon. Viele Besuche. Nachmittags kam Stucken. Gespräch über die Akademie, in der auch er ist, und den Ärger der kleckerweisen Veröffentlichungen, die allmählich zur Schädigung für die Schweigenden geworden sind. Vormittags vielmals der Verlag, zuletzt Kasack, welcher mitteilte, daß Wolf Przygode gestorben ist. So sah ich ihn denn damals nach dem Rundfunkvortrag mit Sybille Binder zum letzten Mal. Armer junger Kerl!

Donnerstag, 11. November 1926

Mit Kasack und Frau Köppen und Kulka zum Begräbnis Przygodes. Friedhof Großgörschenstraße. Ein strahlender blauer Tag. Bitter, bitter. Viele Leute. Auf dem Harmonium zur Einleitung und zum Schluß der Feier Bach, es klang aber kläglich, besonders das unreine Cello. Der Pastor auch – ein Hohn, wie so leere Reden improvisiert werden. Mein Gott, gibt es soviel Gedankenlosigkeit! Dennoch war ich ergriffen.

Freitag, 12. November 1926

Anruf und Besuch Süskind aus München, mit Grüßen Frischs, einer, der einmal nichts wollte als mich sehen. Im Insel-Almanach schöne Gedichte Rilkes. Jetzt abendliche Sammlung, aber doch, wie fern dem Werk, wie fern!

Sonnabend, 13. November 1926

Stehr, Geigenmacher zu Ende gelesen. Der Schluß hat mich nicht mehr sehr gefreut. Die naive Märchengeschichte daran in ihrer Romantik ist nicht stark. Diminutiva, Unwahrscheinlichkeiten im Übermaß. Herrlich nur in der Mitte die Natur.

Freitag, 19. November 1926

Mittwoch für den Börsen-Courier über Polgar geschrieben. Gegen fünf Uhr im Kultusministerium. Preisgericht Jugendpreis. Große Einigkeit der Preisrichter, was mir erfreulich war, da sie an Rang und Art so verschieden sind. Der nette, junge Dr. Birkenfeld von den Neuen, mir unbekannt auch Geh.-Rat Waetzoldt und Prof. Petersen, sehr angenehm. – Mein Gedichtbuch ist erschienen. Versendungen gemacht. In die Akademie. Das schöne Haus. Respektvoller Empfang durch die Diener. Walter von Molo zuerst da. Nachdem alle außer Georg Kaiser und dem schmollenden Holz. Dann kam Max Liebermann. Großer menschlicher Eindruck. Las seine Rede. Schön, würdig und gütig. Der ganze Mann so. Professor Amersdorffer matt. Nach der Vorsitzendenwahl zog sich Liebermann zurück. Fulda im dritten Wahlgang stellvertretender, Wilhelm von Scholz Vorsitzender. Beide Senatoren, als dritter wurde ich gewählt. Mir tut die Ehre wohl. Nach soviel Entbehrungen. Würdige Beratungen. Es kann etwas aus der Sache werden. Positiver Arbeitsstoff, geistiger, ist erforderlich. Hoffentlich findet er sich. Mit Stucken zu Fuß zurück. Er war wegen seiner Verleger-Kalamität sehr traurig. Schwer zu helfen. Es geht ihm miserabel.

Sonntag, 21. November 1926

Programmentwurf für nächsten Sonntag, an dem Ernst Deutsch Gedichte von mir lesen soll. Mit Weiß telephoniert, lange, wegen meines Gedichtbuches.

Donnerstag, 2. Dezember 1926

Sonntag bei Martin Wasservogel die Matinee für mich. Ganz gut. Nur wohl für mich nicht gut. Ernst Deutsch las klar gegliedert und intelligent, die Baronin von Stetten sang ausgezeichnet, die Kompositionen von James Simon ernsthaft, wenn auch ganz was anderes, als ich es in den Versen gebe. Das beste die Rede von Ernst Blaß, nur schlechter Vergleich: mit Whitman. Die Musik fand warmen Beifall, das andere schien etwas zu befremden.

Sonntag, 5. Dezember 1926

Freitag nachmittag zu Fritz Landsberger. Über Gedichte, im Anschluß an die meinen. Chinesisches. Menschliche Ansprache der Lyrik gegenüber der menschlichen Einsamkeit in ihr, wie in meinen Versen. Bis gegen Mitternacht, nur mit den Essensunterbrechungen. Dazwischen kam die niederschmetternde Nachricht, Siegfried Jacobsohn sei in der Nacht zu Freitag plötzlich an Gehirnschlag gestorben. Das fasse ich nicht. – Sonnabend las ich noch u. a. eindrucksvolle neue Gedichte von Ina Seidel.

Sonntag, 12. Dezember 1926

Donnerstag im Verlag. Besuch Bengt Berg. Das war eine große Freude des Wiedersehens. Nach zwölf oder dreizehn Jahren. Berg noch der Alte, strahlend, lebensfroh. Nur seine Haare sind etwas grau, die Züge schärfer. Ein Vierziger, der eigentlich wie ein Fünfziger aussieht. – Von Mittwoch abend ist nachzutragen, daß ich mich mit Clärchen bei Greiners traf. Die endliche Zusammenkunft mit Ehrenstein dort, auch sein Bruder Carl. Nette und liebe Menschen. Gespräch über den Dichter Hans Flesch, über Jacobsohn, über allerlei in der Literatur. – Freitag Akademie. Zuerst Senatssitzung. Fulda zum Vorsitzenden des Senats, ich zum stellvertretenden Vorsitzenden gewählt. Dann Sitzung der Gesamtakademie. Einführung der Dichter durch Liebermann. Freund E. R. Weiß hatte mir drei prachtvolle Nelken an meinen Platz legen lassen. Sonst war die ganze Sitzung nicht gerade feierlich. Nicht viele sehen sehr repräsentativ aus. Eindruck durch das Aussehen von Käthe Kollwitz. Pause. Schluß. Mehr Erledigung als Arbeit. Nachher um 8 ins Adlon, woselbst Weiß und Eipper warteten. Bengt Berg. Er war entzückend im Entzücken übers Leben. Wir waren freundschaftlich der vergangenen Gegenwart zugekehrt. Tranken herrlichsten Rheinwein. Berg ein großer Kenner. Von Tieren. Von Schweden; nach dem Theater Frau Berg, eine liebe Südamerikanerin. Über den deutschen Charakter. Sonnabend zur Deutsch-nordischen Filmgesellschaft. Bengt Berg ließ uns sowie Eippers und den Filmleuten dort seinen herrlichen Afrikanischen Tierfilm vorführen. Das war ein Erlebnis ganz großer Art.

Montag, 13. Dezember 1926

Albert Einstein rief an. An meinen Gedichten habe ihn »manches interessiert«, von all meiner Prosa gefielen ihm am besten die Reiseberichte. In einem Tone, als wäre es selbstverständlich, daß ich diesen Frechheiten zustimme. Ich muß es ihm doch einmal richtig klar machen, daß ich gar nicht dran denke, meine Arbeit so preiszugeben und bagatellisieren zu lassen. Dann Hans Kyser im Tone des Filmgeschäftsmanns.

Dienstag, 14. Dezember 1926

Eben mit großem Glück Lissauers Heiligen Alltag studiert. Die ausgezeichnete Einleitung, und dann im Text. Es kommt sehr selten vor, daß einem Literatur-Gefressenen ein Buch wirkliches Glück bringt. Trost, Ruhe. Nicht Flucht. Und es regt in mir meine Quellen. Ich müßte noch ein Buch: »Das Haus« schreiben. Diesseitige schlichte Verse. – Tagsüber Allotria: nämlich die Rundfrage des Berliner Tageblatts über die prägnanteste Form eines Erlebnisses. Stunden darüber verbracht und einen literarischen Quark hergerichtet, aber immerhin einiges erkannt und geprägt.

Donnerstag, 16. Dezember 1926

Gestern vormittag für Börsen-Courier über die herrliche Anthologie Lissauers geschrieben. Nachmittags zu Kaysers. Die Nöte und Sorgen abgesprochen, Herr André Germain; dieser mir interessant. Ein etwas langweiliger Nachmittag. Heute im Verlag langes angenehmes Gespräch mit Dr. Bermann. Längere Zeit mit Fischer über Joseph Conrad. Flüchtig Kurt Tucholsky kennengelernt. Bach, Wohltemperiertes Klavier II zu Ende gespielt. Das hat immer etwas seelisch Straffendes.

Montag, 20. Dezember 1926

Gestern zur Trauerfeier für Przygode. Die Eltern kennen gelernt. Sybille Binder begrüßt. Es war sehr herrlich, Höhe der Seele durchaus.

Sonntag, 26. Dezember 1926

Stiller Weihnachtstag. Mit innerem Drang vorwärtszukommen und neuen Plänen. Besonders Gedichte, Wunsch und Hoffnung, mehr Menschen entgegen zu kommen in einer Klarheit, die von der jetzigen nicht verschieden sein darf, aber eine andere Äußerungsweise hat. Anlaß ist besonders die gutgemeinte, aber völlig vernichtende Besprechung durch Ehrenstein. Dummes und Unverschämtes ist genug darin. Mantscherei mit meinem geistigen Eigentum. Von Belzner eine günstige, allzu ruhmreiche Kritik in den Leipziger

Neuesten Nachrichten. In der Neuen Rundschau Fritz Landsberger. Ausgezeichnet. Das bewegte mich wohl am tiefsten. Noch für die Magdeburger Zeitung auf die Umfrage geantwortet, was ich von der literarischen Jugend hielte. Dies waren die Arbeiten, Zerstreuungen, die man wegen des Durchdringens doch nicht ganz unterlassen darf. Ob es irgendwie nützt? Persönlich außerordentlich freundliche Briefe, so von Mombert und W. von Moellendorff. Donnerstag Verlag. Jules Romains kennen gelernt. Fischer, gesund wirkender, geistig lebhafter Mensch. Mit Kasack, welcher mir eine japanische Vase schenkte und einen Vers dazu. – Freitag vormittag kam Weiß. Beglückt, und rührte mich tief. Er schenkte mir sein Gemälde, das ruhende Mädchen, des vor mir Heimann besessen hat. Ich kann das nicht so auf einmal fassen. Wir umarmten und küßten uns. Außerdem noch Beipack von Wermuth, Camelzigaretten und einer Schrift über Renée Sintenis. Drauf ein Bote mit 5 Fl. Liebfrauenmilch Stiftswein 1922 und Jean Paul, Briefe: von Georg Kulka. Ich war ergriffen von der Treue und der Schönheit der Geschenke. Am ersten Feiertag rief Julius Levin an, er wolle kommen. Um halb sieben traf er ein. Neue schöne weiße Geige. Wir spielten eine Sonate von Händel, die in G-dur von Bach und in F-dur von Mozart. Levin las sein schönes Gedicht »Der Heuschober«.

Montag, 27. Dezember 1926

Haydn, Jahreszeiten gestern gespielt. Clärchen hat sie mir geschenkt. Ruth und Eva Greiner waren da. Ein schöner Abend. Ruth erzählte ihre Erlebnisse als Düsseldorfer Schauspielerin. Nachts saß ich hier noch einsam und las in dem Werke über den Bamberger Dom, welches mir Dr. Fiedler geschickt hatte. Die Post brachte die Nachricht, daß Wilhelm Lehmann heute kommt. Ich freue mich. Anruf Kasacks aus dem Verlage, bei Bermanns sei gestern ein Mädchen geboren worden. Darüber bin ich vergnügt.

Freitag, 31. Dezember 1926

Jahresende bei falschem Frühlingswetter, es ist traurig schmutzig, regnerisch, heute etwas Wolkenzug und Wind. Aus dem Ofen schlägt Qualm. – Montag abend fuhr ich nach dem Lehrter Bahnhof, Wilhelm Lehmann abzuholen. Wir aßen hier Abendbrot, und dann begann gleich die Lektüre des großen und wundervollen Romans »Der Überläufer«. Ein Werk, das nicht so bald vergehen wird. Gesicht. Leben. Natur. Frische. Überall knappe Erfindung.

Klang. Schöne große Menschenbilder.[22a] Ich machte hier auf der Chaiselongue ein Lager. – Dienstag mit kurzen Pausen gelesen. Lang in die Nacht geredet. – Mittwoch die Lektüre beendet. Viele Telephonanrufe zwischenein. R. M. Rilke war gestorben. Im Alter von 52 Jahren nur. Grauen. Der Börsen-Courier rief an, ich solle schreiben. Dann aus Magdeburg Guillemin, seine Zeitung wollte einen Nachruf. Telephonieren mit Stucken und Fulda (auch von Scholz) wegen des Vorstoßes, den Walter von Molo für Arno Holz macht. Will mit der Akademie den Nobelpreis durchsetzen. Empörung in mir. Diese schwachsinnigen Elaborate: Phantasus – Blechschmiede. Es steht wohl schlimm für die Kunst öffentlich, wenn dergleichen als Kunst ausgegeben werden soll. – Musik Bach 1. Engl. Suite, Mozart Es-dur-Konzert. Abends kam Clärchen. Wir sprachen mit Wilhelm Lehmann sehr viel von Heimann, den Freunden. Donnerstag fuhr Lehmann mit mir in den Verlag. Schubert Sonate B-dur. Langes Gespräch bis 2 Uhr nachts mit Lehmann hauptsächlich wieder über Heimann. Über Emil Strauß, Hesse, Romantiker, Immermann. – Heute in trübem Wetter die schleichende hohle Abschiedsmelancholie. Ich begleitete Lehmann zum Bahnhof. Ich bin traurig, weil sehr schöne Tage zu Ende sind. Mich gesammelt, denn den Einsamen zerstreut ja die währende Gesellschaft doch immer.

Und was ist die Übersicht zum Schluß? Das Gedichtbuch Der längste Tag ist hinter mich gebracht. Das ist wohl etwas. Im Ganzen ist es für mich doch etwas Vergebliches. Es dringt nicht durch. Der ewige Anfänger. Von andern Arbeiten zu wenig. Viel zu wenig. Ich werde viel von laufenden Beschäftigungen abgehalten. Selbst die Musik stockte viel zu sehr. Und nicht einmal viel Bündiges lesen konnte ich. Die Zeit rinnt mir hin.

Vielleicht das Verdrängtsein veranlaßte auch immer viel schmerzlichen Verzicht. Wäre es darin besser, vielleicht reifte manche Frucht mehr. Hinzu kommt meine mangelhafte Gesundheit. Äußerlich geht es am ehesten leidlich. Ich habe zu leben, ich kann ab und zu Freuden machen. Eine gespenstische Erscheinung wirkt in die Welt, wenig wirkt der, der ich wirklich bin. Aufgaben. Mit aller Kraft an die Erzählung Die Fahrt in die Wüste zu gehen. Mich bewegt viel, Großes, Wesentliches. Doch ich bin kein Erzähler. Gedichte. Da sehe ich meine Ziele. Neue Klarheit, neue Menschlichkeit sind zu erringen. – Größere Aufsätze: Dieses abgelaufene Jahr hat mir keine eingebracht.

Fallen die Zerstreuungen fort, so wird sich manches ballen. Über Bach. Über Heimann. Grundsätzliches: Über die Stellung der Dichtung in unseren Tagen. Auch darauf dringen zu lesen. Großes mit Eifer. Das kurze Leben füllen. (Vgl. das Faksimile auf S. 254.)

Gedanken und Bemerkungen. Undatiert 1926

Es gibt sehr viele Menschen, die grundsätzlich niemals das Wichtige betreiben. Leser: alles lesen sie, nur nichts Wesentliches, Gedichte sogar – nur keine wirklichen. Wer keine Gedichte zu lesen versteht, weiß nicht, was Dichtung ist, kennt sie nicht als Kunst.

Sie verstehen deutsche Worte nicht mehr. Sie schweifen ab und deuten. Nicht begnügen sie sich mit dem Gesagten. Wirklichkeit ist ihnen »Bild«, Zusammenhang der Wirklichkeit ist ihnen »Traum«. – Ich gab die bilderlose dingegroße Welt. Sie stutzen, sie rennen den Schädel gegen Wände, die sie selbst errichten. Sie bringen es fertig, mich zu fällen.

Öfter wird ein Dichter (Lyriker) zu Tode gelobt als zu Tode getadelt. An der geistigen Haltung der Kritiken sieht der Leser, daß ihr Verfasser vielleicht manches kann, nur das Eine gewiß nicht: Kritiken schreiben. Was er nun rühmt – besteht nicht der Verdacht, daß es seinesgleichen sein wird? Gerade der beste, der hellhörige Leser, entnimmt den lobenden Kritiken mit Sicherheit, was er nicht zu lesen braucht. Dagegen hört er zuweilen aus der Ablehnung: hier ist etwas für mich.

Man kann das Leichte in der Kunst nicht verlangen: Leichtigkeit ist nicht leicht. Mozart ist nicht leicht. Er ist klar – Klarheit ist nicht leicht. Oder darf man die Voraussetzung machen, daß viele Menschen klar seien? Die Trüben müssen sich zu dieser Klarheit erst emporwinden. Überwindungen liegen vor der Klarheit. Sie lassen sich nicht (immer) überspringen. Die Forderer der Klarheit meinen allzuoft Seichtheit, Trivialität. – Oft genug wird völlige Klarheit als Dunkelheit genommen. Weil Wörtlichsein, aber mit der Verantwortung vor dem Wort, das genau meine, was es enthält, schwer im Lesenden anzutreffen ist. Immer ein Um-die-Ecke. [...] Man meint das Seichte: den Amerikanismus. Tempo? – Nur ja nicht die Zeit »erfüllen«! nur so tun, als werde sie erfüllt.

Wo der Geist nicht ins Persönliche eingesperrt ist oder ins Unpersönliche hinausgejagt, findet er: Feindschaft. Aber er ist das Wirkliche, an dem Person und Nicht-Person ihren Anteil haben. Ist Eins davon vor einem geistigen Erzeugnis unerlaubt, so zeigt sich der Geist als Herr oder Sklave, nicht als – Geist.

Sonntag, 2. Januar 1927

Notizen zu dem, was sich in der Kunst nie ändert. Briefe. So an Wassermann über seine Biographien. Symphonie Nr. 3 von Bruckner.

Donnerstag, 6. Januar 1927

Es nagt und frißt an mir: dieser Grad von Mißverständnis meiner Gedichte. Verlag. Preisrichtertum für Lyrik, Bankier Simon. Besuch Trebitsch.

Sonnabend, 8. Januar 1927

Traurig und krank. Hauptsache die Tötung meines neuen Buches und sein Mißerfolg. Ehrensteins Kritik läßt mich an meinem Verstande zweifeln. Donnerstag müde. Las aber doch viel. Gedichte Neuerer, und zu großem Troste viele späte Aphorismen Goethes. Gestern durch die Stadt. Trübstes Wetter. Aber geheucheltes Menschenlicht. Was ist meist mehr dahinter, als daß sie leben und Geschäfte machen wollen. Fast alle Arbeit hier ist Knechtsarbeit. Das andere nur ausbeutendes Unternehmen.
Heute Hans Meisel. Über seinen Roman [Torstenson. Entstehung einer Diktatur], über die Kunst. Sympathischer Eindruck. Dann Zifferer: erstaunlich netter und kluger Mensch. Er hat sich bei seinem Roman »Die Welt ohne Mittelpunkt« so viel Symbolisches gedacht, daß ich irre werden könnte an meinem Urteil. Lange Debatte. – Wieder über Manuskripten und vielen Gedanken, polemischen und schöpferischen. Gedichte quellen, sie sind mir jedoch verekelt.

Montag, 17. Januar 1927

Sonntag, 9. den ganzen Tag für den Verlag gearbeitet. Meyrink, der große Roman »Baphomet«. Nichts Geringes an Perspektiven und Phantastik der Erfindung, Reichtum der Verknüpfung.
Montag, 10. um 12 Akademiesitzung. Die Schutzfristverlängerung. Unsere Erklärung fertiggestellt. Mittwoch, 12. für Berliner Börsen-Courier über Lyrik und Kritik. Anlaß: zwei mittelmäßige

Gedichtbände, und was ich aus eigener Erfahrung über das Verhältnis der Leistung und ihrer Beurteilung denken mußte. – Vortrag Wilhelm von Scholz über die Bedeutung einer Akademie, und Professor Amersdorffer, Geschichte unserer Akademie. Interessant trotz des leeren Saales. Veranstaltet vom Bund freiheitlicher Akademiker. Es sprachen noch H. M. Elster (wie immer) und Geheimrat Waetzoldt. Forderungen, Verheißungen. Was unmöglich durchzusetzen ist – daran zeigte sich die Verderbtheit und Oberflächlichkeit unseres Lebens. Leichte Bereitschaft, nichts sinkt nach innen. Abweisung durch Annahme, Zerstreuung.
Sonntag, 16. bis Mitternacht Gedichte des 16. und 17. Jahrhunderts. Mit Ergriffenheit und Rührung. Wie doch Seelenbewegung und Geistesbemühung dauert, geprägte Form nicht untergeht, sei es auch nur für einzelne bereite Menschen. Montag, 17. eben drei Symphonien von Mozart gespielt mit ganz hohem Genuß. Wie lange ist es her, daß ich musiziert habe!

Dienstag, 25. Januar 1927

Donnerstag, 20. Vortrag Arnold Schönbergs in der Akademie. Mit Levin. Gesehen: Stucken, Slevogt begrüßt, James Simon. Wundervoll klar. Professor Schünemann widersprach töricht, ein Pastor (wenigstens im Geist), Arno Nadel nebelhaft. Mit Orlik, Weiß, Levin zu Andreoli. Über Chinesische Kunst. – Heute Waschzettel im Verlage diktiert. Rasch zur Akademie, Beratung über den Schillerpreis, über Staatspensionen, Schutzfrist.

Dienstag, 15. Februar 1927

Am 31. 1. zum PEN-Club. Viele unbedeutend und literatenhaft wirkende Menschen versammelten sich. Bernhard Diebold aus Frankfurt kennen gelernt; das freute mich. Dann beim Essen eine schöne fröhliche Ecke: H. M. Elster, Wilhelm von Scholz und seine Braut, H. H. Houben, Diebold, A. R. Meyer. Mit Walter Harich gesprochen, auch mit Mahrholz.
Am 3. im Verlag die ganze Zeit mit Fischer gesprochen. Dos Passos (der mir einen sehr starken Eindruck gemacht hatte). Holitschers Prüderie gegen die Autobiographie von Frank Harris. Saenger. Paul Baudisch.[23]

Mittwoch, 23. Februar 1927

Gestern: Über Mittag kam Herr Hellmund, ein Philosoph, mit dem Plan, die Vereinigung aller Geister zu verwirklichen. Ich bin sehr skeptisch.

Sonnabend, 26. Februar 1927

Donnerstag im Verlag. Martin Raschke, netter junger Mensch. Den Waschzettel zu Schnitzlers neuer (mäßiger) Novelle geschustert. Laufendes. Zu 5 Uhr in die Wohnung Georg Engels gegangen, zur Beratung über den Jugendpreis für Romane. Elster, Geheimrat Waetzoldt. Mit ihm über den Philosophen Hellmund gesprochen. Wir waren einig, daß man ihm ins Unbestimmte nicht folgen könne.

Freitag, 4. März 1927

Unglücklich über die Belastung mit Arbeit. Man hofft ununterbrochen, immer neue Lawinen aber stürzen über mich herunter.

Dienstag, 8. März 1927

Endlich einmal wieder eine halbe Stunde Bach gespielt. Selig darüber.

Mittwoch, 9. März 1927

Gestern den Waschzettel zu Lord Jim noch beendet und die Lektüre von Max Herrmanns schlechter Erzählung Der Todeskandidat. Über die Aktion gegen das Zensurgesetz nachgedacht. Waschzettel zu Hesse, Steppenwolf.

Sonnabend, 12. März 1927

Mittwoch noch das Gutachten über einen Staatsverlag für die Akademie und den Kultusminister gemacht. Am Donnerstag im Verlag Heinrich Eduard Jacob (zuviel Geschwätz!), Fritz Heimann, Emanuel bin Gorion (Bubers Bibel), Musil, Willy Haas. Am Freitag zur Akademie. Thomas Mann brachte den ausgezeichneten Protest seines Bruders. Interessante, lebendige Verhandlungen über die Statutenerneuerung. Man ging dann. Ich hatte noch lange mit Senatsangelegenheiten zu tun.

Dienstag, 15. März 1927

Am 12. sehr schöner Ausflug [nach Potsdam]. An der Bahn Kasack getroffen. Die liebe kleine Renate. Mir war ein schöner Geburtstagstisch vorbereitet. Ein liebes Gedicht von Kasack. Gute Gespräche. Gang in den Neuen Garten. Um 10 zurück. Unangestrengt.

Sonnabend, 19. März 1927

Am 16. nachmittags Stuckens. Er las mir sein schönes Gedicht zur Beethovenfeier der Akademie. Abends gespielt Beethoven c-moll-Konzert. Gelesen für Aufsatz: Bie, Das deutsche Lied. Schön, bis jetzt etwas dünn. Am 18. mittags bei Bermanns. Sehr lieb. Thomas Mann. Spazierengehend viel über die Akademie. Beim Kaffee auf der Terrasse höchst angenehm und gescheit über Kunst, vornehmlich Erzählung.

Montag, 21. März 1927

Gestern Beethoven-Sonaten zu spielen angefangen. Ganz hingerissen Benns Gedichte am Abend gelesen; zu Eigenem hingewandt.

Dienstag, 29. März 1927

Dienstag, 22. zur Akademie, Beethoven-Feier. Donnerstag die Übersetzung einer Novelle von Conrad zu Ende korrigiert. Dann um fünf bei Weiß im Atelier. Neue schöne Bilder. Alle Donnerstagstisch-Freunde dort. Sonnabend die schöne Novelle von Harich: Jean Paul in Heidelberg gelesen. Beethoven, alle Variationen mit Opuszahlen. Gestern Greiners und Grellchen[24] angerufen, sie kamen. Eine lange Reihe von Arien Bachs gesungen und gespielt.

Mittwoch, 30. März 1927

Eine Schreibmaschine »Kleinadler« gekauft. Endlich ist auch diese Notwendigkeit erfüllt. Die gestern eingetroffene Senatorenentschädigung gab mir die Möglichkeit dazu. Gestern mit Scholz durch den Tiergarten zur Friedrich-Wilhelm-Straße, wo er geboren ist. Schöner herber Frühling.

Montag, 4. April 1927

Gestern den ganzen Tag und heute bis abends den Vortrag über Scholz fürs Radio ausgearbeitet und auf der Schreibmaschine geschrieben. In Beethovens Sonaten fortgefahren. Schöne Stunden

– wo ich doch vergangene Nacht, erwachend, scheintot begraben war und eine Minute lang das Entsetzen wirklich durchlebte. Schaurig bis zum Wahnsinn. Nach langer Zeit wieder einmal in der Neuen Rundschau gelesen. O Zeit. O Tragik, arbeiten, leben zu wollen und von lebenraffender blöder Beschäftigung aufgezehrt zu werden bis in die letzte Stunde.

Mittwoch, 6. April 1927

Manuskripte. Gelesen, gelesen. Zwischenein ein paar Sonaten von Beethoven, heute die letzten aus dem 1. Band, und eine Reihe Stücke von Mozart, von unglaublicher Genialität, auch gegen Beethoven gehalten.
Heute abend zu Hugo Simon, dem Bankier, wegen des Lyrikpreises. Ich mag den Reichtum nicht, wenn er durch nicht viel mehr als durch sich selbst begründet ist. Man kanns bezahlen und hat einen herrlichen chinesischen Teppich, wunderbare Bilder, Cézanne, Monet, Slevogt, Kokoschka, alles, was man will. Wintergarten von Slevogt ausgemalt, herrlich.

Sonntag, 17. April 1927

Ostern. Heute einmal klares Wetter. Ich bin von unerfüllbaren Wünschen bewegt. Der oberste: ich möchte arbeiten, meine Bücher schreiben dürfen. Aber ich muß zu leben versuchen. Zweitens: ich möchte nicht mein ganzes Leben lang im Hinterhaus verbringen müssen, kaum den Himmel sehn. Raum. Schöne solide Gegenstände. Ein schöner Flügel – aber dazu würde ja auch Raum gehören. Zwei gute und schöne Teppiche. Reisen. Ja Freiheit. Ach du dummes Herz!
Mittwoch abend. Der Radiovortrag glatt, die Stimme schien zu tragen. Mit Scholz hinterher eine halbe Stunde nebenan im Rheingold. Donnerstag im Verlag unzählige Briefe diktiert. Gespräche mit Saenger, Döblin, Meisel, Eipper, Kasack (über sein neues freieres Leben); Bermann. Freitag endlich einmal für mich gelesen und notiert. Stendhal, Proust. Gedichtentwürfe.

Ostermontag, 18. April 1927

Trübes Wetter draußen. Trübe Schwäche in mir. Wunder Drang und wunde Sehnsucht. Einsamkeit. Heute drückende Stille. Unheimlich, dieses Haus und der Lebenshorizont mit seiner Kuppel, die auf mich zu blicken scheinen. Den ganzen Tag über Proust gelesen.

Entscheidender Eindruck. Das war mir für eigene Arbeit notwendig. Ich hoffe, dazu zu kommen.

Montag, 25. April 1927

Mittwoch Notizen für »Fahrt in die Wüste«. Sonnabend Arbeit daran. Heute Proust zu Ende.

Dienstag, 3. Mai 1927

Gestern fast alle Manuskripte gelesen. Die Bücher von Martin Kessel. Aufsatz für Berliner Börsen-Courier. Dienstag, 26. 4. Aufsatz über Proust begonnen, Mittwoch beendet. Freitag Preisgerichtssitzung mit Paul Wiegler und [Fred] Hildenbrandt. Wie sich erwies, wurde der Lyrik-Preis Curt Wesse zugesprochen. Abends in Döblins Manas gelesen für den Aufsatz Vossische Zeitung.

Montag, 9. Mai 1927

Sonnabend den Hauptteil des Aufsatzes über Döblin geschafft. Nachmittags ein Weilchen Alfred Wolfenstein. Netter, merkwürdige Perspektiven sehender Mensch; die Perspektiven stimmen nicht. Heute mit Clärchen im Tiergarten. Ente mit acht Jungen. Herrlich. Alpenrosen, Sperlinge. Schöne Schwermut. Sterbensgedanken oft: wie merkwürdig es sei, wenn all das ausgelöscht werde, weniger als eine Schrift auf der Schiefertafel.[25]

Sonnabend, 21. Mai 1927

Gestern zur Akademie, Aufführung von Arbeiten aus der Meisterschule Schönbergs. Begabt, problematisch, klingt gleichartig, weil aus dem Kopf, wenig Erfindung. Heute Besuch bei Fräulein Grell. Clärchen, Kropff, Levin. Wundervolle Musik: zuerst Arien von Händel, dann mit Violine Arien von Bach, zuletzt die c-moll-Sonate für Klavier und Violine. Bis nach Mitternacht.

Mittwoch, 25. Mai 1927

Montag im Regen zu Max Herrmann-Neiße. Die traditionelle Geburtstagsfeier. Merkwürdiger Ton. Ingenieur Müller, Löwenberg, Maler Archheim aus Breslau. Es wurde sehr spät.

Montag, 30. Mai 1927

Die letzte Woche erhebliche Herzschmerzen. Druck in der ganzen Gegend. Ich will versuchen, nicht zu rauchen. Der Untergang ist rasch zu haben. Ich glaube auch nicht, daß er lange zu vermeiden ist. Viel Melancholie darum. – Es geschieht alles aus Verzweiflung über die Unfreiheit und Sklaverei. Die Unmöglichkeit zu arbeiten. Kleine rücksichtslose Versuche gemacht: Freitag und gestern ein paar alte Gedichte in eine mögliche Form gerettet. Die Gedichte sind aber klein und traumhaft. Den Band Die heimliche Stadt für die Staatsbibliothek abgeschrieben. Viel Freude, dieses große innere Gewitter wieder in mich aufzunehmen. Es ist doch unmöglich, daß so viel wirkliches Gebilde von Größe und Herrlichkeit so bald untergehen kann. Aber niemand mag sich darum kümmern. Sonntag gelesen über Theosophie, man hatte mir das zugeschickt. Rundschau. Bibel in Bubers Übersetzung mit Vergleichen, zum Aufsatz.

Mittwoch, 1. Juni 1927

Endlich warme Tage. Schwüle, tropischer Dampf scheint selbst aus den Steinen der Stadt zu steigen. Die Bäume atmen Hitze, Nebel, drückende Feuchtigkeit. Aber auch dieses Erschlaffende ist herrlich. Den Roman von Efraim Frisch gelesen. Mit Genuß.

Mittwoch, 8. Juni 1927

Gestern abend zu Kropff, um Hermann Kasack über Benn und Kafka (Das moderne Ich) im Radio zu hören. Manches etwas zu schwierig; nicht leicht, sich genügend zu konzentrieren. Benn las Gedichte, bedachtsam akzentuierend, etwas prosaisch, unerhoben im Ausdruck, aber klar gliedernd.

Montag, 13. Juni 1927

Sonnabend Bibelübersetzung Buber-Rosenzweig: Das Buch In der Wüste. Großer Eindruck.

Dienstag, 14. Juni 1927

Mit viel Entzücken in Giraudoux' Bella. Ich lerne daran viel aus der kühnen Art zu charakterisieren. Das Zusammenfassende, das uns etwas angeht. Gestern im Verlag Saenger: Lange über Disraeli.

Mittwoch, 22. Juni 1927

Gestern den ganzen Tag, ohne Mittag zu essen, Aufsatz über Hermann Hesse für Berliner Börsen-Courier. Montag immer Notizen für den Roman.

Sonnabend, 25. Juni 1927

Mittwoch nachmittags in die Akademie zur Präsidentenwahl. Begrüßung Slevogts. Mitteilung Prof. Amersdorffers, daß ich in den Ausschuß für allgemeine und Verwaltungsangelegenheiten gewählt sei.

Donnerstag Brief an Frau Andreae wegen der französischen Aphorismen Rathenaus. Wehmütig, weil am 24. der Tag der Ermordung Rathenaus ist. Aufsatz angefangen für Börsen-Courier über die Tierbücher. Dann zur Liebermannfeier in die Akademie. Schöne Feier, nur das Stehen störte und die Photographen und Kinodreher. – Freitag machte ich meine Lebensbeschreibung für die Staatsbibliothek und packte die Handschrift Die heimliche Stadt mit ein.

Sonnabend, 2. Juli 1927

In der Nacht zu heute ist Julius Elias gestorben. – Im Verlag mit Fischer über den Oger gesprochen. Er war sehr ablehnend. Er kenne das Buch nicht und wolle es auf die Reise mitnehmen (August). Mir, einem Mitarbeiter gegenüber, ist das Beiseiteschieben nicht gerade höflich. Gestern vormittag war ich bei Erich Reiß. Er gab mir den Oger frei für das, was ich ihm für den Rest der Auflage eben bieten könne. – Maeterlinck, Leben der Termiten, am 27. halb. Großartiger Eindruck.

Montag, 4. Juli 1927

Sonntag, 3. Aufräumen und Aussortieren von überholten Büchern. Notizen zum Aufsatz für die Neue Rundschau. Bachs Kunst der Fuge gespielt.

Dienstag, 5. Juli 1927

Ich überdachte, was wir zur Reise nach Südtirol für Mittel haben. Clärchen brachte Prospekte über den Süden. In ein paar Nachtstunden Faust II, 1. Akt. Die ungeheure Klarheit und Weite. Anruf Prof. Amersdorffer von der Akademie, ich solle ein Preisrichteramt übernehmen, Frankfurter Goethepreis. Sträuben. Bei Scholz angerufen. Lang debattiert und abgelehnt. In fruchtbarer Arbeitsstimmung. Der Rundschau-Aufsatz formt sich. Den Oger an Elster geschickt.

Freitag, 8. Juli 1927

Gestern im Verlag. Besuch Meisel. Paula Ludwig. Briefe. Fischer erklärte sich plötzlich bereit, den Oger zu übernehmen. Obs was wird? Elster schrieb, daß die Deutsche Buch-Gemeinschaft zurückhaltend sei. Immer wieder ist sichtbar, wie tief unten ich siedle.

Sonnabend, 16. Juli 1927

Mittwoch eine Menge Verlagsarbeit erledigt. Nachmittags Aufsatz über »Sagen der Juden«. Dienstag abend bei Plesch. Auf der unteren Terrasse, dann auf der oberen.

Montag, 18. Juli 1927

Sonnabend mit Levin ein paar schöne Stunden. Gespräche über die Kunst der Fuge und Faust II. Sonntag den Aufsatz über Übersetzungen gefördert. Zu Eippers. Regenströmen in der Nacht. Heute festgemacht in Madonna di Campiglio.

Donnerstag, 1. September 1927

Der Bericht über unsere wunderschöne Reise im August in einem besonderen Buche [nicht erhalten]. Mozart, eine Sonate gespielt. Lang entbehrte Musik!

Sonnabend, 3. September 1927

Gestern Verlagslektüre, auch heute. Der Berg aus den Ferien ist bis auf die Basis bereits abgetragen. Nachmittags Preisgerichtssitzung bei Georg Engel. Hört sich gern reden, hat nichts zu sagen. Waetzoldt, Elster außer mir noch dort. Telephongespräch mit Fulda, Engel platzte vor Eitelkeit.

Sonntag, 4. September 1927

Anruf Hans Kysers: er ist selig, in seinem Lutherfilm Regie zu führen.

Montag, 5. September 1927

Den Aufsatz von Döblin in der Neuen Rundschau gelesen. Mit viel Gewinn und Trost des Lichts. Das Wühlende, das unversehen leuchtenden Ausdruck findet. »Vom Ich und vom Ursinn«. Im Verlag. Waschzettel. Unterredung mit Bermann über Neuigkeiten, Begrüßung Fischers.

Dienstag, 6. September 1927

Für Börsen-Courier Anmerkung über vier schlechte lyrische Bücher. Alle Manuskripte seit der Abreise heute beendet. Gespielt Beethoven, Quartette. Übung noch nicht eingeholt. Mit Greiners im Haus Brandenburg. Nachricht, daß Ruth Greiner sich mit einem Schauspieler Ginsberg, Sohn eines hiesigen Augenarztes, verlobt habe. Soll ein wertvoller Mensch sein. Greiner drollig, wie er sich in seine schwiegerväterliche Rolle nicht finden könne.

Sonnabend, 10. September 1927

Gelesen: Werfels Novelle Das Trauerhaus. Kalt, unangenehme Routine. Jean Paul.

Montag, 12. September 1927

Heute Bach, Englische Suiten 4 bis 6. Erlebnis allerhöchsten Ranges. Das hatte ich an diesem Werke noch nie. – Klagelied Eippers über den Journalismus. In Hauptmanns Eulenspiegel gelesen.

Dienstag, 13. September 1927

Gestern nachts und heute früh den Helena-Akt Faust II mit ungemeiner Verzauberung gelesen.

Mittwoch, 14. September 1927

Abends gestern die törichten Anmerkungen Erich Schmidts zum Helena-Akt studiert. Wenig erklärt, aber eitle Literaturangaben, Vergleiche, Erinnerungen. Vielleicht bin ich so unbefriedigt, weil mir die Dichtung leicht verständlich ist und das Heranpirschen von außen mir ein überflüssiges Ding bedeutet.

Freitag, 16. September 1927

Gestern im Verlage. Alle Texte zum Weihnachtsprospekt sind fertig, die älteren durchgeprüft. E. R. Weiß eine Stunde bei Eipper. Über Papiere und Einbände. Das Fliegen ist ihm langweilig, weil es keine Nähe dabei gibt. Im Oktober macht er eine Reise nach Frankreich. – Besuch: eine Rabbinertochter wollte Aphorismen ihres vor zwanzig Jahren verstorbenen Vaters abgeben. Titel: Goldkörnchen.

Sonntag, 18. September 1927

Freitag den ganzen Tag Aphorismen von Heimann geordnet und

abgeschrieben. Ich kam dabei kaum zum Essen, geschweige denn zur Musik. In strömender seelischer Bewegung.

Sonnabend, 24. September 1927

Bach, Partita 4 bis 6 mit unausschöpfbarer Bewunderung ihrer Herrlichkeit. Das Bekannte ersteht immer wieder auf eine wahrhaft beängstigende Weise dicht und großartig. Mittwoch kleiner Aufsatz über Yeats.

Freitag, 30. September 1927

In diesen Tagen ein Stück in Jean Pauls Komet weiter. Genuß der Heimlichkeit: wenige wissen, wie herrlich das ist. Heute ist das zehnte Jahr meiner ununterbrochenen Tätigkeit im Verlage S. Fischer zu Ende.

Sonntag, 2. Oktober 1927

Gestern das sogenannte Jubiläum im Verlag. Clärchen rief an und gratulierte, später Eipper, gratulierte kondolierend. Bermann unterbrach das Gespräch und schien sich sehr zu freuen, mir Glück zu wünschen. Heute riefen Fischers an und gratulierten zu gestern. Sehr nett. Wir müßten's begießen, sagte Fischer. – Nun, in meinem Leben waren das zehn recht gewichtige Jahre, ein langer Abschnitt.

Freitag, 7. Oktober 1927

Dienstag und Mittwoch die letzten Abteilungen in Heimanns Aphorismen geordnet. Gedichte von ihm auf der Maschine abgeschrieben, damit die Originale nicht verloren gehen. Der Band ist bis auf meinen Bericht fertig. Viel Freude, viel Last. Anruf von Fischers. Donnerstag abend solle das Fest für mich sein.

Donnerstag. Im Verlage mein Tisch mit Chrysanthemen gelbbraun und Herbstlaub geschmückt. Eine Vase und ein Fruchtkorb mit lekkerem Obst. Daran die lieben Kameraden beteiligt. Herzliche Freude, und den ganzen Tag so weiter. – Zu Fischers im Wagen. Es kamen: Johannes V. Jensen und Frau, Julia Koppel, dann die eigentlichen Festteilnehmer: Fischers, Bermanns (Frau Brigitte hatte ein Schild mit einer 10, meinen Namensinitialen, Zweigen und dem Verlagssignet gezeichnet), Eippers beide, Frau Rosenbaum, Maril, Cohn, Freißler. Große Herzlichkeit, schönes Diner. Ergreifende schöne Rede Bermanns auf mich, Betonung der Freundschaft und des Opfers an meiner Produktivität. Rede Fischers auf den Dichterkomplex des Verlages und seine Repräsentanten, die anwesend wären, Jensen und mich. Meine Antwort. Wunderschöne warme Worte Eippers über unsere Zusammenarbeit, über Heimanns Meinung von mir und Mahnung an meine »Fahrt in die Wüste«. Um Mitternacht Aufbruch. Zu Hause nachdenklich froh.

Sonnabend, 8. Oktober 1927

In Jean Pauls Komet, erregt hingenommen wie immer.

Sonntag, 9. Oktober 1927

Gestern anstrengende, doch wohl fruchtbare Unterhaltung mit einem jungen Lyriker namens Cohn. Ich habe ihm wohl den Star gestochen, so daß er wesentliche Dinge einsah. Ich selbst hatte Freude, daß es mir gelang, klar zu formulieren. Die Journale gelesen. In mancherlei Geschäft nun auf dem laufenden. Musik der Söhne Bachs. Nicht viel Hinreißendes gefunden. 3. Symphonie von Philipp Emanuel Bach. Das kam mir innerlich arm vor, nur schöne ergreifende Einzelheiten.

Montag, 10. Oktober 1927

Heute ist meine Schwester Wanda gestorben. Schmerz: ein junges armes unschuldiges Leben ist zu Ende gegangen.

Dienstag, 11. Oktober 1927

Man verliert nicht jahrelang einen geliebten Menschen, nicht stückweise, sondern plötzlich, auf einmal und ganz. Krankheit ist Leben, wenn auch beeinträchtigtes. Der Tod ist der Tod. Für den Toten ist er wohl Befreiung vom Leiden auch, aber er ist für ihn Auslöschung des Lebens und der Welt. Darum mag ich zwei Worte am wenigsten hören: Ruhe und Erlösung. Man will von der Krankheit und von der Pein erlöst sein, aber nicht vom Leben. Wer es bestimmt wüßte, daß dem Sterbenden auch das Leben eine Last ist, der dürfte wohl sagen: Erlösung. Ruhe? Zur Ruhe gehört, daß sie beendet werden kann. Nicht ewige Ruhe – ewiger Tod vielmehr! Ich fühlte mich gestern bang und verlassen, hätte gewünscht, jemand wäre gekommen, sich um mich zu kümmern. Das arme Leben war noch um mich, von dem ein Jahrzehnt fast nur Krankheit war. Es war so, als legte die tote Schwester lebendig die Arme um meinen Hals, was sie im Leben nie tat, und bäte, ich möge sie doch nicht abschütteln, wenn sie auch Stunden bliebe. Später käme sie ja nie wieder.

Montag, 17. Oktober 1927

Viel Gefühl des Schicksals seither. Freitag besinnlich im Napoleonbuche Hegemanns, eine großartige Vernichtung des Popanzes, gelesen.

Freitag, 21. Oktober 1927

Gestern früh in den Verlag. Mit Freißler langer literarischer Streit, mich erregten die oberflächlichen Schlagworte. Dramaturg Bach aus Hamburg, ein wirklicher, ein verständnisvoller Verehrer meiner Verse. Reichskunstwart Redslob rief an, bat zu einer Vorlesung eines indischen Dichters (bei Astronom Freundlich). Meisterklasse Pfitzners in der Hochschule, Veranstaltung der Akademie. Interessant, aber wie wenig neue Gedanken! Pfitzner, schmal, trocken in der Erscheinung, dirigierte.

Mittwoch, 2. November 1927

Arbeitsreiche und aufregende Zeit. Akademiesitzungen mit auswärtigen Mitgliedern. Montag, 24. 10. Kasack las viel Schönes vor, Prosaskizzen, Gedichte, nachher die fertige Hälfte seines Dramas Saccho und Vanzetti, da war es weit nach Mitternacht. Nach dem Abendbrot Greiner. Der sagte viel Gutes. – Mittwoch, 26. Um 11 Uhr die große Sitzung. Aussprache, drauf gute Atmosphäre. Stehr überraschend. Freitag in der Akademie Protokoll diktiert. Sonnabend den ganzen Tag am Protokoll getippt. Montag wieder Akademie, nachdem ich bis mittags noch selber getippt hatte. Zu Ende diktiert. Unterredung mit Amersdorffer, welcher mir den Sekretärsposten anbot. Dienstag Spaziergang um die Seen. Lektüre für den Verlag. Bengt Bergs Letzte Adler für Börsen-Courier. Nachmittags bei Greiner, um mich über den Sekretär zu beraten.

Sonnabend, 5. November 1927

Gestern Beradts Roman. Großartig in seiner souveränen Stofflichkeit und der Technik. Im Verlag, wegen des Publikationsplans der Akademie. Fischer sehr skeptisch.

Freitag, 11. November 1927

Das Protokoll in der Akademie beendet mit Amersdorffer. Über Sekretär. Von den letzten Tagen erschöpft. Lektüre.

Freitag, 18. November 1927

O Traurigkeit. Die Tage schwinden hin. Leer. Die Stadt düster, trübe Tafeln die Häuser, beschmiert mit starrer Schrift, mit starrem Licht. Die Bäume nackte Hexenbesen. Weggestellt, und niemand scheuert. Sterne sind in Wolken auf der Trift, der blaue Lein des Sommers ist längst eingeheuert.

Frische Tränen fallen irgendwo in diesen Gassen in den halboffenen Schirm, wie er am Arme zwecklos baumelt. Der Schweiß wird eisig an den Schläfen. Die Schrift an Dächern perlt und taumelt.

Wo etwas eingefriedet ruht, der Holzplatz und die dunklen Wagenremisen, es wird zu katalaunischem Gefild, auf dem das Ausgeblutete sich hebt und spukt.[26]

Freitag, 25. November 1927

Dienstag Aufsatz über Schaffners Gedichte. Donnerstag um sieben nach der Akademie. Viele Bekannte. Ponten, kühl. Er las komödiantisch, doch fesselnd. Dann Brust: Katastrophe. Unverständlich, die Sprache wirkte philiströs, unkonzentriert farblos. Das Talent schrumpfte.

Sonnabend, 26. November 1927

Gestern Bruckners 6. Symphonie gespielt, heute drei Konzerte von Bach-Vivaldi. Gedichte von Jakob Kneip, in ihrer Volkstümlichkeit sympathisch. Ponten kam. Es war sehr nett, wenn wir ins Sachliche kamen. In Akademieangelegenheiten, formellen, unmöglich.

Donnerstag, 1. Dezember 1927

Am Montag Hermann Ungar, Die Klasse. Mit wesentlichem Eindruck. Dienstag Aufsatz darüber. Gespielt Mendelssohn – das ist aber für uns vorüber, verwaschen seelisch, formalistisch klingt es. E. T. A. Hoffmann, Meister Martin der Küfner und seine Gesellen: fesselnd erzählt, aber wie staubig wirkt auch das! Wie die Zeit einen von Grund aus wandelt!

Sonnabend, 3. Dezember 1927

Donnerstag nachmittag Akademie, Gesamtsitzung. Eindruck: Liebermann, Eugen d'Albert, Käthe Kollwitz. Probe zu Grellchens Konzert. 46 Personen. Das Schönste doch die Arien: Schäme dich, o Seele nicht, und Gelobet sei der Herr, von Bach, unter instrumentaler Mitwirkung Julius Levins und meiner. Aufhaltende laufende Lektüre.

Dienstag, 6. Dezember 1927

Schmidtbonn, Garten der Erde gelesen. Für Börsen-Courier geschrieben. Nachmittags Thomas Mann, Josephslegende (Höllenfahrt). Gespielt: Bach, Wohltemperiertes Klavier 1 bis 4, Reger, 3 Präludien und Fugen.

Montag, 12. Dezember 1927

Freitag an Gedichten. Dann leider wieder Verlagsarbeit. Sonnabend fast den ganzen Tag an Wassermanns Maurizius. Obschon das Buch gut im Wollen und Technischen ist, in mir großer Widerstand. Nämlich: wozu sitze ich hier und lese, anstatt zu arbeiten? Warum muß ich mich niederkämpfen, statt mich zu erheben?

Donnerstag, 22. Dezember 1927

Eheu, fugaces, Postume, Postume, labuntur anni. – Sonnabend Gedichte gefördert. Montag Philharmonie. Herrliches Konzert von Furtwängler. Strauß, Zarathustra: großer Eindruck trotz Äußerlichkeit. Grellchen brachte Noten für Münster. Morgen sehr früh soll die Reise beginnen.

31. Dezember 1927

Die Reise nach Münster war wundervoll. Stärkste Eindrücke. Höchst liebevolle Aufnahme. Bequeme Hin- und Rückfahrt. Berlin am 23. noch nächtig. Glatteis. Irgendwie an Venedig erinnert. – Am 29. Verlag, die Herren Felix Bertaux und Sohn aus Paris. Franz Blei. Stille des sich endigenden Jahres. Es wurde heute überhaupt nicht recht Tag. Gelesen. In Nietzsches Zarathustra ein paar Kapitel. Neue Rundschau. Still ein Flasche Wein getrunken, ein paar Strophen gebildet und geschrieben. Nach elf Uhr schlafen gegangen.

Gedanken und Bemerkungen. Undatiert 1927

Lesen ist manchmal verstehen, manchmal mißverstehen. In allen Graden. Glaubt nicht: ihr könntet kritisch etwas Wahres aussprechen, wenn ihr das Lesen für ein gesichertes Einerlei nehmt.

Der Seichte wird immer den Anspruch machen, als »klar« zu gelten. – Nun, er ist es: seine Seichtheit ist klar. Dunkle Seichtheit ist nicht klar – die gibt es auch. Genügt das dem Seichten?

Erst wenn die Sprache bis dahin noch nicht erfaßte Dinge erfaßt, sind sie in der Welt. Sonst aber gehen sie vorüber, auch für den, der ihr Urerlebnis hatte, weil er diesem Urerlebnis nicht genügend weit nachgegangen ist, weil er es nicht entfaltete.

Es ist ein Irrtum, daß vom »Tempo« der Gegenwart die großen Werke weggefressen würden, daß sie rasch aufgezehrt wären. Nur ihre Leser werden aufgezehrt, die Verführten, die Hastigen, die leicht Verführbaren, die Neuerungssüchtigen.

Den Vers aus der Welt schaffen wollen – den echten, rechten – heißt: vorher müßte der Herzschlag lebender Wesen beseitigt werden, Sturm, Meer, Natur in weitestem Sinne. Gedanke an Leben und Tod, Frage nach dem Sinn. Es bliebe überhaupt kaum etwas, was dem Dasein einen Wert ließe.

Sonntag, 8. Januar 1928

Gesellig aufgeregte und anstrengende Woche. Dienstag Aufsatz für Börsen-Courier über Freißlers Emin Pascha. Mittwoch Verlag. Abends Gesellschaft bei Fischer, langweilig, zerstreut. Freitag das Trentiner Gedicht wesentlich gefördert.

Donnerstag, 12. Januar 1928

Montag zur Akademie. Vorlesung Thomas Mann, Josephsgeschichte. Merkwürdig problematisch. Verlegenheit unter den Hörern. Nachher bei Huth netter Abend. Amersdorffer, Scholzens, Fischers, Manns, Wassermanns. Dienstag Wahl in der Akademie. Ich Protokoll. Mombert, Döblin, Däubler, Leonhard Frank, von Unruh. Durch Ponten und besonders Kolbenheyer Mißhelligkeiten und Aufenthalte. Heute wieder Akademie, Arbeitsausschuß. Heinrich Mann herrlich in seinem Optimismus und geordneten Fortschritt.

Dienstag, 16. Januar 1928

Ist das Sich-Erinnern-Können vielleicht das Wesentlichste am Lebensprozeß? Was ich als Kind war, wie es auf Bildern von damals zu finden ist – das ist längst tot. Das Erinnern ruft nichts anderes auf, als was wir in Büchern, in Erzählungen anderer Menschen finden. Es ist das einzig Überlieferte von eh. Sonst Körper, Geist – und Gewohnheit, Gelegenheit, kein Inhalt. Ein Funktionsapparat, eingespielt. Nur die Abweichungen im Wesen überall bei Menschen gleich und gleich ungekannt.
Freitag abend kam Döblin. Über den Aufsatz in dem Buch zu seinem 50. Geburtstage gesprochen. Sehr anregend. Sonnabend das Gedicht aus Madonna di Capiglio zu Ende gebracht.

Freitag, 20. Januar 1928

Dienstag das Protokoll der Arbeitsausschußsitzung gemacht. Dabei unterbrochen von Turel, der mich in Verlagsfragen besuchte und Lebenssorgen. Ein innerlich sehr lebendiger Mensch. Mittwoch viele Briefe. Viele höchst unliebsame Besuche.

Sonntag, 29. Januar 1928

Mittwoch abend beim Kultusminister. Schön und festlich in den Räumen Unter den Linden. Viele Bekannte aus Malerei, Literatur, Presse. Gestern wieder Verlag. Zum Presseball: das langweiligste Gedränge.

Donnerstag, 2. Februar 1928

Gestern nach dem Verlag für Berliner Börsen-Courier geschrieben. Im Anschluß daran Gedichte abgetippt. Bach, Toccata. Vormittags hatte mich Prof. Amersdorffer angerufen und teilte mir mit, daß meine Ernennung zum Sekretär der Sektion für Dichtkunst in der Akademie nun erfolgt sei. Neuer Abschnitt also im äußeren Leben. Heute im Verlage Annette Kolb. Sehr nett.

Sonnabend, 4. Februar 1928

Gestern abend PEN-Club, Vorstandssitzung. Überaus langweilig.

Sonntag, 12. Februar 1928

Eine ungeheuer arbeitsreiche Woche. Den Posten in der Akademie angetreten. Aufgeräumt. Organisiert. Heute nach Zehlendorf zu von Molo. Mit ihm Akademiefragen besprochen. Das war sehr fruchtbar.

Montag, 20. Februar 1928

Zu Ministerialrat Gall ins Kultusministerium. Unterredung über allgemeine Fragen der Akademie. Lange in der Akademie gearbeitet. Besuch Döblins dort. Nach Hause. Viele Telephongespräche. Greiners, Kasack, Stucken. Allein nachdenklich noch eine Weile gesessen.

Dienstag, 21. Februar 1928

Für den Verlag alles Dringende erledigt, u. a. eine sehr begabte, sehr erfreuliche Erzählung von Anna Seghers. Merken!

Dienstag, 6. März 1928

Sonntag den Aufsatz über Döblin begonnen. Da das Thema mir liegt, wird es nicht allzu schwer sein, ihn zu schaffen.

Dienstag, 13. März 1928

Vormittags sehr viele Telephongespräche. Mit Akademie wegen Halbes Oslofahrt. Fulda. Amersdorffer. Viele Gratulanten zu meinem Geburtstage riefen an. Viel Verlagsarbeit. Traurigkeit.

Sonnabend, 17. März 1928

Donnerstag in der Akademie. Der Abend wurde zu einem großen Erfolg. Ich gab das Programm bekannt. Darauf Scholz: Einleitung. Wassermann über Sinn und Wesen einer Akademie. Der Begriff Repräsentation als Gegenwart und Vergegenwärtigung. Däubler über seinen Weg nach Griechenland und die Grundideen seines »Nordlichts«. Döblin, äußerst lebendig, über den Gegensatz der Romanschriftstellerei und der epischen Dichtung. Ich las am Schlusse Momberts Lebensfragmente. Mit Kasacks und Greiner Abendessen im Rheingold. Später zu Scholz, Däubler, Ponten, Elster, die nebenan einen Tisch hatten.

Freitag, 23. März 1928

Vor täglicher Mühsal komme ich gar nicht recht zu dem Aufsatz über Döblin. Montag Akademie, halb zwölf Sitzung. Meine Denkschrift für das Ministerium vorgetragen. Einstimmig angenommen. – Heute Brahms, Orgelwerke gespielt, wie schon Mittwoch, als ich sie bekam. Mich ergriff etwas, obwohl hier kaum Größe und Eigentümlichkeit ist, nur sehr viel Können.

Sonnabend, 31. März 1928

Gestern um die Seen. Tausende von Krokus und gelben Blüten. Die Sträucher haben kleine Blätter. Wehe Seligkeit darüber. Heute früh die letzte Seite zum Essay über Döblin geschrieben.

Sonntag, 15. April 1928

Ein kleiner Aufsatz über Kritik für die »Böttcherstraße«. Heute, gestern, vorgestern Mozart gespielt, Sonaten und Quartettsätze.

Sonnabend, 28. April 1928

Dienstag, den 24. zum Bankett im Kaiserhof. Der italienische Botschafter, der spanische Gesandte, andere Diplomaten. Fabelhaftes Essen und herrlicher Wein. – Mit Kerr und Frau zu Stallmann, Pilsner trinken.

Mittwoch mit Eippers und Hans Heinrich Ehrler, dem Dichter, in den Zoo – der junge Gorilla, die Rinderallee, Elefanten – in das Braustübl, viele der schöne Gedichte kritisch durchgegangen.

Sonntag, 6. Mai 1928

Donnerstag wieder sehr viele Manuskripte gelesen. Bis zur Erschöpfung. Gestern nach langem Telephongespräch mit Hans Kyser in die Stadt. Erinnerungsvoll in der Gegend der Universität. Mit Döblin im Germanistischen Seminar bei Prof. Petersen. Aussichtsreiche Verabredungen von Zusammenarbeit von Universität und Akademie. – Mit Döblin ein wenig auf- und abgewandert.

Montag, 7. Mai 1928

Gelesen gestern für Reichskunstwart. Sonaten von Haydn gespielt. Für Berliner Börsen-Courier gelesen. Die Biographie Döblins, mit Vergnügen. Abends Greiners, später auf Anruf noch Kaysers.

Mittwoch, 9. Mai 1928

Dienstag Aufsatz über Mereschkowski, Der Messias. Ein kleines Gedicht durchkorrigiert. Bach, Orgelwerke.

Donnerstag, 17. Mai 1928

Donnerstag, 10. Akademie. Bericht fürs Ministerium über den

französischen und belgischen Gesetzentwurf zur Gründung einer Nationalkasse. Von Amersdorffer durch die Ausstellung geführt. Schöne Arbeiten. Freitag, 11. nachmittags Kasack, um über sein Drama Die Verurteilten mit mir zu sprechen. Clärchen, Kropff und Freißlers. Später Frau Kasack und Köppen. Lustiger Abend. Viel Wodka. Die rednerischen drolligen Erfindungen Freisslers ganz unerschöpflich.

Sonnabend, 26. Mai 1928

Montag, 21. Die Sitzungen Akademie dauerten bis zehn Uhr. Stukken Atemanfall, ich fuhr ihn mit Däubler im Auto heim. Nachmittags vor seiner Wiederwahl langes Gespräch mit Liebermann. Über Dichtung, Döblin, Wassermann. Als ich Wassermann einen Dichter nannte, meinte er: »Wissen Se, für mich ist ein Dichter einer, der Verse macht.« Fordert vom Künstler Verständlichkeit, ein wenig gegen Döblin gerichtet. – Däubler von großer Bitterkeit wegen der finanziellen Erfolglosigkeit.
Mittwoch zu Max Herrmann-Neiße, Geburtstag. Ich nahm ihm allerlei mit. Ernst Blaß war dort, der zurückgekehrte Dick, recht wohl. Frau d'Albert, der Schauspieler Karlweiß. Nach dem Abendbrot Löwenberg. Kein sehr angenehmer Ton. Aber interessant: die kostbaren Anschaffungen, viel Schmuck. Freitag zum Kultusministerium, in dieses Labyrinth, zur Preisgerichtssitzung Jugendpreis. Stehr, Schaffner, Elster, Engel, Waetzoldt, Petersen, ich, Birkenfeld. Engel schwatzte viel und blumig. Heute gerüstet zum Aufbruch nach Groß-Neuendorf.

Donnerstag, 31. Mai 1928

Sonnabend. Schöne Fahrt. Freudig aufgenommen. Erna wohl. Sonntag strahlender, wenngleich windiger Tag. Vormittags längerer Spaziergang nach Kienitz, auf dem Oderdamm. Dienstag warm. Schön. An der Oder. Nachmittags Fahrt nach Freienwalde. Erinnerung an Rathenau. Langweilige Fahrt nach Berlin.

Freitag, 15. Juni 1928

Montag Staatshaushalts-Begründung für Akademie gearbeitet. Dann Akademie, gearbeitet, um sieben die Sitzung geleitet. Es kam etwas heraus. Mit Döblin, von Molo, Amersdorffer in die Fürstenbergstube. Döblin erzählte sehr schön aus seiner Praxis.

Donnerstag, 21. Juni 1928

Dienstag Aufsatz für Börsen-Courier geschrieben. Skizze begonnen über die Notlage der Dichtung für Buchgemeinschaft. Mittwoch Verlag. Lange Gespräche mit Meyerfeld und Bermann. Nachher mit Redslob über Rathenaugesellschaft. Um halb sieben Dr. Fred Neumeyer. Über Dichtung. Brachte mir sein Versbuch. Abends Gedanken zur Organisation der Akademie.

Donnerstag, 28. Juni 1928

Dienstag langes Gespräch telephonisch mit von Molo. Abends ins Adlon: Besuch bei Gerhart Hauptmann. Mit Hauptmann viel über die Akademie gesprochen. Sein Wunsch, Reden für die Großen der Vorzeit zu halten. Terdorf und Frau. Urbild des Till Eulenspiegel von Hauptmann. Benvenuto. Verlobter der Prinzessin von Schaumburg-Lippe. Ein junger Diplomat. Viel Sekt. Um halb zwölf Schluß. Besinnlich zu Hause bis spät. Gestern bei Bermann. Krakauer aus Frankfurt, Roman »Ginster«.

Dienstag, 3. Juli 1928

Sonntag ohne Essenspause fünf Seiten getippt: den Aufsatz für die Deutsche Buch-Gemeinschaft fertig gemacht. Glücklich darüber.

Sonnabend, 7. Juli 1928

Gestern in den PEN-Club, Hotel am Zoo. Nette kurze eindringliche Unterredung mit Ernst Toller.

Sonntag, 22. Juli 1928

Gefühl der Demütigung, fortdauernd ganz dumme schlechte leere, teilweise nur aus merkantilen Gründen geschriebene Romane lesen zu müssen und damit die schöne Zeit zu verlieren. Verzweifelte Einsamkeit. Freitag mit raschem Entschluß nach Spremberg zu den Eltern gefahren. Vater leider völlig zerstört. Eindruck der ganz überaus häßlichen ungesunden Stadt mit Staub, Gestank, Fabriklärm. Rückfahrt bei sehr besetztem Zuge.

Dienstag, 31. Juli 1928

Dienstag den 24. für Kasack zum Geburtstag eine schöne Vase gekauft. In Potsdam hübsche Gesellschaft. Kasacks Eltern. Die wunderbaren Kinder. Burschell. Der Kritiker Franzen. Fritz Landsberger. Sonntag Arbeit an dem Rundfunkvortrag Döblin. Gestern im Verlag letzte Erledigungen vor der Reise. Gepackt.

Mittwoch, 1. August 1928

Auto zum Lehrter Bahnhof. Zug stark besetzt. Unter Essen und Schwätzen bald Ratzeburg. Sekundärbahn, fröhlich. Von Segeberg mit Auto [nach Klein-Rönnau]. Gang in herrlich wohltuender Luft. Regen.

Donnerstag, 2. August 1928

Gang nach Segeberg. Vortrag über Döblin bis gegen Abend fertig geworden.

Montag, 6. August 1928

Das Gedicht von der heimlichen Karawanserei fast fertig gemacht.

Mittwoch, 8. August 1928

Musik gemacht. Beethoven, As-dur-Sonate. Bach, Gelobet sei, und schöne Arien von Händel. Jetzt an der Arbeit am Akademie-Vortrag. Wundersame Feldwege, fruchtbare Weite, wald-baum-buschgegliederte Landschaft.

Donnerstag, 9. August 1928

Nach Ratzeburg. Malerisch gelegen. Schöne Stadt. Auf der Fahrt nach Berlin das Gedicht Deutung der Spur beendet. Zu Hause abgeschrieben.

Freitag, 10. August 1928

Abends Rundfunkvortrag über Döblin. Furcht, ich müßte husten. Guter Verlauf.

Dienstag, 14. August 1928

Nach dem Essen Jean Paul, Siebenkäs und an Versen. Gegen 5 kam ein Auto mit Oda Weitbrecht als Lenkerin mit Köppens. Besprechung über Vorzugsdrucke der Akademie.

Mittwoch, 15. August 1928

Gang zum Kurhaus. Nachmittags an Versen gearbeitet.

Donnerstag, 16. August 1928

Am Gedicht: Mehr Einsamkeit.

Freitag, 17. August 1928

Sonnenregen. Am Vormittag an Versen. Verse bis zum Nachmittagskaffee.

Sonnabend, 18. August 1928

Nach dem Essen ein Stück Manuskript gelesen, von Röpke, dem Arzt in Schreiberhau, den ich bei Hauptmanns kennenlernte. Dann ein Gedicht beendet.

Sonntag, 19. August 1928

Fleißig an meinen Versen.

Montag, 20. August 1928

Vormittags und nachmittags Verse.

Dienstag, 21. August 1928

Verse vor- und nachmittags. Rechte Befriedigung. Beim Wiederlesen fehlt sie zum Teil. Ich weiß nicht, woran das liegt. Gewisse Dumpfheit zu überwinden, vielleicht waren die Unterbrechungen durch öde Beschäftigung zu lang.

Donnerstag, 23. August 1928

Erschüttert. Abends rief auf einen Brief Rudi Kaysers Clärchen bei Greiners an. Leo Greiner ist vorgestern abend gestorben. An Herzschlag. Unfaßbar. Dumpf vor Entsetzen. Wie eine Ahnung in den letzten Tagen die lastenden trüben Todesgedanken. Morgen kommt Orlik. Ich kann daher nicht nach Travemünde mit. Vormittag in Segeberg, nachmittag Verse.

Freitag, 24. August 1928

An Greiner gedacht. Schwüler Tag. Orlik froh und sehr gütig. Über den Friedhof zum Kurhaus. Auf der Terrasse dort Kaffee. Bilder Orliks. Slevogtiana. Aufsatz besprochen, den ich machen soll.

Sonnabend, 25. August 1928

Trostloser Regen. Etwas musiziert, Händel, Bach. – Fahrt nach Lübeck. Orlik ganz übermütig. Ansehen der Stadt, besonders

Marienkirche. Im Ratskeller Mittag mit vortrefflichstem Pfälzer. Café. Orlik zur Bahn. Wir nach Travemünde. Dort stählern klares Licht und Blau. Schönheit der ein- und ausfahrenden Schiffe.

Dienstag, 28. August 1928

Nach dem Essen notiert zum Aufsatz über Slevogt, und Verse.

Mittwoch, 29. August 1928

Gewisse Dumpfheit auf der Seele. Nichtbegreifen. Gedanken an Freund Greiner.

Donnerstag, 30. August 1928

Den ganzen Tag bis zum Abendessen beim Aufsatz gewesen. Gute, erfreuliche Konzentration. Dazwischen nur Ärger über den Verlag und seine Nachsendungen.

Freitag, 31. August 1928

Den Schluß des Aufsatzes bis Mittag geschafft. Brief an Orlik. Nachmittag die Abschrift angefertigt.

Freitag, 7. September 1928

Die Übersetzung von Crevels La mort difficile zu verbessern begonnen. Hauptmann, Wanda. Meine Verse angesehen.

Dienstag, 11. September 1928

Montag, den 3. gepackt. Abschied. Etwas öde Fahrt. Dienstag, den 4. Durch den üblen Geruch der Straßen zum Verlage. Riesige Haufen Manuskripte. Mittwoch, den 5. zu Greiners. Die arme Frau Greiner und die Töchter. Wir quälten sie wohl, eine Leere klaffte. Man ist ohnmächtig, etwas Wirkliches zu sagen. Donnerstag, den 6. sehr aufreibende Stunden im Verlage. Man wird gequetscht und erpreßt wie eine Zitrone. Waschzettel. Almanach. Nach Hause. Es ginge mir besser, könnte ich für mich arbeiten. Die Verstimmungen aus dem kaufmännischen Dilettantismus treffen ins Mark des Lebens. Weiter im Sklavendienst, wofür andre den Lohn einstreichen!

Mittwoch, 12. September 1928

Die dämlichen Berliner mit ihrem Eisernen Gustav, dem Droschkenkutscher, der aus Paris zurückgekehrt ist. In dichten Schwaden standen sie am Kurfürstendamm gegen Halensee zu.

Mittwoch, 19. September 1928

Im Verlag ziemlich viel geschafft. Fischer begrüßt. Er war sehr nett und herzlich. Über viele Bücher. Über die Akademieveröffentlichungen.

Sonntag, 23. September 1928

An Gedichten gefeilt. Kunst der Fuge.

Donnerstag, 27. September 1928

Gottfried Benn kennengelernt. Er kam auf mich zu, nach den Bildern müsse ich es sein. Bald darauf Kasack, vom Rundfunk her. Dann saßen wir bis halb zwei Uhr nachts in schönen und wohl tiefen ernsten Gesprächen.

Montag, 1. Oktober 1928

Zur Akademie. Der Primaner Fritsche - die ganze schöne Zeit hab ich verschwatzen müssen. Unseliges Drängen zur Literatur.

Sonntag, 7. Oktober 1928

Notiert zu der Ansprache in der Akademie am 26. – Telephon von Molo. Nachmittags zu ihm nach Zehlendorf hinaus. Liebes Gespräch. Über unsere Kunst. Über praktische Fragen.

Donnerstag, 11. Oktober 1928

Zur Staatsbibliothek. Unterredung mit Prof. Minde-Pouet wegen der Lessingfeier. Sehr angenehm.

Freitag, 12. Oktober 1928

Besuch Emanuel bin Gorion. Über seine Pläne. Ich suchte die Situation der Dichtkunst heute auseinanderzusetzen, besonders der Lyrik. Über Heimanns Nachlaß. Bruckner, 4. Symphonie, viel Versenkung und Freude.

Sonntag, 14. Oktober 1928

Am Vortrag für die Universität gearbeitet. Verlagslektüre. Verse.

Montag, 15. Oktober 1928

Zu Clärchen, um die Trauerfeier für Greiner im Rundfunk anzuhören. Ergreifend.

Sonnabend, 20. Oktober 1928

Verlagslektüre. Besuch Martin Raschke. Junger sympathischer Mensch, sein Roman mißglückt, weil er langweilig ist. Zuletzt etwas Bitteres in ihm, er tat mir sehr leid.

Dienstag, 30. Oktober 1928

Donnerstag, 25. zu Fulda. Spaziergang. Liebe herzliche Stunden bei Fuldas mit Wassermanns.

Sonnabend, 24. November 1928

Sehr anstrengende Zeit wegen zahlreicher Fahrten für die Akademie und wegen der Arbeit an dem schweren Vortrage für die Universität über Formprobleme der Lyrik. Jetzt ist er fertig, bis auf Wortverbesserungen, die hier und da noch nötig sind. Ich habe alles selbst auf der Maschine geschrieben, die Hälfte doppelt. Die Gedanken zu meiner eigenen praktischen Arbeit kommen mir aphoristisch. Das für den Vortrag erforderliche System hat mir etwas Zwanghaftes. Dazu: eine Rede ist keine Schreibe! Ich mußte möglichst leicht sein.
Freitag, 9. bis abends gearbeitet. Dann zur Universität, den Vortrag Molos Dichterische Konzeption gehört, mit großem Eindruck. Mit Stucken und Amersdorffer die Linden entlang spaziert.
Montag, 12. Besprechung des Statutenentwurfs Amersdorffers mit diesem, Fulda, von Molo. Der Ausspracheabend zu von Molos Vortrag, sehr schön. Besonders interessant Döblin, auch Prof. Dessoir. Sehr brauchbare gescheite junge Leute. Nachher mit Amersdorffer, Döblin, Stucken, von Molo im Fürstenbergbräu. Hundemüde und abgespannt.
Donnerstag, 15. Sitzung im Reichsinnenministerium (Tag des Buches). Bester Eindruck Külper. Einen Augenblick in der Akademie mit Molo. Zum Verlage wegen Jules Romains.
Akademie, Schubertfeier. Herrlich das Oktett gespielt. Liebermann und Minister Becker begrüßt. In der Slevogt-Ausstellung. Vorgestern im Meistersaal ein Konzert, Helene Grell. Sehr schön, noch etwas unfrei. Ein unmöglicher Pianist Hoffmann.

Montag, 3. Dezember 1928

Montag, 26. Regen. Zur Akademie. Gearbeitet. Von Molo dorthin. Nachmittags Musik. Vortrag etwas geübt. Von Prof. Petersen abgeholt und dessen Schwester, Frau Geheimrat Kaiser. Im Auto zur Universität. Gesprochen vor dem dichtgefüllten Auditorium Maximum. Stolzes Gefühl. Nur mußte man pastoral brüllen. Dies also waren die »Formprobleme der Lyrik«.[27] Am nächsten Abend Akademie, Ausspracheabend. Ich war schon etwas entsetzt. Unerfreulich. Die jungen Leute ungebildet. Prof. Herrmann stellte neugierige private Fragen. Es dauerte bis gegen 11 Uhr. Danach mit Amersdorffer, Stucken, Döblin, Däubler in dem traditionellen Fürstenbergbräu, lange. Mittwoch las mir Hans Kyser zwei Akte seines Kolumbus-Dramas. Entwurf. Noch viel zu tun. Später kamen Clärchen und Stucken. Ich las Gedichte. Gespräche bis gegen Mitternacht.

Dienstag, 4. Dezember 1928

Gehetzte Verlagslektüre. Gegen Abend Sonate Nr. 5 von Schubert. Gefiel mir besser als bisher.

Donnerstag, 6. Dezember 1928

Ziemlich früh zur Akademie. Eine Menge Post. Dann Korrektur meiner Universitätsrede. Ich fuhr zum Verlage und gab sie ab. Auto zurück. Schubert, Sonate Nr. 6. Das sagt mir jetzt viel, trotz des Ungeschicks darin. Um sechs Hermann Kasack. Er las mir Gedichte, ich ihm auch. Abendbrot. Mit Eindruck Negergedichte gelesen. Nochmals die Korrektur – die Rede gefiel mir. Im Ganzen: weh mir Armen. Der Geist ist willig, das Fleisch krank und schwach. Erst jetzt vor dem Schlafengehen Aufschwung.

Montag, 10. Dezember 1928

Zur Universität zum Vortrag Döblins, Der Bau des epischen Werks. Interessant, wenngleich zu salopp nach meinem Geschmack.

Mittwoch, 12. Dezember 1928

Zur Akademie: Diskussion über Döblins Vortrag. Streng und ein wenig taktlos. Nachher kam die Sache ins Gleichgewicht. Mit Döblin und Prof. Petersen, auch Fulda, Däubler, in der Neuen Klause. Prof. Petersen hielt uns Gästen der »Germanistenkneipe« eine warme Begrüßungsrede – ich war sein Nachbar und sprach mit ihm über Barockdichter und die weitere Gestaltung unserer Abende. Max Herrmann, Gregori (tags darauf lese ich, er sei am Herzschlag gestorben).

Donnerstag, 13. Dezember 1928

Gespräch mit Eipper über meine Angelegenheit, ob ich den Sekretär aufgeben soll: er meint, ja. – Zum Pressediner. Viel Glanz. In der Nachbarschaft Wehrminister Groener; der begrüßte mich sehr herzlich. Eindruck: der Nuntius Pacelli. – Andere Minister und Staatssekretäre. Monty Jacobs, Georg Bernhard, Orlik, Fischer, Rowohlt. Es wurde sehr spät.

Dienstag, 25. Dezember 1928

Weihnacht. Trotz meiner Krankheit ist es, als rege sich etwas Neues in mir und blühe. Der Entschluß, den Akademieposten aufzugeben, wird reifer. Bin ich ohne das Geld auch arm wieder, so lockt mich der Gewinn der Freiheit doch so sehr, daß ich hoffe, darüber wieder zum Menschen, d. h. zum Poeten werden zu können. Und kann ich auf die Dauer das Herz an eine konträre und unmögliche Sache hängen? Das Kritikenschreiben ist auch qualvoll, enttäuschend, ärgerlich. Es kommt auch wenig Gewinn heraus dabei, und doch – einfacher leben? Ob ich es noch kann? Aber wie wäre herrlich, nach Lust wieder auf die Straße treten zu können, einen Ausflug zu machen, nicht Angestellter der Kameraden zu sein, nicht Protokolle zu machen! Selbstauferlegte Last ist süßer als fremde. Bange Frage, ob nicht zuviel vom Talente schon eingerostet sei? Nur das beständige, geduldige, erbarmungslose Üben der Fähigkeit erhält sie. Die ungeheuerliche Erfolglosigkeit war wohl das ursprünglich Vernichtende. Und immer mahnt es von innen, ob ich nicht doch etwas gelernt habe, auch für das Eigene? Die Feiertage in den Erwägungen meiner Schicksalsänderung verbracht.

Gedanken und Bemerkungen. Undatiert 1928

Ich schreibe in fast allem, was ich produziere, gleichzeitig an mehreren Büchern. So finden sich in den Gedichtbänden immer parallele Abteilungen, die, zusammengetan, neue Bände ergeben würden, – jeder mit einem anderen Klima und auch wohl anderen Gedanken. Ebenso die Aufsätze; wo sie gelungen sind, mögen die Tiefenschichten gleichgelagert sein, aber sie strahlen von einer Mitte aus wie Sektoren eines Kreises rund um mich. Die Erfüllung der Sektoren geschieht nach und nach, intermittierend.

Sonnabend, 5. Januar 1929

Mittwoch im Verlag. Gespräch mit Bermann. Unheimlich viele Manuskripte. Donnerstag Hans Kyser. Seine und recht freundschaftlich auch meine Angelegenheiten durchgesprochen. Gefestigter in dem Entschluß, die Akademie fahren zu lassen. Nichts Leeres machen! Die Seele nicht verkaufen! Gestern ununterbrochen aufreibende Telephongespräche.

Montag, 7. Januar 1929

Sitzung in der Akademie. Es dauerte, da außer Notgemeinschaft viele Kleinigkeiten zu erledigen waren und die Erklärung gegen die Zensur zu formulieren, bis nach vier Uhr.

Mittwoch, 9. Januar 1929

Vormittags Akademie, darauf zu zwei Uhr zum Mittagessen bei dem Minister für Wissenschaft, Kunst und Volksbildung Becker. Mit von Molo, Geheimrat Waetzoldt, Regierungsrat Zierold. Nachdem der Minister uns Kaffee eingeschenkt hatte, saßen wir um den Kamin und besprachen die uns angehenden Fragen. Geldbeschaffung auf privatem Wege. Anwesenheitsgelder. Besonders aber meine Stellung. Ich setzte auseinander, warum ich die Sache in dieser Weise nicht fortsetzen könnte. Viel überlegendes Entgegenkommen. Ich soll einen Assistenten erhalten. Lieb wäre es mir, wenn er mir Technisches und die vielen Präsenzen abnehmen könnte.

Sonnabend, 12. Januar 1929

Akademie. Eröffnung der chinesischen Kunstausstellung. Ich im blauen Saal. Einzug der Gäste. Sehr eindrucksvolle Gespräche mit Liebermann, Minister Becker, Orlik. Amersdorffer von der Besprechung Mittwoch erzählt. Nachmittags bis spät Verlagslektüre. Mit Ergriffenheit den ersten Band des Briefwechsels Dehmel und Frau.

Montag, 14. Januar 1929

Sehr früh rief Max Liebermann an, ich möge ihn um elf Uhr besuchen, um mit ihm seine Rede zur Lessingfeier durchzugehen. Bei Liebermann eine schöne Stunde. Die Energie und Lebendigkeit von größter Wirkung. Wie jung er die steile Treppe zu seinem Atelier hinaufging. »Sehn Se sich vor, die Treppe, det is een Aas. – Damit ick keenen zu jroßen Blööödsinn rede.« – Alle Woche aus

Paris, dann München einen Brief an seine Mutter. Als er sich verheiratete, stellte die Mutter ein Autodafé seiner Briefe an. »Jetzt beginnt ein neues Leben. Wir wollen keine Erinnerungen hinüber nehmen. Vielleicht sind dabei meine Illustrationen zu Otto Ludwigs ›Zwischen Himmel und Erde‹ mitverbrannt.« – Ich glaube es nicht. – »Ja, die Dinger sind aber weg und nicht aufzufinden.« – Laster des Schnupfens. Anekdote vom Papst und Kardinal. Rauchen. Liebermann raucht sehr viele Zigaretten hintereinander. Um 7 zu Fuldas Vortrag Die Kunst des Übersetzers in der Universität.

Mittwoch, 16. Januar 1929

In den Verlag. Viel besprochen. Um halb zehn zum Minister zum Empfang. Etwa 150 Personen, Bildende Kunst, Musik, Literatur, Theater. Kaltes Buffet wie im vorigen Jahr. Ich saß neben Fulda, zur Rechten Stucken. Gespräche mit Hans Kyser, Heinrich Mann, von Molo, Fritz Engel, Pechstein. Gegen eins Verabschiedung. Der Minister sehr nett. Versprechen des Assistenten und Moneten für die Sektion. Dreifacher Händedruck.

Sonnabend, 19. Januar 1929

Verlagslektüre. Ohne Ende. Nie mehr Klavierspiel. Den ganzen Vormittag Telephongespräche wegen der Lessingfeier.

Montag, 21. Januar 1929

Vormittags ziemlich früh in die Akademie. Der Minister rief an, mein Helfer sei gefunden; wir vereinbarten, daß er mich am Freitag zum zehn besuchen werde (Herr Dr. von Staa). Rasch nach Hause, gegessen, umgezogen. Ich empfing dann im Vorraum Präsident Liebermann, Minister Becker, den französischen Botschafter de Margerie. Viele Bekannte begrüßt. Die Feier störte Wilhelm Schäfer, der mich zur Rechenschaft ziehen wollte, weil er keine Einladung hatte. Als könnte ich wissen, er wäre in Berlin und wo. Keine Überfüllung, schöner Verlauf.

Dienstag, 22. Januar 1929

Gegen zehn in der Akademie. Zur Kranzniederlegung am Denkmal. Auto mit Fulda, Freiherrn von Biedermann, Danneberg [Portier der Akademie] und mir. Kein Publikum außer einem Dutzend Photographen und einem halben Dutzend Polizisten. Später der Oberbürgermeister und Frau. Fulda sprach pathetisch, Böss kurz und nicht gut. Spaziergang zur Akademie durch den strahlenden Wintertag. Wir gingen in die Ausstellung chinesischer Kunst. Nach Grunewald zu Bermanns. Dort Mittagessen mit Thomas Mann, seinem Sohn Golo, George Grosz und Frau. Sehr eindringlicher und äußerst sympathischer Eindruck von George Grosz.

Mittwoch, 23. Januar 1929

Mit Bergen von Manuskripten in den Verlag. Unterredung mit Bermann. Schleunigst in die Staatsbibliothek zur Eröffnung der Lessingausstellung. Begrüßt: Amersdorffer, Waetzoldt, Minister Becker, Mitglieder. Rede – eindrucksvoll von Molo. Rasch zum Verlage zurück. Viele Briefe.

Freitag, 25. Januar 1929

In der Akademie um zehn verabredungsgemäß mit Regierungsrat von Staa gesprochen. Ihn einigermaßen eingeführt. Langes Gespräch mit von Molo. Alles Laufende in die Reihe gebracht. Viele Manuskripte.

Montag, 28. Januar 1929

Acht Uhr in der Universität Vortrag Däublers. Interessant, was er über die Reime Dantes sagte. Peinlich und beunruhigend manches rollende Pathos und die maßlose Abschweifung nach Griechenland und ins trivial Historische. Der Saal rund zu zwei Dritteln gefüllt. – Nachher mit von Molo ein Weilchen in einem Café.

Donnerstag, 31. Januar 1929

Akademie. Briefe und Gutachten. Um sechs Vorberatung des Statuts. Liebermann äußerst lebhaft, funkelnde Augen. Aber doch greisenhaft oft im Denken. Er forderte feurig von den Behörden für die Kunst. Als Döblin sprach vom hohen Alter, das die Künstler durchschnittlich erreichten, nickte er und murmelte: »Det is'n jesundes Metier.« Mit mir sprach er eindringlich über das Vorgehen und dann gegen das Geld. Er meinte, ein Künstler könne auch ohne Geld arbeiten: dies ist aber ein gewaltiger Irrtum. Die Kommission forderte denn auch sehr eindringlich Anwesenheitsgelder, Gehälter, Pensionen. Da gab es die erwünschte, freilich auch selbstverständliche Einigkeit. – Mit Döblin und von Molo sehr angenehm bei Lauer.

Sonnabend, 2. Februar 1929

Große Freudennachricht durch Herrmann im Verlage: Fischer druckt meinen [vergriffenen] zweiten Gedichtband neu. [»Gedichte« von 1916.]

Sonntag, 3. Februar 1929

Zu Faktors zum Mittagessen. Dort wurden wir sehr unbefangen freundschaftlich aufgenommen. Mit Faktor über den Plan, seine Schrift zu veröffentlichen. Ich soll bei Fischer sondieren.

Montag, 4. Februar 1929

Früh Anruf Dr. Bermann. Wegen der Akademieveröffentlichungen. Telephongespräche mit Fulda, Molo, Akademie, Fischer. In den Verlag gefahren. Von eins bis fünf verhandelt. Glänzendes Angebot. Wollen sehen, was morgen daraus wird. Zu Lu Kropff, um im Radio das Gespräch Molo–Kasack zu hören. Interessant. Molo hat eine ausgeprägte Begabung für dergleichen.

Dienstag, 5. Februar 1929

Meine neuzudruckenden Gedichte durchgesehen. Einige Änderungen in dem Bande angebracht. Um 12 Akademie-Sitzung. Das Angebot Fischers wurde angenommen. Freut mich. Einige Präludien und Fugen Bachs gespielt.

Donnerstag, 7. Februar 1929

Wilder Tag von der Akademie aus: Aktion für Minister Becker, dessen Amt durch die geplante Regierungsumbildung gefährdet ist. Zahlreiche Telegramme nach Berlin und nach allen Richtungen im Reiche. Mit Theodor Wolff über Verschwiegenheit der Presse. Regierungsrat von Staa übernimmt jugoslawischen Empfang. Bei Beradt. Wir sprachen lange von unserem Leben und der Einsamkeit im heutigen Schrifttum. Im schneidenden Frost ging ich den fast menschenleeren Kurfürstendamm hinab nach Hause.

Montag, 11. Februar 1929

Aufführung der Matthäus-Passion. Furtwängler. Erb. Der Kittelsche Chor. Das Orchester. Alles herrlich. Eine schwer erträgliche grandiose Wirkung. Der ganze Körper musikdurchronnen.

Freitag, 22. Februar 1929

Zu halb zwölf bei Prof. Dessoir. Über die Gedichte, die er mir sandte. Über Zensur. Er ist, wenn auch verklausuliert, dafür. Also vergeblich. Zur Akademie. Weiter telephoniert, schließlich Prof. Moser gewonnen. Es wurde recht spät.

Sonnabend, 23. Februar 1929

Im Theater in der Königgrätzerstraße. Sudermann-Gedenkfeier. Sehr eindrucksvoll. Mozart, Maurische Musik. Außerordentlich gute Rede von Frank Thiess.

Sonnabend, 2. März 1929

Zum Oberbürgermeister, musikalischer Abend. Böss begrüßt. Molo, Fulda, Orlik. An unserm Tisch diese Dichter, zwei Mitglieder der Städtischen Oper, Frau Böss, Fritz Engel, Pategg, Dr. Max Pohl, Georg Schumann. Singspiel von Frau Federn mit Musik von Pergolesi. Hübsch in der Aufführung und dem Text, aber Dilettantismus. Leider dann unqualifizierbare Schlager von Kollo, und, von Feher gesungen, ein Schmachtfetzen. Pechstein, Schreker.

Dienstag, 5. März 1929

An Wassermanns Kolumbus. Recht interessant, anspruchslos gegen die sonstigen Bücher Wassermanns und daher sympathisch. Zu Stucken. Über seine Verlagsverträge. Telephoniert mit Elster.

Mittwoch, 6. März 1929

Fahrt zum Minister. Konferenz mit Ministerialrat Gall und pädagogischen Räten des Ministeriums über Schulausgaben und Volksausgaben. Fischer hatte hierbei einen unglücklichen Tag. Über der Unterredung lag etwas Kaltes. Um halb acht zur Akademie hinüber. Unterschrift, letzte Revision der Vorbereitungen zur Kundgebung [gegen die Zensur]. Kerr ließ lange auf sich warten, wir mußten beginnen. Ich saß zuerst hinten, dann in der ersten Reihe zwischen Fulda und Frau Kerr. Rede Liebermanns, Begrüßung und unsere Resolution, Dr. Bohner, Walter von Molo sehr gut, Alfred Kerr sehr gut, doch von etwas verjährtem Liberalismus, kleinlicher, doch mit richtigen Urheberrechtswünschen, Prof. Moser, und unklar Prof. Heller, reaktionär und radikal durcheinander. Er gefiel aber hauptsächlich den bildenden Künstlern. – Mit

Orlik, Slevogt, Hübner, Hans Kyser im Rheingold Abendbrot gegessen. Es wurde spät.

Sonntag, 10. März 1929

Vier Bände Manuskripte gelesen. Entsetzliche Tretmühle. Gar keine Zeit mehr, über mich nachzudenken. Um halb acht verstimmender Anruf Hans Kysers. Seine finanzielle Lage – ich soll überall Rat und Hilfe wissen. Um halb neun abends zu Fischer, über Verlagsdinge sprechen. Das war ganz nett. Um elf Frau Fischer und Brigitte Bermann. Ich ging befriedigt nach Hause, zumal die Rede davon war, daß Ernst Freissler mir helfen solle. Um zwei Uhr nachts ein paar Verszeilen geschrieben. Das hatte etwas unglaublich Erfrischendes für mich.

Mittwoch, 13. März 1929

Mein Geburtstag brachte wie gewöhnlich viele Telephonanrufe. Post, von der ich gleich einen Teil beantwortete. Musik, Bruckner, Reger.

Donnerstag, 14. März 1929

Große Gesellschaft bei Fischers. Musik: B-dur-Trio von Mozart, Sandor ausgezeichnet, Boris Schwarz. Frau Philippine Landshoff sang nicht gut. Kerr sprach auf Einstein. Wassermanns, Kaysers, Leonhard Frank, Valeriu Marcu, Chapiro, Klaus und Erika Mann.

Sonnabend, 16. März 1929

Den schlechten, dicken Roman von Leo Matthias gelesen.

Montag, 18. März 1929

In der Akademie Besuch Prof. Kippenberg, Insel. Sehr fördernd. Zu Fuß bei dem schönen warmen Frühlingswetter die Charlottenburger Chaussee entlang. – In Versen schwingend.

Montag, 25. März 1929

Donnerstag abend nach dem Reichstag: »Tag des Buches«. Höchst klägliche Reden. Anfangs kommunistische Ruhestörer. Freitag. Tag des Buches, Singakademie. Hohes Niveau. Ausgezeichnete Reden von Döblin, Monty Jacobs und Rowohlt. Sonnabend Sitzung im Kultusministerium mit den Rundfunkleuten. Tagungen müssen sein. Also Herbst: Kassel. Jetzt zur Philharmonie.

Donnerstag, 28. März 1929

Montag, den 25. Das Konzert war wundervoll. Ganz starke Wirkung der Eroica. In der Pause stellte Orlik mich Furtwängler vor. Nachher mit Wassermanns in deren pompösem Auto zu Pelzer. Von Orlik zum Essen eingeladen, recht gut und sehr teuer. Orlik brachte mich in der Droschke dann bis ans Haus. Dienstag an Versen gemurkst, ohne viel Erfolg. Aber die Aussichten auf etwas mehr Zeit sind besser. Zur Akademie. Schülerkonzert der Meisterklasse Schumanns, gut ausgeführt; eine selbständig klingende Bläsermusik von Brandt. In der Chinesischen Ausstellung. Gestern in dem Film Sturm über Asien. Eine große Leistung. Eindringlich in allen Einzelheiten, im Ganzen gerafft. Mein Grundgefühl: tragischer ist jedoch das lange tägliche Leiden und Verzehrtwerden als der schlimme katastrophale Augenblick. Zwei Ketten der Gewalt – die außen gespannte, die in Kriegen und Revolutionen klirrt, und die andere, die unzählbare Menschen fesselt, die sie behutsam, stumpf oder verzweifelnd tragen, damit sie nicht klirrt.

Freitag, 29. März 1929

Karfreitag. Verse. Nicht im besten Zustand, aber doch bei mir.

Sonntag, 31. März 1929

Ostern. Tagsüber an Versen. Unglückliches Glück. Gegen Abend erschöpft. Versuch eines Spaziergangs. An der Ecke warf mich orkanartiger Sturm gegen Mauer. Dennoch bis Wilmersdorferstraße und Kurfürstendamm zurück. Geschrieben, gelesen.

Montag, 1. April 1929

Die entworfenen vier Gedichte abgeschrieben.

Donnerstag, 4. April 1929

Über Mittag am Vorwort für das Akademie-Jahrbuch gearbeitet.

Dienstag, 9. April 1929

Bis Mittag ein Gedicht. Ein Band Briefwechsel Dehmel und Frau.

Sonnabend, 13. April 1929

In die Akademie zur Eröffnung der Leibl-Ausstellung. Ungemeiner Menschenandrang. Gespräch mit Liebermann, wegen Jahrbuch, und Staatssekretär Lammers. Fulda flüchtig, eitel. Fischers getroffen. Mit ihnen zur Galerie Matthison, dann Spaziergang im Tiergarten und Heimfahrt in ihrem Auto.

Sonntag, 14. April 1929

Den Tag über Versen hingegeben. Leider heftiger Husten, so daß ich nur schwer vorwärts kam. Mombert, Aiglas Herabkunft gelesen. Verse von Heym.

Freitag, 19. April 1929

Sehr lieb bei Kasacks in Potsdam. Es war ein erster Frühlingstag. Ich las die neuen Gedichte vor, Kasack eine Novelle. Aussprache über Freissler, der mich immerfort quält wegen seines Romans, den ich doch nicht besser finden kann, als ich ihn empfinde. Mit Hermann Kasack Gang durch den Park von Sanssouci. Viel vom Froste braun, Lebensbäume, Efeu, große Fichten. Aber tausende von Stiefmütterchen.

Sonntag, 21. April 1929

Arbeit für die Akademie. Die Vorworte zu den einzelnen Abschnitten des Jahrbuchs. Mit ausgedehntem Aktenstudium. Es nahm viel Zeit. Getippt. Leider ging der Tag für die Verse wieder verloren.

Montag, 22. April 1929

Sitzung mit Vertretern des Ministeriums und der Reichsrundfunkgesellschaft. Über die Zwangslizenz. Nachher über die Teilnahme an der 150-Jahrfeier des Nationaltheaters Mannheim. Fuldas Eitelkeit. Er will gegen mich hingeschickt werden. Döblins Widerstand. Mit ihm und von Molo bei Lauer Abendbrot. Ich soll fahren.

Sonnabend, 27. April 1929

Zur Leibl-Feier in die Akademie. Schöne Rede Waldmanns, Schumann spielte das Italienische Konzert Bachs, und mit W. Hess die A-dur-Violin-Cembalosonate Bachs.

Sonntag, 28. April 1929

Wie gestern heftigste Neuralgien an der linken Kopfseite. Für den Verlag gearbeitet.

Dienstag, 30. April 1929

Eine Arbeit Pleschs auf den Stil hin angesehen. So ist es wieder Abend geworden.

Montag, 6. Mai 1929

Akademie. Laufendes. Höchst angenehmes und fruchtbares Gespräch mit Döblin.

Dienstag, 7. Mai 1929

Die Antwort für die Literarische Welt entworfen und getippt.

Dienstag, 21. Mai 1929

Mit Schrecken und Staunen sehe ich, welche Lücke ich hier ließ. Wo ist die Zeit hingekommen! In den Gedichten Friedrich Schnacks gelesen, wie gestern. Viel Rilke. Das Gedichtbuch von Billinger. Dann einmal musiziert, vier Sonaten von Schubert. Hohe hohe Freude. Im ganzen müde, schaffensfreudig dabei. Gestern, Pfingstmontag, das Nebelsintflutgedicht. Zwei andere entworfen. Mehrere Anlagen. Den ganzen Tag dabei. Wunderbar, wie nach anfänglicher Dürre Beschwingtheit, Lösung, Glück eintrat. Harte Arbeit. Mit ganz geringen Unterbrechungen, einem kleinen Gang, bis Mitternacht. Pfingstsonntag den Tag über an einem Gedicht gearbeitet und es fertiggebracht. Trotz aller Freude bei großer Verantwortung sehr schwer. Dienstag, 14. wegen des Jahrbuchs im Verlage. Die Korrekturen durchgegangen. Sonnabend 11. herrlicher Tag. Vormittag mit Clärchen nach Gatow hinaus. Pleschs Besitz bewundert. Wundervollster Frühlingstag. Obstblüte. Blaues Wasser.

Dienstag, 4. Juni 1929

Wieder eine große Lücke. Inzwischen alle Sonaten Schuberts bis auf die letzte gespielt. Größere Ruhe. Und bessere Gesundheit. Sonnabend, 25. zur Eröffnung der Frühjahrsausstellung in der Akademie. Es waren dort: Stuckens, Döblins, Däubler. Gesprochen: Orlik und den langnichtgesehenen, juchtenriechenden Erich Büttner. Im blauen Saale Amersdorffer und Waldemar von Baußnern, Hübner, Oberbürgermeister Böss, Botschafter de Margerie, Liebermann, der Kultusminister Becker, Gall. – Eine Statue, Mädchen, vor der französischen Botschaft. Liebermann: »Soll ick unter uns sagen, wie ick det finde?« Böss (unterbrechend): »Nur probeweise dort, kommt in den Friedrichshain.« Liebermann: »Ick finde det ausjezeichnet.« – Kopf des preußischen Ministerpräsidenten Braun. Liebermann fand ihn nicht gut, unplastisch. Amersdorffer: »Vielleicht ist der Kopf unplastisch.« Liebermann: »Nee, nee. Det is Stil. Wo det Talent aufhört, da machen se in Stil.« – Hindenburg wünsche sich die Aufnahme dieser Plastik in die Ausstellung. Er sage, Braun sei ein ausgezeichneter Mann: »Er kann sogar schießen.« – Hindenburg habe Liebermann gesagt, der beste Maler, der ihn gemalt habe, sei der Münchner Fierle. Der habe nur geknipst und nach der Photographie sein Bild gemacht. »So jeht et uns nu.« Liebermann unterhielt sich in ausgezeichnetem Französisch mit Herrn de Margerie über den Pariser Platz. de Margerie: »C'est pas une place. C'est une espace, une entrée, une sortie.« – Liebermann: Ja, die Blumen gehörten in den Tiergarten, jenseits des Brandenburger Tores begönne er ja.

Montag, 1. Juli 1929

Unmöglich, die unterlassenen Eintragungen nachzuholen. Es war ein gewaltiger Trubel. Übrigens meistens bei guter Verfassung, seelisch und körperlich. Gearbeitet an Versen. – Freitag, 21. Juni. Regenwetter. Reise nach Mannheim. Hotel Mannheimer Hof. Schön. Elegant. Spaziergang durch die nüchterne Stadt. Schreiben des Direktors der Kunsthalle Dr. Hartlaub. Sehr aufmerksame Aufnahme durch die Stadt. Sonnabend Festakt im Schloß. Versammlung im Konferenzsaal. Bürgermeister Heimerich kennengelernt, den badischen Staatspräsidenten Dr. Schmitt, Kultusminister Dr. Leers, Präsident Pulff usw. Severing. Mit Furtwängler gesprochen. Gute Reden. Zu Fuß rasch zum Essen ins Hotel. Frühstück des Oberbürgermeisters. Kleiner Kreis. Abholung zu der Räuber-Aufführung. Festlich großes Theater. Massenszenen gut, sonst mittelmäßig, schlecht gestrichen. Dekorationen befremdend. – Illumination der Jesuitenkirche und mit Fackeln des Schlosses. Großer Kreis. Junge Damen der Gesellschaft als Pagen in silberweißen Uniformen die Treppe hinauf. An meinem Tisch Diebold, Severing, Heimerich und Frau, Kultusminister Leers, Dr. Schmitt, Furtwängler; Mombert und von Unruh begrüßt. Bis etwa 2 Uhr nachts. Sonntag Schülerfeier vor dem Schillerdenkmal. Um fünf im Stadion Bewegungschöre von Rudolf Laban. Verregnet am Schluß. Anregend, aber vieles noch problematisch. Auto zu Hartlaubs. Tee. Zauberflöte, ich saß neben Mombert. Guter Sarastro. Montag nach dem Frühstück Rheinfahrt. Zwei Stadträte, Paquet, Fritz Engel, Fritz Droop. Gegen Worms, zurück, nach Speyer und darüber hinaus. Hafenfahrt. Mit dem Oberbürgermeister von Memel gegangen. Klagte über die kulturelle Not. Einladungen. Dienstag

Rückfahrt, Mit Fritz Engel die letzten beiden Stunden geschwätzt. Sonst gelesen und Verse skizziert. *Sonntag, 30. Juni*: Fällige Briefe. Ein wenig Musik ohne viel Lust. Verse.

Sonnabend, 6. Juli 1929

Mittwoch Gedichte auf der Maschine abgeschrieben. Manuskripte gelesen. Um sechs hinaus zu von Molo. Große Schwüle. Wir schwätzten im Garten am Steintisch. Akademie-Fragen. Bis spät in die Nacht. Um drei Auto zurück. Schön durch den Grunewald bei der ersten Morgendämmerung. Abnehmende Mondsichel, weiße Nebel. Bis vier einsam in meiner Arbeitsstube gewacht. Vorgestern im Verlag Besuch Martina Wied, der gute frühere Eindruck hinfällig. Gestern langes Gespräch mit Amersdorffer in der Akademie.

Freitag, 12. Juli 1929

Sonnabend, 7. vormittags zum Charlottenburger Schloß gegangen. In der Goldenen Galerie dort Aufführung der Kunst der Fuge von Bach. Außerordentlicher Eindruck. Unbeschränkte Meisterschaft, so daß nur Seele zu sehen war, paradoxerweise gleichsam ohne Mittel. Montag, 8. gearbeitet. Vaters 80. Geburtstag. Gestern, den 11., ist mein Vater in Spremberg gestorben. Eine lange Leidens-, dann Dämmerzeit ist um. War der Tod sanft, so kann Mutter bei guter Rüstigkeit noch freiere, weniger gedrückte Jahre haben.

Montag, 15. Juli 1929

Sonnabend gerüstet zur Fahrt nach Spremberg. In Schweiß geraten. Die Fahrt verging rasch. Ankunft in der entsetzlichen Stadt. Dreck, Staub, Lärm, Radfahrer, Motorräder, Qualm. – Den toten Vater angesehen. Entsetzlicher Verwesungsgeruch. Ich wurde fast ohnmächtig, als die Träger die Umbettung in den Sarg vornahmen. Wir mußten durch die Stadt hinter dem Leichenwagen her auf den Friedhof, lange bei Wandas Grab. Die Eindrücke von damals wiederholten sich, diesmal aber noch sehr verhäßlicht. Eben durch jenen haftenden Geruch, der grausig aus vielen Türen und aus allen Gossen wiederzukommen schien. Ich möchte testamentarisch bestimmen, daß man durch meinen Leichnam andre nicht quäle, nicht das Bild des Lebenden eine Weile verdunkle, auch nicht so viele teure Blumen, die sofort verwelken, auf einmal kaufe, Blumen, die niemand ansehen kann. Kaum geschlafen. Samstag zum

Friedhof. Der konventionell und uninteressiert redende Superintendent. Nach dem Kaffee gefahren. Vom Görlitzer Bahnhof Auto.

Dienstag, 16. Juli 1929

Verlag gearbeitet. Nachmittags ins Kultusministerium zur Sitzung des Preisgerichts. Jugendpreis. Vormittags die erschütternde Nachricht von Hofmannsthals Tode, nachdem zwei Tage zuvor sein Sohn freiwillig gestorben war. Telegramm von der Akademie.

Sonnabend, 27. Juli 1929

Reise vorbereitet. Nach Groß-Neuendorf. Angenehme Fahrt. Liebevolle Aufnahme.

Dienstag, 30. Juli 1929

Regen. Trüber Tag. Doch ging ich den Oderdamm entlang und habe mir ein paar Verse eingefangen.

Mittwoch, 31. Juli 1929

Gegen Abend im Auto nach Frankfurt. Schöne Fahrt. Durch die Stadt. Marienkirche, Rathaus, Anlagen. Über die Oderbrücke. Schnell mi dem D-Zug [nach Berlin zurück].

Donnerstag, 1. August 1929

Gekramt. Gepackt [für die Reise nach Klein-Rönnau].

3. September 1929

Wieder im vollen fremden Strome. Gestern bis ein Uhr nachts Manuskripte gelesen. Ich muß mich in acht nehmen. Nicht wieder ganz untergehen! Beglückt von der Ferienfreiheit, aber unter Anstrengung und zuerst schwerer Zucht konnte ich zu mir selbst zurückkehren. In Klein-Rönnau habe ich keine Tagebuchaufzeichnungen gemacht, sondern: alles, was ich schrieb, war Vers. Ich bin mit zweiundzwanzig Gedichten heimgekommen, das bedeutet beinahe für jeden Tag eines. – Vorgestern ein Gedicht gefeilt. Rilke, Larenopfer gelesen, mit wunderlichen Empfindungen. Einzelnes schön und tief und das Spätere enthaltend. Merkwürdige gesuchte, aber trotz der Artistik (eigentlich liegt in dem Frühwerk nur dort etwas Künstlerisches, das die Phantasie Ziehende, Anregende, schließlich Erziehende und Bereichernde) kunstvolle Reime. In Klein-Rönnau las ich in den Mittagspausen viel Rilke, systematisch. Die beiden Teile der Neuen Gedichte besonders und Späteres. Wo nur Poesie abgemolken wird, blieb ich kalt, aber es sind schon viele wunderbare große Werke in diesen Versgebilden. Einmaligkeit, die kein anderer vor Rilke konnte. Der Bezirk des Aussprechbaren sehr erweitert. – Gestern zur Akademie. Begrüßung. Dann zum Verlage. Eine Menge Arbeit vorgefunden natürlich. Mit Eipper geredet, er erzählte von seinen Fortschritten und Erfolgen. Ich fühlte mich ganz an die Wand gequetscht, da ja von mir niemand Notiz nimmt. Bei Fischer. Saenger und Frau Pfemfert. Langes Hin und Her über das Buch von Trotzkij. Dann zu Hause die ganze Zeit im Manuskriptberg gefressen. Vorsicht nochmals, daß er dich nicht auffrißt. Wie es beginnen? Eingestreute Stunden? Die genügen nicht. Ruhige Inseln? Sie schwimmen. Dennoch: immer wachen!

Mittwoch, 11. September 1929

Gegen Abend den Waschzettel zu Döblin, Berlin Alexanderplatz. Um zehn zu Bankier Simon. René Schickele zu Ehren, dessen Hans im Schnakenloch im Staatstheater aufgeführt wurde. Der schöne Steinplatz mit dem Brunnen und den lampionbehängten Blumenumgängen. Viele Leute. Freitag, 6. Verse in die Maschine geschrieben. Drauf in den Verlag. Mit Eipper am Almanach. Vorher kurz Akademie. Sonnabendabend über an meinen Versen. Nachmittags Hermann Kasack, wundervolle Verse. Sonntag früh auf. Zum Segeln nach Wannsee. Mit Clärchen und Ludwig Kropff schöne Regatta angesehen. Mittag, Kaffee, Abendbrot an Bord. Montag viele kleine Dinge. Mittwoch ausgiebig einmal Musik gemacht. Brahms. Immer interessant zu spielen, aber leer in der Wirkung, kein großer Strom, selten einmal eine große Vision. Frau Greiner rief an. Ich war sehr erfreut.

Sonnabend, 21. September 1929

Donnerstag rasch zum Verlage. Zwei Waschzettel. Besuch Hans Meisels. Mit Maril den Weg nach Hause. Er erzählte von seiner amerikanischen Reise. Als ich ankam, saß Hans Kyser auf der Treppe. Meine Gedichte gelesen. Das meiste machte ihm Eindruck. Mittwoch, 18. den ganzen Tag Verlagsvorbereitungen. Bei Kasack angerufen. Er sagte mir sehr Liebes über meine neuen Verse. Gegen Abend ein wenig Musik gemacht, G-dur-Partita Bachs. Kleiner Spaziergang. Einsames Abendbrot und früh zu Bett. Dienstag, 17.

den Rest meiner Verse auf der Maschine geschrieben und dazu viel verbessert. Gegen drei nach Potsdam. Der sommerschöne Garten bei Kasacks, die Kinder, die chinesischen Bilder. Abends Dr. Fritz Landsberger und Köppens. Schöne Unterhaltung über Dichtung, über Rundfunk. Zuletzt las ich eine Stunde lang meine Verse und hatte großen eindringlichen Erfolg. Zur Bahn, rasche Fahrt. Befriedigt noch ein Weilchen zu Haus gesessen. Freitag, 13. Besuch Thomas Manns und Frau. Der reiche Schriftsteller! Klaus Mann. Nicht unsympathisch.

Sonnabend. 5. Oktober 1929

Sonntag, 22. Gearbeitet an meinen Gedichten. Entwürfe und Notizen geordnet. Manuskripte und Erledigtes vernichtet. Klavierkonzerte von Mozart gespielt. Montag, 23. Eippers kamen zu Besuch. Über Eippers Tierkinderbuch – Waschzettel dazu. Eine Stunde lang aus meinen Versen vorgelesen. Wieder Eindruck, und auch ich selbst habe jetzt Klarheit darüber, daß die Arbeiten gut und wesensvoll sind.

Sonntag, 29. gepackt für die Reise nach Kassel zur Tagung Dichtung und Rundfunk. Gegen Mittag zur Bahn. Kyser, Döblin, von Molo, Fulda, Arnold Zweig und andere getroffen. Um acht im Schloßhotel. Viele Begrüßungen und Ansprachen. von Staa, Haslinde, Eulenberg, die Rundfunkleute. Spät zu Bett. Montag, 30. Vormittags-Sitzung. Ziemlich hohes Niveau. Nachmittags ungeheurer Eindruck von dem Rembrandt-Museum. Mit Molo, Kasack, Edlef Köppen und H. H. Ehrler. Bierabend des Oberbürgermeisters. Unfeierlich. Dienstag, 1. 10. Zweite Sitzung mit dem Krach durch Bronnen. Völkisch. Prachtvoll heftige Erwiderung Döblins. Mit Kasack und Köppen Park und Schloß Wilhelmshöhe. Gang wunderherrlich. Gegen Abend zum Kasseler Sender: Viergespräch zwischen Döblin, Zweig, Ihering und mir, eingeleitet von Glaeser. Äußerst anregend, nachdem ich vorher Furcht gehabt hatte. Beschwingt zurück nach Wilhelmshöhe. Nach dem Abendbrot noch lange gesellig beisammen, zuletzt mit Marschalk und Däubler, Ernst Hardt. Gespräch von okkulten Dingen. Däubler schien mir einigermaßen aufzuschneiden, oder sagen wir: zu übertreiben. Mittwoch vom Oberbürgermeister Stadler zu einer Autofahrt abgeholt. Mit Molo, Kyser, Alfred R. Meyer. In der Altstadt, den Parks, Kunstgewerbe- und Landesmuseum, Fuldaer Porzellane. Dann nach Hannoversch-Münden. Ausgestiegen am Markt und am Grabmal des Doktors Eisenbart. Große Laubwälder. In sich ruhende Schönheit. Drauf Mittag beim Oberbürgermeister, außer uns und Frau Stadler der Direktor der Galerie und der Oberpräsident Exzellenz Schwander. Ein entzückender Mensch. Zur Bahn. Mit Molo, Kyser lange Gespräche. Ich stieg in Potsdam um. Zu Hause gekramt.

Mittwoch, 9. Oktober 1929

Im Kino Universum. Sprechfilm. Als erster Versuch interessant. Gut, daß es eine Posse war. Merkwürdigerweise stoßen die zwei Dimensionen und die dritte Dimension nicht sehr zusammen. – Architekt Prinz aus Kiel. Über die Möglichkeit eines eigenen Hauses.

Sonntag, 20. Oktober 1929

Montag, 14. mit Clärchen verabredet, nach Frohnau zu fahren. Schöner Herbsttag. Sehr entzückt von dem Vorort. Sehnsucht, dort ein Haus zu haben. Grundstücke angesehen. Erkundigungen. Es könnte möglich werden. Mittwoch Akademie. Molos Roman zu Ende. Bestürzung über den Stil. Nachmittag schickte Molo ein Auto, damit nach Zehlendorf. Der Ort gefällt mir nicht mehr. Molos Sehnsucht nach Frohnau, wo er fünf Jahre gewohnt hat. Dann über das Molo-Buch und die heftigen Angriffe. Verständigung schwer möglich. Aber ein lieber Mensch. Donnerstag Verlag. Langes Gespräch mit Saenger. Über die Verlagspolitik, Bücher zu Schleuderpreisen (Buddenbrooks) – und Samuel Butler. Telephon: Hauptmann beglückt über meinen Waschzettel zum Buch der Leidenschaft. Mit Eipper dessen Situation besprochen; möglicherweise verläßt er den Verlag.

Montag, 21. Oktober 1929

Zur Akademie. Mittags Burschell bei mir, pfeifenqualmend. Nicht recht im Takt bei unseren Urteilen.

Dienstag, 22. Oktober 1929

Akademie. Zur Ausstellungseröffnung Volkskunst. Waetzoldt, recht gute Rede. Gall. Liebermann in der Winterausstellung der Akademie. Bericht fürs Ministerium begonnen. Mit Clärchen zur Skala. Orlik getroffen. Die entzückend fröhliche chinesische Truppe. Ein italienischer Sänger mit vier Stimmlagen, verblüffend.

Donnerstag, 24. Oktober 1929

Nach dem Verlage gejagt. Der alte Mist an Manuskripten. Briefe – Erregung wegen Hauptmann. Ich soll das Buch auf kranken Stil hin prüfen. Fuchsteufelswild. Eine undankbare Aufgabe, und gerade jetzt in der Bedrängnis.

Freitag, 25. Oktober 1929

Vormittags Akademie, nachmittags Verlag: an dem Roman Hauptmanns herumkorrigiert. In flatternder Aufregung. Es zeigte sich, daß nur auf gröbste Flüchtigkeiten aufmerksam gemacht werden kann, anderes nimmt Hauptmann nicht an.

Sonnabend, 26. Oktober 1929

Zur Akademie: Eröffnung der Herbstausstellung. Gespräch mit Liebermann vorher über die Senatssache: Buch von August Winnig, das Ricarda Huch empfohlen hat. Arno Holz ist gestorben. Deswegen Bemühungen.

Montag, 28. Oktober 1929

Die bewegte, im Wahlakt peinliche Generalversammlung in der Akademie. Molo wiedergewählt. Nachmittags neue Sitzung. Abends Vortrag Wassermann. Mit Amersdorffer Gäste komplimentiert. Der Minister kam später; nach dem Vortrag bei ihm Abendessen. Still, recht angenehm. Drei Tische. An dem meinen neben mir rechts Thomas Mann, links von Staa. Außer der Frau Minister Becker Leonhard Frank, Regierungsrat Zierold, von Molo, Petersen. – Mit Max Halbe bis zum Potsdamer Platz. Wagen nach meiner Wohnung. Müde, aber erregt.

Dienstag, 29. Oktober 1929

Sitzung der Deutschen Bühnen-Genossenschaft. Sie wurde interessant durch das Grundsätzliche. Besonders Thomas Mann, Döblin, auch Wassermann sagten Gutes. Stucken begleitete mich im Regen bis zum Reichstag. Er kommt von seinen eigenen Angelegenheiten nicht los, quält ein wenig durch seine Umständlichkeit, der liebe Mensch. Zu Hause ein wenig geruht und Manuskripte gelesen. In den Frack: zu Fischers zu einer Abendgesellschaft. Von Mitgliedern der Sektion da: Thomas Mann mit Frau, Wassermann mit Frau, Heinrich Mann, Döblin mit Frau (dieser mußte eine Weile weg, um im Rundfunk zu sprechen). Frau Döblin über Arno Holz.

Gespräch mit Thomas Mann und Eloesser. Ich kann nur sagen: ich armes Hascherl. Bermanns sehr interessiert für meine Absicht, nach Frohnau hinauszuziehen.

Mittwoch, 30. Oktober 1929

Zur Bestattung Arno Holzens ins Krematorium Wilmersdorf. Freunde sprachen, am besten Hans W. Fischer. Persönlich ein unsympathischer Tänzer. Sehr ausfällig Döblin. Nannte Stefan George einen Epigonen, natürlich uns, die wir uns gegenwärtig bemühen, erst recht. Das war sehr verstimmend. Natürlich bekam auch Hauptmann sein Teil, ohne Namensnennung. Von der Sektion auf reservierten Plätzen außer mir: Fulda, von Molo, Kellermann, von den Auswärtigen niemand. Ich mußte sodann eilen, um ins Kultusministerium zu einer Sitzung der Kreismannstiftung zu kommen. Sie war höchst überflüssig.

Freitag, 1. November 1929

Von Clärchen abgeholt. Wir fuhren nach Frohnau und sahen uns den Bauplatz in der Kreuzritterstraße an. Befriedigt, verglichen mit anderen. Etwa 45 Kiefern stehen darauf.

Montag, 4. November 1929

Um sieben kamen Kasacks und Frau Köppen aus Potsdam, Edlef Köppen später aus dem Rundfunk. Blumen. Sehr liebe Stunden. Meinen Jugendstundenvortrag besprochen. Köppen las einen eindrucksvollen Abschnitt aus seinem Kriegsbuch.

Donnerstag, 7. November 1929

Jakob Hegner aus Hellerau. Tags zuvor hatte ich mit H. M. Elster eine telephonische ärgerliche Unterredung wegen Rezension des Romans von Stucken. Die 2,85-Mark-Ausgabe der Buddenbrooks ist eben erschienen, ungeheure Aufregung deswegen.

Freitag, 8. November 1929

Zur Funkstunde, dort von 5.40 bis 6 Uhr gelesen. Froh, fertig zu sein, und Honorar, das dem Hausbau dienen kann. Abends zu Drechsler: dort Julius Levin, E. R. Weiß, Hofer, später Orlik. Kunstgespräche. Über Malunterricht. Über Heimann. Über die märkische Landschaft, die Ablehnung Hofers und Weißens hatte einiges Verstimmende für mich. Und man ist und bleibt sehr einsam.

Sonntag, 10. November 1929

Furchtbarer Trubel. In den Nerven angestrengt und müde. Zuweilen ein wenig verbittert. Manchmal das Gefühl: Portiersdasein! Man müht sich um andere und hat nicht den geringsten Lohn davon. Was die Akademie falsch macht, fällt auf die Mitglieder zurück. Dabei immer neue Lasten. Jetzt in der Kunstdeputation Berlins. – Aussicht, morgen ein Stück Land in Frohnau zu dem Villenbau zu erwerben. Es kostet 10 000 Mark, auf mich entfällt die Hälfte, die andere auf Ludwig Kropff. Sparen.[28]

Mittwoch, 13. November 1929

Vorgestern Akademie sehr viele ärgerliche Kleinigkeiten. Der Mükkenschwarm des Dilettantismus. Viel schlimmer als etwa im Verlage. Gestern vormittag einige Seiten geschrieben über die Stellung des Lyrikers in unserer Zeit. Eventuell für den Rundfunkvortrag. – Herrlich heute, daß ich einen ganzen Tag für mich arbeiten konnte. Diese Seligkeit kenne ich fast nicht mehr. Und dabei doch die unangenehme Manuskriptarbeit. Alles zu Ende gelesen. Auch noch Briefe geschrieben, Thomas Mann zum Nobelpreis gratuliert. Schuberts 2. Sonate gespielt. Wie lange, wie lange nicht mehr Musik!

Sonnabend, 16. November 1929

Vorgestern im Verlag Ärger: Fischer warf mir vor, daß ich nach Frohnau ziehen will. Man werde den Zusammenhang verlieren, für den Verlag würde ich dann wohl keine Zeit mehr behalten. Alles steht Kopf wegen Thomas Manns Nobelpreis und Erfolg der Buddenbrooks. Das alles hat mit Wirkungen der Kunst nichts mehr zu tun. Gestern Telegramm an Hauptmann zu seinem Geburtstage. Die erste Hälfte des Buches der Fürstin Lichnowsky An der Leine gelesen. In Scholzens Der Weg nach Ilok fortgefahren. Eindruck zu großer Breite. Gestern mit Liebermann länger als eine Stunde telephoniert. Wegen der Montagssitzung: Zusammenarbeit der Sektionen. Politisches über dem Künstler. Über Eipper. Bewundernswert die Frische, die unablässige Eindringlichkeit, der Zwang, die Höhe des Willens, das Recht der Kunst zu verteidigen. Dabei: der Unterschied der deutschen und französischen Künstler: »Die Deutschen saufen mehr, die Franzosen huren mehr. Das zweite scheint mir besser und gesünder für den Künstler.« Selbsterziehung und Erziehung durch andere. Über die Nachfolge in der Präsidentschaft. Liebermann sei müde und habe Angst vor der Verantwortung. Wie es mit Poelzig sei, wie mit Heinrich Mann. Er hielte für gut, wenn ein Dichter die Präsidentschaft übernähme. Ich war beglückt und getröstet. Alles war so ehrfürchtig vor dem Wesentlichen und so abseitig von dem Erfolgsrummel. Bis nachmittags gegen drei über meinen Versen. Mit Erfolg. Es bilden sich die Zwischenstücke des neuen Bandes. Die kleineren, die meinen Sinn aussprechenden.

Montag, 18. November 1929

Gestern ist Clärchens Vater gestorben. Erschütterung. – Ich hatte bis dahin drei Gedichte beendet, alte Entwürfe in einen reifen Zustand gebracht. Dann fuhr ich in dem trübregnerischen Wetter zu Clärchen. Vater mager, etwas fremd. Aber Stille, Friede. Jenseits dieser Welt.

Donnerstag, 21. November 1929

Gestern wieder die Papierflut abzulenken versucht. Zerrissen Manuskripte, Notizen, Briefe usf. Der Acheron floß durch alle Glieder und lagerte seine Laugen dort ab. Die Sonne schien draußen. Ich war betrübt. Nachmittags an den Gedichten. Einiges zustande gebracht. Wozu? Für mich. Mein armes Licht vor der Welt abgeschlossen.

Mittwoch, 27. November 1929

Gewissenskämpfe wegen meines Amtes. Sehnsucht, auch für mich ein Geringes an Zeit zu behalten. Hoffnung und Verzweiflung durcheinander.

Sonntag, 15. Dezember 1929

Donnerstag, 5. Arbeit an Gedichten. Der Band rundet sich mehr und mehr. Sonnabend, 7. Akademie. Weitere Vorbereitungen zur Holz-Feier. Eröffnung der Ausstellung mit Werken von Kalkreuth. Gute Rede Liebermanns. Montag, 9. nachmittags in die Akademie zur Urheberrechtssitzung. Die Rechtsanwälte sprachen. Interessant, aber nicht leicht, überall zu folgen. Bei Arnold Zweig, drapierte, drapierende Geistigkeit. Gestern Akademie. Die Ausstellung fertig – die Feier, nun! Sonderbare politische Rede Döblins. Eindrucksvoll die Stimme Holzens im Grammophon. Bei den Phantasusstücken hinaus, weil ich es nicht mehr aushielt. Die Lieder schlecht, für Bruckners Quintettadagio war ich nicht mehr aufnahmefähig.

Sonntag, 22. Dezember 1929

Montag, 16. unangenehmer Auftrag: beim Bankett im PEN-Club im Namen der Akademie auf Thomas Mann zu reden. Ministerialdirektor Hübner rief an. Mich die halbe Nacht über gequält. Äußerst verstimmt. Was geht das alles mich an, da ich so ganz auf mein Dichtertum verzichten muß! Dienstag, 17. Akademie, Urheberrechtssitzung. Ganz interessant. Aber wieder: was gehts mich an? Mittwoch, 18. Nachmittags den Rundfunkvortrag fertiggemacht. Umgezogen und nach dem Zoo zu dem Bankett für Thomas Mann gefahren. Viel Gedränge und äußerste Langeweile. Unendliches Gerede, miserabel von Zobeltitz und Eloesser. Elf Botschafter und Gesandte. Liebenswürdiges über meine letzten Rundschaugedichte (Alice Berend, Beradt, Redslob usw.). Freitag, 20. Akademie. Brief an Fischer. Amersdorffer erzählte von seiner Laufbahn, zeigte mir die Ausstellung der Einsendungen zum Staatspreis. Künstlerschicksal, wie bitter überall! Dabei herrliche Werke, ohne Aussicht angekauft zu werden. Gestern war nach langer Zeit mal ein Tag, an dem ich zu Hause bleiben durfte und fast tun, was ich wollte. Einsamkeit. – Hermann Kasack: Geschenk Arche-Noah-Flasche und Gedicht. Sehr lieb. Vorher Schubert, Letzte Sonate. Für mich allerlei gelesen.

Montag, 23. Dezember 1929

Aus dem Wohltemperierten Klavier gespielt. Mit wunderbarer Erquickung. Zu Bermanns. Die Verwandten, Ludwig Landshof, Eippers, Kaysers, Frau Rosenbaum, ich. Zu S. Fischers Ehren. Wunderbar ein Lied von Adam Krieger, natürlich das 5. Brandenburgische Konzert und Laudamus Te von Mozart. Überreichung der beiden Porträtbände in Pergament. Um Mitternacht hielt ich eine kleine Rede auf Fischer.

Dienstag, 24. Dezember 1929

Kirchhoftraurigkeit. Bitterer Frost und Nordwind. Ich wartete auf das Auto mit den Verlagsvertretern, die unseren Buddha überreichen. Bei Fischer Sekt. Kurze Gratulation zum 70. Geburtstag. Dann zurück zu Fuß. Einsam. Stille in der Wohnung. Gedichte gelesen.

Mittwoch, 25. Dezember 1929

Jetzt ist auch der gestrige Heilige Abend überstanden. Es war entsetzlich. Ich konnte nicht lesen, wollte arbeiten. Wozu? Das Bewußtsein des Vergeblichen hat mich gewürgt. Die vielen Nadelstiche (daß auch nicht einmal die Mühe um den Verlag bemerkt wird, nur die Mühe anderer) verdichten sich zur Dolchwirkung. Es hat geschneit. Die Dächer gegenüber sind weiß. Es ist öde. Die Niedergeschlagenheit erlaubt mir nicht zu arbeiten. – Soll ich noch ein episches Buch nach den lyrischen versuchen? Zwölf Bücher sind mir aus der Hand geschlagen, das dreizehnte gehört mir noch, das vierzehnte, »Die Fahrt in die Wüste«, würde die Spur der inneren Verfassung tragen und wieder zu wenigem etwas sein.

Dienstag, 31. Dezember 1929

Aufgeräumt. Bei mir soll das neue Jahr erwartet werden. Besser in der Seele und am Körper. Ich heiße euch hoffen!

Gedanken und Bemerkungen. Undatiert 1929

Einen Jenseitsglauben hat jeder. Auch die Überzeugung, es gebe nach dem Tode nichts, nur eben Tod, ist ein Glaube. Sein negativer Inhalt ist ebenso unbeweisbar wie der positive irgendeines anderen.

Wir tasten immer nach dem, was auf Erden nicht zu Hause ist. Schlafend haben wir die Füße dort und wachend machen wir Umwege seinetwillen.

Sprache. Sie möge um Vertrauen ringen für den, der spricht. Die prägende Kraft will Deutlichkeit des auszusprechenden Gegenstandes, und sie will Deutlichkeit der sprechenden Persönlichkeit.

Neues Gedichtbuch (1929). [Atem der Erde, 1930 erschienen.] Das Buch der Wirklichkeiten, Wirklichkeiten in mir und außer mir. Was wirksam geworden ist aus der Kindheit und Jugend für diese Jahre, was Gegenwart ist heute. (Gegenwart auch ein möglicher Titel!) Durch das Feuer springen, das die Zeit verbrennt und ihren Inhalt. Der Waldbrand, das Präriefeuer, es ist angelegt und saust, aber es geschieht eines Baumes Gestalt, eines Grases Seele entspringt ihm oder ein ganzer Schlag. Sie wachsen ohne Boden heimlich sichtbar und sieh, nach unberechneter Zeit wuchs auch Erdreich für seine

Wurzeln und birgt den Engerling, den Regenwurm und duftet nach Verweslichem und nach Verwestem, nach Tau und Zukunft, und Zukunft ruft nach neuer Zukunft mit ihren Ammonshörnern.
Nun muß ich durch ein Feuer springen. Es nährt sich an Kartoffelkraut. Du hast es selber geschichtet. Es zehrt alle Tage und legt sie nieder in Asche. Aber du springst hindurch und haschst am Kittel den Knaben, aus dem du geworden bist. Er schürt mit gegabeltem Aste die qualmenden welken Schlangen der Stauden und wehrt deinen Arm ab, den störenden, ohne aufzublicken. – Du nimmst ein wenig auf von der Asche und siebst sie durch die Finger. Heiß ist sie und sengt die Haut. Aber wenn sie niederstiebt, deine Hand sich leert: aus der brennenden Berührung erwächst noch einmal, was die Asche vordem war. Du rührst das Leben an, es hat dich angerührt. Die Glut war nicht der Tod. [Vgl. Gütige Wunden im Bande Atem der Erde.]

Manchmal: aus der Tapete tritt eine Blüte hervor, und sie scheint behangen mit frischen Blitzen strömender Frühlingsgewitter wie keine am erdigen Abhang, wie keine im fettesten Tal. – Manchmal: der Krüppel unter der Straßenbrücke. Er weckt die kantige Eisenverschweißung. Der Farbgeruch, das Dunkel, ach Qual ist das Leben. Die roten Dünste am Himmel sind durchdrungen und alles muß sein, wie es ist. Du gehst vorüber und weißt: welch Glück, des Weges gekommen zu sein, nichts erwartet zu haben und nichts getan. Aber das Ohr ist zerrissen, plötzlich im Überfall und das Welträtsel schrie sich hinein. Die Bahnhofstreppe, abgeschliffen, die hat ihre schleifenden Füße begriffen.

Qualen. Die Kissen, zerwühlt und ein Augenblick, die weißen Erhöhungen zwischen den Klüften sind Vorgebirge des Todes. Aber die Wärme, noch eben bewußtlos verströmt, quillt aus den dumpfen Falten. animal! animal! Lebewesen, du weißt nichts. Es ist Zeit. Du wirst das Nest [= Netz] der Spinne zerstören, der Schneider soll bügeln, soll richten, soll flicken: Der Briefträger wirft seinen Wurf durch den Schlitz. Du kannst das Schicksal betrügen und sinkst schon nach, wie du es tust. Animal!

Auch ein Leben mit zuviel Kunst ist ein Leben ohne Schönheit.

Der Begnadete spielt nicht, auch wenn er spielt, während der Mindere noch spielt, auch wo es ihm tiefer Ernst ist. Er wälzt das gemahlene Korn, der andere pflückt die Blüte des wachsenden.

Wo gibt es heute Literatur? Nur dort, wo sie sich mit Industrie verbinden läßt. Wenn sich Dichter zusammenfinden, spottet man. Ihre Abgesondertheit scheint hochmütig und hinterweltlich. Zwischen ihnen und Literaten oder gar Skribenten soll es keinen Unterschied mehr geben. Kunst wird verwechselt mit der Fähigkeit, etwas Problematisches vom Tage rednerisch suggestiv und einwandfrei, persönlich möglichst, ausdrücken zu können.

Weihnachten 1929: zerrieben, voller Scham wegen der Verkehrtheiten, des »Betriebs« an der Akademie.

Sonntag, 12. Januar 1930

Es war kein Übergang zu einem neuen Jahre, körperlich elend, besonders in den Nerven, erkältet, mit Sorgen belastet um die unmögliche gerechte dichterisch-geistige Gestaltung, schleppte sich das Vorjahr weiter. Jetzt habe ich einen besseren Mut, einen freieren Sinn. Ich werde eben im Lauf der Kameraden nicht mitlaufen dürfen, ich muß mich entschließen, im Verborgenen zu bleiben, nicht wirken dürfen, ab und zu Gnaden zu empfangen. Viel ist zerbrochen, nicht mehr wieder hinzustellen. In den Betrieb gerissen, werde ich weiter lächeln und entgegenkommen müssen. Und leiden. Ich habe die wirtschaftliche Formel begriffen: ich kann die Zeit nicht finanzieren, die für schöpferische Arbeit aufzuwenden wäre. Ich kann die Bedingungen nicht schaffen. Ich bin auch zu bequem, das heißt ich mag nicht auf allen Lebensinhalt verzichten und immer bloß auf den Nutzen sehen.
Dabei hat der unerträgliche Spannungszustand sich gelöst. Wunde Haut ist gewachsen. Es geht wieder. Die Alltagsmühlen sollen in einen regelrechten Gang gebracht werden. Zum Glücklichsein ist keine Zeit.

Sonntag, 19. Januar 1930

Zwei Gedichte in Form gebracht und auf der Maschine geschrieben. Zuversichtlicher. Brennende Konzeption eines Essaybandes: Die Kunst und die Zeit. Was kann sie leisten? Warum ist sie überflüssig?

Sonntag, 26. Januar 1930

Gestern und heute eine ganze Reihe Gedichte in die gültige Form gebracht und mit der Maschine abgeschrieben. Ich bin froh darüber. Donnerstag erklärte sich Bermann bereit, den Band zu drukken, Heute Beethoven, G-dur-Klavier-Konzert. Vorigen Sonntag bei Kasacks angenehmer Tag. Vom Bahnhof zu Fuß, durch das laue Wetter ermüdet. Abends kamen Köppens und Intendant Dr. Flesch. Dieser erzählte sehr viel Interessantes, doch ließ er sich zum Schaden der Unterhaltung nicht unterbrechen. Gegen halb zwei mit seinem Auto zurück. Gestern in guter Arbeitsstimmung Gedichte, Manuskripte.

Dienstag, 4. Februar 1930

Sonntag über meinen Gedichten, um sie für die Veröffentlichung zu redigieren. Bis in die Nacht hinein. Heute Papiere sortiert. Eine große Menge geschafft. Befriedigung, mit den Notizen aufzuräumen. Es lichtet sich, man fühlt sich freier. Nur noch ein engbeschriebenes Blatt mit vereinzelten Versen. Die anderen haben ihren Ort gefunden. Nach Abschluß dieses Buches will ich dann zur Prosa. Ich muß versuchen, die Zeit zu finden. Streng sein, den Zusammenhang nicht verlieren.

Sonnabend, 8. Februar 1930

Heute früh schneit es, zum ersten Mal in diesem Winter. Frau Sorge, das alte Weib! Der Hausbau, die Steuern usf. Mittwoch bis nachts um halb drei am Gedichtbuch gearbeitet und für die Ablieferung im Verlag fertiggemacht. Eine Reihe glücklicher Änderungen an Stellen, die mir immer nicht gefielen, eine ganz gute Ordnung in sieben Gedichtkreisen. – Ein zweites Exemplar entsprechend zusammengestellt. Donnerstag Verlag. Besuch Efraim Frisch. Er sagte mir den Titel Atem der Welt. Ich glaube, ich werde ihn behalten.

Freitag Akademie. Die Barlachausstellung angesehen. Strömende Seele, aber etwas monoton in ihrer Stärke. Ein Werk steht für viele. Erregender Eindruck trotzdem. – Schnitzerausstellung. Amüsant durch die technische Bemühung. Aber man trägt keine Werte im Innern heim. – Manuskripte! Verzweiflung über den Umfang. Drei Symphonien Mozarts gespielt. Ich bin ganz außer Übung. – Heute Akademiesitzung. Es ging alles glatt, bis auf Leonhard Franks Konflikt mit dem Rundfunk. Nichts als eitle Rechthaberei.

Dienstag, 18. Februar 1930

Vormittags an einem Gedicht (Laubgewölk). Kurzer Besuch Hans Kysers. Er las ein Romankapitel: gut. Nur ob die Fortsetzung gelingen kann?

Montag, 24. Februar 1930

Donnerstag nachmittag Besuch Edlef Köppen, eine Reihe Rundfunkvorträge verabredet. Sonnabend zur Eröffnung der Rembrandt-Ausstellung Akademie. Freundliche Begrüßung durch den neuen Kultusminister Grimme. Schockens. Stuckens. Fulda. Döblins. Mit Stuckens durch den Tiergarten zurück. Gestern Bach, Orgelmusik, die vier großen Präludien und Fugen a-moll, C-dur, c-moll, D-dur.

Dienstag, 4. März 1930

Dienstag, 25. 2. abends Akademie. Vorlesung Carossas. Sehr schön, aber leider doch etwas provinziell. Freitag, 28. 2. nach Potsdam zu Köppens. Netter Abend. Zum Schluß Sekt. Oda Weitbrecht. Heute die ersten Korrekturen meines neuen Gedichtbandes.

Dienstag, 18. März 1930

Freitag nachmittag kam Hermann Kasack zur Besprechung über den Vortrag im Rundfunk. Wir einigten uns schnell. Dann Durchgehen meiner Gedichte. Sonnabend die Korrekturen des Gedichtbandes beendet. Sonntag den ganzen Tag getippt an meinem Vortrag im Rundfunk über ungedruckte Literatur, Erfahrungen eines Lektors. Zwiegespräch mit Hermann Kasack. Mehrere Anrufe. Abends hundert Seiten im Buche Heeresbericht von Edlef Köppen. Es fesselte mich ungemein. Im Bette nach Manuskripte. Montag den Vortrag durchgearbeitet. Um sechs kam Kasack. Probe. Auto zum Funkhaus. Vergnügen zu sprechen. Mit Kasacks, Köppen, Burschell Abendbrot.

Donnerstag, 27. März 1930

Sonntag zum Tag des Buches im Reichstag. Langweilige Kundgebung, ganz gut nur Frank Thiess. Vorlesung des alten Kraußneck aus Rilke und Hofmannsthal.

Sonntag, 6. April 1930

Gestern zur Ausstellungseröffnung, Philipp Francks 70. Geburtstag. Liebermann von großem Charme. Orlik: Beobachtungen in der Rembrandtausstellung. Das Diplom für den Preis mit Stucken angesehen. Mit diesem bis zum Großen Stern durch den Tiergarten. Verlagslektüre.

Donnerstag, 17. April 1930

Gestern vormittag kam der Monteur von der Reichsrundfunkgesellschaft und baute mir ein schönes Empfangsgerät ein. Heute gepackt für Neuendorf. Gute Fahrt. Es regnete etwas. Zum Abend Aufklärung. In Gesprächen. Die netten Kinder. Gasthaus. Sehr primitiv.

Sonntag, 27. April 1930

Sonntag, 20. Ostern. Herrlicher Gang auf den Oderdamm. Morgenfrühe und Frische. Ostermontag nochmals ins Dorf. Gegen Abend im Radio Döblins Autobiographie. Nachtzug nach Berlin. Mittwoch, 23. Mein Gedichtbuch ist angekommen: Atem der Erde. Ein Vers für Clärchen in ihr Exemplar:

Zwölf Bücher schrieb ich fast vergebens.
Das dreizehnte wünscht nichts für mich,
Doch wünscht es alles Glück des Lebens
Mit seinem Atemwehn für Dich.

Sonnabend, 3. Mai 1930

Heute wieder früh über den Manuskripten. Es ist eine furchtbare Sklaverei.

Montag, 12. Mai 1930

Heute früh an meiner Fahrt in die Wüste notiert. Ich glaube, ich werde nun daran arbeiten können, falls die Zeit mir bleibt. Montag, 5. Wilhelm Lehmann. Sehr lieb. Las ein wundervolles Kapitel aus seinem Roman Der Provinzlärm.[28a] Dienstag Begrüßungsrede für die Akademie gemacht. Die Zeit ging dabei hin. Abends zur Akademie. Die Vorlesung von Kasack und Lehmann schön. Nachträglich hörte ich, Döblin habe gestört. Schade. Mittwoch zur Kunstschule. Aufführung des Marionettenspiels von Philipp Franck. Kinder als Zuschauer. Schön. Frau Amersdorff und zwei Töchter. Mit Franck und dessen Angehörigen im Atelier. Freitag zu

Fischer, Empfang für Maurois. Unbefangen graziöser Franzose. Verlagsdinge. Gutachten über Magnus, Björnsonübersetzung. Mit Fischer über Novitäten. Sonnabend nach der Akademie, Eröffnung der Frühjahrsausstellung. Botschafter de Margerie begrüßte mich sehr zuvorkommend. Liebermann äußerst frisch. Zitierte in seiner Rede das Wort Wildes »Nur der Schein trügt nicht«. Staatssekretär Lammers: Ob am Pariser Platz nicht zuviel Lärm? Liebermann: Ach was, ich bin doch halb taub. Ich freue mich, wenn mein Hund bellt. Da habe ich doch etwas. – Redet vom Tode. Früher habe er es nicht gemocht. Jetzt: wenn es doch vorüber wäre. Über meine Gedichte. Liebt den späten Heine und Walther von der Vogelweide. – Wannsee würde in fünf Jahren ein Rummelplatz sein.

Sonnabend, 17. Mai 1930

Dienstag den ganzen Tag Verlagsarbeit. Den Roman Hülsens nebst Gutachten. Drei weitere Bände. – Heute mittag kam Hans Kyser und las mir sein neues Drama Abschied von der Liebe vor. Eine schöne Arbeit, nur der zweite Akt taugt nichts. Im ganzen das Gefühl, als handle es sich um etwas Flüchtiges, das schön und tüchtig ist, dem aber die rechte Größe fehlt. Hoffentlich hat er recht viel Erfolg.

Sonntag, 18. Mai 1930

Ich habe beim Denken an die »Fahrt in die Wüste« eine melancholische Strähne gegriffen. Alte Notizen und alte Arbeiten beim Aufräumen unterstützten die Wehmut, nahmen mir die innere Gesundheit, was umso leichter war, als die körperliche zu wünschen übrig läßt. Ein wenig notiert.

Sonntag, 25. Mai 1930

Freitag zu Max Herrmanns Geburtstag gratulieren. Er hat über mein Buch einen wundervollen Aufsatz für die Literarische Welt geschrieben.

Dienstag, 27. Mai 1930

Gestern Akademie. Offizielle Dinge. Bei Aschinger Friedrichstraße Mittag gegessen, an die Studentenzeit gedacht, besonders, wie ich dort eine Zeitlang regelmäßig mit Willy Pagel einkehrte. Heute langes Telephongespräch mit Reichskunstwart Redslob. Ergreifend zu hören, wie seine Stellung durch Kleinigkeiten (die Ablehnung eines

Kitsches und eines Kitschiers) erschüttert werden kann. Ich erklärte mich bereit zu dem Gutachten.

Freitag, 6. Juni 1930

Donnerstag, 29. 5. Gutachten für Reichskunstwart Redslob gemacht, getippt, Brief fertiggestellt. Dann Gedichte ausgesucht und probiert, die ich im Rundfunk zu sprechen hatte. Gegen neun in der Pause des populären Konzerts kam ich heran und las mit viel Freude. Vorgestern Gespräche mit Bermann über das Laufende und mit Fischer. Dieser machte mir Vorwürfe wegen meines Preisrichtertums beim Jugendpreis. Ich blieb bei meinem Recht, könnte auch die 500 Mark schwer entbehren.

Mittwoch, 11. Juni 1930

Freitag bei der vielen Musik aus den geöffneten Balkontüren Erinnerungen an einst. Der Mond, wahrhaft Li Tai Pe. Montag nach Wilhelmshagen. Spaziergang nach Hessenwinkel. Schöne Erinnerung. Wenig verändert dort. Gang nach Erkner. Hier Freibad. Das ändert den Strand freilich sehr.

Freitag, 27. Juni 1930

Krank gewesen. Unangenehm. Angina. Heute im Vorraum bei Plesch Hauptmann getroffen. Er war sehr nett. Erzählte, er habe gestern beim Empfang beim Kultusminister in Sanssouci von meiner Erkrankung gehört. Ich bedankte mich für seinen Brief über meine Gedichte. Sonntag, 22. schlechter Zustand. Fieber 39 Grad. Gegen Abend kam Gottfried Benn, als Arzt. Er habe dienstlichen Auftrag vom Präsidenten (er war gestern bei Köppen in Potsdam mit Walter von Molo zusammen gewesen). Liebe Stunde. Mittwoch nachmittag Eipper, um über sein Buch zu sprechen. Abends gegen acht Orlik. Zwei Aufsätze von ihm durchgegangen. Vorzüglich. Innerlich froh. Gestern Manuskripte gelesen. Vormittags kam Kasack, brachte eine wunderbare Vase voll Rittersporn. Er fährt nach Selva im Grödener Tal. Erdbeeren aus seinem Garten.

Freitag, 4. Juli 1930

Sonnabend, 28. 6. in Frohnau. Freude, daß das Haus schon fast hoch ist in den Grundmauern. Darin herumgestiegen. Alles groß und luftig, obwohl die einzelnen Räume nur geringe Grundfläche haben.

Sonnabend, 12. Juli 1930

Freitag, 4. Richtfest in Frohnau. Der Bau sehr stattlich. Die Kinder der Nachbarn Jacubeit. 16 Handwerker, Maurer und Zimmerleute. Die Krone mit gelben und roten Bändern. Schöner Reimspruch des Zimmerpoliers vom Dachabsatz. Auf unserem Hügel gelagert. Bier in Flaschen. Zigarren mitgebracht. Cognac holen lassen. Jedem ein Fünfmarkstück. Große Zufriedenheit. Freitag in ein Weinrestaurant auf Einladung Orliks mit Slevogt. Wundervolle, seelisch bewegte Stunden. Über die Not der Zeit. Besonders mit Slevogt. Er kann nicht nach seinem Besitz Neukastell in der Pfalz, weil er hier auf Aufträge warten muß. Gestern rief der Rundfunk an. Ich möge morgen Gedichte lesen. Natürlich nahm ich an; dergleichen bedeutet einen gewissen Aufschwung.

Sonntag, 13. Juli 1930

Die Auswahl der Gedichte für den Rundfunk gemacht. Die »Silberhütte« aus »Wanderschaft« umgearbeitet und auf der Maschine geschrieben.

Freitag, 18. Juli 1930

Bei Eippers Kaffee getrunken. Ich erläuterte, daß nicht bloß solche Bestrebungen, wie ich sie pflege, von der sportlich-technischen Zeit bekämpft werden, sondern auch solche, wie sie beispielsweise Eipper treibt. Er ahnt nicht, wieviel bei ihm geschäftliche Erwägung ist, bis in den Fleiß hinein, bis in die Ethik, in die Liebe zu seinen Gegenständen. Die Ursprünglichkeit ist ein wenig etabliert. Vielleicht liegt das im Unbewußten. Es muß zugegeben werden, daß er aber ganz vorzüglich schreiben gelernt hat. Auch die Energie. Und schließlich auf dem Umwege steht er tatsächlich beinahe dort, wo er von Natur wegen nicht war. Dienstag den ganzen Tag über Waschzettel gemacht. Mittwoch im Verlage. Es ist unmenschlich, welche Lesebürde ich zu bewältigen habe. Immer Dinge, die geringer sind, als was ich denken und fühlen kann. Selbst das Gute mit der Hetzpeitsche im Rücken.

Montag, 21. Juli 1930

Heute hat Orlik seinen 60. Geburtstag. Heil Dir, lieber Freund. Mag ihm seine Jugendlichkeit, in der viel von seiner Größe liegt, erhalten bleiben. Gestern den ganzen Tag für mich verwandt. Selig darüber. »Fahrt in die Wüste« bedacht. Größeste Schwierigkeiten

der Komposition. Es ist eben notwendig, mit einem großen Plane täglich umzugehen, an ihm alle Tage zu arbeiten. Auch hierin: wer weiß, ob ich etwas zustande bringe!
Exlibris, Orlikheft gelesen. Schöne Überraschung: Orlik hat mir ein wunderbares Exlibris radiert. Nachmittags übrigens Brahms gespielt, das hält aber nicht stand. Das Schöpferische im tiefen, natürlichen Sinne fehlt immer wieder. Die Einfälle sind nicht groß, nur die Arbeit. – Der Tag war aber wohlgetan. Etwas ferienhaft Arbeitsames.

Dienstag, 5. August 1930

Auf Pleschs Anraten muß ich nach Bad Mergentheim fahren. Ich war vergangenen Donnerstag da, weil ich die Schwindelerscheinungen und Gleichgewichtsstörungen wieder in niederträchtiger Weise hatte. Er beruhigte mich nach gründlicher Untersuchung: es sei nichts Ernstes. – Gräßliche Schwächezustände. Hilflosigkeit. Das gehört zum Übelsten, was mir begegnet ist. Erwartung von Bewußtlosigkeit und Zusammenbruch. Sogar Gleichgültigkeit gegen das Leben in den schlimmsten Momenten. Gespielt: Mozart, Konzerte A-dur und c-moll. Große Erquickung.

Freitag, 15. August 1930

Die Reise nach Mergentheim angetreten. Regen in Strömen, große Kälte. Unterwegs im Buche über Valéry gelesen, was mir viel Anregung gab. Dazwischen viel in die Landschaft und auf die Städte gesehen. Der Zug leer, auf Feldern, Wegen, Stationen regte sich auch nicht viel. Alles machte einen ausgestorbenen Eindruck, wie damals, als ich im Generalstreik nach Coburg kam. Thüringen. Der weiße Lokomotivdampf in den Laubbäumen. Freundliche Sonne bis Schweinfurt. Würzburg Umsteigen in die Kleinbahn. Langsam hinauf. Im Hotel Victoria alles besetzt. Bei Nied in der Nähe untergekommen. Sauber, niedrige Zimmer. Eben im Hotel. Den freundlichen Dr. Reicher kennengelernt.

Sonnabend, 16. August 1930

Um neun zu Dr. Reicher, Untersuchung. Verordnungen Quelle, Diät, Diathermie. Ich bin viel Geld losgeworden. Leise Sorge. Gänge durch die schöne Stadt und in der Nähe. Nachmittags erstes Brunnentrinken.

Sonntag, 17. August 1930

Wunderbarer Spaziergang. Über die Brücke mit der Kapelle und dem Christopherusbild den Weinberg hinan in den vollständig stillen Ketterwald. Ich freute mich, nichts mehr von der Hinfälligkeit zu merken, kein Schwanken und Ängste. Buchen. Kühl, am Rande Sonne. Der schöne Blick. Auf der Höhe gegen Löffelstelzen, Waldeck. Umweg. Schloßpark. Die alten Bäume. Das Schloß in allen Höfen und Winkeln angesehen. Durch die Altstadt zum Hotel. Nachmittagsbrunnen. Viel Betrieb. Andächtige Musikhörer. Viele Leidende und Häßliche. Durch die neuere Stadt zur Peripherie. Bauerngärtengeruch. Wohltuend. Ein wenig heimatlos. Ich weiß nicht, wo mich niederlassen. Mit niemand Unterhaltung. Fremdling unter Einheimischen.

Montag, 18. August 1930

Große Kühle. Wolkenloser Himmel. Schöne Natur. An Clärchen gedacht unter den schönen Bäumen des Kreuzrittergartens. Storm gelesen: Abseits im Heidedorf. Einsam-unglückliches Gefühl.

Dienstag, 19. August 1930

Nach dem Essen drei Geschichten von Kipling. Es war Post gekommen. Ich hatte zu antworten, tat es im Kurgarten im Postamt. Eipper erfreute mich nicht mit seinem Manuskript. Ich kann Manuskriptförmiges nicht sehen.

Mittwoch, 20. August 1930

Durch die heutige Post wieder getröstet. Besonders durch Orliks lieben Brief. Sehr nett auch Prof. Amersdorffer.

Freitag, 22. August 1930

Droste gelesen, Wort für Wort langsam genossen. Schöner Gang nach Igerstein. Überall Heuduft. Mais. Die schönen Obstbäume längs der Chaussee.

Sonntag, 24. August 1930

Einförmigkeit. Im Buch von Karl Hampe, Herrschergestalten des deutschen Mittelalters, gelesen. Gedichte von Droste-Hülshoff. Nachmittags gegen Königshofen spaziert.

Montag, 25. August 1930

Früh auf. Ganz neblig. Erst am Brunnen lichtete es sich, hob sich auch die große Kälte gleichsam der Sonne zu – und es wurde ein überaus schöner, völlig wolkenloser Tag. Nachmittags wundervoller Weg über Erlenbachtal nach Marienruh am Hange des schönen düstern Buchenwaldes. Von dort Aufstieg. Der besonnte Friede im Tal von der Aussicht her überwältigend. Durch Hohlwege ziemlich steil abwärts auf die Straße kurz vor Ingenheim herausgekommen. Rasch nach Mergentheim zurück. Es wurde nun dunkel und kalt.

Dienstag, 26. August 1930

Mit großer Bewunderung die balladenhaften Gedichte der Annette von Droste-Hülshoff gelesen. Unerhörte Anschaulichkeit oft, fortreißend über die vielen Härten.

Mittwoch, 27. August 1930

Traurig bis in den Tod. Ob ich wohl noch eine Weile richtige Gesundheit wiederfinde? – Nachmittags zum Trillberg hinauf. Schönblick. Am Waldesrand. Vor dem Schicksal Aug in Auge unfähig zu arbeiten.

Freitag, 29. August 1930

Mit sehr viel Träumen geschlafen. Benommenheit im Kopfe noch immer. Ich habe das Gefühl, dies sind Entscheidungswochen: abwärts oder aufwärts. Noch Zeit oder zu spät. – Große Hitze. Im Schloßpark alle Bänke besetzt. Auf dem Kinderspielplatz fand ich noch Raum und notierte einiges für Fahrt in die Wüste.

Montag, 8. September 1930

An Versen: Assurs Löwe.

Dienstag, 9. September 1930

Sabberndes Regenwetter. In dem Buch über Valéry viel und angeregt gelesen.

Freitag, 19. September 1930

Donnerstag, 11. letzte Behandlung bei der Schwester in Mergentheim. Gepackt. Zustand bis auf die Schwäche einigermaßen befriedigend. Freitag, 12. Abreise. Im Thüringer Wald Nebel-Regen. Belebendes Gefühl. Geistige Fruchtbarkeit. Viel notiert. Die Neue

Rundschau gelesen. Die Zeit verging gut und angenehm. Frisch in Berlin. Gestern nachmittag rief Döblin wegen der Akademie an, abends Stucken. Man gelangt in die Geleise zurück.

Sonntag, 28. September 1930

Donnerstag Akademie. Sehr viel getan. Mit Fischer mehrmals telephoniert. Wegen der neuen Novelle Hauptmanns Die Spitzhacke, die ich eiligst lesen mußte. Gut geschrieben, aber es kommt wenig heraus dabei. Sonnabend Musik gemacht. Drei Orchesterkonzerte von Händel.

Montag, 6. Oktober 1930

Martervoller Leidensweg. Mittwoch zur Aula der Universität. Erst gings ganz gut, nach einer Stunde wurde mir schlecht, daß ich vom Stuhle zu fallen glaubte und Angst hatte, hinauszugehen. Erst nach zwei schob ich mich aus dem Saale. Überwand mich, ging zu Fuß, belauert von der Krankheit und mich selbst belauernd, bis zum Verlage. Von den Reden zur Museums-Hundertjahrfeier wenig gehabt. Am meisten Eindruck machte mir das Aussehen von Ulrich von Wilamowitz-Moellendorff. Liebermann unverständlich. Donnerstag von Fischers nach dem Pergamon-Museum mitgenommen. Dort war es ganz übel mit mir. Ich schwankte und taumelte und war froh, als ich nach der halben Stunde Festakt mich hinausschleichen konnte. Bis zur Akademie gegangen unter ungeheuren Schwierigkeiten. Vor Schwere in den Beinen kaum hingekommen. Später zu Plesch. Der besprach sich sehr lieb 2 Stunden lang mit mir. Hoher Blutdruck in den Venen, rheumatische Nervenschmerzen im Nacken und Kopf. Rechtes Ohr Trompetenkatarrh. Freitag abend Benn zu Besuch. Über seine Persönlichkeitsgedanken. Ich war leidlich wohl dabei.

Donnerstag, 23. Oktober 1930

Sehr viel Arbeiten. Es ging mir gesundheitlich besser. Montag, 13. früh um halb zehn im Kultusministerium. Bericht an Ministerialdirektor Hübner und Ministerialrat Haslinde. Zu halb elf in der Akademie. Den ganzen Tag Sitzung. Recht anstrengend. Freitag, 17. den schriftlichen Jahresbericht zu Ende gebracht. Gerade fertig geworden. Dann eilig zum Kultusminister zum Frühstück, zwei Uhr. Zwölf Personen. Minister Grimme und Frau, Liebermann, Schickele, Thomas Mann, Döblin, von Molo, ich, Staatssekretär

Lammers, Hübner, Haslinde, Richter. Nett. Bis vier Uhr. Spaziergang mit Thomas Mann und von Molo. Mit Molo dann zur Akademie. Mein Bericht hatte lebhaften, spontanen Beifall. Orlik, Weiß begrüßt. Sonnabend, 18. Singakademie, schöne Vorlesung Thomas Manns.

Donnerstag, 6. November 1930

Sehr unruhige Zeit. Ich mußte immer unterwegs sein und kam zum Aufzeichnen nicht. Heute einmal eine Abendstunde für mich, aber todmüde. Freitag, 31. 10. Verlagsarbeit. Um fünf zur Akademie. Senatssitzung. Ich mit Fulda zu Vorsitzenden wiedergewählt. Gemeinschaftssitzung. Döblin höflich und unduldsam. Stucken präsidierte. Von Molo gereizt und sehr zwiespältig. Montag früh auf, um mit Prof. Amersdorffer wegen der Goetheausstellung eine Dienstreise nach Leipzig zu machen zu Prof. Kippenberg von der Insel. Angenehme Fahrt. Kippenberg am Bahnhof. Auto zu seinem Hause. Die herrliche Sammlung! Rückfahrt ebenfalls angenehm und schnell.

Donnerstag, 13. November 1930

Sonnabend morgen nach Frohnau. Es regnete wie jetzt alle Tage. Das Haus sieht äußerlich stattlich und innen sehr schön aus. Ein Spaziergang durch den Ort. Montag zu Plesch. Er war zufrieden, er habe nichts mehr zu sagen, ich solle gesund bleiben. – Nun, so gut ist es noch nicht. Aber doch, ich kann den Körper zuweilen vergessen. Mittwoch nach Potsdam zu Kasacks. Schöne Gedichte. Wunderbare Wärme der Aufnahme.
[Keine weiteren Tagebuchaufzeichnungen bis zum Jahresende.]

Gedanken und Bemerkungen. Undatiert 1930

Nutzen der Lyrik. Gewiß, durch Verse wird die Wohnungsnot nicht kleiner, neue Kriege werden nicht abgewendet, die soziale Frage wird nicht gelöst. Alles bleibt unverändert. – Aber wie ist es denn bei der Erzählung, wie beim Drama, wie selbst beim Essay? – Nur ein Gefühl, ein Gedanke stößt vor. Das Schönste aber war immer, ist und wird bleiben: Gesicht der Welt festzuhalten. Zustände, die, zu Papier gebracht, vorüber sind. Das Kämpferische ist nur etwas mehr vorüber als das Gestalterische, denn dieses gibt über einen vergangenen und möglichen künftigen Zustand einen dauernden. Ich habe nun (1930) in einem Teile meiner neuen Gedichte eine Einfachheit erreicht, die nicht auffällt und daher zur Anstrengung des Lesers nicht auffordert. Wenn nun aber übersehen wird, was in sie eingegangen, in ihr aufgegangen ist? Wenn sie verwechselt wird? Die Anforderungen an den Aufnehmenden bleiben, – bleiben überall gleich (bei Voraussetzung gleichen Niveaus). Immer ist ein Geben von beiden Seiten erforderlich: von der schöpferischen und der nachschöpferischen her.

Ja, vielleicht ist das künstlerische Gestalten Furcht vor dem Tode. Der Wille, etwas zu schaffen, das länger dauert als wir. Wie lange? Wäre es nur ein Jahr, ein Monat, ein einziger Tag – es wäre schon ungeheuer. Der Versuch, dem absoluten Nichts zu entgehen. Ungeheurer noch, weil diese Tendenz unbewußt ist, triebhaft, notwendig.

Freitag, 2. Januar 1931

Dienstag, 16. Dezember ist eine neue Lebenszeit angebrochen. Wir zogen nach Frohnau um. Das Grundgefühl: trotz Unruhe und manchmal körperlicher Beeinträchtigung, ist Glück. Wunderbares Schlafen. Herrliches Glück, hier in der Stille und in guter Luft eine Weile zu wandern. Mit der Arbeit ist es bisher noch nicht viel geworden, nur die Berufsarbeit für Verlag und Akademie konnte erledigt werden. Merkwürdig, daß ich gar keine Sehnsucht zurück nach der alten Wohnung habe, in der ich fast zwanzig Jahre gelebt habe. Ich habe in meinem hellen Zimmer hier die meisten Dinge um mich, die mich früher umgaben, nur bedarf es noch der Gewöhnung.

Am zweiten Tage hier schneite es. Wir gingen alle drei nach dem Abendessen hier durch die Straßen, die weißen leuchtenden mit den dunklen, schneebeladenen Kiefern. Ein unvergeßlicher Eindruck. Und weitere der Art kamen. Auch im Nebel. Selbst bei Regen. Duft. Erde. Der Blick vom Kaffeetisch in das Freie. Am Vorabend des Umzuges mußte ich noch in die Universität zum Vortrage Rudolf Borchardts Das Geheimnis der Poesie.

Zum Silvester kamen Kasacks und später Else. Führung. Befriedigung. Ich war vormittags im Verlage. Gespräch mit Bermann und Eipper, der zum letzten Mal dort war. Schon zwei Tage nach dem Umzug kam der neue Rundfunkapparat. Viel Freude dadurch.

Haus in Frohnau

Arbeitszimmer in Frohnau

Dienstag, 6. Januar 1931

Gestern um fünf Sitzung der Statutenkommission. Liebermann wieder sehr lebendig. Einen starken Eindruck empfing ich von Poelzig. – Knirschender Schnee hier in Frohnau. Gefühl wie fast immer beim Blick oder Gang ins Freie. Maeterlinck, Leben der Ameisen. Heute: der schöne Schnee. Nach allen Seiten Wald, etwas Märchenhaftes. Ist es nicht ein Wunder, daß mir dies alles so natürlich ist?

Donnerstag, 8. Januar 1931

Schwüles Gefühl betr. Akademie, weil Kolbenheyer und Schäfer ausgetreten sind. Ob die anderen standhalten werden? Vormittags mit Fulda, Döblin telephoniert.

Donnerstag, 22. Januar 1931

Montag, 12. Akademiesitzung. Höchst unangenehm. Zusammenstoß von Döblin und Heinrich Mann mit den übrigen. Es sah ganz hoffnungslos aus. Döblin diktatorisch, warf mich aus dem Sekretärsposten und Ricarda Huch und Stucken aus der Mitgliedschaft in seinen ungezogenen Äußerungen. Heftige Opposition. Sonnabend, 17. um elf schon in der Akademie zur Eröffnung der Ausstellung der Bilder lebender japanischer Maler. Große Aufmachung. Orlik, Stucken begrüßt. Mit Stucken die Lage der Sektion besprochen. Etwas hoffnungsvoller. Wegen Hamsun im Auftrage des Ministeriums herumtelephoniert. Ich stand beim Festakt neben Minister Grimme, plauderte mit ihm lange, aber er sagte nichts wegen der Akademie. Ein unangenehmer Aufsatz von Engel im Berliner Tageblatt. Botschaftsrat Togo, Exzellenz Solf, Löbe etc. Die japanischen Akademiker in schwarzen Kimonos mit weißen Kreisen. – Nachmittags hier Besuch von Ingenieur Böck und Frau, Helene Grell, Dr. Reher. Es wurde ganz nett. Mehrmals das Haus gezeigt, schon ein geübter Kastellan. Musiziert. Grellchen Bach-Arien mit mir, ich Buxtehude und Bach, Präludium zur 2. englischen Suite. Montag, 19. in die Akademie, Protokoll teils geschrieben, teils diktiert. Petersen, Haslinde; Heinrich Mann führte den Vorsitz, freundlich-hilflos und liebenswürdig. Der Wille, die Sektion zu halten, sehr deutlich. Es ist zu hoffen, daß es gelingt.

Montag, 9. Februar 1931

Viel innere und äußere Unruhe. Noch immer nicht recht eingewohnt und eingerichtet. Die Sonne steht vor mir in den Kiefernwipfeln. Dicke Schneepolster sind darin. Zuweilen fährt Wind hinein, dann entsteht ein rauchendes Stauben. – Es ist täglich eine Kälte von etwa sechs Grad. Alles weiß. Berlin weit hinten. Auch im Gefühl sind die Entfernungen noch nicht ins Gleiche gebracht. Dienstag, 27. 1. Im Dunkeln stand ich auf, weil schon um zehn Uhr die außerordentliche Hauptversammlung der Sektion für Dichtkunst war. Wir tagten den ganzen Tag mit einer kurzen Mittagspause (Halbe, Däubler, Mombert und ich aßen bei Siechen). Programm für die Zukunft. Für die Presse formuliert. Heinrich Mann und Ricarda Huch zu Vorsitzenden gewählt. Mittwoch, 28. um zwölf Werkbeihilfenkommission in der Akademie. Außer mir: Döblin, Mombert, Ponten. Ponten umständlich, aber doch rasche und endgültige Erledigung. – Verlag. Nachmittags Abrechnung laufender Ausgaben für das Haus. Sorge ums Geld. Sonnabend, 31. statt Presseball zu Hause eine gute nächtliche Weile aufgesessen. Montag, 2. Wassermann, Etzel gelesen, für Waschzettel. Hans Kyser, Wiener Kongreß, Hörspiel. Sonnabend, 7. Zum Bahnhof – Erna, Armin und den kleinen Dackel Nickel abgeholt. Dann hier, wie allen Neulingen, ausführlich das Haus gezeigt.

Sonnabend, 14. Februar 1931

Dienstag früh zur Akademie. Eine Sitzung der bildenden Künstler wegen der Statutenreform. Anwesend: Amersdorffer, Ministerialdirektor Hübner, Liebermann, Klimsch. Liebermanns Feindschaft gegen Justi, seine Zornfähigkeit, erstaunlich für einen so alten Menschen. – Verlagsarbeit zu Hause und ein in Mergentheim begonnenes Gedicht. Gestern den ganzen Tag für den Verlag stramm gearbeitet. Notiz für den Rundfunkdialog mit Benn.

Donnerstag, 26. Februar 1931

Unstet und flüchtig. Viel Arbeit, die keine ist. Viel Zerstreuung, weil die Sammlung zu schwer ist.

Montag, 16. Zur Akademie. Mit Prof. Amersdorffer über dem Statut. Mittwoch, 18. Zu Fuß vom Verlag ins Kultusministerium zur Sitzung des Preisgerichts. Diese war ziemlich kläglich durch den mangelhaften Beratungsstoff, die Geschwätzigkeit Georg Engels (seine Mutter hat vor einem Porträtgemälde von ihm geurteilt:

Rayonchef bei Tietz) und durch das vorlaute Auftreten Elsters. Abendbrot bei Habel. Geheimrat Waetzoldt stellte wieder das Menu zusammen. Ganz nett durch Waetzoldt und Petersen, unbefriedigend durch Stehr, der ein katholisch enges und leichtbefriedigt gottseliges Theoretisieren und Praktikastern von sich gab; Elster sekundierte wieder sehr töricht. Schaffner tapfer, ruhig und gut. Donnerstag, 19. Akademie. Ich besprach mit Benn unsere für den 24. festgesetzte Rundfunkunterhaltung.
Freitag, 20. gottlob einmal wieder einen Tag ohne Berlin. Verlagsarbeit. Montag, 23. zu Benn. Wir machten eine Probe, die ganz befriedigend war. Zwischenein besorgte Benn immer seine Praxis. Nach der Universität, zum Vortrag Paul Ernsts Technik des Märchens. Mit ihm vor Beginn geplaudert. Der Minister, Ministerialdirektor Hübner und Haslinde waren da. Nachher bei Habel, angenehme Unterhaltung mit Ina Seidel, deren Tochter und Prof. Petersen.
Dienstag, 24. Durchsicht des Vortrags. Zwar sorgfältig, aber ich war schwerfällig, unbeweglich dabei. Nach sechs abgefahren. Einsames Wandern um den imposanten Reichskanzlerplatz. Erinnerungen. Kindl-Braustübl. Die architektonisch interessanten Häuser. Das Licht. Die Autoausstellung. Die vielen Menschen und Wagen. – Bevor wir beginnen konnten, mußten wir das Ende einer dummen Musik abwarten. Dann lief es wohl ganz anständig. Mit Köppen durch Teile des neuen Rundfunkhauses, der Treppenhof in Gelb und Klinkerspitzen, schön. Eine wohltuende Einfachheit und Helle überall.
Heute Mozart gespielt. Ich habe jetzt etwas systematischer musiziert, merke, daß die Übung sehr zurückgegangen ist, und ich möchte sie gern wieder einholen. Ich habe nur nicht die rechten Tagesstunden verfügbar. An Versen probiert – aber das ist noch in weitem Felde.

Montag, 2. März 1931

Aufgelockert in der Stimmung. Freitag mit unserem rührend trabenden Nickelhunde, den wir jetzt drei Wochen lang haben zu unserer unerschöpflichen Freude, nach Stolpe gewandert. Es war ein warmer windwolkensonniger Frühlingstag. Wasserlachen, Wind. Sonnabend der Neubeginn im Musizieren. Heute nach der Rückkehr aus der Akademie Händel, gestern und vorgestern die sechs Orchesterkonzerte von Händel, die ich in meinem Besitz habe. In den Tagen vorher Mozarts sämtliche Klaviersonaten. Verse und Prosa, erregend huscht es vorüber. Ich sollte mich zwingen festzuhalten!

Freitag, 13. März 1931

Mein Geburtstag. Zum ersten Male hier draußen. Leidliches Wohlgefühl. Schneelandschaft. Heute wärmer und beginnendes Tauen. Sonnabend, 7. zur Akademie. Eröffnung der Poelzigausstellung. Der Minister. Liebermann sprach. Die Entwürfe, Grundrisse, Aussichten angesehen. Viel Freude. Sonntag, 8. nachmittags kam Wilhelm Lehmann. Gang durchs Haus, sein Entzücken daran. Sehr vergnügte Stunden. Montag Akademie. Nachmittags Besuch: der preisgekrönte Dichter Josef Martin Bauer aus dem tiefen Bayern. Zu fünf Uhr zum Kultusminister. Besprechung dort über Einfluß auf den Schulunterricht. Anwesend: Döblin, Heinrich Mann, ich und der Minister, Ministerialdirektor Hübner, Dr. Haslinde, Oberschulrat Gaade. Mit Döblin über den Tee für Heinrich Mann gesprochen. Gestern, Akademie. Die Folgerungen aus der jüngsten Sitzung. Heinrich Mann von merkwürdigem Interesse für den Tee zu seinen Ehren (60. Geburtstag am 27. 3.). Nachmittags ein wenig musiziert, zwei Sonaten von Schubert. Heute Brahms, ohne Wirkung, und mit großem Eindruck die Violin-Chaconne Bachs.

Sonnabend, 21. März 1931

Frühlingsanfang. Wahrhaft so. Warme Luft, blauer Himmel. Eichhörnchen, unsere Nachbarn, spielen auf dem Waldboden. Amseln. Wasserlachen und Schneefetzen. Den Aufsatz über J. M. Bauer für die »Lesestunde« der Deutschen Buch-Gemeinschaft beendet.

Ostersonntag, 5. April 1931

Erst heller, dann sich bedeckender kühler Frühlingstag. Eben, aus der Leipziger Thomaskirche übertragen, Bachs Kantate Christ lag in Todensbanden gehört. Tiefst angepackt, so daß ich die Erregung kaum ertragen konnte.
Dienstag, 24. Das dumme Telephonieren wegen des Tees für Heinrich Mann. Freitag, 27. zu acht Uhr nach der Akademie. Die Gäste empfangen. Ricarda Huch zuerst. Der Minister bald und Haslinde, Hübner, Fuldas. Es klappte alles gut. Von der Last und Verantwortung (was für Verantwortungen man hat!) befreit. Heinrich

Mann dankte mir herzlich. Amersdorffer und Frau Fischer waren freundlich, weil die Bewirtung gut gelungen gewesen sei.

Sonnabend, 18. April 1931

Dienstag ins Ministerium zur Statutensitzung. (Liebermann: Die Künstler sind wie die Hunde – die sind auch gern beisammen und beriechen sich.) Kein guter Eindruck. Alles ist flüchtig und äußerlich. Die Akademie soll nur ein einflußloses Gebilde bleiben, ein Schmuck gleichsam. – Gestern wurde unser Garten bepflanzt. Ungeheure Freude dabei. Ich stand fast die ganze Zeit neben dem Gärtner und sah ihm zu. Torfmull unter die Sträucher und Stauden. Alles sieht schön und sauber aus. Reichlich Gewächse. Mit Clärchen hindurchgegangen. Liebe zu fast jeder einzelnen Pflanze. Frühlingsfeier. Gegen Abend Regen. Nachmittags Verlagsarbeit. Mit Orlik telephoniert; er liegt im Franziskus-Sanatorium. Quartette von Beethoven. Gilgamesch-Epos. Daraus wird in Gedichte etwas einfließen.

Donnerstag, 30. April 1931

Mittwoch, 22. Verlag. Fischer begrüßt. Besuche. Frühjahrsausstellung in der Akademie eröffnet. Oberbürgermeister Sahm. Sonnabend, 25. Den ganzen Tag an Conrad Die Rettung gelesen. Auf dem Balkon, im Garten. Es war schön und warm. Als es dunkel wurde, sprengten wir die Sträucher und Blumen. Knospen kommen heraus, einige Veilchen blühen. Das ist immer wieder eine große Freude. Sonntag abend hörten wir Kerr im Rundfunk. Er war frisch und klug, hatte Anregendes für uns in seiner Volkstümlichkeit. Montag Sitzung der Statutenreformkommission unserer Sektion. Besprechung wegen der neuerlich drohenden Zwangslizensierung im Rundfunk. Mittwoch, Verlag. Besuche, daß man sich nicht helfen konnte. Der Verleger Richard Weißbach aus Heidelberg saß herum und ging nicht. Kurt Heuser. Adrien Turel, sehr sympathisch. Der junge Joachim Schwarz. Dann nach Potsdam zu Kasacks. Sehr angenehm dort wie immer. Über Heynen und neue Arbeiten Kasacks. Den frühlinglichen Garten angesehen. Langwierige Fahrt zurück.

Donnerstag, 7. Mai 1931

Die Veilchen im Garten blühen seit Ende April. Die gelben Forsythien in dieser ersten Maiwoche. In dem Grünen ist ein mächtiges

Schießen. Die Rosen setzen an. Auch eine der drei Birken hat kleine Blätter. Der Flieder ist mit grünen Blütenknospen besetzt. Alle Tage sprengen wir gründlich, gestern abend ging das erste Frühlingsgewitter nieder. Der kleine Nickel hatte Furcht. Wärme, Erfrischung. Meist schönes körperliches Wohlgefühl. Fast ohne Pause singen die Vögel all die Tage. Morgens wie alle Tage das Wachstum im Garten betrachtet. – Musikloses Leben wieder. Nur an den Sonntag-Vormittagen höre ich die Kantatensendungen aus Leipzig. Freitag an den Gedichten. Sonnabend eine Reihe von Strophen in einem der frisch entstandenen Gedichte. Zum Gärtner, blühende Frühlingsblumen gekauft und am Steinweg im Garten eingepflanzt. Montag Clärchens 50. Geburtstag.

Freitag, 8. Mai 1931

Gestern Verlagsarbeit bis Mittag. Gedichte geordnet, abgeschrieben, die losen Blätter vernichtet. In der Akademie gestern Sitzung mit Reichsrundfunk und Verbänden. Hitziges Referat Fuldas. Unangenehme Antwort Direktor Wagners. Die Zwangslizenz. Jedenfalls finanzielle Schädigungen der Autoren beabsichtigt. Die Debatte nicht gerade fruchtbar, aber allerlei Interessantes. In der Eisenbahn übrigens immer eine ganze Menge Manuskriptlektüre. Es ist mir lieb, daß ich die Zeit spare, besonders für unangemessene Sachen ist es angenehmer fahrend, als in dem schönen Arbeitszimmer hier dergleichen zu machen. Briefbände 2 und 3 von Dehmel durchgesehen. Brief dazu an Frau Dehmel, ferner über die Gedichte der Frau Langgässer an Emanuel bin Gorion.
Es ist heute ein regnerischer Tag. Beethoven op. 18, III gespielt. Nicht sonderlich in Stimmung. Manchmal für Momente das Gefühl der Abgeschiedenheit. Die Schönheit ringsum scheint mir nicht verdient, aber dann gleich wieder Ahnung kommender und ach! auch schon so gegenwärtiger Kompensation nach der Seite des Üblen. Als reine Auslöschung bereits das Wissen um die Vergeblichkeit meiner künstlerischen Arbeit. Ein winziges Lichtlein der Vergangenheit – wie schlimm doch, da man noch lebt und zuweilen nicht erloschen ist. Eine grausame Last ist dieser Druck des Lebendigbegrabenseins; Verzweiflung nur ist das manchmal Vergessen und seine Symptome. Daher und dabei auch die mancherlei Exzesse. Sehr allein. Fast niemand mehr, der mir folgt. Alle wollen das Oberflächliche.

Sonnabend, 9. Mai 1931

Gestern noch eine ganze Menge Verlagsarbeit, auch Kasacks Alexandergeschichte. Mittags erwarten wir Kasacks.

Freitag, 15. Mai 1931

Bis zum Mittag des vorigen Sonnabends hatte ich noch eine ganze Menge für den Verlag erledigen können. Mit Kasack war es dann herzlich und einfach. Ich bot ihm abends das Du an. Vorlesen der Alexandererzählung: ich bin noch nicht überzeugt. Spaziergang mit ihm. Den Sonnabend regnete es viel, und über der Frische war abends ein verschleiertes dunstiges Licht. Nach allen Enden verlor sich die Sicht in Grau und in Blüten. Tulpen, Birken, Magnolien, die blauen Kissen und weißen in den Steingärten. – Abends über Schauspielerei. Es wurde halb zwei Uhr, bis wir zu Bett kamen. Nächsten Morgen rief Frau Fischer an. Um zwölf erschienen Fischers, Bermanns. Besichtigung des Hauses. Portwein und Brötchen. Frau Fischer hatte Blumen und Früchte mitgebracht, dazu eine wundervolle Schale aus Glas. Nachmittags Telephongespräch mit Köppens, sie möchten Kasacks abholen. Um sieben wollten sie dasein, um halb neun erschienen sie. Etwas Flüchtiges, Nervöses. Wieder das Haus gezeigt. Beim Hinausgehen verknackste sich Frau Kasack nochmals den Fuß und wurde ohnmächtig. Damit im kleinen Wagen Platz bliebe, wurde Renate bei uns gelassen. Montag Turel. Sehr anregendes Gespräch. Viel leidenschaftlich visionär Gedachtes. Über die Kunst. Mir fehlt dergleichen – ich bin sehr herausgerutscht. Bis Mitternacht auf meinem Balkon gesessen. Es war herrlich lau, der Wald dämmerig von dem aus dem Hause fallenden Lichte. Sterne im samtenen Dunkel darüber.

Sonnabend, 16. Mai 1931

Scholzens Nachdichtung des Calderonschen Werkes Über allen Zaubern Liebe gelesen. Lange nicht einen so unmittelbaren frischen Eindruck gehabt.

In der Frühjahrsausstellung. Eindrücke: Slevogt, Liebermann, schön das Stilleben Orliks. Wenig Arbeitslust, weil die wachsende grünende blühende Welt so feierlich ist. Jetzt am Schreibtisch Papiere geordnet. Gedichte.

Dienstag, 19. Mai 1931

Wie immer morgens der Freudenausbruch im Garten. Der Flieder, der weiße ist im Begriff, neue Blüten aufzutun. Ein Steinveilchen. Die tränenden Herzen. Schön kommen auch die Farne. Mohn und Spiräen sind schon ganze Büsche. Der Nußbaum hat Blätter. Sonntag Bachkantate gehört. Keine sehr gute Übertragung. Sie werden euch in den Bann tun (1. Komposition). Der grandiose Wechsel von Leid und Freude, Grauen und Licht. Diese Teilung in Tag und Nacht ist überhaupt das Grundpolare der Bachschen genialen Art. Es gibt ihm die erforderliche Erleichterung, die jede große Kunst braucht, den Zugang überall hin. Gestern Besuch von Frau Elisabeth Langgässer. Geteilter Eindruck; etwas Verwinkeltes neben dem hohen Talent.

Freitag, 22. Mai 1931

Glücksgefühl, nicht nach Berlin zu müssen. Bücher ein- und umgeräumt. Gedanken zur Kunst notiert. Gespräche mit Fred Neumeyer und Herrn von Staa. – Nach dem Frühstück die Quartette c-moll und A-dur op. 18 von Beethoven gespielt. Jetzt an Versen. Das Gedicht vom Löwen Assurs fertig gemacht, nachmittags und abends. Wenn man aus der Kunst sehr heraus ist, ergibt das eine übermenschliche Anstrengung. Nichtaufgehen der Vision und Prägung, ein Zustand zum Verzweifeln. Nachher aber lösten sich die Widerstände.

Pfingstsonntag, 24. Mai 1931

Eben aus Leipzig die Reichssendung der Pfingstkantate Also hat Gott die Welt geliebt. Ein ganz ungeheurer Eindruck. Die Schönheit dieses Geistes der Pfingsten ist unbeschreiblich. Der Tanz vor Gott im ersten Satz. Das in den Vordergrund hineinschwingende Also hat Gott die Welt geliebt. Die Gewißheit, der Sohn sei gegeben! Das Gehaltenwerden des »geliebt«. Das Korrespondieren des »ergibt« und »leben«. Dann in der Arie das Solocello. Und das frohlockende Herz des Soprans. Die Baßarie: der Drang in den Triolen der Holzbläser, das Dawideranstampfen des Basses »geboren«. Die Befriedigung im Gebete. Das wilde Krauswerden beim Zerbrechen des Erdenrunds. Die Straffe und Strenge des Fugenchors: von Glauben und Gericht. Da bleibt kein Ausweichen. Mendelssohn hat die Kantate besonders geliebt. Wohl das Melodische, das überzeitlich Moderne. Die Schönheit der Überzeugungskraft, der sich niemand entzieht. – Gestern vormittag an dem Gedicht von der Urzeitechse. Es gelang mir, nur weiß ich noch nicht genau, wo und wie die letzten Klänge heranzuholen sind. Bis in die Nachmittagsstunden geschafft.

Pfingstmontag, 25. Mai 1931

Das Gedicht von der Nachtwachhütte beendet gestern. Viel Sehnsuchtswünsche, keine rechte Befriedigung.

Sonnabend, 6. Juni 1931

Sonntag, der 31. Mai, war ein Tag des Schicksals. Gegen sechseinhalb nachmittags zog ein Unwetter herauf. Ein Wirbelsturm aus Süden sprang in den Wald und zerbrach, entwurzelte mit ungeheurer Wucht in zwei, drei Sekunden in unserem Talkessel mindestens dreißig große Bäume. Drei Kiefern sind in unserem Garten ausgerissen worden, eine von dem Zyklon abgedreht, und drei weitere lagen vollkommen schief und stützten sich in den Nachbarbäumen. Diese umgelegten haben wir heute mit Flaschenzug aufrichten und mit Stahlseilen verankern lassen. Meine Trauer über den Jammer dieses Orkans ist groß. Die etwa sechzigjährigen Kiefern sind unersetzlich! Es war ein Entsetzen, am Morgen nach dem Sturme die Verwüstung anzusehen. Vier Kronen lagen am Boden und füllten den ganzen Garten. Die Stümpfe mit den weißen splittrigen Bruchflächen wirken unendlich traurig. Wo Fülle war, Waldüppigkeit, ist es jetzt kahl. Selbst der Himmel sieht jetzt leer aus. – Während der Katastrophe flogen die Blitze mit dem Sturm, große Hagelkörner schossen herunter gegen das Dach, sie zerschlugen eine Menge Dachziegel, zerhieben das Grüne der noch übrigen Bäume. Ein Wolkenbruch schwemmte die Erde herunter. Das Wasser brach von der Pergola her ins Haus ein. Ganz plötzlich geschah es. Wohl mehr als hundert Wannen und Eimer haben wir beiseite geschafft. Wir fühlten uns geschlagen und verzweifelt. Mittwoch Verlag. Gespräch mit Saenger über die düstere politische Lage. Nachher mit Kayser in dessen Wohnung. Wir probten den Vortrag. Freitag, gegen Abend nach Berlin, den Rundfunkvortrag halten über literarische Moden. Befriedigt heim.

Sonnabend, 27. Juni 1931

Arbeitsreiche, manchmal erregende Zeit.

Montag, 8. im Zentralinstitut für Erziehung und Unterricht an Schulbüchern studiert. Nachher noch Adadmie. Verlag.

Sonnabend, 13. morgens kam Orlik. Größeste Freude für uns alle. Wir verlebten einen köstlichen Tag. Orlik setzte sich nach der Besichtigung des Hauses gleich in meinem Zimmer an die Arbeit, um mich für eine Medaille zu modellieren. Nachmittags malte er einen Rosenstrauß, in den Kornblumen und andere Feldblumen und Gräser eingestreut waren. Die blaue Vase Clärchens und den braunen Untersatz von Herrmanns. Für uns das Zusehen ein Fest. Ich spielte dazu Bach und Mozart. Abends herzliche Gespräche. Viele Erfahrungen und Anekdoten Orliks. Mitternacht zur Ruhe. Sonntag, 14. Ziemlich früh kam Orlik herunter. Malen. Wir hörten gemeinsam die wundervolle große Kantate Bachs zum zweiten Trinitatissonntag. Kleiner Spaziergang. Fortgemalt. In der Sonne gesessen. Um sechs begleitete ich Orlik zum Bahnhof. Wir waren hinterher selig und gehoben. Eulenbergs Romanmanuskript Mutter und Tochter – wie mäßig! – zu lesen begonnen. Dienstag, 16. das Gedicht Keine Heckenrosen umklammern.. [Opfer]. Schließlich mußte ich, müdegearbeitet, abbrechen. Für den Verlag geschuftet. Donnerstag, 18. zur Akademie. Ziemlich früh. Um elf Uhr Sitzung. Molo war wieder nicht erschienen. Kommt mir kindlich vor. Viele Themata. Ich trug das Material über die Schulbücher vor. Ricarda Huch leitete. Über Heinrich Manns politische Seitensprünge in Paris. Mittwoch, 24. zu Plesch. Er schenkte mir eine Schrift über seinen Blutdruckmesser mit sehr herzlicher Widmung. Bei der Untersuchung war er außerordentlich zufrieden mit mir. Nachher zu Orlik. Eine große Menge von Bildern im Hochschulatelier angesehen. Ein Staunen der Freude. Und wir bekamen geschenkt eine herrliche Landschaft aus Mecklenburg. Wir nahmen sie gleich mit.

Donnerstag, 2. Juli 1931

Nachtstille. Dazwischen in der Akademie. Allerlei Laufendes. Heinrich Manns Pariser Interview droht wieder unangenehm zu werden. Den Rückweg zum Stettiner Bahnhof zu Fuß gemacht. Auffällig Unter den Linden und in der Chausseestraße am frühen Nachmittag die vielen gefälligen Mädchen. Treibt die Not der Zeit sie auf die Straße? Dienstag, Schnitzler, Flucht in die Finsternis. Holländer, Nachlaß. Sonstige Verlagsmanuskripte. Waschzettel. Kindheitserinnerungen gelesen. – Vielerlei, doch wenig erfüllt. Kein Vordringen dahin, wo zu sein es sich lohnt.

Sonnabend, 4. Juli 1931

Vorgestern nacht gelesen in Hermann und Dorothea. Ein paar Verse skizziert. In Keilpflug, An den Rändern dreier Erdteile gelesen.

Donnerstag, 9. Juli 1931

Lieber Brief von Wilhelm von Scholz, der mich heimzurufen sucht zur Arbeit. Wie weit bin ich schuldig, wie weit haben mich die Verhältnisse vertrieben aus dem, was ich tun sollte? Für die Fahrt in die Wüste skizziert – Abschied vom Dasein vielleicht: es ist eine Melodie, die mich beherrscht – Einkehr zu den Elementen. Heimkehr. Äußerlich Munterkeit, komische Figur, innerliche Trauer. Ernst. Bewegung von Versen in mir. Tappen und Greifen nach neuen Formen.

Dienstag, 14. Juli 1931

Sonnabend, der Todestag meines Vaters. Schon zwei Jahre her! Wie wenig liegt noch vor mir selbst. Verse. Manuskripte für den Verlag. Nachmittags kam Freund Orlik. Er brachte die Bronzemedaille mit, die er nach meinem Kopfe modelliert hat, und schenkte sie mir. Zwei Arbeiten, darunter die meisterhafte »Preußisch-Blau« in meinem Zimmer durchgegangen und unten auf der Terrasse verlesen. Gute Gespräche. Orliks vielseitige Arbeitskraft bewundere ich aufs höchste. Sonntag tagsüber Manuskripte. Das Lied »Freunde, wenn wir einst als Schatten« zu Ende gebracht. Nach Mühen seliger Schwung. Der Abend auf der schönen Terrasse.

Sonnabend, 18. Juli 1931

Gestern an den in den letzten Monaten entstandenen Gedichten mit Glück gebessert.

Sonntag, 26. Juli 1931

Letzten Sonntag Arbeit an den Gedichten weiter. Abschriften angefertigt. Mittwoch beim Heraustreten aus dem Verlag traf ich Julius Levin. Er hat mit seinen Violinen Erfolg, was ihn natürlich froh macht. Donnerstag das letzte der Gedichte aus den letzten Monaten fertiggemacht und abgetippt. Gegen zwölf trafen Köppens und Kasacks im Auto ein. Sommerlich alles. Durch den Garten. Ausflug nach Stolpe. Nachmittags auf der Terrasse angeregte Gespräche. Geschichtliches über Deutschland und Preußen. Über Hegemann.

Über Rundfunk. Ich soll die »Erzählung der Woche« machen. Das gefällt mir nicht, aber ich muß es wohl versuchen. Vielleicht gewinne ich einen Einfall, der die Ausführung lohnt. Vorlesung der Gedichte nach dem Abendessen. Gestern zwei Gedichte abgeschlossen: das über die Kiefernwipfel und Tao [= Behütung]. Es nahm mich bis gegen Abend in Anspruch. Schön jedoch, daß wieder etwas in der Scheuer ist. Etwas sein, nichts gelten, das ist mir ein schönes natürliches Gefühl.

Donnerstag, 6. August 1931

Seit einigen Tagen habe ich halbe Ferien. Die Akademie verstummt, dem Verlage schickte ich vergangenen Montag letzte Waschzettel und Almanachtexte. Jetzt nur noch eine Anzahl Manuskripte.

Montag, 17. August 1931

Donnerstag, den 6. kam der Vertrag des Rundfunks: Erzählung der Woche. Verlegenheit. Spazierengegangen, um etwas auszuhecken. Nachher auf meinem Balkon. Da wars besser. Mir war die Erzählung im Umriß eingefallen. Freitag, 7. die ersten Seiten an der Erzählung. Zuerst leider Aufenthalt durch geschäftliche Arbeiten. Der Tag ging darüber hin. Auch den nächsten Tag an der Erzählung mit geringen Pausen. Der Hauptteil war abends fertig. Sonntag, 9. nochmals bis zum Abend an der Erzählung. Da war sie fertig. Nach dem Abendbrot las ich sie vor: »Maat« (nachträglicher Name). Lauter hier erlebte Wirklichkeiten, vor allem der Wirbelsturm des 31. Mai, und hineinkomponiert die Figur eines seelischen Geizhalses. (Nach dem, was ich inzwischen gehört habe, muß das Ganze sehr überzeugend sein – Köppen, Kasack usw.). Man nimmt an, auch die Figuren seien nicht erfunden. Für die Kürze der Zeit eine höchst anständige Leistung.[29]

Mittwoch, 12. musiziert. Buxtehude. Ein Zyklus alter Musik. Pachelbel, Frescobaldi, in den nächsten Tagen auch Schubert Impromptus. Notizen für die große Erzählung.

Freitag nach Potsdam zu Kasacks gefahren. Die Reise verging rasch. Im Garten. Die elf großgewordenen und reichtragenden Pfirsichbäume. Gute Gespräche bei Tisch und nachher. Köppen rief an, begeistert von der Rundfunkerzählung.

Sonnabend nach Berlin, ich las die Erzählung »Maat« im Rundfunk. Befriedigt schnell heim. Alle hatten zugehört (auch die Nachbarn Jacubeit), allen hatte sie gefallen.

Mittwoch, 26. August 1931

Die Ferien gehen zu Ende, ich habe die darauf beginnenden Berufsarbeiten vorbereitet.
Montag, 17. an der Fahrt in die Wüste gearbeitet. Das Material geordnet. Abschriften gemacht, Freude, daß doch eine Menge da ist. Die nächsten Tage die Arbeit daran fortgesetzt. Donnerstag, 20. Nach dem Abendbrot Musik. Bach, Orgelwerke, Schubert. Hauptbeschäftigung: die Erzählung. Auch die nächsten Tage. Stücke daraus getippt. Sonntag nach Bornstedt bei Potsdam zur Beerdigung Waldemar von Baußnerns. Er ist an Krebs gestorben. Sehr trauriger Eindruck in der Kirche. Dürftige Rede des Pastors, zurückhaltende Würdigungen Schumanns und Mosers. Ministerialrat Kestenberg war auch da, Prof. Thiel (Madrigalchor), den ich dort kennenlernte, Amersdorffer. Wenig Gefolge. So ist ein lebenslanges begabtes Werk zu Ende. Ich glaube nicht, daß es wiederkehrt. Vielleicht noch einmal die Aufführung eines oder des anderen Hauptwerks, gelegentlich eine Kleinigkeit – und damit ist alles verklungen. Und so wenig Anhängerschaft. Nur offizielle Teilnahme. Die Sonne schien über das Grab und blendete die Gefolgschaft. Junge Leute sangen ein Chorlied, ein junger Mann hielt noch eine magere Rede.

Sonnabend, 12. September 1931

Inzwischen habe ich freudig und mit gutem Vorankommen viele Berufsarbeiten erledigt, Berge von Manuskripten, alles Laufende in der Akademie. Mit der Gesundheit geht es.
Donnerstag Akademie. Die Aussprache. Es scheint Frieden zu bleiben in der Sektion. Eingabe an den Minister wegen der auf der Hauptversammlung erwünschten Wahlen. Stucken: er ist wieder ohne Verleger, er hat kein Geld. Es geht ihm furchtbar.

Sonntag, 4. Oktober 1931

Das Schönste: Spaziergänge hier an den Waldrändern. Seit einigen Tagen Herbstwetter, sonnig, nur einzelne Regenschauer. Das Hündchen, von der Leine gelassen, tollt und springt im hohen Grase und Sande, eine wahre Freude. Im Garten blüht es noch immer. Die Sonne zieht einen tieferen Bogen, sie blendet vor- und nachmittags von den Papieren auf meinem Schreibtisch her.
Dienstag, 22. Verlag, nichts als Verlag. Letzten Freitag nachmittags Besuch Wilhelm Lehmann. Im Garten, in meinem Zimmer.

Sonnabend, 10. Oktober 1931

Eröffnung der Herbstausstellung: Graphik und Plastik. Der neue französische Botschafter François-Poncet. Liebermann. Orlik. Scholzens.

Freitag, 23. Oktober 1931

Montag, 12. Erledigungen in der Akademie. Abgeholt von Molos und Scholzens. Wir fuhren nach dem Stettiner Bahnhof, dann vergnügt hier heraus. Garten und Haus angesehen, sehr frohe Stunden in Freundschaft. Ich las vor: meine Geschichte Maat und die neuen Gedichte, Scholz eine Reihe neuer Dichtungen, Kasack ebenfalls einige Gedichte. Gutes Gefühl: es gibt in der Kunst keine Altersunterschiede, und bei freudigem Willen hat auch der Unterschied der Richtungen nur wenig zu sagen. Sonnabend, 17. zum Bahnhof, um Freund Orlik zu erwarten. Er hat dann den ganzen Tag gemalt, ein herrliches Stilleben mit Mohn und Rosen aus unserem Garten. Ich habe zwischenein Manuskripte für den Verlag gelesen. Auch ein wenig Bach gespielt. Nachmittags kamen Plesch und Frau. Garten, Haus. Plesch ein wenig gedrückt, wohl durch die Nöte der Zeit. Gegen Abend fuhr er wieder in die Sprechstunde. Mit Orlik gute schöne Gespräche am Abend. Sonntag malte Orlik weiter. Ein kühler und unfreundlicher Tag. Ich sah bis zur Vollendung des Bildes zu. Aufregend! Nachmittag gemeinsamer Gang, Rosenanger, Heidehügel. Nach dem Abendbrot brachten Clärchen und ich ihn mit seinem Malergepäck zur Bahn. Donnerstag Aufregung, weil Arthur Schnitzler gestorben ist. Telegraphieren und Schreiben! Heute abend ein Vortrag Molos im Ingenieurhaus. Sehr warm und angenehm. Durch Volkstümlichkeit bedeutendes Werk.

Freitag, 30. Oktober 1931

Sonnabend, 24. zu Kasacks nach Potsdam. Ein sehr schöner Abend mit Molos und Scholzens. Donnerstag, 29. der junge Schauspieler Werner Bukofzer. Mit ihm seinen Rundfunkvortrag für Frankfurt aus meinen Gedichten vorbereitet. Gemeinsam zu Döblin. Dort Diskussion über kulturelle Fragen in kleinem Kreise, 14 Personen, darunter Dr. Bermann und Camill Hoffmann. Das war sehr anregend, aber zu anstrengend.

Sonntag, 15. November 1931

Sonnabend, 7. Telephongespräch mit Hans Kyser. Wegen seiner Premiere. Hierzu mit Clärchen nach Berlin. »Deutsches Nationalthea-

ter«, Stück: Es brennt an der Grenze. Alles unsäglich ekelhaft. Diese verlogene Reaktion, die im Theater aufmarschiert, dieses ganze schwache Stück von einer Zufälligkeit und einer rückwärts gewandten Gesinnung, die mir völlig unfaßbar sind. Wir hielten es zur Not bis zum Ende aus, dann stürzten wir fort, ergriffen die Flucht. Beinahe gelähmt von dem Schrecken der Trivialität und Verbiesterung. Unmöglich, hier irgendwie zu paktieren. Sonntag, 8. belastet von dem gestrigen Vorgang. Es war mir unmöglich, anzurufen bei Hans Kyser.
Heute mit gewaltigem Eindruck Bachs Kantate (26) Ach, wie flüchtig! aus Leipzig gehört. Der Chor, die Baßarie! Anschließend ein par rhetorische, nicht schlechte Gedichte von Else Rudel, aber das hat zuerst immer etwas leise Komisches. Merken: so einfach wie möglich lesen!

Mittwoch, 18. November 1931

Sonntag abend bei Fischers. Frau Rosenbaum 35 Jahre im Geschäft. Dreißig Personen. Alle zum Verlag gehörig. Hübsch. Fischer, Bermann und Frau Rosenbaum hielten Reden. Bermann führte Filme vor, einen Frühlingsfilm, einen Tag bei Gabi und Gisi, reizend, und den Autorenfilm. Alle darin sind und gelten etwas. Ich stehe völlig abseits, niemand gedenkt dessen, daß ich ja auch ein Autor – war. Eipper ziemlich hochmütig, renommistisch. Ich habe zu viel resignieren müssen. Aber es ist kein bloßes Verarmen, es ist auch ein Zuwachs an anderer Wahrheit. Dienstag, heute an meine Verse gedacht. Gefühl des völligen Ausrangiertseins. Es ist ein trüber Novembertag, in der Ferne schweben Nebel. Die unten vorbeiwandernden Menschen: alles sieht schwärzlich aus.

Sonnabend, 21. November 1931

Donnerstag Akademie. Laufendes. Telephonieren mit Oberregierungsrat Dr. Zierold, dem neuen Referenten. Durch das Warten und Schleppen aller Nebendinge geht viel Zeit verloren und Zermürbung durch Schlaffheit entsteht. Unterwegs die Zeitungen studiert. Hans Kyser ist nun glücklich in dem nationalsozialistischen Garn gefangen. Die Herren Goebbels und Hinkel haben in seinem »Nationaltheater« Reden vor der Vorstellung gehalten. Abends hielt in der Aula der Hochschule für Bildende Künste (grauenhafter, verwahrloster Raum) Freund Orlik einen außerordentlich interessanten Vortrag über China und Japan mit Lichtbildern.

China: das Statische, Symmetrische, die Welt en face – Japan: die Asymmetrie, das persönlich Merkwürdige. Tempel. Straßen. Bilder. Photographien.
Reue – Bedauern über die fliehende Zeit und die fliehende Kunst. Die zerreißende Einteilung der Zeit nimmt mir die Möglichkeit zur Konzentration. Es entsteht nichts. Selbst Aufsätze usw. bedürfen der Sammlung und Pflege. Das Aphoristische, das in mein Leben gedrungen ist, entspricht nicht meiner Natur. Was tun? Oft überwältigende Sehnsucht. Aber dieser nachgeben und sofort wieder herausgerissen werden, das folgt sich wie Ursache und Wirkung. Viel Trost immer wieder der kleine Nickelhund.
Stehr, Meister Cajetan gelesen. Das ist schwach, gegen das sonderbare Mystisch-Romantische übertrieben. Der Kampf um die Wahrheit des geistigen Lebens recht schablonenhaft schon. Eigensinn im Streben nach Voreingenommenheiten im Ethischen. Die Szenen mager, der karge Dialog uncharakteristisch. Vergangene und vergehende Zeit. Sogar in den Gleichnissen das Abgebrauchte. Merkwürdig, bei einem nicht sehr bekannten Autor wie Stehr übersieht man diesen Verfall, Hauptmann würde es schwer angerechnt. Die katholische Kirche und die persönliche »Mystik« entfremden Stehr der Gegenwart. Erst gegen Schluß des Buches wächst der Anteil des Lesers. – Aufräumen der sich immerfort anstauenden Papiere. Wirrsal, Geborgenheit – Verborgenheit – Verlorenheit!

Sonnabend, 28. November 1931

Sonntag, 22. zum Abend in die Stadt: Schnitzlerfeier im Staatstheater. Schubert, Unvollendete. Treffliche Rede Heinrich Manns. Aufführung der »Liebelei« (mit Pohl, Lucie Mannheim – auch der junge Schnitzler, der in Haltung, Blick und Stimme zuweilen an den Vater erinnerte). Neben uns Fuldas und Döblins, hinter uns Ministerialdirektor Hübner, Amersdorffer und Frau, Fischers, Bermanns, Kayser, Orlik etc. Der alte Kreis. Wir waren außerordentlich ergriffen. Keine bloße Sentimentalität, die tiefe Menschlichkeit und ihre Perspektiven, das ging nahe. – Durchsichtige Nacht, weil der Mond hinter den durchsichtigen Wolken stand. Donnerstag Telephongespräch mit Heinrich Mann. Er war glücklich, daß mir seine Rede so gefallen hatte.
Gestern für Fahrt in die Wüste notiert. Das ist eine Schreiberei, die nicht zum Ende kommt. Manchmal habe ich keine Hoffnung, zuweilen wieder scheint es sich zu fügen. Heute viel gelesen.

Manuskripte. Aber auch Politisches. So in der Neuen Rundschau. In der Bedrückung zugleich ein Gefühl der Beglückung, weil die Zeit wirklich viel Bewegtes, von innen Bestimmtes hat. Alle Gedankensicherungen sind angegriffen; wenn darum etwas standhält, ist es doppelt aus sich her erwiesen. – In Goethe und über Goethe, Musik: Konzerte von Mozart, alte Musik, Böhm erheblicher Eindruck. Das waren Kerle, wunderbare Erfindung. Und eine Haltung, an der es heute fehlt.

Montag, 30. November 1931

Akademie. Eine Fibel geprüft. Wohin man doch verschlagen wird! Das Danaidenfaß der Leserei bringt einen zur Verzweiflung. Immer wieder kommen neue Manuskripte. Nicht nachzukommen, Tage, Abende, alle eigene Arbeit wird aufgefressen.

Donnerstag, 3. Dezember 1931

Ein kleines Gedichtchen [»Neueste Literaturgeschichten«] unter dem Eindruck der Literaturgeschichte von Klabund. Die kalte Welle der Not, die unabwendbar heranschwillt, verschlägt einem den Atem. Die dumme Verlagsarbeit. Das ist die andere Welt. Der Schutt stürzt über mich. Fischer war gestern wieder hart: »Sie werden sich auf Politik umstellen müssen, es kommen keine Romane mehr!« – Dabei die Überflutung. Keine Möglichkeit durchzukommen, und immer Neues. Hört man solche Worte, fühlt man die Vergessenheit. Wie soll man sich da innerlich retten?

Sonntag, 6. Dezember 1931

Heute ein ganz frühlingshafter Tag. Um halb zwölf die Adventskantate. Wie schön leuchtete der Morgenstern. Das innerliche festliche Glänzen im ersten Chor mit seinen Terzen und Sexten, seinem Wechsel zwischen Hörnern und Violinen!
Gestern mittag glanzvolle Eröffnung der Ausstellung altamerikanischer Kunst in der Akademie. Reden: Liebermann, Direktor Lehmann, der frühere Kultusminister und jetzige Direktor des ibero-amerikanischen Instituts Boelitz, Minister Grimme, dessen Ansprache sehr eindringlich war und viel Beifall fand. Orlik zeichnete, verborgen hinter breiten Rücken, sehr gut Liebermann und Grimme. Freitag Akademiesitzung. Danach gingen die Teilnehmer in die Ausstellungsräume, um, geführt von Amersdorffer, die amerikanische Ausstellung zu besichtigen. Erstaunlich, welche aus-

drucksvollen Plastiken dazwischen sind. Interessant auch die alten Gewebe, z. B. Hemden aus Papageienfedern. Direktor Lehmann – der kam aber gelehrt, was den reinen Eindruck störte. – Bis in die späte Nacht im zweiten Teil des Faust gelesen. Deprimierender Eindruck gestern abend beim Lesen des Programms der Nationalsozialisten. Für alles, was ihre sturen Absichten nicht erfüllt, immer Mord und nur Mord. Man versteht nicht, daß eine solche Fülle von Menschen so entartet ist; oder glauben sie nicht an den Ernst solcher Pläne? Zweite Depression: Zeitung, die Umfrage, warum Dehmel und Liliencron so vergessen seien. Vergessensein, Untergehn, das allgemeine Los. Keine Zeit, Hunger und dergleichen als Grund angegeben. Aber Erzählungen, die finden auch jetzt ihre Leser, dazu ist Zeit und Sammlung vorhanden. Ein großer Kunstzweig in seinen Formen, wie sie überliefert sind, scheint zu Ende zu sein. Sollten wohl neue Formen heraufkommen? Welche? Wo hört man sie? Was jetzt noch gilt, ist drittrangig gereimtes Geplänkel, Ironie, halbe Beteiligung. Ich glaube nicht, daß der Weg dort gehen könnte.

Sonnabend, 12. Dezember 1931

Mittwoch Verlag. Besuch des klugen Egon Vietta (Fritz). Längeres Gespräch mit Bermann, auch über die allgemeine Lage. Gestern die eindrucksvolle Rundfunkrede des Reichskanzlers Brüning. Gefühl schicksalhaften Ausgeliefertseins. Begründung des Reichsfinanzministers Dietrich zur Notverordnung. So ein gewisser Trost am Galgen. Donnerstag getippt an einem Brief-Aufsatz über die persönliche Situation des Lyrikers. Er wird aber zu bitter werden. Nach Berlin, um in der Sezession einen Vortrag Orliks zu hören. E. R. Weiß dort. Erschütterung, wie er verstört ist von dem Ausgeschaltetsein. Gallig, unterdrückt feindlich gegen jeden und doch müde, alle Grobheiten unterdrückend. Über Orliks Jugendlichkeit, die nicht natürlich sei. (Welch Irrtum!) Ebenso sagte Erich Büttner, der offenbar am Hungertuch nagt, die Freunde seien um Orlik besorgt, weil er so aufgepulvert sei. Das stimmt alles nicht. Wie glücklich der, der sich nicht unterdrücken läßt und selbst den Galgenhumor noch zum guten Humor macht. Knapp den letzten Zug erreicht. Die Untergrundbahn, die nicht kommt, ist ein wahres Mittel zur Verhinderung des Verkehrs. Freitag ins Kultusministerium. Sitzung des Kuratoriums der Harry-Kreismannstiftung. In erster Linie ist Max Pechstein vorgeschlagen.

Sonntag, 13. Dezember 1931

Gestern im Bette die Humunculusszene aus dem Faust, auch die Anmerkungen Erich Schmidts. – Kantate Meine Seele erhebt den Herrn. Die nach der gespenstisch-grotesken Seite gewaltige Baßarie. Den tiefst erntestesten Eindruck das Duett! Er denket der Barmherzigkeit – auch das Schweben über unendlichen Meereswogen – das breitet sich nach allen Seiten in einen zurückweichenden Horizont. Etwas Magisches daran.

Freitag, 18. Dezember 1931

Ein wenig Muße, zu mir selbst zu kommen. An Versen. Gestern und heute ein paar schöne Strophen notiert. Dieser Tage auch manche Musik. Mehrere Konzerte von Mozart, das sind in d-moll und das in Es-dur darunter. Bach, aus dem 2. Teil des Wohltemperierten Klaviers. Walter Harich 43jährig an Herzschlag gestorben. Montag die Gedichte im Rundfunk. Gerd Fricke las ganz gut, aber mir zur schmerzlichsten Enttäuschung fast lauter ganz alte Stücke. Sechs aus Wanderschaft – viel darunter äußerst peinlich zu hören für mich –, vier aus Pansmusik, eins aus der Heimlichen Stadt, aus den beiden jüngsten Bänden überhaupt nichts, und aus dem Manuskript ein einziges und dieses schlecht. Dazu den Anfang des Universitätsvortrags über Lyrik. Verstimmt ging ich bald zu Bett. Die letzten fünfzehn Jahre des Lebens sind wieder einmal wie ausgelöscht. Schwer, immer wieder um sich selbst gebracht werden und es tragen müssen! Man hat auf alle Wirkung verzichtet und knirscht doch dagegen an. Dienstag den Roman über Oberschlesien von August Scholtis gelesen, ein merkwürdiges Buch, teils roh und dilettantisch, teils von volkstümlich ergreifender dichterischer Kraft. Donnerstag Akademie. Auf der Fahrt hin und zurück und abends Hauptmanns neues Stück Vor Sonnenuntergang gelesen. Trotz Schwachem und Steifem die Urbegabung darin. Die Hauptfigur ein eindrucksmächtiges Selbstbildnis.

Sonntag, 20. Dezember 1931

Zauberhafte Schneelandschaft. Zwischen dem Dunklen der Bäume heben und senken sich die weißen Flächen, wie die schöne Bodengestaltung es wollte. Ruhe über allem, niedriger weißlichgrauer Himmel. Der Wald, schon etwas Gewohntes um mich, hat neuen Festglanz. Gestern den Tag über an meinen Versen gearbeitet – wie ich meine, mit Gelingen.

Brief an Gerd Fricke, dem ich begreiflich zu machen suchte, was eigentlich mir die Qual gemacht hat bei seiner Vorlesung. Ein netter Erklärungsversuch von ihm, eine freundlich-formelle Entschuldigung von Köppen. Es entstanden – oder wurden beendet – die Gedichte Berliner Winterabend und Der Schattenfluß [Die weite Fahrt]. Plötzlich löste sich der seit Tagen empfundene zähe Widerstand, und es fügte sich.

Freitag, 25. Dezember 1931

Weihnachten. Öde und ungewiß in der Aussicht. Dazu fürchterliches Wetter mit Nebelschwaden. Ich dämmerte die düstere Last zurück. Wie aus einer Vergangenheit, die auf uns niederpreßt, einem Berg, schollen gestern bis über die Mitternacht hinaus die Orgelmusiken her durchs Radio aus aller Welt. Mönche, Litaneien, Gregorianisches. Alte Worte, Kirchenväter. Nachmittags durch das triefende Tauwetter zu Christiansens. Liebe Menschen, verjährt bürgerliches Milieu.

Sonnabend, 26. Dezember 1931

Dienstag gottlob noch ein paar Verse geschafft. Weitere lichten sich hinter ihnen. Mittwoch Verlag wie gewöhnlich, nur daß ich keine Absagebriefe diktierte – auch wie gewöhnlich zu Weihnachten. Verzweifelter und vrgeblicher Kampf der Angestellten um die Gratifikation. Gespräch mit Bermann, welcher tat, als wäre überhaupt nichts geschehen. Dabei, wieviel ist den Ärmeren, den Armen und Ärmsten angetan! Am 24. morgens kaufte ich eine kleine Kamelie und fuhr zu Fischers hinaus gratulieren. Er wirkte greisenhaft und aus der Bahn geworfen. Ich fühlte mich vom Schicksal stiefmütterlich behandelt. Keiner ahnt die Wirkung der finanziellen Verluste. S. Fischer hat die Gratifikation gestrichen. Wieder Ausfall. Wohin geht die Fahrt? Der Geburtstagstisch bei Fischer war schon auf »armer Mann« frisiert.

Dienstag, 29. Dezember 1931

Sonnabend habe ich vormittags in meinem Zimmer gearbeitet, an Versen – stockend rang es sich aus dem Wogenden und Unklaren. [Ich schnitze Spielzeugtiere; Feuerschein der Weltstadt; Nichts Ungesegnetes.] Sonntag für mich gearbeitet. Mehrere Gedichte sind aber noch ineinander verfilzt, es ist schwer, jedem das Seine zu geben. In der Stube auf und ab marschiert. Weitergesonnen auf einem Abendgang. Nieselnder Regen zuweilen. Montag mit Clärchen zu Kasacks nach Potsdam gefahren. Renate krank, voll Freude an ihr und dem entzückenden Wölfchen. Geschenke für uns. Kasacks sehr lieb wie immer. Zum Essen kamen Köppens. Sie haben ein Stück Land gekauft, Praktisches besprochen. Die politischen und wirtschaftlichen Aussichten. Beim Glase Bier vielerlei lebendig. Mit Köppen über die traurige Rundfunkvorlesung meiner uralten Gedichte. Nach elf fuhren wir. Die Anschlüsse klappten. Als wir ausstiegen, waren der halbe abnehmende Mond und Sterne über mir.

Donnerstag, 31. Dezember 1931

Die Welt ist schneeweiß. Ziemlich scharfer Frost. Hie und da hört man hoffnungswillige Stimmen. Im Ganzen ist der Ausblick sehr trübe. Gestern im Verlage. Zum Diktieren wenig Lust. Kayser will einen Aufsatz über die Unpopularität Goethes.

Ein übermütiger Grußbrief Orliks. Auch sonst meldete sich dieser und jener, die Nahen sind fast alle fern. – Kasacks können leider nicht kommen, weil beide Kinder krank sind. – Arbeit an den Versen. Das letzte für dieses Jahr vorgenommene Gedicht ist fast geschafft.

Nicht groß ist die Ernte, aber Gutes dabei. Da ich weder Nachhall noch irgend einen klingenden Erlös erwarten kann, fehlen die Antriebe. Es bleibt der Versuch: zu sein, der man ist. Im Abstiege, wo Hoffnungen suchen? Die Resignation ist fast vollkommen. Dabei das Gefühl, es werde nun mehr entstehen. Zuflucht nach innen, da in der anderen Welt nichts zu erwarten ist. Musik – sei sie willkommen. Gäbe es noch Rückkehr!

Gedanken und Bemerkungen. Undatiert 1931

Soll dieser große Kunstzweig der Lyrik vorüber sein? Die Schulbücher und die Lehrpläne tun so, als gäbe es noch das lebendige Gedicht. Die Anthologien tun so. – Aber die Schicht derer, die das noch erleben, scheint mir zu klein für ein so großes Volk. Die paar Schultern, tragen sie es noch?

Kollektive Kunst. Es fehlt der Mut zum eigenen Ich. Ich spürte Angst und Flucht. Richtig und wertvoll daran ist, dieses Ich nicht nur an Erscheinungen des letztvergangenen Jahrhunderts zu binden oder an ein paar Jahrhunderte vorher. Aber in der Kunst taucht auch Uraltes hervor, ein Kollektivismus, der Jahrtausende und Jahrzehntausende zurückliegt. Ich rechne dazu die rhythmischen und melodischen Elemente, die, tief genug empfunden und wahrgenommen, in Eins zusammenrinnen. Zu vermeiden ist das Uniforme der Vergangenheit wie das der Gegenwart. Man soll aber nicht mit Schema und Schemen das hinauswerfen, was Natur ist, unbesiegbar bleibt und über allem Erneuerungseifer dauert.

Schlechte Ausrede eines Dichters, er suche das zu geben, was zu allen Zeiten gültig ist. Meist verhält es sich so, daß er allen Zeiten sonst gerecht ist, nur der eigenen nicht. Das heißt, die Gerechtigkeit für die anderen Zeiten wird auch nur ein Schein sein, denn sie sind ja in die unsere übergegangen mit einem größeren Zwange, als es der Zwang der Überlegung und des Willens ist. Der Zwang des Müssens.

Die Coordinierung der Gebiete Naturwissenschaften und Geisteswissenschaften beruht auf einem perspektivischen Irrtum. Die Geisteswissenschaften sind, wollen sie kein Unfug sein, nur Teilabschnitte der Naturwissenschaften. Geschichte – ein winziger Ausschnitt aus der Gesellschaftsgeschichte der Tiergattung Mensch. Theologie, ein Kapitel aus der anthropologischen Entwicklungsgeschichte, der Versuch, mit unzulänglichen Erkenntnismitteln zu begreifen (meist die Verzweiflung am ewig Vorletzten mit Verkehrung des Pessimismus in leichtfertigen Optimismus.) Philologie ein Abschnitt Verständigungs-Denkgeschichte, bedeutend, wenn die Sprache als Natur verstanden wird, mit einem Vorher; von Irrtum bedroht, wenn sie als Absolutum isoliert gewertet wird. – Theologie mit Gott oder Göttern endgültiger Verzicht, Theologie als Natur kein Verzicht, nur Absehen von unzulänglichen Erkenntnismitteln. (Vgl. das Faksimile S. 253.)

Es gibt winzige Kritiker, die recht haben mit ihren Urteilen über kleine Fahrt im Wasserglas. Aber wenn der Ozean befahren wird, so sehen sie es nicht.

1. Januar 1932

Gestern nachmittag Spaziergang. Schneefrostiger Wald, Sonne. Wenigstens Verse, und nachts, heimlich vor aller Ohren gleichsam, Bachs D-dur-Präludium und Fuge aus dem Wohltemperierten Klavier. Gang in den Wald. Schweigen, Frost. Gedämpfte Dunkelheit. Das Gedicht Nichts Ungesegnetes beendet und abgeschrieben. Dichterischer Klang in mir. Trotz der düsteren Wolken: Hoffnung.

Sonnabend, 2. Januar 1932

Gestern im Bette noch Faust II, Klassische Walpurgisnacht, in höchster Entzückung über die Dichte und Präzision. Kälte. Grauer Himmel. Kiefern wie schwarzgrünen Schimmels Wucherung.

Montag, 4. Januar 1932

Sonntag Manuskripte gelesen den ganzen Tag. Heute Akademie. Besuch August Scholtis. Interessanter, hochbegabter junger Kerl. Erzählte vom Fürsten Lichnowsky, bei dem er angestellt war, und auch von der Fürstin. Lichnowsky sei sehr edelmütig gewesen. Knechte drei Zimmer, Bad. Den Bauern habe er billig Land verkauft. Hilfreich. Die Fürstin gerecht, untersuchte alles auf ihre Gründe. Er niemals ausfallend, im Zorne habe er sich gegen die Wand gekehrt und nichts gesagt. – Telephongespräch mit Döblin. Er war so warm und herzlich wie noch nie.

Freitag, 8. Januar 1932

Mittwoch Verlag. Besuch Durtain. Saenger führte mit ihm ein langes politisches Gespräch. Dieser Franzose sieht wie ein Deutscher aus. Er ging dann zum Botschafter François-Poncet. Er liebe leidenschaftlich die deutsche Sprache, bedaure, daß die beiden Völker, die Europa führen sollten, durch ihre Nationalisten zerfallen seien. Nachher bei Julius Levin. Nach langer Zeit in seiner kleinen Wohnung in der Heilbronner Straße. Büschel aus fünf Geigen und einer Bratsche, vier Geigen nebeneinander an der Wand, zwei Celli. Teile. Papiere. Der strähnige Teppich. Trübes Gaslicht. Alter – versinkende Welt, aber nur durch allmähliches Müdewerden versinkend. Gestern starker Eindruck durch die (artistisch unvollkommene und durch das manierierte Sprechen und Artikulieren ärgerliche) Proserpina von Elisabeth Langgässer. Heute hauptsächlich Manuskripte gelesen. Doch auch lebendig an meinen Versen. Ich habe den Glauben, daß viel Schönes in inniger Hingegebenheit entdeckt werde, daß Wahres, Gültiges sich härte. Ein Zustreben auf die Einfachheit, die jedoch etwas Gesetzhaftes in sich haben müßte. Vormittags Variationen von Mozart, eine ganze Reihe.

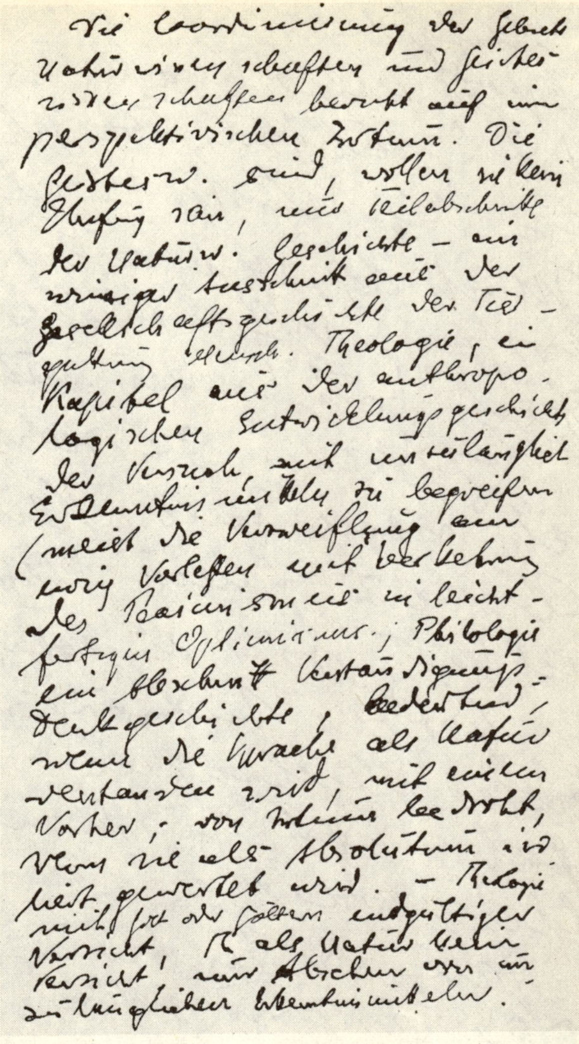

Faksimile aus »Gedanken und Bemerkungen zu Literatur und Leben«, 1931, vgl. S. 251

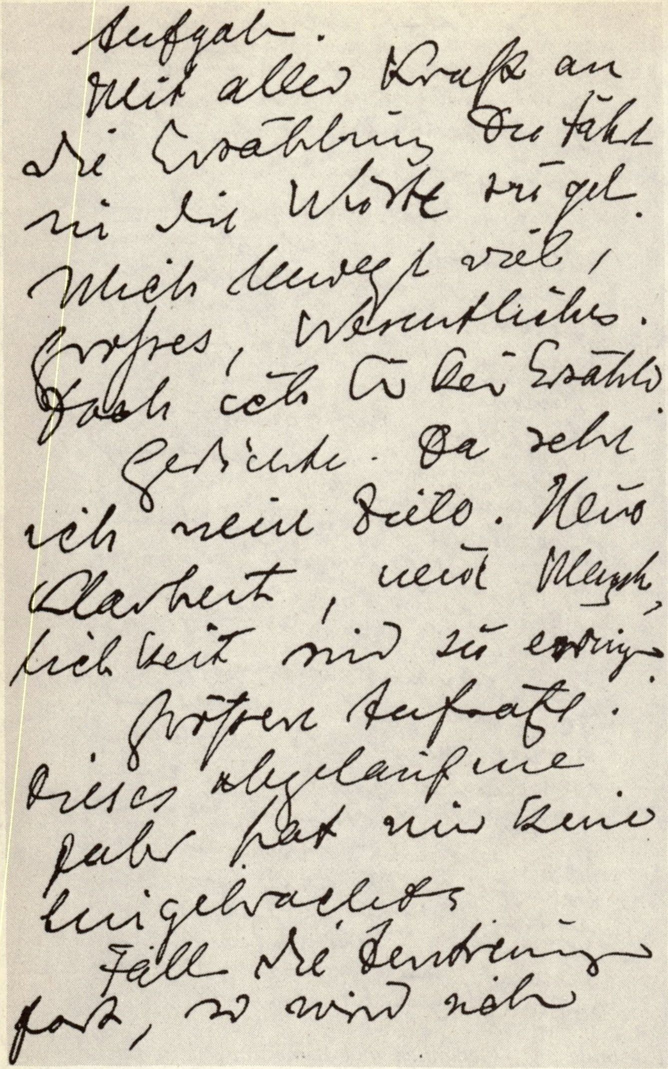
Aufgabe:
Mit aller Kraft an
die Erzählung der Fahrt
in die Worte zu geh[illegible].
Mich bewegt viel,
Großes, Wesentliches.
Doch ich bin der Erzähl[illegible]
Gedichte. Da seh
ich mein Ziel. Neue
Klarheit, neue Mög-
lichkeit wird zu ewig[illegible]
größeren Aufgabe.
Dieses abgelaufene
Jahr hat mir keine
eingebracht.
Fällt die Bemühung
fort, so wird näh

Faksimile einer Tagebuchseite vom 31. 12. 1926, vgl. S. 163 f.

Sonnabend, 16. Januar 1932

Donnerstag Akademie-Sitzung. Döblin sehr nett. Zum ersten Mal Kundgabe einer positiven Einstellung zu meinen Versen. Es sei darin natürliches Strömen bei sehr hohen Gedanken. Als ich gegen fünf zu Hause war, wartete bereits der Dichter August Scholtis auf mich. An seinem Oberschlesienroman gearbeitet. Gespielt in den letzten Tagen: sechs Symphonien von Mozart, Bach, drei englische Suiten, Präludien mehrmals, drei der späteren Orgelpräludien und Fugen von Bach, C-dur, e-moll, h-moll. Völliger Frühling. Ganz blauer Himmel, frische Wärme, die Sträucher, besonders der Flieder, haben dicke Knospen. Ein paar schrumpfige Veilchen blühen, ein paar Primeln. Die beiden großen Blattpflanzen am Steinplatz sind voll in ihrem Laub, ebenso unverwelktes Rosenlaub mit Ansätzen zu neuen Trieben.

Sonntag, 24. Januar 1932

Eben die unbeschreiblich wunderbare Kantate Ich hab in Gottes Herz und Sinn. Viele vollkommen neue Formideen darin (gemessen an den für Bach »normalen«). Von berückender einfacher Klangschönheit die Choralstrophen mit Oboen und Fagott. Die Tenorarie in ihrem wilden Reißen, die Sopranarie mit Oboen und Streichern piccicato.
Sonnabend, 16. Julius Levin und Helene Grell. Sie kamen mit Ackermanns, um hier Julius Levins 70. Geburtstag (der am 21. ist) zu feiern. Wenig musiziert. Die Mozartische kleine Es-dur-Sonate, ebenso die sogenannte Geburtstagssonate, einige Alt-Arien aus Bach. Vor dem Essen Vorlesen von Gedichten, das große neue »Trinklied« von Julius und von mir aus den neuen Stücken. Sonntag, 17. Martin Beradt das erste Mal zu Besuch. Juristische Besprechung wegen des gegenseitigen Testamentes. Dienstag Spaziergang nach Tegel. Auf Umwegen. Mit Nickel. Der herrliche Wald dort. Die vielen Arbeitslosen. In Trupps. Der See mit blendender Sonne, aber irgendwie fahl, nüchtern, unschön.

Sonnabend, 30. Januar 1932

Mittwoch Schwarzer Tag erster Ordnung: Fischer verkündete einen neuen Gehaltsabzug von 10%. Nun weiß ich nicht mehr, wie fertig werden! Man fühlt sich beleidigt, maßlose Arbeit, keinen Sonntag, geringe Bezahlung, und dennoch zuerst dieses Weihnachts-, dann dieses Neujahrsgeschenk. Man ist nur ein Packen

Spesen, nicht ein Mensch. Das ist das Malheur! – Donnerstag den Vortrag für den Rundfunk über Mombert zu Ende gebracht. Freitag morgen zur Akademie. Um halb elf Wahlsitzung. Anwesend die auswärtigen Herren: Thomas Mann, Schickele, Mombert, Halbe, Däubler. Herzliche Stimmung, sachliches Verfahren. Drollig Ricarda Huchs Widerstand gegen die Wahl Benns. Schließlich aber wurde er doch gewählt, außer ihm Mell, Pannwitz, Paquet, Ina Seidel, Binding. Benn telephonisch erreicht. Er freute sich ungeheuer über die Wahl: »Aber machen Sie doch keine Witze mit mir altem Mann!« Um halb acht wieder zu Hause. Anruf bei Ina Seidel. Sie war wie erstarrt vor Freude, wußte gar nicht zu antworten. Diese beiden Ergebnisse waren mein schönstes Erlebnis in der letzten Zeit.

Freitag, 12. Februar 1932

Montag, den 1., Vortrag Däublers in der Universität. Das war eine vollkommen verschwommene Angelegenheit. Ideenlos im Großen. Alle Verbindungen erzwungen und unklar. Sonnabend, 6. Rundfunkhaus. Angenehm zu sprechen, dringeblieben, während Anna Höllering die Gedichte Momberts las, sehr leise, manches gut. Montag, 8. Bermann wegen Gehaltsabzügen um Rat gebeten. Universität, Vortrag René Schickele. Taktlose Einleitung Petersens, nationalistisch. Eindrucksvolle Vorlesung. Begrüßt. Dienstag, 9. teilte mir Bermann mit, Fischer wolle mein Gehalt so erhöhen und erniedrigen, daß ich hätte, was ich vor dem letzten Abzug hatte.

Freitag, 26. Februar 1932

Vorfrühling wieder. Wehmütiges Glück in unserem Garten. Trotz der Düsterkeit – man hofft. Während der letzten Tage Klaviersonaten Haydns gespielt. Mittwoch 17. zur Sitzung in der Akademie. Mit Schauer zu Fuß bis Potsdamer Platz. Benn und Ina Seidel da. Viel über Werkhilfen. Sehr müde in die etwas dürre Vorlesung Ina Seidels. Aus dem Wunschkind. Es war nicht sehr bedeutend, die Kürzung schadet. Vorher Clara Hofer, ein frauenrechtlicher, merkwürdig dumpfer Vortrag über die heroische Frau bei Goethe. Donnerstag, 18. nachmittags bei Ina Seidel im Pfarrhause in der Kronenstraße. Über Akademie und den verschwommenen okkulten Vortrag Däublers.

Sonnabend und Sonntag Besuch Orliks. Mit Orlik den Vortrag

über Goethe im Bildnis durchgegangen. Er erzählte viel Lustiges und viel Merkwürdiges aus aller Welt. Hat Hindenburg wieder gezeichnet. Eine Lithographie von mir, gut. Eine neue schöne Lithographie von Hauptmann. Spät im Frost gingen wir noch durch den Garten. Sonntag nochmaliges Umarbeiten des Vortrags und Vorlesen. Gründlich die neue Gartenanlage besprochen. Orlik zeichnete eine Sommerlaube auf, will ein Modell anfertigen lassen. Am 22. das Gedicht Zeitloses Erwachen beendet und heute das vom Spielzeugschnitzer in brauchbare Form gebracht. Mit solcher Anreicherung der geistigen Masse neueren Datums ist es ein wenig leichter zu existieren.
Dienstag vorzugsweise den ganzen Tag über Lektüre des umgearbeiteten Christian Wahnschaffe von Wassermann. Ein mit Kitsch überladenes Buch, ein mit wertvollen Gedanken beladener Edelschmarren.
Mittwoch Verlag. Besuch E. A. Rheinhardt. Über Josefine. – Klaus Mehnert. Gestern abend und heute die Steuererklärung aufgesetzt und fortgesandt. Rechenstunden!

Sonnabend, 27. Februar 1932

Dos Passos »1919« [Auf den Trümmern] die Fahnen durchgesehen, Waschzettel entworfen und telephonisch an den Verlag durchgegeben.

Sonnabend, 5. März 1932

Donnerstag Akademie. Die schöne Goetheausstellung. Kippenberg herrlich, wie ein indianer-begeisterter Junge entflammt.

Sonntag, 20. März 1932

Sonntag, den 13. mein Geburtstag. Viele haben meiner gedacht. Ausbleiben Hans Kysers. Das ist charakteristisch. Still geschäftig. Nachmittags kam wie jedes Jahr Max Herrmann-Neisse. Außerordentlich lieb. Rührend, wie er mit unserem Hündchen spielte. Gläser von Kasacks. Dienstag, 15. alles für den Verlag Vorliegende geschafft. Zwischenein Musik. Philipp Emanuel Bach. Bruckners 3. Symphonie. Man rostet ein, weil so wenig Musik. Freitag abends zur Goethefeier. Sie war eindringlich. Thomas Manns Rede wundervoll, wenngleich die dämonische Seite im Wesen Goethes nicht zum Ausdruck kam. Nachher Gespräche mit Thomas und Heinrich Mann, Fischers, Bermanns. Sonnabend Eröffnung der Goetheausstellung in der Akademie. Ein großes festliches Publikum. Kürzere Gespräche mit Minister Grimme, Heinrich Mann, Amersdorffer, Kippenberg, Stuckens. Schauers die oberen Räume gezeigt. Dem französischen Botschafter François-Poncet vorgestellt. Im Bette ein Stück des Helena-Aktes des Faust. Mit der Rede des Kultusministers nicht einverstanden. Erstens: dies Werk stehe über der Person, die Überlegenheit der Person sei, da das Werk Voraussetzung, selbstverständlich; aber wenn die Anstrengung des Hervorbringens nicht gelten soll, wozu dann die ganze Mühe! Zweitens: die höheren oder niederen Aperçus seien nicht wesentlich: was hätte dann alle Bemühung für einen Sinn, wenn es auf das Erkennen nicht ankommen soll!

Donnerstag, 24. März 1932

Dienstag in die Stadt, um mit Amersdorffer einen Lorbeerkranz am Goethedenkmal niederzulegen. Ein junges Mädchen brachte einen kleinen Strauß – in der Todesstunde Goethes. Heute nachmittag kamen Kasacks. Liebe Gespräche. Mit Hermann Kasack über seine Alexandergeschichte.

Mittwoch, 30. März 1932

Sonnabend Staatstheater. Egmont-Aufführung als Feier der Preußischen Staatsregierung. Die Vorstellung war miserabel. Die Regie Jürgen Fehlings merkwürdig geziert. Schrumpfdekorationen – schleichendes Tempo. Gut nur Maria Koppenhöfer und Veit Harlan. Die Schwächen des Stückes kamen auch recht zum Vorschein. Trotz der Festkleider alles sehr wenig festlich. Ostersonntag nachmittags zu Molos nach Zehlendorf. Kasacks. Köppens. Bei Kerzen und Wein bis tief in die Nacht beisammen.

Freitag, 15. April 1932

Zuweilen sehr anstrengende Tage. Ein Umhertelephonieren die ganzen Vormittage bis zur Heiserkeit. Meistens Akademie. So wegen des Protestes gegen die Art der Goethefeier durch den PEN-Club, so Urheberrechtsfragen, heute durch Fulda. Sonntag, 3. Besuch Rudi Kayser. Sein Spinozabuch durchgearbeitet. Sonnabend, 9. kam Orlik mittags und fuhr Montag früh. Intensive Arbeit an einer Zeichnung. Paris Vordergrund, Symbole, Skelette, Homunculus. Die »Sorge«, Faust II. Meine Lithographie. Merkwürdig das ungeheure Reden Orliks. Seine überderben Ausdrücke.

Vorgestern im Verlage große Überraschung. Das prachtvolle Buch von E. R. Weiß über Spanien! Großer Genuß. Dazu Schriftproben. Einbandzeichnung zu Joachim Maass. Gespräch mit diesem und mit Schauer. Mit Bermann über Chapiro, Hauptmann-Gespräche und Stuckens Weiße Götter. Nach dem Verlage Besuch bei Josef Grünberg, dem großen Zahnarzt und Graphiksammler, Bastler, Techniker, großen Menschen. Über Orlik und über die »Märchen« – die allegorischen Sagen.

Dienstag, 3. Mai 1932

Donnerstag 21. 4. Verlagsarbeit. Abends in der Akademie der Vortrag Orliks über Goethe. Mit Lichtbildern. Interessant. Nachher mit Orlik, Eisner, Grünberg, der sich mit technischen Dingen an uns heftete. Dienstag, 26. Akademie. Mit Gesandtschaftsrat Mackeben und Fulda den Schriftsatz für den amerikanischen Botschafter ausgearbeitet. Vorgestern, Sonntag. Die ganze Folge meiner Gedichte abgetippt, für die von den Studenten gewünschte Vorlesung. Heute Brief an Wilhelm Lehmann, der morgen seinen 50. Geburtstag hat. Ich habe ihm die Widmung des neu entstehenden Gedichtbuches angetragen, ihm die jüngste Porträtlithographie gesandt, das Exlibris, die Postkarte mit dem bei uns gewachsenen, bei uns gemalten Blumenstück.

Sonntag, 8. Mai 1932

Kantate 183 Sie werden euch in den Bann tun, zweite Komposition. Ein einfach schönes Werk, mit der bis zum Rande der Form vordringenden äußersten Empfindung. Jetzt in Erwartung Benns; er kommt mit einer Dame im Auto.

Donnerstag, 19. Mai 1932

Sonntag, 8. Die Begleiterin Benns war Hanna Kiel, mit der ich in Verbindung stand, als sie in der Redaktion des »Genius« war. Anregende Stunde. Ein schöner langhaariger chinesischer Hund. Über die Akademie und unseren Abteilungsvorsitzenden Heinrich Mann, sein Politisieren, sein Schriftstellertum, das notwendig die Wirkung suchen muß.

Montag, 9. Arbeit an dem »Brief an einen jungen Lyriker« für die Lesung vor den Studenten. Eine Fülle von Manuskripten.

Mittwoch, 11. zur Universität. Ziemlich leer im Germanischen Seminar. Außer den Studenten anwesend: Clärchen, Kasack,

Amersdorffer, Ina Seidel und Tochter. Ich las den Brief an die Lyriker, neue Gedichte und das Kapitel Sturmgespenst aus der Fahrt in die Wüste.[30]
Von einem schmerzlichen Erlebnis gebe die hier eingeklebte Notiz des Berliner Tageblatts Nachricht [Todesanzeige von Josef Grünberg, gest. am 13. Mai 1932, durch Albin Oppenheim, Johannes Plesch, Emil Orlik und Max Slevogt aufgegeben]. Gestern eine Arbeit Orliks über ein Porzellanbuch durchgesehen und abgeschickt.

Sonnabend, 28. Mai 1932

Donnerstag den Aufsatz von Orlik über Grünberg durchgearbeitet. Ein wenig Bach gespielt. Orgelwerke. So auch in den letztvergangenen Tagen.

Donnerstag, 16. Juni 1932

Unruhe. Fast nie Einkehr zu mir selbst. In keiner Weise Erfolg. Unmöglich, sich mit seinem Wesen durchzusetzen.
Montag, 30. Verlagsarbeit. Nachmittags zur Präsidentenwahl in die Akademie. Relativ geringe Aufregung. Gewählt von Schillings und Poelzig. Sonnabend, 4. 6. früh in die Stadt, um die Wandbilder für die Laube von Orlik zu holen. Wunderbarer, großer Eindruck. Der ganze Tag wurde zur Feier dieser Gemälde. Kasacks waren gekommen. Sie brachten auch Wolfgang mit, der noch hier ist. Renate übernachtete bei Jacubeits nebenan. Mit Orlik im Eßzimmer Anschauen der aufgestellten Paraventbilder.[31] Mit Kasack Anschauen des Gartens. Wir saßen, nachdem Orlik abgereist war, noch bis nach zwei Uhr zusammen. – Es sind blaue Tage. Wärme ohne Schwüle, ein wenig Wind zuweilen. Kein Gewitter. Das ist alles so schön, daß selbst das unerfreulich schwere Alltagsdasein darin versinkt.

Freitag, 17. Juni 1932

Gestern in Emanuel bin Gorions Ceterum recenseo II gelesen. Dieses merkwürdig. In kleinen Dimensionen ist alles gut und richtig, für die großen trifft es nicht zu. Die Leidenschaftlichkeit der Anteilnahme ist sehr sympathisch. – Um sechs die Sitzung, in der Liebermann einstimmig zum Ehrenpräsidenten (85. Geburtstag) gewählt wurde. – In der Tretmühle der Manuskripte.

Wandbild von Emil Orlik in der Gartenlaube, vgl. Anm. 31

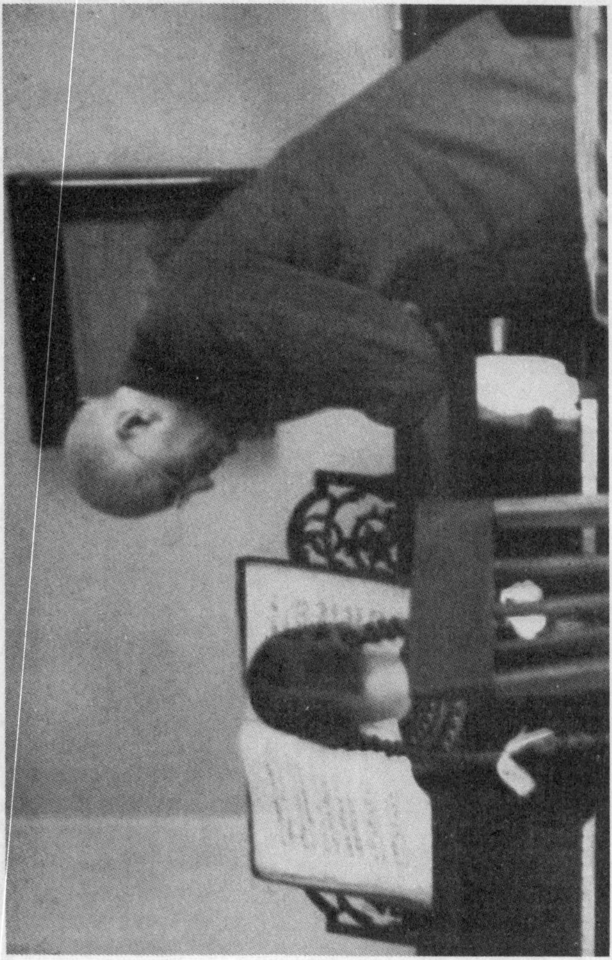

Loerke mit der Tochter Jacubeits, etwa 1936

Montag, 20. Juni 1932

Die letzten Tage wunderbar durch den Besuch Orliks. Er hat am 18. und 19. die Rückseite der Paravents für die Sommerlaube bemalt. Eine großgesinnte, heroische Mondlandschaft mit Bergburg und schwermütiger Einsamkeit. Beim Zusehen konnte man über das Wesen der Malerei mehr lernen als durch die Lektüre einer Bibliothek. Für Wolfgang malte er zwei Zwerge.

Sonnabend, 25. Juni 1932

Montag Akademie. Vorbereitungen zum Tee für Fulda. Schon um halb fünf das Unglückswurm Peter Hamecher da. Unter den Gästen Minister Grimme, der vorige Minister Becker und Frau, Reichstagspräsident Löbe, die meisten Berliner Mitglieder. Reden: Liebermann, Heinrich Mann (wörtliche Verlesung meiner Auszüge aus den Protokollen über Fuldas Arbeit bei uns), Stucken – die Einleitung zum jüngsten Drama Fuldas mit sehr leiser Stimme und Befangenheit, ausgezeichnet Fulda selbst, dann überflüssigerweise noch Philipp Franck im Frankfurter Dialekt.
Dienstag. Thomas Manns Josephroman. Problematisch großartig. Eine Urgeschichte der Menschennatur. Die Individualität hängt zurück in den geschichtlichen Abgrund.
Mittwoch mit Fischer gesprochen. Doch sagte er nichts von neuen Abzügen, nur war er sorgenvoll und ernst. Mehr als drei Stunden über Thomas Manns Buch gesprochen. Fischer voller Anerkennung über meine Ratschläge. Gestern abend und heute früh in Eippers Buch Dein Wald gelesen. Schöne stille Skizzen. Freude daran, daß die nachdrückliche Hingabe an eine vorgesetzte Aufgabe etwas Treues und Bemerkenswertes hervorbringt. Arbeitsstete kumuliert die Hervorbringungskraft.

Montag, 27. Juni 1932

Die Tage weitergelesen bis zur Erschöpfung. Wut über den ungeheuren Schinken der Rahel Sansara. Trotz der erheblichen Begabung unvernünftig. Das Hirn überschwemmt, ermüdet, gleichsam vor Verzweiflung fast schluchzend. Das Blut peitscht darin, wenn der Tag sich neigt, der durch solche herkulische, aber öde, fruchtlose Arbeit mißbraucht ist. Die Augen brennen, sind schwer. Heuser, Die Abenteuer des Hannes Wahn in Vineta, ein gutes, interessantes Buch. Nur, daß ich es gezwungenermaßen zu einer befohlenen Zeit lesen muß. Erquickung gestern die sonntägliche Bachkantate im Radio.

Sonntag, 3. Juli 1932

Eben die Kantate Nr. 9 Es ist das Heil uns kommen her. Eindrücke, so schön und groß, daß die Freude einen holden Schmerz machte. Der figurierte Choral, das Duett der Frauenstimmen, die wild-leidenschaftliche Tenorarie, der Choral in Dur ist ein Aufschwung! Vorher den von sanftem Regen beträufelten Garten angesehen. Die Sträucher stehen gut, die Fingerhüte blühen wild, der höchste Stamm darin wohl zweieinhalb Meter hoch. Rosen in allen Abwandlungen der Farbe und Form. Etwas sonst Seltenes!
Mittwoch mit Bermann zu Heinrich Mann, um über die Hauptmann-Stiftung zu sprechen. Sehr viel Aussicht scheint sie nicht zu haben. Die reichen Leute lehnen ab, das Ministerium und der Minister persönlich rücken ab. Donnerstag zum Polizeipräsidium. Über die populären Sexualschriften, die durch die zahllosen Leihbibliotheken vertrieben werden. Polizeipräsident Greszinski leitete klug. Dr. Behl, Staatsanwälte, Emil Faktor, Franz Osborn, Freiherr von Biedermann, Philipp Franck u. a.
Freitag schickte Fischer durch eine Botin Th. Manns Joseph-Manuskript. Ich las ohne Unterbrechung den ganzen Tag. In der Schwüle las ich nachts weiter, dann wieder frühmorgens. Im Halbtraum im Stil und Ton weiter an dem Buch phantasiert, mit der Empfindung im halben Bewußtsein, nun sei ich weiter vorangekommen. Merkwürdige Anstrengung. – Freilich trotz aller Problematik ein großes weitreichendes Werk aus den drei Welten. Und wohl aus der Tiefe der Not und des Wahns unserer Tage. Das Patriarchalische tut wohl wie stille reine Sonne und Reife, das Mythenwilde dazu. Dies Fremde der Schichtung der Gedankenreise und der Chronologie – neue eigene Gesetze.
Gestern im Verlage lang Thomas Mann auf der Durchreise. Mit ihm viel gesprochen aus festlicher Empfindung. – Hans Reisiger.

Donnerstag, 7. Juli 1932

Dienstag, 5. vormittags kam Kasack, nachmittags Dr. Schauer, gegen Abend ein Dipl.-Ing. Meyer zu Ludwig Kropff. Mit diesem und meinen Gästen Abendbrot auf der Pergola. Er erwies sich als sehr lebenskennerischer Mensch mit ausgezeichneten Formulierungen. »Treue ist eine Funktion des Dollars« (Wenn die Zeit siche-

rer und erträglicher, ergäbe sich Anstand und Treue von selbst). »Wir leben in einer interessanten Zeit, wenigstens, soweit wir Butter aufs Brot haben, die anderen sind ja am Interessanten interessiert.« – Zwei berühmte Admirale im Krieg: Schröder bekämpft Hipper. »Da sah ich, daß sie beide nicht genug von ihrem Metier verstehen.«
Mit Schauer Waschzettel gemacht. Kasack sprengte inzwischen im Garten. Nachmittags und spät abends las er uns Verse vor, neue und ältere. Das war erquicklich. Wir saßen bis zwei Uhr nachts.

Sonntag, 17. Juli 1932

Sonntag, 10. an Versen tätig. Paradies-Gedicht. Mittwoch, Besuch Ernst Blaß. Er tut mir so sehr leid. Freitag rief gegen Abend Orlik an. Ich war tief erschrocken. Schleichend müde Stimme. Er macht fleisch-salzlose Kur, hat einen Angina-pectoris-Anfall gehabt.

Freitag, 22. Juli 1932

Ab und zu Radio gehört, um von den neuesten Ereignissen rascher zu erfahren. Jetzt steht der Rundfunk unter Nazibestimmung. Mit vielen anderen ist auch unser Minister Grimme abgesetzt. Der Regierungsverstand liegt wieder einmal in den Kanonen. Wehmut am 50. Geburtstag Hans Kysers. Daß die Wirren der Zeit einen so weit entfernen wie ihn von mir![32] Folge ich dahin, so wäre es Verrat an meinem ganzen Leben und dem, was daran wertvoll war!

Dienstag, 26. Juli 1932

Sonnabend die fertigen Gedichte [Paradies; Abräumen; in: Der Silberdistelwald] getippt, um sie Kasack mitzunehmen. Unterwegs über den Versen, so daß die Zeit rasend verging. Dennoch nicht fertig geworden. Gegenseitiges Vorlesen und Darüber-sprechen. Gang durch Sanssouci, Paradiesgarten (zauberhaft!), Bornstedter See. In guten Gesprächen über unpersönliche Unsterblichkeit und solcherlei »letzte« Dinge mehr, bei einem guten Schluck bis halb drei Uhr nachts. Gewitter von fern. Nach dem späten Frühstück Hermann Kasacks Eltern: Sanitätsrat Dr. K. und Frau. Reiche Geschenke aller für das Geburtstagskind am 24. Juli.

Mittwoch, 3. August 1932

Ferien seit gestern! Aber nicht die geringste Freudigkeit. Vielleicht Verzweiflung über den ganz trostlosen politischen Zustand. Dem Leben ist der Sinn entwunden.

Heute aber nach langer Zeit wieder einmal mit herzhafter Freude Musik gemacht. Reger. Wieder inniges Schwelgen in seiner akkordischen Chromatik. Diese Willigkeit war bei mir in früheren Jahren nicht vorhanden.

Donnerstag, 4. August 1932

Mit Zwang ans Verreisen gedacht. Gefühl: ich werde vertrieben werden. Die Totengräber Deutschlands werden mich bei lebendigem Leibe begraben.

Mittwoch, 10. August 1932

Abfahrt mit Clärchen nach Bad Flinsberg. Die schöne Landschaft hat unmittelbare Heilkraft. Im Haus Wilhelmshof am Steinbach gelandet.

Donnerstag, 11. August 1932

Strahlendes Wetter. Gang durch den Ort. Waldweg mit schönen Durchblicken.

Freitag, 12. August 1932

Gegen die Abenddämmerung zu durch das Unterdorf, den Friedhof angesehen, die alten Grabplatten mit den Gedenkreden für die Pfarrer.

Sonnabend, 13. August 1932

Hinauf zum Steinbachweg. Bis zur Sprungschanze. Überfließend von Versen, getragen von der Herrlichkeit der Natur. – Anfang des Herzweges. Überall zwischen den Felsen und schwarzen Tannen sitzen die alten Tanten, stricken, handarbeiten und lesen. Der überaus herrliche Aufstieg zum Heufuder. Breite gepflegte Wege, mäßig steigend. Sehr dichter schwarzer Tannenwald auf den Steilabhängen. Die großartige Weite und Tiefe der Sichten. Oben Blick auf die Herrlichkeit der Welt. Das ganze Riesengebirge. – Ein Reh im Gatter. Behagliche Baude. Durch die Kühle der Abenddämmerung zurück.

Sonntag, 14. August 1932

Brief Kasacks, der mir alle Stimmung nimmt. Drohender Verlust seiner Rundfunkarbeit. Intendant Flesch entlassen. Köppen gekündigt. Ja, die verdammten Totengräber Deutschlands begraben einen bei lebendigem Leibe. Was wird aus mir in Bälde? Vormittags in den Wäldern gearbeitet. Verse. Sie bringen einigermaßen Befreiung vom politischen Druck.

Dienstag, 16. August 1932

Wie gewöhnlich vormittags in den Wäldern an Versen gearbeitet.

Freitag, 19. August 1932

Gang nach Bad Schwarzbach. Die Sonne brannte, die Waldstücke dazwischen dürftig. Eindruck: das Örtchen liegt eingequetscht, besonders das Kurhaus. Alles eng, philisterhaft.

Sonnabend, 20. August 1932

Nach Telephongespräch mit der Baude nachmittags zur Kammtour aufgebrochen. In dem Berggeröll viel Wind, so daß trotz der Wärme das Wandern selig war. Wundervolle Ausblicke wie schon neulich, dazu das Gefühl des Vertrautseins. Zum Abendbrot waren wir auf der Heufuderbaude, saßen froh beisammen. Der Wind toste an den Fenstern des Hauses. Die Lichter in den Tälern.

Sonntag, 21. August 1932

Aufbruch nach der Tafelfichte. Sonne, Wind, Herrlichkeit. Die großen böhmischen Weiten und Gebirge. Nach kurzer Rast zurück zur Heufuderbaude. Nach dem Mittagessen zu den Kammhäusern und den »eilenden« Weg herunter über die Iserbaude. Glücklich über den Ausflug.

Dienstag, 23. August 1932

Sehr viel Post. Was möglich war, erledigt. Die Anthologie des Rembrandt-Verlages. Ich hab gelesen und raschestens die Rücksendung fertiggemacht. Freude: Wilhelm von Scholzens Nachdichtung des Calderonschen Traum-Leben-Dramas.

Mittwoch, 24. August 1932

An Versen gearbeitet. Gegen Abend im Kurhaus. Ein Zitherspieler – die relativ angenehmste Form der Unterhaltungsmusik.

Sonnabend, 27. August 1932

Letztes Frühstück auf dem Balkon. Strahlendes Blau. Blick über Wiesen und Kämme. Abschied. [Gedichte dieser Reise: Stimmen am Bergbach (Die Verbannten); die reglosen Tannen (Tannen); Der Abgrund (Das böse Tal); Genesungsheim; Der kleine Bahnhof; Die beiden Stimmen.]

Sonntag, 28. August 1932

Die Rede des Reichskanzlers von Papen, gutwillig, wagemutig, aber hoffnungslos, reaktionär. Merkwürdiger Eindruck.

Donnerstag, 1. September 1932

Notizen zu einem Aufsatz über Hauptmann. Dazu Lektüre des Till Eulenspiegel begonnen. Goethes Singspiele gelesen: Die Fischerin, Scherz, List und Rache, Die ungleichen Hausgenossen. Zauberflöte. Einzelne Höhepunkte in ihrem psychologischen oder sprachlichen Zauber eindrucksstark. Alle Morgen gespielt: Reger.

Freitag, 2. September 1932

Wieder eine Stunde Reger. Es übt außerordentlich. Hauptwirkung: Aufenthalt in einem ungeheuer phantastischen, romantischen Garten. Präludien und Fugen, Sonaten, Episoden. Mit Heinrich Mann telephonisch gesprochen. Er hofft auf die Zweite Republik. Ich will versuchen, wie die Tage bisher in meiner Welt zu bleiben, mich nicht ganz daraus verdrängen zu lassen. Darum auch gelesen. Goethe. Jean Paul (Katzenberger). Jesaias in der Buberschen Übersetzung. Till Eulenspiegel, langsam Gesang um Gesang genießend.

Sonnabend, 10. September 1932

Sonnabend, 3. die Gedichte Gericht und Gotische Steinfigur sind fertig. Reger mit hohem Gewinn. Montag, 5. Hermann Kasack zu Besuch, um mir beim Lesen zu helfen. Nach der Akademie in meinem Zimmer bis halb drei Uhr nachts. Gegenseitiges Vorlesen. Meine Verse aus Flinsberg fanden viel Beifall. Eine rechte Erfrischung, heimzukehren in das, was mich angeht. Mittwoch nach dem Verlag Orlik im Grunewaldsanatorium besucht. Gefühl der Einsamkeit dort. Schöner Park. Es geht Orlik besser, aber noch immer nicht gut. [Spätere Einfügung:] Dies war der letzte Besuch bei Orlik. – Heute Hauptmanns Till Eulenspiegel zu Ende studiert. Vollkommen überwältigt. Die helle Leidenschaft darin, die durch

Düsternisse führt. Von hier aus ist dieser Dichter zu sehen. Hier ist sein Hauptwerk. Viel Unrecht geschieht ihm, weil das noch nicht erkannt ist. Allem Ruhm zum Trotz, selbst aller Liebe. – Rechtes Wohlgefühl und viel Arbeitslust und -kraft.

Donnerstag, 15. September 1932

Montag Marschalks zu Besuch, sie wollten unser Haus ansehen und von ihrem geplanten Hausbau sprechen.
Dienstag den Roman Stuckens »Guiliano« in seiner kindlich und doch greisenhaft spielerischen Renaissanceromantik ausgelesen.

Dienstag, 27. September 1932

Eine schwere Arbeit ist (bis auf die Durchsicht) beendet. Der Aufsatz für die Neue Rundschau zu Hauptmanns 70. Geburtstage. Ich schrieb nach meinen Notizen in die Maschine, vom 23. bis 26., den ganzen Tag lang, solange das Hirn ausgeben wollte. Vorigen Mittwoch (21. September) früh die Schreckensnachricht, daß Slevogt gestorben ist. Ich war wie zerschmettert. Mittwoch um zwei zu Gerhart Hauptmann ins Adlon. Zusammen gegessen, und die Zeit, während der wir uns nicht gesehen haben – Jahre – war ausgelöscht. Eine hohe Menschlichkeit.

Sonnabend, 1. Oktober 1932

Heute habe ich meinen Freund Orlik bestattet. Mittwoch, den 28. September, nachmittags um dreiviertel fünf Uhr ist er im Franziskus-Krankenhaus gestorben. Verwaist. Von Schmerz verwüstet – jenseits geht mir das Leben vorbei. Wir werden sehr allein sein, wer wird uns raten, wer uns lieben, wer wird mit meinen Versen von Haus zu Haus gehn und mich nehmen, als hätte ich mein Recht und ein Recht, zu den Menschen zu sprechen? – Sonnabend, heute vor einer Woche, ist Orlik aus dem Grunewaldsanatorium übersiedelt. Er hat sich leidlich wohl gefühlt, noch am Montag ein Kino besucht. In der Nacht zum Dienstag um vier Uhr betraf ihn der dritte Angina-pectoris-Anfall. Da nahm des Leben ab. Am Mittwoch rief Fräulein Lolo Hutt Clärchen an, dieses mich im Verlage, bitter weinend, es stehe sehr schlimm. Später: Plesch habe gar keine Hoffnung mehr. Um halb fünf wieder Fräulein Lolo Hutt, ich solle einen Wagen nehmen, wenn ich noch Abschied nehmen wolle. Als ich ins Krankenzimmer kam, war der liebste Freund schon tot. Nach einiger Zeit sahen wir den Toten: schön, jung, gesund. –

Plesch fahl, maskenhaft, vernichtet, groß! Wenig mag Orlik vom Sterben geschmeckt haben, genug, er sagte, schon als er müde nicht mehr sprach: Na, wirds bald! zornig, ungeduldig. – Man müht sich – warum? – das Unfaßbare zu fassen.
Donnerstag, 29. Vorbereitung der Feuerbestattung. Im Jahre 1917 hat Orlik sie gewünscht und von der Polizei bestätigen lassen. Auf der Rückseite der Urkunde hat er eine flammenumloderte Urne gezeichnet, darunter einen Schädel – grimmiger Humor.
Gestern in der Akademie und von der Erinnerung überschattet. Heute strahlte wunderbar die Sonne. Drachen steigen, rotes Laub fällt – und der Freund liegt außerhalb der Zeit, und jetzt ist von ihm nicht einmal mehr die Hülle übrig!

Mittwoch, 5. Oktober 1932

Immer in Trauer und Nichtbegreifen. Sonntag unter Tränen der Ergriffenheit Bachs Kreuzestod-Kantate gehört. Nachmittags kamen Levin und Grellchen. Wir musizierten. Eine Reihe Alt-Arien Bachs mit Violine. Ich las meine neueren Gedichte vor, selbst davon hingenommen.

Montag, 10. Oktober 1932

Freitag nachmittags kam Dr. Fred Neumeyer, vorher Hermann Kasack. Er hat gute Kritiken über sein Hörspiel »1 Stimme von 1000«. Er las mir viel. Neumeyer: wir betrachteten die Bilder von Orlik. Andacht. Schmerzliches Glück. Neumeyer las dann vor, Außerordentliches aus einer rumänisch-berlinischen Erzählung. Sehr starke Charakterisierungen. Typen. Fruchtbar. Las aus Die Heide sucht. Hermann Kasack las Gedichte. Eine Weile zusammenfassendes Gespräch.
Sonntag mit Hermann Kasack ein Gedichtbuch Echo zusammengestellt. Verbesserungen gemacht. Für eine Vorlesung bei Stomps Einleitung aus Stifter gesucht und getippt. Heute vormittags Akademie. Amersdorffer zeigte mir die Herbstausstellung. Im Radio schöner Vortrag Hans Henny Jahnns über die Orgelbewegung.

Donnerstag, 27. Oktober 1932

Freitag, 14. von Bermann angerufen, in den Verlag. Mit dem jungen Autor Otto Karsten gearbeitet. Am Mittwoch wurde sein Buch Sommer, Hunger und Johanna telegraphisch angenommen. Karsten enttäuscht zunächst ein wenig, es ist etwas noch sehr Ungeprägtes an ihm, nach der bescheidenen sowohl wie nach der selbstsicheren Seite ist er unentschieden und uninteressant, aber seine Arbeit hielt bei neuem Überblick gut stand. Montag, 17. die Abschrift des Jahres-Akademieberichts durchgesehen. Abends in die Akademie zum Vortrag Pannwitz. Alle Berliner Mitglieder der Akademie da. Pannwitz ein rührender, liebenswürdiger Mensch. Nachher bei Habel. Wieder alle Mitglieder außer Wilhelm von Scholz. Pannwitz entfaltete sich ausgezeichnet in politischen Gesprächen. Fruchtbar. – Donnerstag zu Eippers nach Zehlendorf. Es war herzlich gut wie in alter Zeit. Die große gelbe Dogge. Das schön und praktisch ausgestattete Häuschen, das Gärtchen. Gespräche von Bekannten, die zerstoben oder gestorben sind. – Montag in der Akademie neuer Besuch von Pannwitz. Diese Zuwahl bedeutet einen entschiedenen Gewinn.

Freitag, 11. November 1932

Freitag, 4. abends rief mich Hauptmann an, ich möge kommen. Ich zog mich also eilends um. Kurz nach acht im Grunewald-Sanatorium. Hauptmanns noch beim Essen. Rotwein, zuletzt Sekt. Wunderbare Gespräche. Die alte Herzlichkeit und Einfachheit. Über die Huldigungen in der Rundschau. Mein Aufsatz gefällt Hauptmann am besten. Nicht gefällt ihm Emil Ludwig. Woher wisse er, was dauern werde und was nicht? Wir alle wüßten es nicht, nur das wissen wir, daß nicht alles dauere. – Die Ausflucht Thomas Manns, die Persönlichkeiten über das Werk zu setzen. Hauptmann fühlt sich im Privaten bedrängt, er achtet es nicht hoch, was immer so hervorgehoben werde. Vollends die Schödigkeit Wassermanns. Dieses eitle Hocken auf dem armseligen Ruhm der eigenen Schreiberei, dieser Geiz der Seele. – Ludwig übrigens, der das schwerste versuche, Natürlichkeit zu spielen, die er bei allen seinen Gaben ganz und gar nicht habe. – Über das »Blecherne« des Herrn von Papen. Gegen die Ultramontanen in furchtbarer Schärfe. Gegen den nur in Worten schwelgenden Nationalismus. Über das Versagen der Sozialdemokratie. – Das Sanatorium schlief. Hauptmann goß sich aus meinem Rotwein in den Sekt, ich bewahrte ihm den Rest des Glases auf. Er brachte mich durch den Vorpark an die Straße. Sonntag, 6. an der Rede für Hauptmann getippt, gesonnen. Es formte sich, und es gelingt wohl, aber es wird mir schwer, auf so kurzem Raum irgendwie Erschöpfendes zu sagen. Dienstag die Rede für Hauptmann abgeschlossen. Befreiungsgefühl. Abends in die Aka-

demie zum Vortrag Wilhelm von Scholz. Es war herrlich. Novelle Die Pflicht.
Gestern eine Äußerung über Wilhelm Lehmann geschrieben für Ludwig Kunz. Alles bei sehr bedrängter Zeit. Ich sandte heute auf Aufforderung der »Kolonne« eine Reihe von Gedichten. Am 16. Dezember soll ich bei Stomps, dem »Weißen Raben«, lesen. Man muß ganz im Kleinen anfangen oder – schließen.

Dienstag, 22. November 1932

Flatternde Aufregung wegen der unverschämten pamphletigen Literaturgeschichte Paul Fechters bei der Deutschen Buchgemeinschaft.
Montag, 14. abends in die Ausstellungshalle zur Huldigung Hauptmanns. Große Eindrücke. Etwas wahrhaft Volkstümliches. Mäßige Reden vom Oberbürgermeister, von Wallauer. Der Schluß der Rede Zuckmayers recht gut, wenn auch ein wenig gespielt. Herrlich Hauptmanns Erwiderung. Vom unbekannten Verdienst.
Dienstag, 15. Staatstheater, mit großem Eindruck Gabriel Schillings Flucht gesehen. Elisabeth Bergner, eine mächtige Könnerin; ist es ein Einwand, daß sie eine »Schau«-spielerin ist? Die Linden entlang mit Herrn von Staa. Ins Adlon. Dort wurde es eine lange Nacht. Von Mitternacht bis morgens. An unserem Tisch Klaus Hauptmann, Kellermann, nebenan Behl. Fräulein Jungmann. Liebe Worte und Händedrücke mit Hauptmann und Frau. Lange herzlichst mit Plesch geredet.
Mittwoch, 15. nachmittags bei uns Besuch: Wilhelm von Scholz und Frau Gerti, Kasacks, Fräulein Hesselbarth. Nach dem Abendbrot gegenseitiges Vorlesen. Donnerstag, 17. in den Marmorsaal. Eine recht öde Feier Hauptmanns durch Schutzverband und PEN-Club. Kerr sprach theatralisch und mätzchenhaft, aber es waren gute Gedanken in seiner Ansprache. Hauptmann erwiderte entzükkend mit autobiographischen Anekdoten vom Altern und Jungwerden.
Freitag, 18. die Rede für den Nachmittag in die endgültige Form gebracht. Mittags in die Akademie. Tischordnung. Zum Rechten gesehen, Blumenschmuck usw. Die Gäste. Ungefähr 180. – Hauptmann begrüßt. Der Tee wurde intim, festlich und nobel. Meine Rede fand viel Beifall. Hauptmann hörte sehr genau und herzlich aufmerksam zu. In seiner Erwiderung sagte er – ich weiß es wohl nahezu wörtlich: »Ich sehe viele liebe Gesichter von Freunden um

mich, unter ihnen deines, mein lieber Loerke. Die Worte, die du mir gesagt hast, werden noch lange mein Herz bewegen. Sie sind Gold, denn du warst immer Gold.« Frau Hauptmann duzte mich. Der französische Botschafter François-Poncet zog mich in ein längeres Gespräch. Es hätte seinem Ohre wohlgetan, ein klassisch klares Deutsch zu hören. Ich möge das nicht als höfliche Redensart nehmen. Er sehe hier die Klarheit, deren er die deutsche Sprache immer für fähig gehalten habe, die aber in jüngerer Zeit nicht immer erreicht werde. Ich erwiderte, daß es mich freue, das gerade von einem Franzosen zu hören, denn die Klarheit werde doch gerade der französischen Sprache vor allem zugesprochen. Er meinte, die Klarheit, die er meine, finde er beispielsweise bei Kant.

Freitag, 2. Dezember 1932

Mit dem kleinen Nickel spazieren gewesen. Die vielen Neubauten betrachtet.

Sonnabend, 10. Dezember 1932

Es ist Winter. Trübe draußen, die Kiefern wirken silhouettenhaft. Der Boden ist gefroren. Die letzten Chrysanthemen-Blüten hängen noch farbig an den Stengeln. Die Rosen sind mit Fichtengrün eingedeckt, an der Pergola aufgebunden. Montag abend kam Rudolf Kayser: er ist bei der Rundschau gekündigt worden. Auch Saenger soll weg. Er hat den Eindruck, daß der neue Mann, Peter Suhrkamp, auch mich verdrängen soll.
Dienstag das Manuskript von Hans Keilson gelesen [Das Leben geht weiter]. Mit sympathischem Eindruck: ich will es empfehlen. – Um sechs Akademiesitzung. Die Literaturgeschichte von Fechter: allgemeine Entrüstung.
Donnerstag zur Vorlesung Werfel. Der Saal überfüllt. Ein sonorer, wenn auch nicht gerade sehr tiefer Eindruck. Nachher bei Habel. Werfel, Frau Mahler-Werfel, Heinrich Mann, Ina Seidel, Heinrich Seidel, Wolfenstein, Meier-Gräfe und Frau, Pinthus, wenige andere, die ich nicht kannte. Es dauerte lange.

Sonntag, 18. Dezember 1932

Herrlicher Herbsttag. Sonne im Garten, Feierlichkeit. Stille. Veilchen blühen vereinzelt, durften aber nicht. Die letzten wetterharten Chrysanthemen. Abends nervös. Des öfteren durch ziehenden Tumult in den Nerven aufgewacht, zuletzt aus einem Traum von

einem großen versinkenden Schiff. Aus Ritzen unter den Deckbänken drang Wasser, schnell dann ein böses Hin- und Herschwanken. Im Augenblick des Überbordgerissenwerdens Erwachen.
Montag, 12. mit Bermann im Verlag die Satzungen der Gerhart-Hauptmann-Stiftung beraten. Unter Qualen. Dann zur Akademie. Das Protokoll diktiert. Dienstag abends zum Bruno-Eisner-Abend. Einsam: kein Orlik mehr, kein Slevogt. Gefühl: das alte Leben ist vorbei, ausgeschlossen. Nur Zaungast noch. Die Musik war nicht sehr überzeugend. Die letzte Sonate Beethovens zerfiel in romantische und virtuose Einzelheiten. d-moll-Sonate – das berührte mich nicht sehr. Selbst Chopin: die Tempi schienen mir zuweilen nicht richtig. Kurze Begrüßung im Künstlerzimmer. Donnerstag um acht das Hörspiel Der Ruf von Hermann Kasack. Straff, einfach.
Freitag, tagsüber das Programm für meine Vorlesung in der Rabenpresse fertiggemacht. Den Brief an einen jüngeren Lyriker gekürzt und neu getippt. Das von Hermann Kasack zurechtgestrichene Fischfangkapitel aus dem Oger durchgegangen, Gedichte gewählt. – Zur Humboldtvilla Fasanenstraße. Allerlei Bekannte. Frau von Molo, Ina Seidel und ihr Bruder Heinrich, Kasacks. Der Kritiker Hamecher. Günter Eich. – Asta Südhaus las von einem Leuteritz vier Gedichte. G. A. Goldschlag Rilkesches und Till Eulenspiegel. Plattheiten, viel zu langsam. Dann ich. Es schien Eindruck zu machen.
Gestern vormittags ein kleines Weilchen bei Jacubeits. Ich nahm einige Drucksachen hinüber, meine Hauptmann-Akademierede, die Hauptmann-Hefte der Neuen Rundschau und den Längsten Tag in Pergament gebunden. Herr Jacubeit hatte durch die Kinder zwei Kisten kostbare Zigarren geschickt. – In der Erstaufführung des Weihnachtsoratoriums von Kurt von Wolfurt. Hochschule. Ein ganz großer Eindruck. (Hinterher waren die Kritiken ungerechterweise durchweg schlecht.)

Freitag, 30. Dezember 1932

Heute sehr fleißig gewesen. Manuskript Meier-Gräfe: Geschichten neben der Kunst. An Bermann geschickt. Dazu Gutachten.

Sonnabend, 31. Dezember 1932

Trübes Regenwetter. Glatteis. Nebelfinster. Im Garten blühen Tausendschön und zwei Primeln, hier drin in Vasen und Wasser Forsythienzweige. Wir erwarten Kasacks zur Silvesterfeier. Lange mit

Ina Seidel telephoniert über die völkische Literaturgeschichte Fechters. Die Empörung ist allgemein. Besuch Emanuel bin Gorion. Er bat mich um eine Erzählung. Angenehmer Austausch.
Einen letzten Gruß im ausgehenden Jahr an Freund Orlik. Das Gedenken an ihn lastet schwer auf mir. Die Wüste wächst immer, es ist schwer, froh zu sein. Wie waren wir glücklich! Wieviel Glück hätte noch kommen können! Wieviel Schönheit der offenen Welt strömte mit Dir bei uns ein, mein Freund!

Gedanken und Bemerkungen. Undatiert 1932

Die beste Definition des Reaktionärs ist wohl: kein Reaktionär weiß, daß er ein Reaktionär ist.
Für die Literatur: Es gibt nicht nur rückschrittliche Gedanken, sondern auch einen rückschrittlichen Klang. Wer ihn hat, wird begeistert sagen: das Gute ist immer gut, das Schöne ist ewig. – Vielleicht: aber je gläubiger einer ist, um so zurückhaltender wird er mit solchen Äußerungen sein!

Mehr als früher ist es heute (1932) dem Zufall unterworfen, welche Schriftstellernamen sichtbar sind und Geltung haben und welche nicht. Eine Anzahl laufen kleine Stückchen im Lichte und versinken darauf für lange im Dunkel. Die kleinen Anhängergemeinden überwintern in der Kälte und wärmen sich an der eigenen Gesinnungswärme. Irgendwann, vielleicht nach Jahrzehnten, wird aus einigen dieser Kreise eine Belebung ausgehen. Eine Bewegung jedenfalls gibt es seit lange nicht mehr.

Das Furchtbare ist nicht die Befeindung durch die Feinde, sondern die Verdächtigung durch die eigene Partei, wenn an der von ihr gewünschten Uniform einiges nicht stimmt. Hier kommt der Unterschied zwischen kritischer und schöpferischer Begabung zu Tage. Die unzulängliche Kritik lehnt das zulängliche Schöpferische ab – auch wohl umgekehrt.

Die Wirkung eines Dichters ist unabhängig vom Ruhm. An das über das Kunstwerk Hinaushängende setzt sich der Ruhm leicht an. Das Künstlerische selbst wirkt anonym weiter.
[Das folgende Tagebuch trägt auf dem Rückenschild die Aufschrift: Die Jahre des Unheils 1933/1934]

Sonntag, 1. Januar 1933

Gedanken an die liebsten toten Freunde bewegen mich. Ich sehe in der Abenddämmerung aus meinem Arbeitszimmer in das trüb vernebelte Kiefernland. Die schweren Silhouetten schweben.

Nickel schläft nebenan auf der Chaiselongue. Stille. Nachsummen des gestrigen Tages. Silvester mit Kasacks. Ganz still. Ein bißchen Radio – die Welt von draußen hereingeholt. Mitternachts das schlafmüde Wölfchen. Heute vormittag mit Ergriffenheit gehört Bachs »Gott wie dein Name so ist auch dein Ruhm«, aus Leipzig, besonders wie Tenorarie und den kühn harmonisierten Schlußchoral. Kurz darauf fuhren Kasacks ab.

Freitag, 6. Januar 1933

Verlagsarbeit: der neue Baden-Baden-Roman von Flake. Bei guter Anlage und viel Begabung doch ein Zug ins Weltmännisch-Undichterische: der Wille mündet bei Flake zuletzt in Vorurteilen, die nicht einmal ganz sichere Natur des Autors scheinen, sondern auch erworben sind. Dienstag war der junge Keilson bei mir. Bis in die Nachmittagsdämmerung hinein an seinem Buche gearbeitet. Auf Kürzungen gedrungen. K. ist ein Sportlehrer, Medizinstudent im 10. Semester, Musikant auf Trompete, Geige, Harmonika. Imponierend, wie sich junge Leute dieser Art durchschlagen. Mittwoch Verlag. Lange mit Fischer, Bermann, Herrmann über die kleine Romanbibliothek. Arbeit in einer schwer zu bewältigenden Menge! Adolf Frisé – ihm seinen unzureichenden Roman zurückgegeben. Suhrkamp kennen gelernt, mit ihm bis Zoo, Stadt Pilsen, gegangen. Häßlich laues, neblig-regnerisches Wetter. Sympathie. Er ist ein Verehrer Wilhelm Lehmanns, erkundigte sich nach Heimann usw. Gestern Händel gespielt. Mittags in der Akademie. Sitzung um sechs. Der alte Kreis. Hauptauseinandersetzung über die Literaturgeschichte von Fechter. Nachher mit Benn, Döblin, von Molo im Fürstenberg am Potsdamer Platz. Ergiebige Gespräche über unsere heutige geistige Lage.

Sonnabend, 7. Januar 1933

Das niederdrückend trübe Wetter, die Häßlichkeit in den Bauten der Umgebung machen mich nervös. Der Stumpfsinn der Gewöhnung fehlt noch.

Freude, Klavier gespielt zu haben: Mozart, die ersten vier Sonaten. – Gestern gegen Abend Händel, große Fugen und Tänze von Schubert. Schöne Konzentration, um größere Geschicklichkeit zu erlangen, und Erhebung.

Dienstag, 17. Januar 1933

Heute Schneelandschaft. Mit Wölfchen Kasack nachmittags ein längerer Spaziergang: um den Poloplatz, am Waldessaum, Alemannenstraße. In meinem Zimmer blühende Forsythienzweige in Gläsern, seit Weihnachten blühen sie, jetzt immer voller. An den Zweigspitzen entfalten sich grüne Blätter. Herrlichkeit aus unserem Garten. Fast alle Tage ein wenig musiziert. Ein paar kleine Konzerte von Mozart. Gestern in der Akademie. Das Protokoll zu Ende diktiert. Mit Mombert telephoniert. Um 8 die Vorlesung. Sehr langsam, sehr zart, sehr still sprach Mombert. Nicht leicht zu folgen, aber bannend. Nachher mit E. R. Weiß, Karl Hofer, Max Herrmann, Rudolf Kayser, Herrn und Frau Eberlein bei Habel. Museumsfragen. Mombert irgendwie glücklich. Sonntag, 15. Am Nachmittag getippt an den neuen Gedichten, um sie Wilhelm Lehmann, E. R. Weiß und Werner Bukofzer zu überreichen.

Sonnabend, 21. Januar 1933

Poelzig zurückgetreten von seinem Amt als Vizepräsident der Akademie. Mittwoch wird wohl seine Wiederwahl erfolgen. Schneetreiben. Der Garten ist ein wirklicher winterlicher Garten. Gestern an meinen Versen und nachts lesend. Ein frischer Spaziergang nach Stolpe. Zuerst Sonnenstrahlen. Dann sammelten sich Wolken, von Zeit zu Zeit eine kleine Menge Schnee. Mittwoch Verlag. Lange schlaffe Gespräche mit Kayser. Mit Scholtis gearbeitet – an seinem neuen Roman. Mit Suhrkamp zum Bahnhof Zoo. Das schöne farbige Licht. Nach Potsdam. Bei Kasacks schöne stille Stunden. Mit dem vorletzten Zuge nach Hause.

Sonntag, 22. Januar 1933

Mit Clärchen nach Neu-Westend zu Ackermanns, Julius Levins Geburtstag zu feiern. Unterwegs trafen wir Grellchen und Julius Levin. Herzliche Aufnahme mit erlesenen Getränken und aller Zuvorkommenheit. Musiziert: Mozart, Die Geburtstagssonate (die kleine Es-dur), »Gelobet sei der Herr«, und Händel, D-dur-Sonate. Julius hatte eine schöne neue, noch unlackierte Geige.

Sonnabend, 28. Januar 1933

Im Kultusministerium bei Oberregierungsrat Zierold. Akademiefragen, besonders Hauptmannstiftung, und das Fechtersche Buch, das unselige. Dienstag außer Manuskripten Wassermann, »Goldener Spiegel« mit Enttäuschung wieder gelesen; nicht als ob das Buch schlecht wäre, aber ich hatte es als bedeutender in Erinnerung, und nun lag doch eine Schicht Staub darauf. Mittwoch Verlag. Akademie. Vizepräsidentenwahl. Poelzig. Unangenehmes Auftreten der rechthaberischen [korrigiert in: »kunst-veralteten«] Gruppe, geführt von Herrn Geßner. Nachher bis neun Sitzung unseres Senats und des Werkhilfen-Ausschusses. Über die Hauptmannstiftung. Furchtbare Äußerungen des Hasses auf Hauptmann von Döblin. Wunderliche Beschlüsse. Sehr beunruhigend. Über die Resolution in Sachen Kultur-Reaktion. Darauf mit Benn bei Siechen Abendbrot gegessen. Eine sehr fruchtbare Aussprache. Donnerstag unausgeruht. Nachmittag Hermann Kasack. Im Rundfunk Günter Eichs »Ich lerne chinesisch«, einfach, schön und rund. Abends kam Eich. Er las Gedichte und den Briefwechsel mit Hermann Hesse über dessen Morgenlandfahrt. Ein ergiebiges Gespräch daran anschließend. Freitag Brief an Joachim Maass, der mir so wunderbar verehrend geschrieben hatte, wenngleich ich auch nur einen geringen Bruchteil des Ruhmes annehmen kann. Abends in der Akademie ein internes Konzert der Meisterschüler Schreckers. Kurt Fiebig und Fritz Piket, der letztere schon ein Könner, über das theoretisch Interessante hinaus begabt. Max Marschalk begrüßt.

Dienstag, 14. Februar 1933

Viel Entsetzliches hat sich ereignet.[33] Es hat keinen Zweck, Chronist zu sein. Am 30. Regierungsbildung mit Herrn Hitler als Reichskanzler. Aber der Juli vorigen Jahres war ja das Entscheidende. Sonnabend und Sonntag war Hermann Kasack bei uns. Half mir, Manuskripte lesen. Wölfchen blieb noch hier. Heute haben wir unseren Minister Becker begraben. Fulda saß neben mir im Gemeindehaus Dahlem: »Wir begraben die deutsche Kultur.« Amersdorffer sagte mir, die Abteilung für Dichtung würde aufgelöst. Das ist nur logisch. Eine böse Stimmung. Alles bricht zusammen.

Sonntag, 19. Februar 1933

Ich stehe zwischen den Terroristen von rechts und links. Möglicherweise muß ich zu Grunde gehen. Die Nerven halten nicht mehr. Trauer, vor furchtbare Konsequenzen gestellt zu sein, ohne das mindeste begangen oder auch nur gewußt zu haben.
Mittwoch, 15. zur Akademie, durch von Schillings berufen. Eröffnung, daß die Austritte erzwungen werden müßten. Dann die schreckliche Sitzung. Käthe Kollwitz und Heinrich Mann traten aus der Akademie aus. Wegen parteipolitischer Betätigung. Säulenplakat: »Setzt die Verantwortlichen unter Druck!« Natürlich griff die Regierung zu, voran Herr Rust. Schweigegebot. Aber Leonhard Frank und Döblin hatten nichts Eiligeres zu tun als alles herumzutratschen – in die Zeitungen, in die »Gesellschaft«. Letzten Donnerstag und Freitag habe ich an einer Erklärung für die morgige Sitzung der Akademie gearbeitet. Ich kann sie aber wegen der Denunzianten in unseren Reihen nicht verlesen. Viel durchgemacht. Meine Stellung in der Akademie ist über kurz oder ganz kurz dahin – die im Verlage auch gefährdet. Freitag im Ministerium Sitzung der Kreismannstiftung. Nun, das war wohl nur noch ein wehmütiger Scherz, was meine Teilnahme betrifft.

Freitag, 3. März 1933

Sonntag, 19. Februar Unruhe und Arbeit. Montag, 20. Akademie, abends Aussprache über den Austritt Manns. Vor der Sitzung eine so gewittrige Stimmung, wie ich sie noch nie gespürt habe. Der unangenehme Leonhard Frank schritt drohend auf und ab, Döblin auch unheimlich zurückhaltend. Binding war gekommen. Nachher war der Verlauf leidlich, bis auf das Verhalten Döblins und besonders Franks. Dumme Resolution beschlossen, vorbehaltlich der Billigung durch den Präsidenten. Es wurde spät. Ich blieb dann sehr lange in der Stadt, um den Anrufen der Zeitungen, die bei der Klatschsucht Döblins und Franks bestimmt zu erwarten waren, zu entgehen. Sehr kaputt innerlich. Dienstag, 21. Der Überfall in den Rücken ist wieder geschehen: in der Vossischen Zeitung und im Berliner Tageblatt fast wörtlich das in der Sitzung Besprochene. In der Akademie mit Schillings, Benn, Binding. Der Präsident telephonierte mit allen, die dagewesen waren, wer getratscht hätte. Es blieb an Frank und noch mehr an Döblin hängen. Die anderen versicherten ehrenwörtlich oder diensteidlich, nicht beteiligt gewesen zu sein. Die entsetzlichen Zeitungen bimmeln und bimmeln. Ich ließ mich in jedem Falle verleugnen.

Mittwoch, 22. Protokoll in der Akademie diktiert. Verlag. Nachher mit Benn gegessen. Die Lage besprochen. Donnerstag, 23. Akademie. Wachsplatten schreiben lassen. An Binding geschickt zur Durchsicht. Freitag, 24. In der für andere undurchsichtigen Lage in den Verlag, um mich mit Bermann und Suhrkamp zu besprechen. Lektüre, Manuskripte. Sonnabend, 25. Tagesarbeit. Die Abende hier in Beratung, halb betäubt. In der Nacht des 28. ist der Reichstag angezündet worden. Folge: Aufhebung der verfassungsmäßigen Grundrechte. Große Kommunistenrazzia. Einen großen Teil des ungeheuren Manuskript-Berges aufgearbeitet. Vorgestern Verlag. Zwischenein Akademie, weil Däubler einen Schlaganfall erlitten hat. Geld dringend nötig für ihn, er liegt auf Capri. Im Verlage ausführliche Beratung über das ausgedruckte Rundschauheft, auch Saenger war gebeten worden. Mit Suhrkamp angenehme Gespräche über die uns angehenden Dinge. Gestern Akademie. Es wird immer ernster. Eine Sitzung soll bis nach den Wahlen verschoben werden. Mit Benn konnte ich nicht sprechen, weil er Herzbeschwerden hatte. Ich spielte abends eine Sonate von Schubert, saß eine Weile in meinem Zimmer allein. Das Hündchen bei mir.

11. April 1933

Eine entsetzliche Zeit der Leiden und Demütigungen. Zu sprechen darüber war zu schwer: darum habe ich nicht gesprochen. Äußeres nur: mein Amt bei der Akademie [als Sekretär] ist mir abgenommen worden. So hart die wirtschaftlichen Folgen sind, das Schlimmere war die Entehrung. Kein Erlaß des Ministeriums, nur ein Telephongespräch am 18. März von Oberregierungsrat Zierold an Prof. Amersdorffer: dieser rief dann mich an, es bestehe keine Aussicht, daß meine Bezüge über den 31. hinaus weitergewährt würden. Ich erbat Urlaub, dieser wurde bis zum Schluß des Monats befristet. Dann stillschweigend mir die Arbeit weggenommen. Wieder kein Erlaß, bis heute nicht. Ich war gezwungen, die Entlassung zu erbitten, um nicht weitere Fußtritte zu empfangen, nun, nachdem mir die Knochen zerbrochen waren, nicht länger auf der Straße zu liegen und mich treten zu lassen, sondern endlich die Erlaubnis zu haben, in den Winkel zu kriechen. Gestern vormittag habe ich mich von meinen Mitarbeitern in der Akademie verabschiedet. Ein bißchen Spießrutenlaufen war auch dabei. Die Kehle war mir zusammengeschnürt, aber ich konnte doch jedem einzel-

nen meinen Dank sagen. Ich will den Briefwechsel um meine Verabschiedung hier zusammenstellen.
Am 20. März bat ich den Präsidenten von Schillings um Urlaub mit Rücksicht auf meinen Gesundheitszustand. Er war verreist. Amersdorffer empfing daher den folgenden Brief:

Lieber, sehr verehrter Herr Professor,
haben Sie die Güte, mir das anliegende Urlaubsgesuch, da der Präsident nicht anwesend ist, zu bewilligen. Da ich ja nur beauftragt bin, also die im Auftrage liegenden Pflichten übernommen habe, aber wohl vollkommen außerhalb des Angestellten- oder Beamtenrechts stehe, läßt sich vielleicht die äußerste menschliche Demütigung vermeiden: heute ist bereits der 20. März. Wenn ich im Dienste noch länger auf die Mitteilung des Reichskommissars warte, daß mein Antrag nicht erneuert werden könne, wird meine Verabschiedung einer fristlosen Entlassung oder Disziplinierung immer ähnlicher. Die Gründe, die möglicherweise meiner Beauftragung entgegenstehen könnten, habe ich vor Annahme der Berufung und seither immer wieder im Ministerium und in der Akademie erörtert. Sie waren ja bisher nicht ausschlaggebend, vielmehr gaben Personal- und Literaturkenntnisse sowie mein redlich bemühter Wille zur Objektivität, die mir von den zuständigen Stellen und den Kollegen überaus freundlich zugebilligt wurden, den Ausschlag nach der anderen Seite. Ich darf doch ruhigen Gewissens sagen, daß ich mich um die Stellung in der Akademie seinerzeit nicht bemüht habe, sondern daß ich sie auf Grund eines Vertrauens, für das ich lebenslänglich dankbar bleiben werde, und nach reichlicher Selbstprüfung übernommen habe. Ferner darf ich aussprechen, daß ich, wiewohl bevorzugt, nicht ausschließlich der Empfangende war, sondern auch manche Lebenssicherung (und zwar unwiderruflich bei der inzwischen eingetretenen wirtschaftlichen Entwicklung) aufgegeben habe. Die dichterische Tätigkeit hat mich materiell nicht gestützt, sondern ich mußte sie stützen, um sie ausüben zu können. Ich bin mir also keiner akuten Schuld in meiner Amtsführung bewußt. Aus diesem Grunde bitte ich um die heute noch mögliche kleine Milderung der harten Form des Abschieds.

Amersdorffer war kühl, ja schroff. Ärztliche Atteste? Die der Freunde, des Juden Plesch oder des Mitgliedes Benn würden nicht genügen. Es müsse ein Amtsarzt sein. Und ich hatte doch keine Drückerei, sondern nur ein klein wenig Menschlichkeit gemeint.

Die Besinnung ist dann wohl auch bald zurückgekehrt, denn ich erhielt am 23. März den folgenden Brief des Präsidenten:

Lieber, verehrter Herr Loerke,
auf Ihr Schreiben vom 20. d. M. mit der Bitte um Beurlaubung von Ihrer Tätigkeit als Dritter Ständiger Sekretär der Akademie erwidere ich Ihnen ergebenst, daß ich in Würdigung Ihrer Gründe die Erfüllung Ihrer Bitte nicht glaube versagen zu dürfen. Ich erteile Ihnen deshalb für den Rest dieses Monats den erbetenen Urlaub. Ich hoffe noch vor Ablauf Ihres Urlaubs mich mit Ihnen über alle die Fragen, die die Akademie und Ihre Person betreffen und die uns beide so tief bewegen, noch einmal aussprechen zu können und begrüße Sie für heute mit dem Ausdruck meiner größten künstlerischen und persönlichen Hochschätzung als Ihr Ihnen ergebener

Max von Schillings.

Ich blieb der Vorlesung Walter von Molos also fern, die am 27. stattfand, ging am 31. zur Hundertjahrfeier der Abteilung für Musik, wo übrigens der Kommissar Rust eine gute Rede hielt, wurde dort völlig links liegen gelassen – und hörte weiterhin nichts. Ich fühlte mich verachtet wie ein Stück Dreck. Eine Lösung aus der Zwangslage mußte doch irgendwie kommen. Ich schrieb darum am Montag, dem 3. April:

Sehr verehrter Herr Präsident,
darf ich, nachdem die schöne Hundertjahrfeier der Abteilung für Musik vorüber ist, in aller Ergebenheit die Bitte an Sie richten, mir einen über meine Tätigkeit an der Akademie entscheidenden Bescheid zukommen zu lassen? Meine Bedrängnis ist hart. Die Einreichung eines Abschiedsgesuches konnte mir von der Akademie nicht gut nahegelegt werden, weil ich ja bis zum 17. März dort immer wieder Beweise des Vertrauens empfangen habe und weil die Akademie selbst die Weitergewährung meiner Bezüge beim Ministerium beantragt hatte. Sollte aber die fernmündliche Mitteilung des Herrn Oberregierungsrats Dr. Zierold vom 17. März an Herrn Professor Amersdorffer, die dieser alsbald telephonisch an mich weitergab, daß keine Aussicht auf Fortsetzung meiner Dienstvergütungen bestünde, die Aufforderung zu meinem Rücktritt enthalten, so bin ich froh, der Schwere meines Schicksals nicht ausgewichen zu sein, weil ich mich sonst selbst angeklagt und selbst verurteilt hätte.

Daß die Akademie meine Tätigkeit mit dem 31. März als erloschen betrachtet, ersehe ich daraus, daß Sie, sehr verehrter Herr Präsident, den von mir erbetenen Urlaub auf dieses Datum befristet haben, ferner, daß eine neue Senatsarbeit an meinen Freund Benn gegangen ist und daß ich am 1. April bei dem Festkonzert in der Singakademie meine Abteilung nicht mehr offiziell mitvertreten durfte. Hätte ich vor diesem Konzert die ausstehende Nachricht in Händen gehabt, so wäre ich ohne die Befürchtung, mißverstanden zu werden, gern dem in mehr als sieben Jahren befestigten Herzensbedürfnis gefolgt, festlich gekleidet in den Reihen der Mitglieder Platz zu nehmen. Selbst der seelischen Mahnung zu folgen, Ihnen mit einem freudigen Worte zur Berufung an die Städtische Oper meine Aufwartung zu machen, hatte ich so viel Scheu, daß ich Ihnen nur in der Stille meines Arbeitszimmers, gleichsam zu meinen dichterischen und musikalischen Vätern versammelt, mit warmen Gefühlen eine segensreiche Tätigkeit gewünscht habe.
Bitte, tragen Sie dazu bei, mich aus diesen beständigen Qualen bald zu befreien. Schlichter als schlicht wird der Abschied nun wohl in jedem Falle sein müssen, ohne Ankündigung außer der vom 17. März, mit rückwirkender Kraft, da der April angebrochen ist – aber ich erbitte ja keinerlei Rücksicht, sondern nur den noch ausstehenden amtlichen Bescheid.
Mit dem Ausdruck meiner vorzüglichen Hochachtung und Verehrung Ihr vollkommen ergebener

Oskar Loerke.

Daraufhin neuerliche Rücksprache Amersdorffers bei Zierold. Zu dem Erlaß bequemte man sich auch jetzt nicht. Ich solle vielmehr das Entlassungsgesuch einreichen. Welche Begründung? Gleichschaltung, wie das neue schöne Wort heißt. Ich antwortete, ich dächte nicht daran, diese Begründung zu wählen, und lehnte jederlei Eingeständnis einer Schuld oder einer Notwendigkeit, mich zu entfernen, ab. Ich faßte dann das Gesuch unter dem 4. April folgendermaßen:

Sehr verehrter Herr Präsident!
Da der mir von Ihnen am 22. März d. J. freundlicherweise bewilligte Urlaub abgelaufen ist, ohne daß das Preußische Ministerium für Wissenschaft, Kunst und Volksbildung die Beendigung meiner Mitarbeit im Präsidium der Akademie der Künste durch einen ent-

sprechenden Erlaß über meine Bezüge verfügt hätte, da ich aber heute durch Herrn Professor Dr. Amersdorffer, der mit Herrn Oberregierungsrat Dr. Zierold eine Rücksprache hatte, höre, daß die Weitergewährung meiner Bezüge nicht erfolgen wird, sehe ich mich zu meinem Bedauern genötigt, Sie ergebenst zu bitten, mich von der Wahrnehmung der Geschäfte des Dritten Ständigen Sekretärs zu entbinden. Mit dem Ausdruck meiner vorzüglichsten Hochachtung Ihr verehrungsvoll Ihnen stets ergebener

Oskar Loerke.

Sehr beeilt mit der Erledigung dieses Gesuchs hat man sich auch jetzt noch nicht. Erst am 8. abends erhielt ich den Brief vom 7. April:

Sehr verehrter Herr Loerke,
auf Ihren Antrag vom 4. d. M. entbinde ich Sie hiermit von der Ihnen übertragenen Wahrnehmung der Geschäfte des Sekretärs der Abteilung für Dichtung. Es geschieht dies mit dem lebhaftesten Bedauern darüber, daß wir Ihre wertvolle, in den Jahren schwieriger Arbeit bewährte Kraft für die Geschäftsführung verlieren müssen. Für die große Gewissenhaftigkeit, Treue und Hingebung, mit der Sie sich stets Ihrer Arbeit gewidmet haben, spreche ich Ihnen den wärmsten Dank der Akademie und der Abteilung für Dichtung aus. In größter Hochachtung Ihr ganz ergebener

Max von Schillings, Präsident.

Damit hat die Qual wenigstens äußerlich ihr Ende erreicht. Heute kamen von der Kasse die einbehaltenen Gelder, noch 95 RM. Irgend eine Verpflichtung aus dem Angestelltengesetz scheint nicht anerkannt zu werden.

Gottlob war vom Ministerium der Lapsus gemacht worden, bei meiner Berufung zum Senator zu behaupten, zum Sekretär habe mich der »Präsident« berufen, sonst hätte dieser mich nicht einmal entlassen können. Und der Schwebezustand würde andauern. Ich bin über alledem recht krank geworden. Die Nerven versagen. Schrillt das Telephon oder bellt unser Hündchen auf, so fahre ich hilflos in die Höhe. Die Galle, gereizt durch die seelischen Erregungen, schmerzt. In den Ohren, besonders in dem rechten Ohre, Gebrause. Plesch, den ich aufsuchen wollte, ist verreist. Niemand hat mir in der schweren Zeit helfen können, niemand hat meine Kränkung bis zum Grunde durchschaut. Niemand sollte auch

sehen, wie bei mir alles bis in die Grundfesten erschüttert ist: auch der Verlag muß durch große Schwierigkeiten und legt mir übermäßig Arbeit notgedrungenerweise auf, während die Bezahlung nach der langen Zeit der Mitarbeiterschaft nicht die Höhe hat, um die Voraussetzung für die Ausfüllung meines Postens (nachdem ich mich von der Teilnahme am »Leben« nicht völlig ausschließen darf) zu schaffen, und meine eigentliche Arbeit, die dichterische, liegt weiter im Winkel – wer in der Welt fragt danach. Sie ist so sinnlos wie meine ganze erschöpfte Existenz. Ich stehe im fünfzigsten Lebensjahr und kann nur beenden, nicht mehr neu beginnen. Ohne eine Sicherung des Dichters kann die übrige Person nicht arbeiten, und wenn dieser die Arbeit genommen wird, durch unerfüllbare Bedingungen oder durch Entziehung – da bleibt eben nur das Nichts übrig.
An meinem Geburtstag übrigens begann die Fülle der Qual. Unselige Sitzung der Akademie, in der der Umbau eingeleitet wurde. Ich war schon vorher zerrissen genug. Sonnabend, den 11., und Sonntag, den 12., Hermann Kasack. In der Nacht vom 12. zum 13. haben mir Clärchen und Hermann Kasack meinen aufbrausenden Charakter schmerzlich analysiert. Hermann Kasack war auch vergangenen Freitag und Sonnabend, den 7. und 8., bei mir, half mir, Manuskripte lesen und mich über die Zukunft mit guter Laune beraten. Alles gut und hilfreich, nur der Gedanke, daß meine dichterische Leistung schon hinter mir läge, daß also, was war, »alles« war, will mir gar nicht schmecken. Ich würde mit Anerkennung dieses Gedankens anerkennen, daß dieses Quetschen, Quälen, Niederhalten, das mir langsam die beste Kraft entwunden hat, berechtigt war: es hat aber nichts gefördert, es hat ausschließlich nur verhindert. Es ist nicht wahr, daß ich mich auf Gedichte zu beschränken hatte, es ist nicht wahr, daß nicht mehr, anderes und besseres aus mir gekommen wäre, wenn man mir erlaubt hätte zu wirken, wenn man etwas von mir verlangt und erwartet hätte. Immer nur zehn Menschen, bereit zu empfangen – nein, das ist zerstörerisch. Das ist nicht aristokratisch, das ist nicht notwendig, das ist beinahe »noch« eine Negation zur Negation, das ist die Etablierung der Kunst als Privatvergnügen, die Etablierung des Hochmuts, daß man selbst mitkönne, wo die anderen nicht mitkönnen – die Verachtung, daß man »viele« meint und anspricht. Das ist eine ganz überalterte verbürgerte Anschauung. Es will ja der Mensch, der ganz gewöhnlich glückbedürftige Mensch sein biß-

chen Recht: eine von diesem Menschsein abgespaltene Kunst ist für die Katz, sie kann keinen Wert haben. Und die »besseren« Kräfte müssen ja nicht in »ihrem« Gebiete hungern, dursten und sterben, sondern sie werden im ganz trivialen, hundsgemeinen Alltag angegriffen. Nicht der Schreiber der Akten oder der Lektor von Manuskripten wird angegriffen, sondern in ihnen der Dichter. Der Schreiber und Lektor könnten ja ebenso gut etwas anderes tun, den »Dichter« verachtet man auf seinem Gebiet und auf allen Gebieten, auch da, wo er schweigt, sich verbirgt, Geduld hat, wartet und wartet. Ist es so schwer, das Unmenschliche daran zu begreifen?

Nirgends soll erlaubt sein aufzubauen. Überall soll erlaubt sein, grundlos einzureißen, zu zerstören. Woher soll dann noch ein Wille kommen? Warum soll denn etwas in den Wesensäußerungen von der Sinnlosigkeit ausgenommen sein? Warum sollen ein paar Verse wichtiger sein als es der Mensch in den Stunden ihrer Hervorbringung war? Soll aber der Mensch für diese Stunden gelten, warum darf er in diesen Stunden (so ist es doch praktisch und theoretisch) zerstört werden? Dann wäre nur der Zufall, der Diebstahl, das von den Zerstörern nicht bemerkte Einbringen solcher Verse zu billigen. Und immer gälte nur die Vergangenheit, der es manchmal gelungen ist, ins »Höhere« unbemerkt zu entwischen. Dieser Wunsch, nur das gelungene Entwischen vor den Verfolgern anzuerkennen, ist mir das Peinvolle.[34]

Inzwischen mußte die Musik schweigen. Welch ein Verlust für mich. Inzwischen habe ich unter den Martern kaum etwas zweckfrei, um seiner selbst willen, lesen können. Inzwischen Zwangsarbeiten: Auswahl aus Dehmel, woran ich noch bin. Das läuft so im großen Trakt mit hin, und hinterher ist es so wenig gewesen wie alles andere auch. Einen Aufsatz für die Rundschau über die arme Öffentlichkeit des Dichters von heute. Er ist nur aphoristisch und innerlich nicht frei.

Inzwischen ist aber auch der Frühling gekommen. Bei uns der Gartenfrühling. Mit der wehmütigen Sorge: wann werde ich von diesem Stückchen Boden vertrieben? Dann regt sich eine leidenschaftliche Sehnsucht, tot zu sein, wenn auch keine Sehnsucht zu sterben. Ach, es ist eine Pein unsäglich.

Die Sträucher haben alle kleine Blätter, die Forsythien blühen, alle Veilchen blühen, einige Primelstauden, auch Knospen an den Ebereschen, der Kastanie, Blütenknospen an den Schattenmorellen,

den Pfirsichbäumen, den wilden Pflaumenbäumen. Die Stauden schießen üppig ins Grün.
Am 1. April war der Boykott der Juden. Tags zuvor und darauf furchtbarer seelischer Eindruck. Ich war am Freitag im Verlage, blieb lang über die Geschäftszeit. Dr. Bermann war zu Fischer zum Bericht nach Rapallo gefahren, die armen jüdischen Angestellten in ihrer Entehrung, wir alle waren mit ihnen ratlos. – Nach dem Akademiekonzert am 1. saß ich lange mit Benn im Franziskaner am Bahnhof Friedrichstraße in Gesprächen über die geschichtliche Lage. Benn stand unter dem Eindruck des Boykotts in seinem Hause, wo es fünf Kollegen getroffen hatte, von denen er zwei hoch schätzt. Er war nur für den ersten Teil des Konzerts als Repräsentant der Akademie geblieben, dann nach Hause gefahren, um den befohlenen Frack und Orden abzulegen, und wiedergekommen. Ich war in dieser Zeit oft bei Benn, allein und mit Suhrkamp, Aufsätze zu besprechen.
Noch nachzutragen: Montag, 13. März abends Sitzung in der Akademie, die letzte, die ich als Sekretär versah. Binding, Fulda traten hervor. Dienstag, 14. März in der Akademie. Das Protokoll gemacht. Bis an den Abend auf den Präsidenten gewartet, mit diesem lange gesprochen. Über die Lage. Ach, damals war ich noch ein erwünschter Helfer. Montag, 20. März. Mit Frau Professor Bahr-Mildenburg im Verlag. Bei Stucken gearbeitet. Sonnabend, 1. April. Das peinliche Konzert in der Singakademie, wiewohl viel Freude an der Musik, am Klange der Staatskapelle. Das Übrige schon vorstehend.
Sonntag, 9. April rief mich Ministerialrat Dr. von Staa an. Er hatte von meiner Entlassung gehört und wollte mir gleichsam seine unveränderte Verbundenheit ausdrücken. Ich habe mich darüber außerordentlich gefreut: er war der einzige. Sonst konnte man ja nur ein mehr oder weniger deutlich sichtbares Achselzucken erwarten. Heute diese Aufräumungsarbeit und Fortsetzung meiner Dehmel-Lektüre zum Zwecke der Auswahl. Es ist warm und frühlinglich. Nickel, der Hund: der große Trost!

Donnerstag, 13. April 1933

Würgende Schwermut immer wieder! Goethe durfte sagen: Und wenn der Mensch in seiner Qual verstummt, Gab ihm ein Gott zu sagen, was er leidet. Das ist heute nicht mehr möglich: dieser Gott ist zum Teufel erklärt worden.

Gutes Zureden durch Frau Änne von Molo, die anrief. Das ist aber alles zu leicht. Gestern in den Verlag. Die Auswahl-Durcharbeit des Bahr-Bandes fertiggestellt. Berge von neuen Manuskripten. Nachmittags zu Julius Levin gegangen. Ein alter und ganz gebrochener Mann, der durch seine kleine, von Kartons, Papieren verstellte Wohnung schlich. Die Erlebnisse der letzten Wochen haben ihn so gefällt, ihn, der immer zum Guten geneigt, ihn, der überall etwas Hoffnungsvolles, den anderen Günstiges fand!

Montag, 17. April 1933

Ostermontag. Kühle, doch sonniger Tag heute. Nur ein wenig im Garten gewesen, ebenso gestern. Sonst viel Arbeit. In der Dehmel-Auswahl weitergekommen. Gestern und heute schönere Dinge – vorher zwischen Volk und Menschheit, da wurde mir oft übel. Marschalk bedankte sich telephonisch für den Glückwunsch zum 70. Geburtstag. Etwas unwirsches Frühlingswetter meistens, aber das Laub läßt sich nicht mehr zurückhalten, gleichmäßig, langsam dringt es an. Das Gefühl der Überflüssigkeit flüchtet sich in schmerzlich-wunderliche Einsamkeiten. Der Körper schmerzt dabei. Der Kopf klingt.

Donnerstag, 20. April 1933

Hagelschauer, als ich in den Garten hinaustrat. Einsamkeit. Die Freunde fast alle tot, fern, verschollen. Verboten zu denken, Menschen menschlich aufzufassen. Große Menschen der Vorzeit wie Götzen: gegen Thomas Manns schöne Wagnerbetrachtung wehrt sich die Stadt München. Der Protest ist u. a. unterschrieben von Richard Strauss, Pfitzner, Gulbransson, Hausegger, Knappertsbusch usw. Wie ist das möglich? Ob die alle den Aufsatz nicht gelesen haben? Sollen große Könner, die den deutschen Namen in die Welt getragen haben, getötet werden, weil den Herrschenden irgend eine kleine Abweichung in der Denkweise nicht paßt? So feindlich waren die Mitmenschen auch wohl zur Zeit der Hexenprozesse nicht! Gestern im Verlage hat mich das aufs tiefste und schmerzlichste bewegt. Leben und nicht leben dürfen, das ist die Hölle. – Heute die Akademie-Akten zusammengeräumt und gebündelt. Ich habe sie beiseite gelegt – auch das ist abgeschlossenes Leben. Ausgetrieben aus der Gegenwart – und wenn man in den Bälgen der Erinnerung ist, so darf mans niemand sagen. Die Rinnsale Glück versickern, trocknen ein. Was ist der Mensch!

Sonnabend, 22. April 1933

Die »Literarische Welt« stellt sich um. Sie wird national. Ich erhielt die erste Nummer der neuen Leitung. Wortführer ist Paul Fechter. Das Ungeheuerliche geschieht: wer das Wort der Muttersprache zu bilden gesucht hat aus seinem Leben und seinen Gaben, wird an den Marterpfahl gebunden, damit die Trägen und Rohen, denen er die Zungen lösen helfen wollte, ihn peinigen und töten. Die seligen Geister der Vorzeit durften den Dienst ihres Schicksals tun, heute wird gelästert und verachtet, wer es ihnen gleichzutun sich mühte. Die Winzigen und Mittelmäßigen brüsten sich und tun es den Bösen zuvor.

Gestern rief Benn an: er war bei der Uraufführung des Johstschen Schlageter. Vom Kommissar Rust als persönlicher Gast geladen, ebenso zu einem Bierabend. Bei der Vorstellung waren Stehr, Emil Strauss, Schäfer, Kolbenheyer, Schaffner, Peter Dörfler, Blunck. Also zwar große Begabungen darunter, aber die Zusammenstellung erfolgte nicht nach dem Grade des Könnens, sondern politisch. Benn nahm Anmaßung und Feindlichkeit wahr. Er meinte, wir würden nicht nur ausgeschaltet, sondern auch körperlich vernichtet werden. – Nun, was war das Leben? Dienst für andere, oft unter Entbehrung und Selbstunterdrückung um der Existenz willen; in der eigenen Arbeit aber kein Ruhm, kein Erfolg. Und für diese Opferung nun die Bedrohung der nackten Existenz. Das war alles! In der Dehmel-Auswahl bin ich nun beim letzten Bande angekommen, dem zweiten Briefbande. Die Arbeit ist ziemlich zermürbend. Dazu die Manuskripte. Abends die letzten Tage auch ein wenig Musik: Mozart, Beethoven. Es ist fortdauernd kalt. Die Forsythien und Primeln blühen einsam. Die Pfirsichblüten öffnen sich nicht. Die Galle schmerzt, die Nerven tun weh. Es ist, als würde man langsam auf glühenden Rosten gebraten.

Donnerstag, 27. April 1933

Draußen Frühling, Sonne, nach langer Kälte. Schicksalsgefühl: es ist nichts zu machen. Am 10. Mai sollen Bücher öffentlich verbrannt werden, symbolisch die Autoren. Aus unserm Verlag Schalom Asch, Döblin, Beer-Hofmann, Schnitzler! Wo führt das hin. Schwarze und weiße Listen! Auch die Buchhändler haben welche. Suhrkamp ist gestern abend nach Hamburg gefahren, um wenigstens eine Erweiterung der positiven Listen zu erreichen. Dr. Bermann ist noch immer nicht zurück, er verkennt offenbar die Lage.

Korrektur meines Aufsatzes. Der Bücherabsatz des Verlages war letzte Woche wie abgeschnitten. Die Bücher der neuen Autoren kamen ballenweise zurück.
Anruf des einsamen Fulda. Ob ich etwas gehört hätte. Nein, ich höre nichts mehr außer Gerüchten.
Montag Vortrag Benns im Rundfunk. Stramm für heroische Unterdrückung der Intellektuellen. Werner Bukofzer rief mich danach an, ebenso erregt Molos. Bis in die Nacht hätten sie geweint. Absolute Vereinsamung und Abgeschlossenheit.
Ich habe die Dehmel-Auswahl in Mappen zusammengestellt. Sehr ergiebig ist sie nicht.
Zwischenein Musik. Die verstaubende überflüssige Leserei. Nur selten vergißt man die Gegenwart unter dem unheimlichen Gefühl, die Kreise zögen sich enger um einen zusammen.

Donnerstag, 4. Mai 1933

Ein warmer heller duftender Maitag. Leider verbittert durch Akademiedinge. Gestern abend Aussprache mit Benn, von Molo, Fulda, Stucken. Benn war vorher drei Stunden beim Kultusminister gewesen. Dort drei Fremde und Binding, der sehr dienstbeflissen ist. Die Fremden führten das große Wort: »Wir« – wir wollen Arbeit. Zeit ist nicht zu verlieren usw. Alles ahnungslos. Wohin der Weg?
Der arme Fulda tut mir leid. Auch sein Sohn, der sechs Jahre Jurist war und nun keinen Ort mehr in Deutschland hat. Bitternisse über Bitternisse geschluckt. So wird es weiter gehen bis zum ebenso bitteren Ende. Hier ist nicht mehr die Frage von Schuld und Nichtschuld, Recht und Nichtrecht. Alles Befehl der Gewaltigen. Im Verlage Dr. Bermann nett, aber zerstreut, wie so oft. Kayser fragte mich, ob ich Albert Einsteins Flügel einstellen wolle. Merkwürdige Bewegung. – Freitag bis Sonntag voriger Woche Hermann Kasack. Am Sonnabend auch Maria. Viele Gespräche über die Lage. Hermann Kasack half mir sehr beim Manuskriptelesen. Montag viel am Radio: Tag der Nationalen Arbeit!

Freitag, 5. Mai 1933

Der Garten entfaltet sich weiter. Die Sträucherhecke noch nicht dicht, die Pappeln sind bis auf eine alle ausgeschlagen, die Mandelbäumchen stehn in Flor, ein Pfirsichstrauch ist eingegangen bis auf ein paar Wildtriebe.

Zu Paul Fechter und seiner »Literaturgeschichte«: Das Schlimmste ist der Haß, der sich als »Gerechtigkeit« verkleidet. Dieser Haß ist geschützt, er übt seine Gewalt aus, kühlt sein Mütchen und hat immer die Scharen der Bösen und Philister hinter sich. – Heute nachmittag wird kommandiert werden, was mit der Akademie geschehen soll. Gestern Anrufe, die Sitzung solle stattfinden, dann Absage und Vertagung auf heute.

Sonnabend, 6. Mai 1933

Die Sitzung ist vorüber. Es wurde nicht gewählt, sondern angehört. In Gegenwart von Benn, Molo, Stucken, Amersdorffer, mir. Ganz kurze Zeit, keine Debatte. Schlecht geschlafen. Gewitter, es kehrte wieder. Keine Blitze. Um zwei die Blendlampe des Wächters. Heute erfuhr ich durch Benn und Amersdorffer, daß auch Walter von Molo hinausgesetzt werden soll. Große Erregung Molos. Er hat im Ministerium angerufen und soll am Montag empfangen werden. Außer den Juden müssen auch Georg Kaiser und Fritz von Unruh gehen. Ich schrieb einen schmerzhaften Brief an Mombert. Ausführlichen Bericht an Fischer geschrieben. Es ist überaus schwül. Der Schweiß rinnt. Die Pappeln sind jetzt ausgeschlagen, so daß sie nicht mehr wie Stöcke, sondern wie Bäume aussehen. Kropff sät Gras nach. Viel Vogelsang.

Dienstag, 9. Mai 1933

Akademieangelegenheiten immer unangenehmer. Heute steht in der Zeitung, daß Liebermann ausgetreten sei. Uns armen Hascherln bleibt keine Wahl. Es geht ums nackte Leben. Sonst nichts. Gestern bei Plesch gewesen. Auch er sieht die Lage ernst an. Die Notleidenden brauchen keine Kultur; es ist ein Zufall, daß die Kulturträger zunächst betroffen sind. Mehr als sterben kann man nicht. – Gründliche Untersuchung. Das Organische scheint einigermaßen in Ordnung zu sein. – Schön der Sonnabend-Abend in der Laube. Warm. Friede. Schließlich kam der Mond. In der Nacht Gewitter.

Freitag, 12. Mai 1933

Gestern Telephongespräch mit Benn. Er ist nun ruhiger. Viel Skepsis, aber da er sich zurückgezogen hat, wird er nicht so nah berührt. Besuch Neumeyers Mittwoch. Ich las gestern einen großen Teil seiner Gedichte, die sind jedoch improvisiert, sie vertrauen so sehr auf die Richtigkeit des Einfalls, daß nur der romantische Impuls herauskommt und sonst nicht viel.

Donnerstag, 18. Mai 1933

Alle Tage sind sehr kalt, nicht nur die Eisheiligen Mamertus, Pankratius, Servatius, Bonifatius – auch Sophie und so fort. Meist grau die Luft, Regenschauer, wir müssen wieder heizen. Im Garten sind das Grün und die Blüten weiter zurückgehalten. Heute mit Clärchen nachmittags zu Kasacks. Liebe Stunden. Den Garten besucht, der schon weit voran ist, mindestens wohl vierzehn Tage weiter als unserer. Gespräche zur Lage. Beizeiten zu Hause, noch den vorletzten Zug erreicht.

Sonnabend, 13. in gar keinem erfreulichen Zustande. Verlagsarbeit gemacht. An Versen. Traurig öde. Sonntag, 14. weiter an der Verlagsarbeit. Nachmittags Besuch Benns. Er hatte viel Freude am Garten. Leider ging er schon bald. Montag, 15. nachmittags zu Plesch. Er war in einer verzweifelten Stimmung, zum ersten Male, seit ich ihn kenne. Er fühlte sich alt und nicht widerstandskräftig. Vorgestern Fred Neumeyers Prosa gelesen, mit allerlei Skepsis; das Thema hat etwas Privates-Artistisches, die Durchführung ist zu systematisch. Die ersten Kapitel vortrefflich, dann läßt es nach. Gegen sieben Uhr abends kam Albert Einsteins Flügel von Rudolf Kayser. Einweihung mit Bachs Chaconne und Glucks Gavotte. Berauscht von dem vollen, poetischen, tragenden, geballten Klang. Eine uralte Sehnsucht, auf einem Flügel statt einer dünn zirpenden Drahtkommode spielen zu dürfen, hat sich so erfüllt. Auf wie lange, weiß ich zwar nicht, aber es bleibt der tagende Tag. Gestern Verlag öde. Ich höre, es sei überhaupt kein Geschäft mehr. Gespräche mit Suhrkamp, mit Kayser, dieser, obwohl nur nervös leidensfähig, leidet und gewinnt keinen Einblick in seine traurige Lage. Er ist einer der wenigen, denen ich rate, ins Ausland zu gehen, wenn er dort irgend eine Möglichkeit hat, entgeltliche Beschäftigung zu finden. Dr. Maril begleitete mich. Angenehme Stunden hier.

Sonntag, 21. Mai 1933

Donnerstag zum Vortrag Minister Goebbels im Kaiserhof. Da ich taub bin, verstand ich nicht alles. Mancherlei interessant und zweifellos begabt. Gefährlich das ewige Herumreiten auf dem Begriffe Volk. Wer entscheidet, was es sei? Wer weiß genau, was es will? Wer kennt bestimmt sein Heil? Ist das Ganze am Ende nicht doch die

Ausprägung und Aufzwingung des Willens Einzelner? Ganz gefährlich wird derlei Unduldsamkeit für die Kunst! Mit Bermann. Hans Kyser ging vorbei, schien mit angespanntem Gesicht beiseite zu sehen. Spät zu Plesch. Er fegte noch einmal den Rachen, ätzte auch die rechte Ohrtrompete mit Jod. Frau Plesch lud mich liebenswürdig zum Abendessen. Ich blieb und bereute nicht. Es waren ausgezeichnete Menschen da. Geheimrat Castell und Frau, Stieve und seine schwedische Frau. Stieve früher Gesandter in Riga, Bearbeiter von 56 Bänden der Aktenpublikationen des Auswärtigen Amtes. Castell früher 13 Jahre Südafrika, woher er Interessantes über alluviale Diamanten zu erzählen weiß, über den Krieg dort und wirtschaftliche Dinge aller Art. Auch ich eine Zeitlang im Mittelpunkte der Unterhaltung, als Plesch mich fragte, ob es literarische Andeutungen des jetzigen politischen Zustandes gebe. – Mit Castells von Plesch geführt zu den Fresken Slevogts in Veranda und Gartenhaus. In den sommerlich geschlossenen Repräsentationszimmern im oberen Geschoß. Der Orlik-Ofen im Kinderzimmer mit den traurigen und fröhlichen Monden. – Gestern und vorgestern immer ein wenig musiziert. Es macht unerhörte Freude auf dem Flügel. Es lockert und beschwingt das Innere, die Musik ist mir jugendlich stärker. Ein angsterregender Haufen Manuskripte.

Freitag, 2. Juni 1933

Heute seit langem der erste wirklich schöne Tag. Vormittags war der Himmel wolkenlos. Hiobspost alle Tage. Man wird innerlich und äußerlich ausgehungert. Leben wie im Jenseits.

Freitag, 9. Juni 1933

Mehrere Nächte schlecht geschlafen und daher nicht in bestem Zustande. Aber innerlich doch gefaßt und heiter. Ich habe mich nun durchgerungen: ist mein Leben nicht gelungen, brach man ihm die Schwingen – freuen will ich mich, wills andern denn gelingen. Schutt wirft man mir ins Lebenswasser, man kann es erstikken, aber nicht seinen Sinn ändern.

Mittwoch vormittag konstituierende Sitzung der »Dichter«-Akademieabteilung. Feierlicher Beginn: Kultusminister Rust, der Präsident, Zierold. Als die Herrschaften sich selbst überlassen waren, wurde es unangenehm. Die guten Alten triumphieren. Emil Strauß, Hermann Stehr. Sie fühlten sich jetzt würdig und wichtig. Man hat ihnen auch Senatsstellen gegeben. Im übrigen waren die Herren

Nationalisten sehr unter sich. Schäfer, immer zu hysterischen Wutausbrüchen neigend, brüllend, schwarzer Alberich. Das tückische aufgeblasene breiige Nichts Kolbenheyer, stundenlang redend. Eitle Diktatoren, die sehr bald mit den Neuen zusammenstießen. Haß auf die »Berliner«. Beleidigungen. Zum Teil die alten »Berliner Existenzen« (Schäfer). Die alten Mitglieder wurden absolut ausgeschaltet, außer mir: Stucken, Molo, Scholz, Benn, Seidel, Halbe. Zu Vorsitzenden haben sie gemacht Johst, stellvertretend Blunck, zum Sekretär den »sympathischen« Nationalsozialisten Werner Beumelburg. Der beste unter den Neuen ist Hans Grimm. Ein Mensch, ein Dichter. Durch die hohlen, üblen Radaubrüder Schäfer und Kolbenheyer geriet die Sitzung auf ein unwahrscheinlich schäbiges Niveau. Nicht zu verachten ist auch die rücksichtslose Strammheit Will Vespers. Sieben Kommissionen hat man eingesetzt. Die sollen ungefähr alles machen. Ich gratuliere zur Arbeit und zu den Konfliktmöglichkeiten. Ich fühle mich in dieser Gesellschaft als Luft. Mittagspause mit Amersdorffer, Molo, Stucken. Der bekam einen schweren Anfall. Abends mit Molo und Scholz durch den schönen stillen, schon dämmernden Tiergarten. Ich aß dann allein im Franziskaner und saß allein ein Weilchen noch in meinem Zimmer.
Die Unwahrscheinlichkeiten des Tages drehten sich mir die Nacht über im Kopfe herum. Erst morgens ein wenig Schlaf.
Gestern dann Verlag. Benn rief an, entsetzt von den negativen Ereignissen des Vortags, »diesen Wahlen, diesen Menschen«. Ich beruhigte ihn. – Ernst Hardt im Verlage. Melancholie lag über dem Tage.
Die Tage vorher eine Fülle Verlagsmanuskripte. Über Pfingsten die Gedichte Silberdistelwald und Nach dem Gewitter. Anderes dringt an und klingt. Schicksalhafte Fassung. Das Wetter strahlend zum Ergreifen. Eidechsen in der Sonne. Blau. Stille. Sonnabend gegen Abend Suhrkamp und Frau Schubrink mit Auto hier. Nur eine Stunde. In der Laube.

Sonntag, 11. Juni 1933

Regnerische Tage. Dazwischen Schwüle und Sonne. Im Garten treibt alles, was rankt. Schicksalsgefühl immer fort. Fröhlich wie auf einer Insel – was darum ist, bleibt unbekannt; wohin man sieht, wächst Sand, und wohin nicht, wälzt sich die Woge. Darauf gedeiht das geile Kraut, ungesät, unbetaut. Und immer, kehrst du

nur den Rücken, gehöhlter Woge. Darüberbücken. Und sie zerschlägt es und trägt es in triefendem Maule hinunter ins Faule. Der Seemann Sindbad in grauer Zeit.[35]
Gestern nachmittag Rudi Kayser und Frau. Garten und Haus gezeigt. Dies und der Aufenthalt hier machte den Gästen Freude, sie fühlten sich heimisch. Benn rief nachmittags an. Er äußerte wieder den Wunsch, aus der Akademie hinauszugehen. Er war entsetzt darüber, was die neue Gruppe dort treibe. Selbstherrlichkeit aus dem Nichts. Veränderungen ohne Wahlen, noch drei Kommissionen. Der Präsident solle zurücktreten und so weiter. Mich wundert nichts. – Hier folgt der »Bericht« [in das Tagebuch eingeklebter Zeitungsausschnitt]:
»Am 7. und 8. Juni tagte in Berlin die erneuerte Abteilung für Dichtung in der Preußischen Akademie der Künste. Kultusminister Rust als Kurator und Max von Schillings als Präsident der Gesamt-Akademie eröffneten die Gründungsversammlung. In freimütiger Entschließung sicherte Kultusminister Rust der Abteilung für Dichtung bei ihrem weiteren Ausbau und Aufbau volle Selbständigkeit zu. Die Mitglieder der Akademie beschlossen einmütig, sofort die Durchführung jener Aufgaben in Angriff zu nehmen, die nach übereinstimmender Auffassung aller Mitglieder die wichtigste Vorbedingung einer wirkungsvollen Arbeitsleistung ist: den Ausbau der Abteilung für Dichtkunst zu einer allgemeinen deutschen Akademie der Dichtung.
Die Abteilung für Dichtkunst vereint in sich die deutschen Dichter aller Volksstämme. Aus dem betont außervolklichen Zustande ihrer früheren Zusammensetzung ist sie zu einem volksbewußten und artgerechten Lebenskörper umgebaut worden. Daher darf und will sie auch in ihrer Entwicklung der lebendigen Entwicklung des Reiches Ausdruck verleihen und erklärt sich unter Wahrung der bisherigen Rechtsgrundlage reichsständisch für die Deutsche Akademie der Dichtung. Die nächsten Arbeiten der Deutschen Akademie der Dichtung werden ihrer organisatorischen und rechtlichen Durchbildung gewidmet sein.
Die Deutsche Akademie der Dichtung hat zur Zeit folgende Mitglieder: Hermann Bahr, Gottfried Benn, Rudolf G. Binding, Werner Beumelburg, Hanns Friedrich Blunck, Theodor Däubler, Peter Dörfler, Friedrich Griese, Hans Grimm, Max Halbe, Gerhart Hauptmann, Hanns Johst, Erwin Guido Kolbenheyer, Oskar Loerke, Max Mell, Agnes Miegel, Walter von Molo, Börries von

Münchhausen, Joseph Ponten, Wilhelm Schaefer, Wilhelm Schmidtbonn, Karl Schönherr, Wilhelm von Scholz, Ina Seidel, Hermann Stehr, Emil Strauß, Eduard Stucken, Will Vesper.
Zur Berufung in die Akademie der Dichtung sind ferner gewählt worden: Hermann Claudius, Gustav Frenssen, Enrica von Handel-Manzzetti, Rudolf Huch, Ernst Jünger, Isolde Kurz, Heinrich Lersch, Johannes Schlaf, Joseph Magnus Wehner.
Zum 1. Vorsitzenden der Deutschen Akademie der Dichtung wurde gewählt Hanns Friedrich Blunck, zum Schriftführer Werner Beumelburg. Zu Senatoren wurden bestimmt: Werner Beumelburg, Hanns Friedrich Blunck, Hans Grimm, Hanns Johst, Erwin Guido Kolbenheyer, Agnes Miegel, Börries von Münchhausen, Wilhelm Schaefer, Hermann Stehr und Emil Strauß.
Durch ihre innere und äußere Neugestaltung hofft die Akademie der Deutschen Dichtung ihrem Volke besser und wirksamer die Erlebniswerte zu wahren, zu steigern und zu vermitteln, die das deutsche Volk zu seinem Wiederaufbau aus den Werken der Meister seines Schrifttums schöpfen kann.«
Hans Grimm wollte austreten. Ja, aus der Akademie wurde nach den jüngsten Vorgängen ein Sängerkränzchen, ein Friseurverein. Aber die Herren Kolbenheyer und Schäfer sollen anrichten, was ihres Geistes ist!

Dienstag, 13. Juni 1933

Gestern und vorgestern viel Verlagsarbeit. Skizziert eine Glosse über die »geistige« Olympiade, nach Rücksprache mit Suhrkamp am Sonnabend und gestern. Wie fast jeden Morgen auch heute am Garten große Freude. Einsamkeit. Verse mahnen wieder in mir.

Donnerstag, 15. Juni 1933

Gestern Verlag, mehrere wichtige Briefe. Besuch Saenger. Er hatte seine Enttäuschung über Hauptmann zu klagen, in Hiddensee. Suhrkamp las die fertigen Teile seines Aufsatzes vor. – Abends lange, bis es kühl wurde, in der Laube. Melancholischer Anhauch der Welt draußen.

Donnerstag, 29. Juni 1933

Sehr viel Regenwetter. Meist kühl dazu. Heute ist es sonniger. Ich habe in der Laube gearbeitet. Viele Manuskripte. An meinen Versen. Fertig: Was du verachtest, hüte dich zu hassen.

Untergangsgefühl oft. Oft Sehnsucht, es wäre zu Ende mit dem Leben – dann wieder ein Aufraffen. Die wirtschaftlichen Aussichten sind sehr trübe. Völlige Zurückgezogenheit. Freude nur noch an Erinnerung und Hinterlassenschaft aus alter Zeit. Der Flieder blüht und die Pfingstrosen. Auch der Rittersporn öffnet sich jetzt, so spät.

Sonnabend, 17. in den Verlag gerufen wegen Döblin, Babylon-Roman. Beer-Hofmann, Der junge David. Auch wegen Kürzungen an Thomas Mann. Suhrkamp regte an, ich möchte eine Anmerkung über H. Bahr schreiben.

Freitag, 23. weiter an Versen. Hermann Kasack kam gegen Mittag. Zerissen, witzelnd. Wohl zuviel Untätigkeit, da fällt man ins Bodenlose. Allerlei Hiobspost. Abends beim Trunk, aber nicht lange. Am nächsten Tage half er mir ein paar Manuskripte lesen. Ich mußte das Gutachten über Beer-Hofmann machen.

Sonntag, 25. vormittags Manuskript-Lektüre. Abgeknappte Zeit zwischen der Beschäftigung mit dem Besuche. Zuletzt Hermann Kasack anzuregen versucht, sich an die epische Fassung seines »Tull« zu machen.

Montag, 26. Verlag. Langes gutes Gespräch mit Fischer. Ihm gefiel mein Gutachten. Nachmittags zu Benn in die Wohnung. Er ist ein Schwarzseher, persönlich sehr klug und gütig.

Dienstag, 27. sehr niederziehende Stimmung.

Mittwoch, 28. Verlag. Nachher Zusammenkunft mit Jakob Schaffner in der Konditorei Hahnen. Er ist abwartend, erkennt das »Gute« der neuen Verhältnisse gern an. Grimmige Befriedigung über seine Einreihung in die Akademie.

Montag, 17. Juli 1933

Von Unsicherheiten neu bedrängt. Das ungewisse Wetter. Fast jeden Tag strichweise Regen und Gewitter, auch heute gegen Mittag. Vormittag ist Hermann Kasack abgefahren mit Wölfchen. Am Sonnabend kamen sie. Kasack half mir die Bibliothek ordnen. Jetzt steht alles übersichtlicher. Verse klingen auf. Mit gutem Anlauf heute begonnen, aber plötzlich brach Öde herein. –

Im Garten blühen die wundervollen roten Kletterrosen, schwebende Flecke, fast Buketts manche. Der Rittersporn noch immer. Die ersten Dahlien heute. Fingerhut. Weiße Margeriten. Viele Buschrosen. Studentenblumen. Mehrere Lilienarten, mattviolett graue, mittelalterliche Hüte. Weiße. Viele Feuerlilien. Sehr üppig die Farne.

Laternenblumen. Die hohen akanthusartigen Blattpflanzen. Johannisbeeren zum Teil rot. Einzelne große Himbeeren. Die Pfirsiche vergrößern sich langsam, ein Baum wild, an einem nur eine Frucht, am dritten einigermaßen viele. Die Schattenmorellen schlecht. Die Pappeln füllen sich langsam. Gestern und vorgestern abend Gespräche mit Hermann Kasack in meinem Zimmer. Dies gibt ein Gefühl, im eigenen Reiche und nicht allzu träge zu sein.
Sonntag, 9. und Montag, 10. Anmerkung über Schickele für die Rundschau. Ziemliche Mühe. [Zum fünfzigsten Geburtstag.]
Dienstag, 11. Den Aufsatz in die Maschine geschrieben. Verlagsdinge. Mein Urlaub steht bevor, also Aufräumen.

Dienstag, 18. Juli 1933

Gestern in alten Notizen gekramt. Unfertige Verse. Gang durch die Straßen mit Neubauten. Weiter an meinen Versen. Einiges gelesen in den letzten Tagen, zur Anregung.

Montag, 7. August 1933

Arbeitsame Ferien. Die ganzen Tage an meinen Versen. Es lag so viel in mir, manches vom Staube fast verschüttet. Ich habe einiges gefördert. Auch Beendetes gefeilt. Daher gelten für manche Gedichte mehrere Daten. Hier die Tafel: 4. 6. Der Silberdistelwald; Nach dem Gewitter; Antwort an Orlik auf eine Gemelkarte vom 19. 8. 1916. 29. 6. Was du verachtest. 2. 7. Fuge. 18. 7. An einem Wintermorgen. 19. 7. Stätte. 20. 7. Aufrichtung, 21. 7. Nachleben. 23. 7. Die Wüste. 25. 7. Im Schnellzug; Die Laubwolke; Parkmitternacht. 26. 7. Himmel. 29. 7. Übergang. 30. 7. Kleines Erzbild des Osiris. 31. 7. Garten. 1. 8. Ende. 2. 8. Ein Kind besucht Simon Dach. 4. 8. Dichter aus dem dreißigjährigen Kriege; Eine Nacht des Simon Dach. 5. 8. Ein Umgetriebener; Klage des Johann Rist; Von fern Spinoza; Drunten. 19. 7./5. 8. Besuch im Vergangenen.
Die Trompetenblume blüht seit etwa drei Wochen. Über dreißig lange weiße Blüten.
Vorvergangenen Donnerstag und Freitag mit Clärchen in Spremberg. Hitzetage. Schöne geräumige Wohnung, wenn sie auch nur aus zwei Zimmern besteht. Nachts dort geschlafen – oder vielmehr geruht. Die alte Uhr. Um fünf das Schreikonzert der Hähne. Spremberg erschien mir viel schöner als sonst. Herrlicher Weg durch Wiesen, über die Spree und ihre Arme nach dem Georgenberg. Am Freitag vormittag zum Friedhof, die Gräber Wandas und Vaters

besuchen. Ein Garten des Friedens. Nach der bedrückenden Hitze erstaunliche Kühle bei der Ankunft in Berlin.
An dem Donnerstag, an dem wir wegfuhren, wurde Max von Schillings bestattet. Er ist am Montag vormittag gestorben. Merkwürdige Erinnerungen aus dem Jahr seiner Präsidentschaft. Meine Kämpfe. Meine Vergessenheit.

Freitag, 25. August 1933

Wer nicht selbst denken kann, ist ein Philister. Wem das eigene Denken mit Gewalt untersagt wird, soll zum Philister gemacht werden. Trumpf ist der heroische Philister. Viel Verzweiflung.
Wirtschaftlich wird es immer ärger. Aber hat es noch viel zu sagen? Welche Ziele denn bleiben übrig?
Das Leben ist das allen Wesen Gemeinsame. Der Tod ist das allen Wesen Gemeinsame. Es ist nötig, dieser einfachen Dinge zu gedenken. – Gewogen, gewogen, zu schwer befunden. – Sollte man nicht heiter sein, daß man im Ganzen lebte und noch lebt, ohne sich auf kleine vergänglichste Ausschnitte zu verengen?

Donnerstag, 14. September 1933

In bin mehr gefaßt als bis dahin. Bis heute war es mir unmöglich, Einzeichnungen zu machen. Selbstverständlich ist auch die Gesundheit beschädigt. Es ist sehr schwer, dem riesigen Strom ins Dunkle Widerstand entgegenzusetzen. Ein Widerstand war die fast herkulische Arbeit für den Verlag. Suhrkamp sieht nicht heiter. Ich bin gefaßt. Wirtschaftlich eingepreßt. Der Ring wird immer enger. Gestern vormittag war E. R. Weiß im Verlage. Er leidet und schweigt viel. Aber wo es sich um geistige Dinge handelt, die bedrohten, da leuchtet er auf. Das innere Gesetz der Kunst. Nach dem Verlage zu Fuß auf die Potsdamer Straße, weiter die Friedrich-Ebert-Straße – heißt sie noch so? – die Linden bis Bahnhof Friedrichstraße. Merkwürdig der Gang, als wäre alles stehen geblieben. Julius Levin in Paris und Brüssel. Rudi Kayser will nach Amerika, Frau Rosenbaum nach Palästina.
Die Akademie schläft. Es kam neulich ein Zirkular, aus dem hervorgeht, daß die Vorbereitungen zur Arbeit fortdauern. Suhrkamp sagte mir, der Verlag wolle einen Gedichtband von mir bringen. Gut, daß ich ihn habe. So denn weiter die Tafel der Gedichte bis an den Schluß der Ferien: 10. 8. Das Segelschiff des Knaben. 11. 8. Gartengewitter; Dämon. 12. 8. Ein Eremit; Der Geistergong aus

Asien. 15. 8. Ohne falsche Zeugen. 20. 8. Der Wermutbaum; Leiblich genossen. Mit diesen Titeln ist denn auch das Leben umschrieben.
Mich haben die Verse sehr ergriffen. Warum soll ichs nicht sagen? Und würden sie vernichtet, sie haben ihren Raum in der geistigen Welt.
Einiges Chronikalische: Freitag, 14. Juli Urlaubsbeginn. Freiheit. Montag. 14. August. Ende des Urlaubs.
Mittwoch, 16. August. Eigentlicher Verlagstag. Nicht allzu viel Manuskripte (aber sie kamen nach). Begrüßung mit Fischer, lange Aussprache mit Bermann, vertrauensvoll. Sonntag, 20. Nach Potsdam zu Kasacks. Gang in den schönen Paradiesgarten. Verse vorgelesen. Montag, 28. Suhrkamp meldete sich vom Urlaub zurück. Er kam nachmittags zu mir. Wir saßen auf meinem Balkon. Sonntag, 10. September. Ich arbeitete den ganzen Tag an den Manuskripten. Erst abends, körperlich wenig wohl, war ich auf. Montag, 11. September. Vormittags Spaziergang hier durch den Ort, die Neubauten ansehen. Es war ein wunderschöner Tag.

Sonntag, 8. Oktober 1933

Rasender Fortsturz des Lebens. Viel Arbeit, viel Anstrengung der Physis, Stimulantia – daher viel Unordnung über der Ordnung. Unaufhaltsamer Niedergang. Mittwoch teilte mir Bermann mit, daß von Neujahr ab wieder zehn Prozent abgezogen werden.
Freitag, gestern und heute Hermann Kasack hier. Wenig Hilfe, viel Aufenthalt, weil er immerfort ins Negative strebt. Es ist aber nur durch Bebauen dessen, was noch übrig geblieben ist, möglich fortzuexistieren. Schöne einfache Gedichte aus Dornburg von Hermann Kasack. Anklänge freilich, Goethes Ton. In seinem Gedicht Über dem Tal Einmaliges übernommen (in meinem Gedicht – Versammelt zu den Vätern / Und aus der Schar der Spätern / Löst sich ein Früher los). Man will ins Anonyme dringen, verliert, was man fand, aber so schnell gehts nicht mit der Assimilation. Vor der Überlegenheit hat viel, viel Erleben zu stehen – und dann ist es mit der Überlegenheit meist nicht mehr viel. Aber ein wundervoller Kerl ist Hermann Kasack. Das bleibt bestehen.
Bis zum 30. September in zehn Tagen einen großen Aufsatz über Dehmel für die Rundschau gemacht. Eine Last vom Herzen, als es geschafft war. Vorwort für den Almanach am vergangenen Mittwoch diktiert. Einigermaßen gelungen.

Sonntag, 1. Oktober rief Suhrkamp abends an, ihm gefiel mein Aufsatz über Dehmel. Bis Dienstag die liegengebliebenen Verlagsarbeiten nachgeholt.
Donnerstag, 5. Oktober. Rede zum Abschied für Frau Rosenbaum, die jetzt nach Palästina auswandert. Abends Gesellschaft bei Fischers. Die Hauptmitarbeiter dort. Festkleider aus dem Maskenschrank. Grausamer Fasching: weil alle eben erfahren hatten, daß ihnen durch Lohnabzug ans Lebensmark gegriffen wurde! Freitag, 6. Oktober nachmittags im Verlag Abschiedskaffee. Gelabbre süßen Kuchens. Ach Schwermut! Welch Niveau! Das Leben ist ja wohl gar nicht melancholisch, es hat nur eine rote, pappene Faschingsnase um, es tut nur so. Schwer, zur Selbstbesinnung zu kommen, Romane lesen – schrecklichster der Schrecken!

Donnerstag, 19. Oktober 1933

Inzwischen fünf Gedichte zur Ergänzung des Bandes. Das war eine Zuflucht in der Bedrohung der Existenz hier. Alles entbehren – außer dem Fortvegetieren ist nicht mehr viel übrig geblieben. Gestern im Verlage Otto Flake. Er war voll von den schwirrenden Gerüchten. Angenehm. Suhrkamp will für das Dezemberheft neue Gedichte von mir haben. Das freute mich außerordentlich.
Dienstag, 10. Schickeles Roman gelesen und angezeichnet, was heute beanstandet werden würde oder könnte. Mittwoch, 11. Verlag. Gespräche mit Suhrkamp und Schauer, Herrmann über Schikkele. Diesem einen ganz langen Brief geschrieben (die Antwort am 18.: Gottlob nimmt er nicht übel). Donnerstag, 12. und Freitag, 13. hauptsächlich Gedichte fertiggemacht. Viel innere Befriedigung. Fortsetzung der Tafel: 12. 10. Geleit (Tafelrunde); Nachtmusik; Einer war sehr arm; Das Brausen. 14. 10. Die Entbehrenden.
Sonnabend und Sonntag, 15. Besuch von Maria Kasack. Eine so tief einsichtsvolle, gütige, innerlich freie Frau. Die Abende in unserem Kreise über die Gestalt des äußeren Lebens gesprochen. Montag, 16. Benns Zwist mit Börries von Münchhausen. Dieser hat im Reclamschen Almanach einen üblen, unklaren Ausfall auf die Dichter des Expressionismus gemacht und auf solche, die er zu Unrecht dazuzählt. Die Bosheit ist wenig bewußt, sie kommt aus einem überaus eitlen Herrschsuchts- und Geltungsbedürfnis. Der Erfolg solcher Leute ist größer als die Substanz, das Fehlende wird nun auf solche unreine Weise ersetzt.
Mittwoch, 17. Nach dem Verlag zu Benn in die Wohnung. Noch-

mals in Ruhe alles durchgelesen. Danach ist der Fall doch nicht so schlimm, wie er anfangs erschien. Über unsere innere Lage gesprochen, über die gefühlte Verantwortlichkeit und die Vergeblichkeit unserer Arbeit. Wohltuende Stunden.

Mittwoch, 1. November 1933

Heute nicht im Verlage. Ich war schon gestern da, weil Binding kam und über die Akademie zu reden war. Es ist aber nichts herausgekommen. Es handelte sich wieder einmal um eine politische Erklärung, die mich hinauszerrt auf ein Gebiet, auf dem ich nicht heimisch bin und nicht heimisch sein will. – Eine frühere, vom Reichsverband Deutschen Schrifttums ausgehend, hat mich völlig zerbrochen und mehrere Tage in der vergangenen Woche in einen Zustand gebracht, daß ich nicht wußte, ob ich würde weiterleben können. Suhrkamp war dann die ganze ferne Zeit sehr hilfreich. Auch Bermann gestern nett. Endlich innere Abwehr: ich will mich nicht zum Märtyrer machen lassen auf einem Gebiete, das mich nicht angeht.

[Ironische] Fortsetzung des Oger: Der Oger wird zu einem politischen Kotau aus der Geister- und Menschenwelt vorgeführt – er möchte sich umbringen, aber das ist einem Gespenste nicht möglich. [Vgl.: Das schlimme Märchenschloß, in: Die Abschiedshand.]

Suhrkamp erzählte sehr interessant von einem Besuche bei Johst, dem früher nahe Bekannten und jetzigen Staatsrat, und wie wieder das »Einvernehmen« zustande kam. Während der Tage meiner Depression nicht musiziert. Es war mir, als dürfe ich das Reine nicht berühren, so schwach und befleckt fühlte ich mich.[36]

Die unangenehmste Verlagsarbeit war die zensorische Durchsicht des Romans von Schickele; zu solchen Notwendigkeiten wider das künstlerische Gewissen kann einen nur die letzte Alternative treiben!

Im Orte, im Garten fällt jetzt schnell das Laub, aber unsere Hecke vorn ist noch dicht und an den Pappeln hängt noch mehr als an größeren Pappeln anderswo. Dahlien noch immer eine Menge. Viele sind so schwer geworden, daß die Stauden, von den Herbstwinden gezaust, umbrachen. Veilchen, seit einem Monat in ungemeiner Üppigkeit, viel mehr als im Frühling. Rosen schneidet Clärchen täglich. Das schönste im Garten aber die zum zweiten Male blühende Trompetenblume, die Blüten sind vielleicht nicht ganz so lang wie im August, auch kein so schwüler Duft, aber nun schon

seit mehreren Wochen folgt Blüte auf Blüte, einmal waren es sechs, heute vier frische, unbeschädigte. Vergangenen Samstag die japanische Laternenblume abgeerntet, den Überfluß zur Freude für Freunde aufgehoben.
Wieder mehrere Gedichte. Jetzt besteht der Band aus 75 Stücken. Wenn sich nichts mehr fügt, so ist es gut auch so.
Fortsetzung der Tafel der Gedichte: 20. 10. Der große Pflug I–III; Die Tafelrunde der Toten; Vignetten. 21. 10. Geleit (Am Rande der großen Stadt); Geleit (Der Garten); Geleit (Die Vergessenen). 27. 10. Das Auge. 29. 10. Erzähle!
Aus dem PEN-Club ausgetreten. Ich muß sparen, wo ich kann. Außerdem will ich frei sein vom Politischen. Sehr freundlicher Brief Elsters, der mich im Auftrag des Vorstandes bittet, gegen Ratenzahlungen zu bleiben. Ich lehnte natürlich ab.

Montag, 6. November 1933

Gestern mit Kropff gegenseitiges Testament gemacht und den Anteil an unserem Grundstück und Haus vererbt. Kommt nichts dabei heraus, so ist doch wenigstens die Verfügungsfreiheit gesichert. Immer das Gefühl, im luftleeren Raume zu leben.
Im Garten geht es nun rasch dem Winter zu. Die Dahlien häßlich verfärbt, die vielen Rosenknopsen verklebt, als krampften sie sich in sich selbst zusammen in Scheu, sich noch dem Licht zu öffnen. Nur die Veilchen noch in Kaskaden blühend, die Wegränder entlang. Und die Trompetenblume in der Kälte ganz sommerlich. Auch das hat aber schon ein wenig Gespenstisches. Musiziert, jedoch nicht viel. Symphonien von Mozart, aus Bachs Orgelwerken.

Donnerstag, 23. November 1933

Die größte Freude aus jüngster Zeit war ein Fernanruf Gerhart Hauptmanns aus Agnetendorf. Vergangenen Sonntag abend. Außerordentlich warm und herzlich. Das wirkte tief nach all der Kälte, die mich umweht. Ich hatte ihm zum Geburtstage geschrieben. Er war hier in Berlin zur Eröffnung der Kulturkammer, fand bei seinem kurzen Aufenthalt jedoch keine Zeit, mit mir zusammenzusein. Mein Brief hatte ihm gedankt für das, was er öffentlich getan hat an mir. Niemand sonst hat es gewagt von Menschen hohen Ranges und hohen Ruhmes. So auch vor zehn Jahren in Breslau, als Hauptmann mich vor seinen Schauspielern nachts

Verse vorsprechen ließ. Das Schöne war, daß sich das von selbst ergab, keine Demonstration war. Hier eine [im Tagebuch beiliegende] Abschrift des Briefes [vom 15. November], weil er zusammenfaßt, was ich vom Leben erfuhr und wie mir es nun um das Herz ist.

Lieber, hochverehrter Freund Gerhart Hauptmann!
Laß mich auch in diesem Jahre Dir zum Geburtstage von ganzem Herzen die Glückwünsche wiederholen, die dieses Herz, freudig erregt, nicht nur an einem Tage fühlt, sondern in stetiger Wiederkehr. Möge Dein Wesen und Leben vom guten schönen Dämon weiter gesegnet sein, und möge der Segen Dein ganzes Haus umfassen!
Das vergangene Jahr war erfüllt von strömendem Dank an Dich, mehr als Du es wissen kannst. Es brachte mir ja viel Erniedrigung, Demütigung und äußerlich die Verarmung: da brauchte ich immer wieder Deinen Zuspruch, und Du hast ihn mir immer gewährt, wenn ich Deiner gedachte und in Deinem Werke aufging. In allerlei Drangsalen und gehäufter Alltagsmühe konnte und kann ich nicht daran denken, einmal zu Dir zu kommen und in der Welt, in der ich unvertreibbar heimisch bin, Deine Stimme zu hören, aber bitte, gedenke meiner, wenn Du wieder einmal in Berlin und nicht zu sehr in Anspruch genommen bist. Meine Gefährtin, die Dir ebenfalls in verehrungsvoller Ergebenheit Glück wünscht, gibt mir sogar die Zuversicht, daß Ihr uns einmal in Frohnau aufsuchen werdet, wenn Eure Zeit in Berlin einmal nicht allzusehr besetzt ist – so wie wir in der Festnacht Deines siebzigsten Geburtstages es bedachten und besprachen. Daß ich vor drei Jahren mit meinen Ersparnissen mir einen Anteil an dem Haus hier und damit eine billige Wohnung sicherte, hat mir in dem plötzlichen Absturz in die Enge bisher fast die Rettung bedeutet. Und so lange auf dem kleinen Fleck Erde hier das Gras grünt, grünt auch die Hoffnung mit, das Dasein werde sinnvoll bleiben. Da ich aber schon von diesem Dasein spreche, laß mich auch von seinem Höhepunkt sprechen und lege es mir nicht als allzu große Eitelkeit aus: das war an jenem Nachmittag des vorigen 18. Novembers in der Akademie, als Du mir mit herrlicher Wärme antwortetest vor einer erlesenen Öffentlichkeit. Das hat niemals ein älterer und von so hohem Ruhme gekrönter Freund an mir getan. Und dann sprach Deine verehrte Frau – grüße sie bitte, wie ich Dich grüße! – mich mit Du an, und der französische Bot-

schafter richtete eindringliche, mehr als höfliche Worte an mich. Meine lieben Brotgeber, so schien mir, waren ein wenig überrascht, und ihre Mitfreude hatte für mein Ohr keinen ganz freien Klang. Ist es unrecht, daß ich bei alledem heute noch verweile, wo es mich doch erquickt, genährt und mir geholfen hat, einen neuen Gedichtband, den sechsten, abzuschließen und auch dadurch an der aufbauenden Kraft des »Ewig-Gestrigen« teilzunehmen? Ja, ich habe Dir zu danken, und die Wiederkunft Deines Geburtstages erlaubt mir, es Dich ohne Scheu wissen zu lassen.

In alten Treuen, Dein Oskar Loerke.

An Plesch nach England geschrieben, auch aus weher Stimmung. Bis jetzt keine Antwort. Rudi Kayser war in Berlin und erzählte, er habe Plesch gesprochen, ihn besucht, er kehre nie wieder.
Gestern habe ich das Gedichtbuch abgeschlossen [Der Wald der Welt]. Letzte Verbesserungen und das Inhaltsverzeichnis geschrieben. 81 Gedichte. Schwermut der Vergeblichkeit. – Schluß der Inhaltstafel: 19. 11. Der jüngst starb I; Morgenland [Emil Orlik]; Der jüngst starb II; Die Kamele. 20. 11. Geleit (Nacht); Geleit an Wilhelm Lehmann; Der offene Strom; Verzweiflung. – Selbstverständlich lagen diese Stücke wie andere längst da, geplant und in großen Teilen ausgeführt. Sie empfingen nur die Niederschrift.

Dienstag, 5. Dezember 1933

Gestern ist Stefan George gestorben. Durch meine stille Bewegung gehen die Geschenke vieler Jahre. Schweigen. 65 Jahre, eine Reihe davon war schon fast stumm. Der große Zauber, die Ohnmacht der vielen Verkennung und Beschimpfung durch Tagesschreiber.
Sonnabend bei Suhrkamp, die Verlagsgeschichte fortsetzen. Seine spartanische Wohnung. Nur das Notwendigste. Die Möbel hat er sich fast alle selbst in Wickersdorf getischlert. – Abends mit Clärchen im Haus Brandenburg. Totale Veränderung. Die Besitzerin exmittiert, alle alten Kellner bis auf einen nicht mehr da. Es bewegte mich ganz tief.
Am Totensonntag Brief zur Klärung unseres Zueinander an Hermann Stehr. Ich schickte ihn am nächsten Tage ab, aber ich habe bisher keine Antwort bekommen.

Lieber Hermann Stehr,
Erlaube mir bitte noch einmal diese Anrede aus der Vergangenheit – denn da eine des Namens werte Gegenwart, geschweige denn

eine Zukunft mir nicht gewährt ist, lebe ich in der Vergangenheit: in einer frühen mit den alten großen Weisen und Dichtern und Musikern, gleichsam versammelt zu den Vätern – und in einer jüngeren, an der das eigene Leben auch noch teilhatte und in der auch Dein Herz mir zugekehrt war. Ich bitte Dich, für ein Kurzes der Freunde zu gedenken, die Dich zu Deinem fünfzigsten Geburtstag in Dittersbach aufsuchten. Ich komme gleichsam als Führer der Toten; wir hatten keine Macht, aber die Verehrung und den Glauben der Seele. Jetzt hast Du, worüber wir noch Übrigen uns freuen, mächtigere Freunde, und es wird Dir endlich ein Teil Deines Rechts. Aber die neuen Freunde sehen es nicht gern, daß wir früheren Anhänger noch vorhanden sind, sie achten uns gering. Und nun bin ich beim Anlaß meines Briefes.

Ich bin von dem Leiter der Neuen Rundschau aufgefordert worden, zu Deinem siebzigsten Geburtstag etwas zu schreiben. Das möchte ich nicht, wenn Du nicht innerlich zustimmst. Ich bin ja unsäglich gedemütigt, erniedrigt, äußerlich verarmt und, weil die Arbeit meiner Brotgeber von teils wilden, teils von niedrigen Geistern bekämpft wird, mitbekämpft. Diese meine Verhältnisse würden an sich, das weiß ich natürlich, meine Würdigkeit in Deinen Augen nicht vermindern. Nur, wenn Du sagtest, sie seien ganz oder teilweise selbstverschuldet und daher verdient, würde ich lieber schweigen. Meine Schmach am siebenten Juni in der Akademie ist mir noch zu frisch; Du hast Dir wohl nicht vergegenwärtigt, was gerade ich da (nicht bloß als »Berliner Existenz«) erleben mußte, sonst hättest Du ganz gewiß ein menschliches Wort für mich gefunden – etwa: geh, komm nie wieder hierher! – Aber ich weiß noch immer nicht zu gehen: zu leicht will ich meinen Widersachern nicht jeden Triumph machen. Aber mit solchen Worten bin ich wieder in der Gegenwart und wollte es nicht, da ich doch weiß, jeder ist so groß oder klein, wie er ist. So kehre ich denn um und bin

Dein seiner alten Herzensverehrung Hermann Stehrs getreuer

Oskar Loerke

Öfters mit Stucken telephoniert, der schwere Anfälle hatte. Wir waren Sonnabend vor einer Woche dort, dann bei Marschalks zum Abendessen. Wilhelm Lehmann, der liebe. Gestern abend mit von Molos telephoniert. Um die Unbefangenheit wieder herzustellen, was leidlich gelang. Von Plesch liebe Antwort. Man muß es verstehen, daß er uns verlassen hat.

Wenig Musik. Viel Aufregung und Traurigkeit. Den neuen dicken Roman von Wassermann gelesen. Er ergriff mich, weil so viele unsachliche Probleme sich daran knüpfen. Der Garten ist eingewintert. Fichtenreiser auf dem Rasen. Die Veilchenblüten jetzt erfroren. Es war eine Kälte bis zu 15 Grad, jetzt wird es wieder milder. Ach Traurigkeit.

Sonnabend, 9. Dezember 1933

Antwort von Stehr. Es war wohl kühler als früher und distanziert, was Stehr antwortete, aber wir werden uns ja wohl bis zum Lebensende nicht ganz aus den Augen verlieren. Die größere Ferne, meinte Suhrkamp richtig, ist eine Altersäußerung, sie bezieht sich nicht auf diesen und jenen, sondern auf alle.

Donnerstag, 21. Dezember 1933

Jetzt mache ich mich an die Arbeit über Stehr. Das Nachwort zu meinem Gedichtbuch Der Silberdistelwald habe ich unter viel Mühen beendet und gestern abgeliefert. Suhrkamp gefiel es. Zur Hälfte ist das Buch schon gesetzt.

Am Heiligabend viele Pakete. Von Amersdorffer, was mich als Geste ganz besonders freute, die Blechen-Mappe mit den italienischen Landschaften. (Danach ein sehr lieber Brief, der Treue bekundete.) Während des Festes und bis zum nächsten Donnerstag den Aufsatz über Stehr. Ihn am Freitag abgeschickt.

Silvester. Mappen für Wilhelm Lehmann und Hermann Kasack geklebt, jedem zwei Blätter von Orlik, eines Hauptmann, eines Slevogt darstellend. Dazu den Spruch:

Sei, Freund, bei diesem Gastgeschenk
Der hellen Fabelzeit gedenk,
Die Slevogt, Orlik, Hauptmann pries
Und unsre Jugend unterwies.
Die Meister nehmen unsre Hand:
Verbannte, sind wir unverbannt.
Silvester endet nicht das Jahr,
Das über Tag und Stunde war.

Dann Kasacks und wenig später Lehmanns. Ich las in meinem Zimmer vor. Gute Stunden unten. Im alten Jahr Schubert, die beiden ersten Sätze der B-dur-Sonate, im neuen die a-moll-Sonate. Glokken im Rundfunk. Wein. Wir saßen bis drei.

4. Januar 1934

Am 1. Januar ist Jakob Wassermann gestorben, an Angina pectoris. In den Blättern steht: an Herzschlag. Er starb an seinem Gram und an den Qualen der Zeit.

Korrekturen an meinem Gedichtband. Dienstag Verlagsarbeit, Mittwoch im Verlage. Fischer gratuliert. Im ganzen dort keine gute Stimmung. Der Stehr-Aufsatz hat Suhrkamp gefallen. Jetzt soll ich an die Arbeit über Jean Paul. Ich habe gestern in dem Werke von Kommerell gelesen. Musik: Wohltemperiertes Klavier.

Donnerstag, 11. Januar 1934

Freitag, 6. Peter Beckmann, ein angenehmer junger Mediziner mit Manuskripten. In Kommerells Jean Paul fleißig studiert. Notizen gemacht.

Montag, 8. bis zum Rammdösigwerden Manuskripte gelesen. Musik, besonders Bachs Wohltemperiertes Klavier.

Gestern Verlag. Fischer in schlechtem Zustand. Zu Eippers. Der schöne Hund Senta. Über das äußere Leben. Paul Eipper verdient auf geschäftliche Weise, Rundfunk, Vorträge, Bücher, mit der Literatur eine ganze Menge. Er war nicht aufdringlich mit seinem Wert, sondern herzlich. Ich las das Nachwort und viele meiner Gedichte. Großer Eindruck.

Montag, 22. Januar 1934

Seit Sonntag voriger Woche eine abscheuliche Erkältung. Einige Tage im Bett gelegen, in der Hoffnung, der Ablauf der Krankheit lasse sich beschleunigen. Die Hoffnung trog. Donnerstag, 11. Besuch Werner Bukofzers. Der hat viel Freude hier gehabt, und dies freute wiederum mich. Den Rundfunkdialog Eipper–Schauwecker angehört. Kein reines Vergnügen. Anschließend Gespräche zu Zeit und Überzeit. Mittwoch, 17. Verlag. Langes Gespräch mit Fischer, der, einsam und aus der Bahn, unterhalten werden muß. Mit Suhrkamp Redaktionsdinge. Eine Anmerkung zum Tode Hermann Bahrs niedergeschrieben.[36a] Donnerstag, 18. Anruf Suhrkamps. Dr. Bermann habe aus Chantarella telephoniert, der Nachruf auf Wassermann solle aus dem Februarheft der Rundschau! Ich fuhr hin. Consilium mit Suhrkamp und Saenger. Wir besprachen die möglichen Änderungen. Suhrkamp teilte sie Bermann telephonisch mit. Wenn er nicht einverstanden sei, müsse er morgen da sein.

Sonnabend, 27. Januar 1934

Mittwoch Verlag. Neuentdeckungen. Über Neumeyer und mit diesem. Um fünf abgeholt von Rudi Kayser und Grellchen. Nach Frohnau gemeinsam. Fräulein Erika Hesselbarth kam etwas später. Gleichsam Verbanntenabend. Kayser macht sich krank durch Heimweh, Mißlingen seiner Bemühung, Angst. Er hatte Suhrkamp vorgeschlagen, über mich in der Rundschau zu schreiben! Furcht, seine Verbindung mit dem Schwiegervater [Albert Einstein] könnte seinem Leben schaden. Den ganzen nächsten Tag mit ihm exerziert. Er ist schwer vom Fleck zu bewegen. Immer die Besorgnisse. Gefallen an eingebildetem Unglück. Abends hatte ich ihn dann so weit mürbe, daß er wieder behaglicher wurde. Gestern nachmittags und abends mit Clärchen bei Stucken. Gespräch über die alten Bekannten, die Akademie und den Niedergang der Kultur. Nach dem Essen las Stucken neue Balladen vor, meisterhaft in Erfindung und Aufbau, natürlich in seiner romantischen Sphäre, wo das Äußerste nur wie ein Gleichnis gilt.

Freitag, 2. Februar 1934

Das Buch über Jean Paul von Kommerell sorgfältig durchstudiert. Das ist wohl ein epochemachendes Werk. Hier darf man das abgegriffene Wort gebrauchen. Das große weite erschütterte Gefühl: eine Arbeit, bei der man nicht mit Zeit zu geizen braucht, weil sie die Mitte des Lebens braucht und fortwirkt. Sie ist auch Trostarbeit des Einsamen. Etwas »sein« in sich, da ja von außen nichts mehr zu erwarten ist – nichts an Fördersamem, nur an Bösem.

Bittere Gefühle um meinen kommenden 50. Geburtstag herum. Der wäre die wahrscheinlich letzte Möglichkeit, auf mich in der Öffentlichkeit hinzuweisen. Die Neue Rundschau, also ein kleiner und heute abseitiger Kreis, wird ein von Hermann Kasack gezeichnetes Bild wohl bringen, sonst aber wird allgemein abgewinkt. Werner Bukofzer hat sich rührend bemüht, vergeblich. Der Rundfunk lau – er wird meiner kaum gedenken – einer schiebt es auf den anderen. Ich selbst habe dort seit zwei Jahren nicht gesprochen. Das Leben ist kurz, zwei Jahre sind eine lange Zeit. Aber ich bin ja innerlich gefestigt: da ich ausgeschieden werden soll, so muß ich eben ausscheiden. Und so viel mir noch gegönnt ist, will ich als Privatmann atmen. Die äußere Enge, wie sie jetzt ist, sollte recht sein – wer weiß, wie lange es dauert, bis der Ring noch enger zugepreßt wird. Für anderer geistiges Leben sorgen, selbst ausgelöscht sein.

Und immer vernehmen: es ist recht, es ist genug. Gespielt: Bach, Orgelwerke. Wenigstens aufnehmend teilhaben dürfen an der Größe. Gestern und heute Schnee- und Frostwetter. Glänzende Sonne darüber. Schöne Einsamkeit.
Dienstag, 30. Januar ebenso, nur daß gegen Abend Ragoczy zu Besuch war. Interessant. Ein Klagelied auf das Aschenbrödeldasein der Kunst. Er sprach von Ausstellungen, Museen, dem Los der bildenden Künstler. Natürlich viel Erinnerungen an Freund Orlik. Auch an Plesch. Weiter am Jean Paul-Bild geschafft. Leider keine Zeit für wirklich produktive Arbeit. Erkältungen weichen nicht; sie sitzen im Halse wie unausreißbare Knoten. Mittwoch, 31. Januar. Verlag. Suhrkamp geht intensiv mit dem Gedanken um, zu gehen. Was dann? Mit Walter von Molo im Fürstenbergbräu. Neben den Erlebnissen her geredet, als wäre alles geblieben, wie es war. Keine rechte Erwärmung. Das kommt aber auch daher, daß ganz verschiedene Arten, das Wesen, den Sinn und Zweck des Schriftstellerischen anzusehen, in uns wirken. Molo muß – nach langem Ruhm – auch »davon« leben, ich muß sehen, »dafür« zu leben. Kurz nach zehn zu Hause.

Montag, 26. Februar 1934

Seit einigen Tagen ist es warmes Frühlingswetter. Die Knospen an den Sträuchern treiben. Die Blätter an den Fliedern scheinen davor, sich zu öffnen. Unter dem Himmel oft sehnsüchtig. Gegen meinen Geburtstag zu rührt sich doch einiges in der offiziellen Welt. Werner Bukofzer – unter dem Namen Werner Brücken! – hat seinen Aufsatz in mehreren Fassungen untergebracht. Die Blätter scheinen zum Teil nicht unbereit, meiner zu gedenken. Es war wohl gut, daß ich mich selbst mit dem neuen Gedichtbuch gezeigt habe. Am vergangenen Dienstag, dem 20. Februar, ist mein Silberdistelwald erschienen. Mittwoch schrieb ich Widmungen. Ich höre auch bereits einigen Widerhall. Das Buch sieht herrlich aus. Ich habe viele Freude daran.
Sonntag, 4. Februar. Hermann Kasack kam und las seinen Aufsatz [für die Neue Rundschau] über mich. Ich war sehr ergriffen. Also einmal im Leben geschieht mir das auch, daß ich nicht nur als dienstbarer Geist gelte, sondern als Dichter unter meinesgleichen. Mein Leben freilich ist härter, als es bei Hermann Kasack erscheint. Nun, das ist ja nicht wichtig, daß die »Welt« es weiß. Abends mußte Hermann Kasack die Vorlesung wiederholen, alle

hatten einen großen Eindruck. Montag, 5. sandte Kasack die Arbeit an Suhrkamp ab. Auch diesem gefiel sie, nur daß er sich gewünscht hätte, meine Bücher wären für das Porträt eindringlicher berücksichtigt worden. Es war ein schöner Tag. Und die Alltagsarbeit drängt sich und häuft sich. Mittwoch, 7. Verlag. Prof. Bie zum 70. Geburtstag gratuliert. Sonntag, 11. die drei Romane von Friedrich Huch wiedergelesen zum Zweck der Entscheidung, ob billige Gesamtausgabe empfohlen werden könne. Sie gefielen mir sehr. Mittwoch, den 14. Verlag. Adrian Turel. Zum Beängstigen in sich eingesponnen, er kommt vom Hundertsten ins Tausendste. Lange Gespräche mit Suhrkamp und Bermann. Auch mit Schauer.
Freitag, 16. Glückwunschschreiben an Saenger, der am 17. seinen 70. Geburtstag hat. Glückwunschtelegramm an Stehr: er hat heute seinen 70. Geburtstag. Es wird für ihn allerhand unternommen, nur bleibt der Eindruck, die versuchte Wiederholung einer Geburtstagsfeier, wie Hauptmann sie im vorigen Jahr hatte, sei durch Befehl nicht zu schaffen. Am Donnerstag im Rundfunk die Reden, Rezitationen und die Musik waren recht dürftig. Sonnabend, 17. mußte ich auf Frau Fischers Bitte eine Rede für die beiden Senioren der Neuen Rundschau ausarbeiten. Sonntag, 18. abends zu Fischers zur Feier der Senioren.[37] Gute Unterhaltung mit Frau Saenger. Die Rede wurde sehr beifällig aufgenommen.
Montag, 19. abends nach langer Zeit in der Akademie. Zur Stehr-Feier. Diese war recht gut. Musik: Fehsequartett, Beethoven op. 18 Nr. 6, Adagio, am Schluß Schubert, nachgelassener c-moll-Satz. Einleitende Worte von Blunck. Griese pädagogisch und Stehr selbst, politisch zeitgemäß. Große Überraschung: viele der Anwesenden waren sehr freundlich zu mir, kamen mich begrüßen. Stehr selbst, dem mein Rundschau-Aufsatz ernsthaft gefallen hat, Beumelburg, Blunck, Griese, Grimm. Amersdorffer natürlich, in großer Herzlichkeit. Petersen. Auch die Veteranen von den anderen Fakultäten. Ursel Stehr. Nachher Treffen Alte Schänke, Unter den Linden. Poelzig, der Schauspieler George. Frau Stehr begrüßte mich herzlichst. Ich saß eine Weile Stehr gegenüber, daneben Staatssekretär Stuckart, auch dieser sehr freundlich zu mir. Stehr macht gut durch Güte und Sorgfalt, was in der letzten Zeit nicht mehr im Recht war. Sprach von Heimann. Erinnerungen an meine ersten Besuche aufgefrischt. Ursel kam mich in seinem Auftrag holen. An unserem Tisch Schaffners, Alfred Richard Meyer, Prof. Petersen und Frau, Blunck, der Clärchen ins Gespräch gezogen

hatte. Beumelburg kam öfters, er hatte seinen 35. Geburtstag. – Vorüber. Donnerstag, 22. Hermann Kasack zu Besuch, er blieb bis Sonntag und half fleißig Manuskripte lesen, so daß ich nun aufs Laufende komme. Er las von seinem epischen Tull ein Stück. Ich das Übrige leise. Gespräche darüber. Eine noch nicht geglückte Novelle und eine Anzahl schöner Gedichte.

Freitag, 9. März 1934

Laue, trübe Tage. Der Rasen hat schon einen grünen Samtschimmer. Die Unanerkannten bemühen sich weiter um meinen 50. Geburtstag. Der Aufsatz von Hermann Kasack ist erschienen, ferner in der Rundschau ein schönes mir gewidmetes Gedicht von Wilhelm Lehmann. (Zu meiner Freude ist seine Erzählung Hochzeit[38] für die S. Fischer-Bücherei angenommen worden.) In den Preußischen Jahrbüchern ein mich rührender, überschwenglicher – aber auch von vielem echten Nachhall erfüllter Aufsatz von Werner Brücken [Deckname für Werner Bukofzer], ein anderer, nicht sehr guter von ihm im Berliner Tageblatt. Die Neue Badische Landeszeitung brachte vor ihrem Eingehen noch rasch einen Aufsatz von Hermann Kasack mit Bild über mich. Die Guten! Der treue Belzner.

Montag, 5., besuchten mich Eippers. Es sollte auch wohl zum Geburtstag sein. Eipper schenkte mir eine Dannemann-Brasilzigarre und eine Flasche Rotwein. Er ist aber so sehr auf seinen Ruhm bedacht, daß er mich bagatellisierte. Dagegen war am Mittwoch schön der Besuch des Königsberger Buchhändlers Rudolf Haffke und seiner Frau. Sehr freundliche, natürlich um mein Schaffen bemühte junge Leute, die den Umweg hierher nicht gescheut haben. Ich schenkte Haffke ein Exemplar Pompeji und ein signiertes Blatt meines Exlibris von Orlik. Montag, 5. schon ein verfrühter Geburtstagsbrief von Ina Seidel. Donnerstag beantwortet. Leider ist darin eine Überraschung ausgeplaudert – Pfarrer Seidel wird offenbar in den Ruhestand versetzt. Gestern hat mich die Schlesische Funkstunde aufgefordert, am 16. für sie über Kabel zu lesen. Das war mir eine Freude, weil sonst alle offiziellen Stellen eisig abweisend sind. Manuskripte. Es dreht und dreht ohn Unterlaß.

Sonntag, 1. April 1934

Es ist eine mir unfaßbare Wendung eingetreten, an meinem 50. Geburtstage. Ich muß nun die Überzeugung behalten, daß meine Verse nicht untergehen werden, bevor sie ihre Wirkung getan haben. So viel Widerhall hätte ich in meinen kühnsten und frechsten Träumen nicht erwarten können. Ziehe ich alles ab, was übertrieben ist, so bleibt doch noch so viel, daß ich beschämt und fassungslos bin.Die Presse ist erfüllt mit großen Aufsätzen. Die bisher Fremden und Abweisenden wollen mich haben – vielleicht, weil sie Passendere nicht finden, aber auch wohl, weil sie sehen, daß die gerühmten Platten in Wirklichkeit Zerstörer sind. Schwester Erna hat gestern die Drucksachen geordnet: 40 Nummern. Und das ist nur ein Bruchteil. – Deutschland, Österreich, Schweden, Frankreich, Schweiz. Lange, zum Teil eindringende Aufsätze. Hunderte von Briefen und Telegrammen. Niemand fehlte, auf den es mir ankommt. Auch mit Geschenken überschüttet.

Die Widmungsmappe, die der Verlag mir überreichte, ist ein Denkmal. Das Erschütternde darin war Döblins Brief. Herrlichkeiten die Fülle: das Sonett von Hauptmann an mich, das wundervolle Gedicht von Carossa; Stehr, Landsberger, die guten Mitarbeiter und Kameraden aus dem Verlag, Plesch, die Fürstin Lichnowsky, Thomas Mann, viele, viele – 75 Stücke.[39]

Unter den Briefen besonders herrlich Mombert. Frau Dehmel, Schmidtbonn, alle sehr lieb – wo fange ich an und höre auf. Dr. Bermann und Suhrkamp schenkten mir einen alten (1805–20) wundervollen Herder in 45 Bänden. Dies ist die Erfüllung eines Herzenswunsches. Fischers eine Lampe mit großer Kristallkugel, mit Wasser zu füllen. Ein reines festliches Licht. Schönheit, Traum, Klarheit in seinem Umkreise. Kasacks eine alte koreanische Metallschale (außer Krawatte usf.). E. R. Weiß, zum ersten Male hier, ein an Können und Gesinnung großes Gemälde, ruhendes Mädchen und ein Mann, in die Landschaft weisend; mit Markgräfler Wein und einer Kiste guter Zigarren. Von Jacubeits 125 gute Zigarren. Von Beradt alten Bordeaux und Burgunder. Von Plesch edelste Weine, überbracht von seiner Sekretärin Lolo und der Schwester seiner Frau – wie schön, daß er die Familie vertreten ließ. Von Fräulein Ruth Norden – große Freude – ein Mondstein in entzückendem Döschen. Von Schauers ein köstlicher Leuchter.[40] Von den Verlagsmitarbeitern eine Menge der guten Reichsdrucke alter Meister. Von der Gesamtakademie: Professor Amersdorffer und Herr von

Wolfurt erschienen persönlich mit einem über und über blühenden Paradiesapfelbäumchen, munter geschmückt mit Krokus in vielen frohen Farben, von den Dichtern ein riesiger violetter Fliederbusch. Beumelburg schrieb ernst und verehrend, ein Unfall verhinderte ihn zu kommen, Schumann, der jetzige Präsident, war durch eine Probe verhindert, er schickte einen Notengruß und dann noch einen sehr herzlichen Brief. Der Wunsch: Gerechtigkeit nach vieler Ungerechtigkeit anderer – war sehr deutlich.
Hauptmann, 20 Flaschen guten Sekt vom Adlon, jede mit einem Band: Loerkes Geburtstagswein. Josef Breitbach: 12 Flaschen Naturwein vom Rhein aus Boppard. Welche Überraschung auch das. Überhaupt: Das ganze Haus war ein Blumenhain, und noch heute blüht viel. Den ganzen Tag aufrecht, immer neue Besuche und Boten. Fischer, Bermanns beide, Suhrkamp. Fritz Heimann, Jacubeits alle, Schauers, als Überraschung Joachim Maass mit einer Orchidee und schon von der Nacht vorher in Hamburg fertig gefeiert, Bukofzer, Grellchen (sie sang mir Gott der Herr ist Sonn und Schild und Schuberts Grenzen der Menschheit). Und die lieben Kasacks seit Montag abend, hilfreich bis Mittwoch vormittag. Das alles ist noch nicht aufgearbeitet innerlich. Glückwünsche und Sendungen noch vierzehn Tage nachher. Nicht vergessen: ein hölzernes Kamel aus dem Morgenlande von unserer guten Frau Rosenbaum.
Darüber ist es nun Frühling geworden. Die Sträucher bei uns schlagen aus, hunderte von Veilchen blühen im Garten seit einer Woche, und gelbe Krokus. Heute, Ostern, ist es windig kühl, aber strahlend. Erschöpft bin ich sehr, physisch am Herzen und in den Nerven, und in der Seele. Nun erwarte ich Wilhelm Lehmann. Er kam Donnerstag auf ein paar Stunden und bleibt nun. Eine Woche hatte ich die Arbeit an den Manuskriptbergen ruhen lassen, weil ich einen großen Aufsatz über Jean Paul zu machen hatte. Es sind 19 Schreibmaschinenseiten, geschrieben Tag und Nacht vom 22. bis 27. März. Einen Abend Jacubeits, ich spielte mit Herrn Jacubeit vierhändig Bach und dreihändig Orgelwerke von Bach. Im Herder entzückt gelesen. Ein paar hundert Antwortbriefe geschrieben.

Sonnabend, 7. April 1934

Helle Frühlingstage. Von Sonntag (Ostern) bis Donnerstag war der liebe Wilhelm Lehmann bei mir. Leider war ich oft müde und konnte mich ihm nicht widmen, wie ich gemocht hätte. Aber am

Mittwoch machten wir – er, ich, Clärchen und Renate Kasack, die seit Dienstag hier ist, einen wunderschönen Ausflug. Zu Fuß nach Heiligensee. Die vollblühenden Pappeln im blauen Himmel, die blühenden Ulmen. Abends eine Flasche Henkell Privat, den von Hauptmann gesandten Geburtstagswein.
Der Abend mit Marschalks letzten Sonntag war schön in füllig heiterem Gespräch. (Teppiche. – Der gute lädierte Hut, den Lehmann von Marschalk geschenkt bekommen hatte.) Am Dienstag großes Erlebnis durch die hochmusikalischen Kinder Fanny (15 Jahre) und Cilly (10) Haensel aus Erlangen. Urenkelinnen von Fanny Mendelssohn, der Schwester Felix Mendelssohns. A-capella-Gesang und begleiteter, Cherubini, Mozart, Brahms, Volkslieder, auch die Barcarole von Offenbach. Unbedingt musikalisch, zum Erstaunen reif. Die Ältere auch Klaviermusik, Bach, Mendelssohn. Die Kleine tanzte herrlich, barfüßig. Improvisation im Stile des 17. Jahrhunderts, »Wir wünschen Glück«, kanonisch. Eippers hatten sie herbegleitet. Dies war noch eine große nachträgliche Geburtstagsgabe. Vorgestern Weiß im Verlage, er brachte den richtigen Rahmen für sein Bild. Lange Gespräche mit Suhrkamp, Bermann. Man beabsichtigt eine Faksimileausgabe des Wandsbecker Boten.

Sonntag, 15. April 1934

Dienstag, 10. Hermann Kasack. Er hat seinen erzählenden Tull fertig. Ich habe den Eindruck, das Ganze sei bescheiden, zu sehr nur Kinderbuch. Nun, wenns nur ein bißchen Geld trägt. Viel im Herder gelesen. Ein großartiger Geist, Erstaunen vor der Fähigkeit, so viel zu wissen und alles zum wahren Zusammenhang zu verarbeiten. Etwas Herrscherliches: wie klein und eng sind doch die Nachfahren. Gespielt die vier Symphonien von Brahms. Chopin. Mit einiger Regelmäßigkeit. Verhältnismäßig wenig spazieren. Paradoxerweise in Berlin im Anschluß an den Verlag. Aber im Garten betrachtet, was neu kommt, wie sich alles entwickelt. Zu tief gesenkte Krokus ausgegraben aus der Erdschicht, vielleicht werden sie noch. Heute ein weißer erblüht.

Donnerstag, 26. April 1934

Montag, 16. sehr heißer Tag. Etwas Wind. Mit Clärchen und Nickel Ausflug nach Stolpe. Unsicherheit. Alle Leute grüßen neumodisch.[41] Vereinsamt. Sonnabend, 21. Besuch Herr Hennecke.

Zuviel der Worte. Nachmittags gegen vier kam er, den letzten Zug erreichte er laufend. Zuletzt chinesische Lyrik.
Montag, 23. Manuskripte. Dann Kaffeebesuch bei Stucken. Alle wohlauf. Gehört, daß Benn als Jude (!) verfolgt werde von Börries von Münchhausen. Dienstag, den 24. Verlagsarbeit. Der schöne Garten. Die Pfirsiche in voller Blüte. Wie Papierblumen. Die Tulpenränder, herrlich. Die Klimmer haben schon kleine Blätter. Es wird dichter.

Sonnabend, 28. April 1934

Im Garten werden die Hecken dicht. Ich habe gestern und vorgestern tüchtig gesprengt. Die Schattenmorellen blühen voll, die Tulpen in voller Pracht. Sanfte farbige Feuerkelche. Die Forsythien haben fast abgeblüht. Gelesen: Novalis, Heinrich von Ofterdingen. Nietzsche, Zarathustra. Die Neue Rundschau, das Maiheft ganz. Manuskripte. Mit Interesse den neuen Roman von Norbert Jacques begonnen.

Donnerstag, 10. Mai 1934

Heute Bruckner, aus verschiedenen Symphonien. Das ist mein Leben. Seit Montag abend ist Frau Frieda Lehmann hier. Wir haben in unserem Kreise hier herzliche lebendige Abendstunden verbracht. Gestern nach dem Verlage mit ihr, Clärchen, Kropff, Molo zu Habel. Innige Frohheit und unsere Leidensmelodie. Resignation und Hoffnung. Das Wohltemperierte Klavier von Christian Bernhard Weber mit seinen rührenden Anklängen an Bach durchgespielt. Gabe der Bachgesellschaft. Im neuen Bachjahrbuch gelesen. Nachtwachen von Bonaventura.

Freitag, 8. Juni 1934

Sehr unruhige Zeit. Die Gesundheit geht dabei drauf. Herz und Nerven. Der Verlag in ernster Gefahr. Die Erfolge lassen die Feinde nicht ruhen.
Dienstag im Verlag gewesen, um Hauptmanns herrliche Novelle Das Meerwunder zu lesen. Hauptmann hatte vormittags angerufen und mich ins Adlon zum Abendessen eingeladen. Suhrkamp außer mir zu Gast. Alles ein wenig müde. Von der Zeit. Hauptmann erzählte sehr schön von seinem Freunde Plötz. Zum Abschluß saßen wir in der Halle beim Glase Pilsner. Das Haus war völlig leer. Der Liftboy hatte unsere Garderobe im Fahrstuhl einge-

schlossen, die Ablage war geschlossen. Mittwoch hat die Reichsrundfunkgesellschaft ihren mir seit 1930 leihweise überlassenen Apparat zurückgefordert. Nachmittags bei Stucken. Schauer begleitete mich bis ins Haus. Stucken las mir seine neuen Balladen vor – in ihrer Art herrliche Stücke. Gespräche darüber. Und über die Zeit. Das, was man überall hört. Gestern im Verlag, um an Hauptmanns Novelle stilistische Durchsicht mit Suhrkamp vorzunehmen. Es scheiterte: jeder muß für sich daran. – Neue Hiobsposten. Schweren Herzens zu Hause. Herder gelesen.

Sonnabend, 16. Juni 1934

Ferien. Ich will versuchen, in einen weniger erregten Gesundheitszustand zu kommen. Ich will auch versuchen, zu epischer Arbeit zurückzukehren. Das ist schwer, nach Anfängen werden wieder die Ablenkungen einsetzen. Was ich erzähle, muß stark autobiographisch sein. Dadurch wird am besten zum Ausdruck kommen, was meine Gestalt mit der Zeit verbindet und trennt. Lyrik? Das Verbreitungsergebnis des neuesten Bandes ist wieder niederschmetternd. 440 Exemplare, davon mindestens die Hälfte verschenkt als Rezensions- und Freiexemplare. Es muß also wohl fast jeder, der ein Buch hat, darüber geschrieben haben. Dabei: der Ruhm ist ungeheuer. Die Besprechungen haben mich ganz an die Spitze rükken lassen auf diesem Gebiet. Beanstandungen sind mir innerlich leider widerlegbar. Zum ersten Male auch im Auslande Interesse. Frankreich zum Beispiel. Dort regen sich Stimmen, ob der bisherige Aspekt der deutschen Literatur der Gegenwart nicht falsch gewesen sei und korrigiert werden müsse.

Die Schwüle über dem Verlage dauert an. Herrn Will Vespers Artikel hat viele Nachdrucke und Variationen gefunden. Verleumdungen und Lügen in Masse, aber – wer die Gewalt hat, scheint das Recht zu haben. Dr. Bermann hat mir geholfen, daß ich eine kleine Ferienreise machen kann. Ich beabsichtige, das Riesengebirge aufzusuchen. Vorgestern Auftrag eines Aufsatzes über E. R. Weiß von den Hamburger Bücherfreunden. Eine schöne Erzählung über eine Reise nach Oldenburg von Suhrkamp. Montag, 18. Juni kam Grellchen zum Abendbrot. Bericht aus Brüssel von Julius Levin. Dienstag, 19. Hermann Kasack. Erzählte von Italien. Er hat schöne Gedichte mitgebracht. Donnerstag vormittag fuhr er zurück. Sonnabend, 23. nachmittags der alte Freund E. R. Weiß. Im Garten bei Abendbrot und Wein auf der Terrasse. Er machte mir einige Angaben über seine Arbeiten. Er nahm sein Bild zum Vergleiche mit.

Sonnabend, 14. Juli 1934

Mit der epischen Arbeit ist es nichts geworden. Ich war zu erholungsbedürftig, um mich wieder gleich an den Tisch zu fesseln. Ich habe eine Riesengebirgsreise gemacht. Viel gewandert. Hier das Reisetagebuch:

Montag, 25. Juni 1934

Abfahrt aus Frohnau. Nach Krummhübel gute, rasche Fahrt. Jean Paul gelesen. Die Stimmung vor 25 Jahren von Hirschberg aus wiedererkannt, mit den Landschaftseindrücken. Villa Berghaus, 650 m hoch, ein hübsches großes Zimmer, Garten, Blick auf den Kamm. Publikum kleinbürgerlich.

Dienstag, 26. Juni 1934

Zur Talsperre mit weiten und gutgerahmten Aussichten.
Ich bin so müde und willig müde, daß ich an Arbeit nicht denken kann. Gespräch mit dem Hausdiener im Garten, skeptisch über Gegenwart und Zukunft, wissend. – Teichmannbaude. Glücklich vor der Bergesgröße. Geruhig abgestiegen. Erfrischte Luft, kühl, still und klar.

Mittwoch, 27. Juni 1934

Die Nacht über ächzte und polterte der Regen an den Rinnen. – Briefe im Zimmer. Meine epischen Notizen. Arbeitsunlustig. Nach dem Abendessen, wobei ich viel von Algerien zu erzählen hatte, Musik bei Gottwalds, den Wirten. Herr Gottwald spielte Beethoven, op. 31, 1, dann neues Jazz-Zeug, dann Chopin. Darauf ich mit ihm Beethoven, Septett, Bizet, Schubert, ein Marsch. Es ging ganz gut. Später in den Preußischen Hof, wo ich einen der Gäste, Ministerialdirektor Weitzel aus Karlsruhe, traf. Er ist Kenner unserer Musik etwa seit den Wiener Klassikern, auch theoretisch gebildet. Beim Glase Bier bis gegen Mitternacht.

Donnerstag, 28. Juni 1934

Wandertag. Das Wetter sehr schön, sonnig, doch schwül. – Die angeschwollene Talsperre. Den schönen Gehängeweg. Nachmittag zur Teichmannbaude, hinunter bis Hoch-Dreghaupt, hinauf nach

Brückenberg bis Kirche Wang. Hier keine Erinnerung mehr an den ersten Besuch. Viele neue Häuser. Recht ermüdet beim Abstiege, der steil ist. Im Garten hier erfrischt.

Freitag, 29. Juni 1934

Verlag lud zu einem Glückwunsch für Wilhelm von Scholz, 60. Geburtstag, ein. Sogleich darangegangen, einige Verse zu schreiben. Im Laufe des Tages daran gebessert. – Vormittags Kurpark, Gehängeweg, Baude Hundert. Mit Herrn Weitzel im Gerichtskretscham [Dorfschänke]. Allerlei von Reisen und Sehen. Grundsätzliches zur Juristerei. Römisches Recht, Todesstrafe, Urheberrecht usw. – Mittags ein Telegramm: Clärchen käme Sonntag. Freude darüber. – Schwung von der kleinen Arbeit her.

Sonnabend, 30. Juni 1934

Melzergrundtag. Morgens die Verse für Scholz durchgesehen, abgeschrieben, zur Post befördert.[42] Dann über Wolfshau ein Stück den Melzergrund hinauf und zurück. Schöner, klarer, leicht windiger Tag. Gleich nach dem Essen über die Teichmannbaude den Schaffgotzschweg zur Melzergrundbaude. Wundervoll. Groß und ruhig alles, die nahen königlichen Bergzüge. Das reine offene Licht über dieser Welt. Nach fünf den über alle Worte herrlichen Grund hinab, wieder Wolfshau, der schon abendliche Sonnenfriede um den Emmenhof. Glücklich und gestärkt im Berghof angelangt.

Sonntag, 1. Juli 1934

Frau Weitzel sagte, es seien üble Radionachrichten gestern nacht gekommen. Schleicher und Frau erschossen. Hitler nach München geflogen, um Röhm abzusetzen. Gerüchte um die SA und Frick. Innere Erregung. Weitere Nachrichten. Erschießungen in Massen. Sumpf!

Nach dem Essen Clärchen abgeholt. Nach dem Absetzen des Gepäcks wanderten wir zur Teichmannbaude.

Dienstag, 3. Juli 1934

Tag der Erinnerungen für Clärchen. Wir wanderten nach Wolfshau und suchten Härings Haus. Es stellte sich heraus, daß es nach zweimaligem Besitzwechsel der Emmenhof war. Clärchen zeigte mir die Ausgangsplätze ihrer Wanderungen, das Wäldchen. Abends in den Gerichtskretscham. Clärchen sprach mit dem blinden Musiker und dem Wirt, wie alles früher gewesen sei. Die Ehrenurkunde zum 225jährigen Bestehen des Gasthauses im Familienbesitz, das prächtige neue Gästebuch.

Donnerstag, 5. Juli 1934

Nachmittags Omnibus bis Wang. Bei prächtigem Wanderwetter – sonnig, wolkig, windig – zur Schlingelbaude hinauf, weiter, zuletzt Donat-Weg zur Prinz-Heinrich Baude. Die imposante Teichwand, die ernste Größe der Gletscherlöcher, die wundervolle Sicht in die Nähe und das Tal. Kammwanderung an der Wand des kleinen Teiches zum Koppenplan. Glück. Wohlgefühl.

Freitag, 6. Juli 1934

Angesichts der großen schönen freien Natur steigende Verbitterung über die Sklaverei und Barbarei.

Sonnabend, 7. Juli 1934

Vormittag im Garten. Dann schrieb ich Clärchen für den Gerichtskretscham die folgenden Erinnerungsreime auf.

Ich kehre hier, von Glück bewegt,
Nach einem Menschenalter ein.
Von diesem trauten Haus umhegt,
Aß ich sein Brot, trank ich den Wein.

Brach ich dann auf zum blauen Damm
Der Berge durch den Melzergrund –
Mir war, ich stiege fort vom Kamm
Ins frühlingshelle Himmelsrund.

Lang deckte mich dies Dach nicht mehr,
Doch sank nicht unter, was versank.
Wie Heimkehr ist die Wiederkehr:
Ich wünsche Glück, ich sage Dank.

Clärchen schrieb die Zeilen abends ins Gästebuch. Der Wirt freute sich darüber.
Nachmittags einen der schönsten Ausflüge. Über die Teichmannbaude quer durch Wald und Grund die Seifferslehne hinauf zur Hampelbaude. Kurzer, selbst in den Serpentinen zuletzt wenig anstrengender Weg. Hochgefühl im panischen Mittag. Zum klei-

nen Teich hinunter. An den Teichwänden entlang. Alpine verwitterte, schroffe Felsen, oben Kanzeln und Kastelle. Hellgrüne Flechten am Stein, wie runde Blätter. Ebner Weg durch Wald – plötzlich die Schlingelbaude. Gut erfrischt den ziemlich steilen Weg nach Brückenberg.

Montag, 9. Juli 1934

Vormittags nochmals zur Melzergrundbaude. Pralle Sonnenhitze. Gegen Abend Abschied. Es war eine gesegnete Zeit.

Dienstag, 10. Juli 1934

Auf dem Wege nach dem Bahnhof nicht mehr viel umgeschaut, um nicht wehmütig zu werden. Auf der Fahrt bis Hirschberg aber noch wieder und wieder das sich rasch drehende Gebirge vom Fenster gegrüßt. In Spremberg Mutter begrüßt.

Mittwoch, 11. Juli 1934

Das entsetzliche Hotel zur Börse. Nicht geschlafen. Ein unvorstellbarer Lärm. Von früh halb 4 an. Amoniakgestank. Poltern, Besenwerfen, Schurren, Holzspalten, Wecken, Rennen, Reden, Bimmeln, Puffen, Schnarren, Knattern. Nie irgendwo hab ich dergleichen erlebt. Die Stadt stinkt überall. Mit den Geschwistern im »Wäldchen«. Tiefes Mitleid, daß sie diese arme kleine Ansammlung dürftiger Kiefern auf verbranntem, kahlen Boden als Erholungsplatz empfinden müssen. Rasche Fahrt. Am Bahnhof Friedrichstraße ausgestiegen.
Nachricht, daß Frau Ilse Kayser gestorben sei. Die Arme: leidet länger als ein Jahrzehnt, verjagt – in der Fremde, in Paris, gestorben. Und der arme Rudi! Freude über unseren fast üppigen Garten und das schöne Haus. Nachts Wut über die schamlose Verfolgung in der Zeitschrift meines Zwangsverbandes.[43]

Sonnabend, 14. Juli 1934

Miserabel geschlafen. Halluzinatorische Zukunftsvisionen. Herzklopfen bis zur Dämmerung, spät auf. Mozart. Die Antenne wurde beseitigt. Im Garten spaziert, Himbeeren gepflückt.

Sonnabend, 21. Juli 1934

Ergreifender Brief von Rudi Kayser. Montag, Mittwoch, Freitag im Verlage gewesen. Hauptmanns Hamlet gelesen. Die aufgelaufenen

Manuskripte gesiebt. Sehr viel Schlechtes ist eingegangen. Sorge, der dichterische Strom in Deutschland werde versiegen. Unruhig.

Sonnabend, 18. August 1934

Aufregung über Aufregung. Am 2. August ist Reichspräsident Hindenburg gestorben. Was damit zusammenhängt. Morgen Abstimmung wegen des Nachfolgegesetzes. Gestern Hamburger Rede. Flaggen ist befohlen. Das Testament. Usw. Seit gestern hat Ludwig Kropff einen Radioapparat. Musiziert. Schubert. Schumann. Ziemlich viel, aber in letzter Zeit nicht mehr.

Sonntag, 5. kamen E. R. Weiß und Renée Sintenis im Auto. Kaffeestunde. Gefallen an unserem Hause. 10. bis 12. den Aufsatz [Von der unermüdlichen Freude] über E. R. Weiß geschrieben für das Hamburger Imprimatur. Dienstag, 14. den Aufsatz durchgesehen, was lange dauerte, und abgeschickt. Besuch Max Müllers, des 79jährigen Freundes Hauptmanns. Fabelhaftes Klavierspiel, obwohl er seit fünf Jahren seinen Flügel nicht mehr hat. Freitag, 17. rief Gerhart Hauptmann an, wegen Verfilmung Schluck und Jau. Liebevoll wie immer. Er arbeitet am Hamletroman und außerdem an einem Drama darüber: Der schwarze Prinz in Wittenberg. – Die Abende fast immer auf meinem Balkon gesessen.

Montag, 27. August 1934

Montag, 20. mit Clärchen und Kropff in Eippers sehr schönem Film: Freude kommt vom Tier. Dienstag, 21. Gleichgültigkeit gegen die Lage. Mittwoch, 22. Verlag. Dr. Schauer kam mit. Schöner Abend in der Pergola und auf meinem Balkon.

Sonnabend, 20. Oktober 1934

Zeit der Unruhe und vieler Verzweiflung. Die wirtschaftliche Vernichtung, also die Vernichtung selbst rückt immer näher. Ehre, Freiheit, Recht –?

Montag, 15. Oktober, morgens ein Viertel 8 ist S. Fischer gestorben. Ich war im Verlage. Texte der Traueranzeigen für Mitarbeiter, Vorstand, Briefe der Angestellten usf. Nachmittags mit Suhrkamp zu Bermanns. Gegen Abend zu Frau Fischer, der beim Reden die Tränen aus den Augen rannen über das entstellte, schön hilflosgefaßte Gesicht. – Fischer auf dem Totenbette, so verändert (kleine Lippen, andere Nase, andere Stirn), daß ich ihn kaum erkannt hätte, wäre mir nicht bekannt gewesen, er sei es. Müde nach

Hause. Dienstag und Mittwoch in angespannter Arbeit die Ansprache, die ich in der Kapelle auf dem Friedhof halten soll, ausgearbeitet.[44] Donnerstag die Bestattung. Um elf Weißensee, Stelle neben Gerhart Fischer. Musik von Bach, Gesang Olga Eisner (Kantatensatz), Musik, Andante aus dem C-dur-Tonsatz für Orgel, auf Cello die Melodie. Zuletzt sang sehr detonierend der Kantor. b-moll-Präludium aus dem Wohltemperierten Klavier I auf dem Harmonium beim Ausgang; dazwischen meine Ansprache (Gerhart Hauptmann fielen die Tränen), Hausmanns, die Totengebete. Kleines Gefolge. Frau Fischer krank, fehlte, Saenger fehlte, Eippers, Kasacks usw., alle fehlten. Da: Flake, Hauptmann und Frau, Fritz Heimann und Frau, Kippenberg, Rowohlt, Beradt, Fritz Engel, Familie, alle Angestellten des Verlages aus Berlin, von Leipzig eine Abordnung. Max Tau. Es mögen wohl nicht viel über hundert Menschen gewesen sein. Mittags bei Bermann mit Frau Fischer, Flake, Hausmann, Suhrkamp. Wieder sehr müde. Gestern im Verlag. Um elf Feier durch Bermann. Ansprache, Verlesung von Beileidsäußerungen, alle Handschlag. Herrmann sprach. Mit Suhrkamp und Saenger Besprechung über die Zukunft, welche düster genug aussieht. Müde.
Versuch, einiges nachzutragen:
Donnerstag, 30. August bis Sonnabend, 1. September Besuch Hermann Kasack. Schöne Gedichte. Aber es strengt mich alles recht sehr an. Donnerstag, 13. September mittags mit Clärchen nach Groß-Neuendorf, um mich von Herbert [Loerkes Bruder] untersuchen zu lassen. Freitag, 14. Untersuchung. Schlecht. Aorta zu breit, Blutdruck hoch. Hungerkur verordnet. Nächsten Tag Rückfahrt. Von Montag, 17. an dreiwöchige Diätkur, mich sehr anstrengend. Ich habe auch nicht geraucht, nur sehr wenig Wein. Donnerstag, 20. in die Stadt zur Firdusi-Feier, Archäologisches Institut. Professor Schäder. Hauptmann dort getroffen. Sonnabend, 30. nachmittags Benvenuto Hauptmann. Abends Fräulein Hesselbarth. – Während der Kur habe ich viel gelegen. Dabei habe ich den Aufsatz über Wilhelm von Scholz gemacht und mit diesem korrespondiert wegen seiner Neuen deutschen Biographie, an der mich zu beteiligen mir unmöglich ist wegen der [politischen] Gesamthaltung.

Sonntag, 21. Oktober 1934

Nachzutragen die wundervolle Herbstblüte. Die Trompetenblume blüht zum dritten Male, jetzt im Frühstückszimmer, aus dem Garten ausgepflanzt. – Auf meinem Schreibtisch und im Eßzimmer stehen prachtvolle Rosen aller Farben in den Vasen, und in den Beeten kommen immer noch neue. Stark duftende Veilchen, wie die ganze grüne Zeit über, an den Wegen. Die Dahlien hören jetzt langsam auf zu blühen. Chrysanthemen voll und voller sich entfaltend. Halbentblättert nur die junge Kastanie (die größere bei den Nachbarn ist noch ein rotgelber Blätterkegel), einige Pappeln und die höchsten Holunder. Die Laternenblumen sind rot, sie können geerntet werden. Amseln sieht man nicht, auch sonst wenig Vögel. Eichhörnchen und wilde Kaninchen viel. Erstaunlich, daß die Belaubung noch hält, obwohl der Frühling schon im April weit entfaltet war. Alle paar Tage finde ich eine reife Himbeere aus unserem Garten auf meinem Frühstücksteller. Dankbare Stimmung, wenn ich das sehe. Wohlgeschmack, aber der kühle Herbst ist in ihnen. Ein Gedicht Der Herr der Donner geschrieben. Ob es taugt? Anderes regt sich. Nur Zeit mehr! Und weniger Bedrückung!

Sonntag, 28. Oktober 1934

Ich erwarte jetzt nachmittags Hermann Kasack. Gestern das Gedicht Des Bannes Ende nach dem Gedicht Die Botschaft vom 21. fertig. Mittwoch, 24. an Frau Fischer geschrieben. Sie hatte mir durch Bermann eine Gemmennadel Fischers geschickt und das Geschenk mit einem warmen Brief begleitet. Freitag, 26. Verlag. Danach Singakademie. Schumann, Oratorium Bruckner. Herrlich aufgeführt. Beifall der Akademie der Künste für Georg Schumann. Ach, er ist heute verlassen. Amersdorffer erzählte es mir. Auch von den famosen »Dichtern«, die jetzt verschwinden und nichts tun. Herr Binding ist geschäftsführender Vorsitzender, den Mitgliedern ist das nicht einmal mitgeteilt worden. Am Rundfunk hat Herr Hadamowsky Beethoven entdeckt, er will aus dem liberalistischen Sumpf.

Dienstag, 30. Oktober 1934

Sonntag abend mit Hermann Kasack. Gespräch mit Kropff über Wirtschaft und Steuern. Ich kam dazu, bei dieser Gelegenheit eine große Auswahl Stellen aus Nietzsche vorzulegen, die gegenteilig zu dem sind, wie man ihn jetzt darstellt. Abends meldete sich Professor Franz Dornseiff aus Greifswald telephonisch an. Er kam in seinem kleinen Hanomag um viertel elf Uhr und blieb bis gegen halb drei. Äußerst anregend das zeitgemäße Horst-Wessel-Lied, das er trefflich auf die Hörner nimmt, und das Sachliche über die Griechen, Pentateuch, babylonische Dichtung, mittelalterliche und deutsche Sprachgeschichte.

Montag, 5. November 1934

Donnerstag fuhr Hermann Kasack ab. Den Abend vorher in eindringlichen Gesprächen über Kunst und Gedichte. Die ganzen Tage Wohltemperiertes Klavier, vieles mehrfach. Das Allergrößte ist nötig: es läßt die Zeit noch ertragen.

Sonnabend, 10. November 1934

Montag kam das dritte Manuskriptpaket der letzten Woche. Ich habe es mit ungeheurer nervenfressender Anstrengung aufgearbeitet. Die letzten Rosen aus unserem Garten vor mir in der Vase. Donnerstag Gedicht Die Trostfrage. An anderen gearbeitet. An den meisten Tagen übend, weiterdringend, getröstet und gestärkt das Wohltemperierte Klavier gespielt.

Freitag, 16. November 1934

Auch heute noch neue Rosenknospen im Garten, gelbe, rote. W. von Scholz, Berlin und Bodensee, die Kindheitserinnerungen mit großem Eindruck glesen. Herder. Ebenfalls immer glücklich daran, so groß und frei ist das, im Kämpferischen immer ein Unterton begeisterter Güte. Bach, Wohltemperiertes Klavier. Sonnabend, den 10. in der Turnhalle hier vorgelesen. Aus Versehen wohl, weil ich Frohnauer Mitbürger war. – Alles andere stand zwar außerhalb der Literatur, hatte aber menschlich Sympathisches. Herr Jacubeit fuhr uns hin. Sonntag, 11. an Versen tätig. Vorgestern nach dem Verlage Victor Otto Stomps. Ein einfacher gutwilliger Mensch. Mitternachts heim. Gestern die hängenden Briefschulden erledigt. Faust II. Gedichte von Mörike.

Mittwoch, 21. November 1934

Gestern schnitt ich die letzten Rosenknospen aus dem Garten, neun Stück, sie stehen vor mir in der Vase. Zwei haben sich wirklich noch entfaltet. Nebel. Kalter hängender Nebel bei Windstille. Freitag im Meistersaal, Rezitation von Gedichten. Von mir: Die Rast, Wechselgesang und Ende. Recht gut. Sonst noch außer alten Dichtern: Wilhelm von Scholz und Elisabeth Langgässer. – Dann aber Un- und Gegenkünstlerisches in Unmengen: Blunck, Münchhausen usw. Nachher im Pschorr. Zufällig auch Benn dort. Ei, wie der schimpfte – ein Hymnus gegen Cäsarenwahn und Mord. Eine Arbeit von Prof. Dornseiff über den homerischen Apollohymnus. Am Aufsatz über das Reimen gebosselt.[45]

Sonnabend, 1. Dezember 1934

Musik: Immer Bach. Der Größe anheimgegeben.
Sonntag, 25. Wilhelm von Scholz und Frau Gerti. Er brachte zwei Flaschen Burgunder mit und seinen Lebensabriß. Dies ein hübsches kleines Buch. Aussprache über das Politische. Kluft, freundschaftlich geschlossen. Sein 60. Geburtstag. Der 50. meine. Zeigen von Geschenken. Musiziert Bach, d-moll Toccata und a-moll Fuge, die große. Über unsere Kunst, über mittelhochdeutsche Dichter. Dies die Themen der sehr angeregten Stunden von vier bis Mitternacht. Mittwoch, 28. im Verlage kam die unheimliche Spannung zu vielfachem Ausdruck. Tribute, Tribute – ich weiß es nicht zu schaffen. Auf die Welt draußen hab ich ja schon ganz verzichtet. Freitag, 30. Gedichte – gestern abend beendet und abgeschrieben: Der Schacht. – Entgegnung.

Donnerstag, 13. Dezember 1934

Gestern noch eine blühende Rose aus dem Garten. Die Veilchen und Primeln nutzen den Winterfrühling. Bei Stucken. Er las eine Wikingernovelle, welche bis gegen den grausamen Schluß den Zauber des romantischen Märchens hat. Freitag, 7. Verlagsarbeit. Abends im Hofbräu Wittenbergplatz auf Anruf Benns: Benn, Karl Hofer, Renée Sintenis, Belling, Tilly Wedekind, ein Italiener Ducci. Sonnabend Lektüre von Manuskripten. Abends waren hier alle zum Luftschutzfest.[46] Ich saß über Versen: Der Wald der Welt. Lebensmeer. – Recht erschöpft.

Donnerstag, 20. Dezember 1934

Montag rief Suhrkamp an, ich diktierte ihm telephonisch das Gedicht Trostfrage für die Neue Rundschau. Gestern sah ich es schon gedruckt. Gestern im Verlage war Suhrkamp in ständigen Aufregungen.

Mittwoch, 26. Dezember 1934

Gegen Abend. Weihnachten ist vorüber fast. In Stille, bei nicht besonderem Wohlsein. Seit Heiligabend liegt Schnee. Bei großer

Dunkelheit begann er am Morgen des 24. zu fallen. Es sind zwei Grad Frost. Da das Licht nun heller ist, wirken Garten und Ort schöner. Rechtzeitig habe ich die letzten Blumen gepflückt, sie stehen auf dem Klavier in einer kleinen Vase. Zu meiner Freude war auch das Hamburger Imprimatur-Heft gekommen mit dem Aufsatz über Weiß.[47] Er rief mich gerührt an, er habe vor Weinen nicht weiterlesen können. In dem Bande ist auch ein stürmisch rühmender Aufsatz über mich von Joachim Maass. Dazu dann im Vorwort eines Poetischen Taschenbuchs von Stomps liebe Worte. An Ruhm hat mir die Jugend jetzt soviel gegeben, daß es nicht mehr darüber hinausgehen kann. Von Kasacks ein Paket mit wunderschöner kleiner Krippe und Messingsternen mit Wachslichtern. Sehr sehr schön. Eine Art Feriengefühl breitete sich aus. Am Sonntag auch Versuche an neuen Versen. Aber noch ist nichts fertig geworden.

Silvester 1934

Trübes Wetter. Fünf Grad Wärme. Der tiefe Schnee ist fast weggetaut. Nur noch weiße Flecken im Naßbraunen. Ich pflückte Gänseblümchen, mehr als dreißig, aus den hunderten in unserem frischgrünen Rasen. In der Bedrohung treibt das Leben – sei es ein Zeichen. Und ich spielte heute vormittag Bachs Wohltemperiertes Klavier, wieder nacheinander die Präludien und Fugen des Anfangs, aufgeschlossen der tönenden Herrlichkeit der Welt.
Sonnabend, 29. nachmittags kamen E. R. Weiß und Renée Sintenis in ihrem Wagen. Freund Weiß brachte mir ein großes ergreifend gutes und wunderschönes Selbstbildnis. In seinem alten schönen Rahmen hängt das Bild nun in meinem Arbeitszimmer. Ich hatte, während die Freunde da waren und auch abends, als sie schon längst weg waren, das Gefühl ewig hohen Feiertages. Es strömt aus dem zartblauen Hintergrunde etwas Braungoldenes. Die Erinnerung blüht – ach nicht Erinnerung. Die Verbannten leben ja in der vergangenen wohlgefügten Welt. Alle, die in Frage kommen. Ein sehr lieber und inniger Brief von Plesch. Freitag vor- und nachmittag war Rudi Kayser da. Er erzählte seine Traurigkeit, nur wenn er sich in eine schlappe Jammerstimmung fallen ließ, konnte man ungeduldig werden. Ein inniges Gedenken seiner armen guten und bedeutenden Frau Ilse! Im Verlage Donnerstag große Pläne gemacht auf wehmütigem Hintergrunde, denn die Bedrohungen scheinen größer zu sein als je zuvor.
Nun geht das Schicksal seinen Lauf, wir wollen aufrecht und mit

wahrem Fleiß dem Gewissen folgen. Ist mir das nächste Jahr nicht mehr beschieden, so sage ich mir, ich habe mich mit allem Guten in mir gewehrt und bemüht, das Böse aber hat die Übermacht gewonnen von draußen. Früher wäre es schwerer gewesen, auf das wenige Letzte zu verzichten, das noch übrig geblieben ist. Zu hoffen bleibt nichts, auch im günstigsten Fall. Aber arbeiten bis zuletzt, es ist das Glück. Am Gedichte: Traum vom Auge des Todes. Ich grüße Euch innig, alle Freunde, die geblieben sind!

Mittwoch, 2. Januar 1935

Verlag. Besuch des völlig verbitterten Erich Franzen.

Freitag, 4. Januar 1935

Verlagsarbeit. Nachmittags in die Akademie der Wissenschaften zur Festsitzung aus Anlaß des 150. Geburtstages Jakob Grimms. Begrüßung durch den vorsitzenden Sekretär Ernst Heimann, guter knapper Vortrag von Arthur Hübner über Grimms Lebenswerk. Aufmerksamer Empfang für mich, Prof. Sthamer vorgestellt, Begrüßung mit dem französischen Botschafter François-Poncet, der mich von meiner Rede auf Hauptmann vor zwei Jahren kennt und mit dem ich ein mehr als freundlich-höfliches Zwiegespräch geführt hatte. Begrüßung mit dem ehemaligen Ministerialdirektor Hübner und dem Dozenten, der ehemals sich um unsere Universitätsvorträge bemüht hatte. Unter den Mitgliedern, auch Spranger, noch zwei, mit denen ich gearbeitet habe, als ich für die Öffentlichkeit noch am Leben war. Wehmütig-frohe Erinnerungen.

Sonnabend, 12. Januar 1935

Hauptarbeit: weiter am Aufsatz über Bach. Ich bin erstaunt, wieviel ich notiert habe. Hunderte, vielleicht tausend Notizzettel mit wesentlichen Feststellungen. Es macht mir eine ungeheure Freude in der recht schweren Arbeit, festzulegen, was ich in vielen Jahren des Lebens erkannt, erfühlt habe. Mehrere Tage Bach, Orgelwerke. Dienstag, 8. Kameradschaftsabend der Fachschaft Lyriker im Reichsverband Deutscher Schriftsteller. In der Viktoriastraße ist das Lokal. – Der Götze mit den Glotzaugen.[48] Unbeschreiblich stumpfsinnig und aufreizend dilettantisch. Was sind das für Leute? Mit Kunst haben die meisten überhaupt nichts zu tun. Nachher mit Stomps und Eich im Kochelbräu. Abzuschütteln die Beleidigung.

Montag, 28. Januar 1935

Diese Woche seit Mittwoch viele häßliche Manuskripte, die ich für den Verlag lesen muß. Das deprimiert sehr. Aber vorher Glück – wenn auch sehr große Anstrengung – bei der Arbeit über Bach. Ich bin damit am 19. fertig geworden. 42 Schreibmaschinenseiten. Am Montag mußte ich in den Verlag, um die gefährliche Angelegenheit des 60. Geburtstags Thomas Manns mitzuberaten. Freitag mit Clärchen abends bei Frau Fischer. Merkwürdiges Gefühl, zum ersten Male ohne Fischer solch eine Gesellschaft. Frau von Hilla, Frau Meier-Gräfe, Kurt Heuser, Geheimrat Saenger und Frau, Suhrkamp und Frau Vallentin, der Musiker Boris Schwarz. – Schlimmste Nachrichten von Freund Julius Levin. Grellchen bei ihm. Ich schrieb ihm zum Geburtstage und hörte von Frau Ackermann, er habe sich darüber gefreut. Es ist also doch das lang geleugnete Krebsleiden. Er habe oft und oft nach der Heimat verlangt und viel gehofft, unklar über seinen Zustand. Ich bin betrübt. Manche frühere Ungeduld möchte schmerzen, wäre sie nicht in der Vorstellung der großen Güte Julius Levins hinfällig. Wilhelm Lehmann auch noch immer in der Kieler Augenklinik. Wie viel Jammer und Elend doch. Der Kreis der Nächsten ist schon so klein. Die meisten sind »drüben«.

Donnerstag, 31. Januar 1935

Als ich das vorige Mal schrieb, war Freund Julius Levin schon tot. Am Montag morgen ist er gestorben. Schmerz. Das Unbekannte drüben wird immer vertrauter. Für mich rückt es auch näher und näher. Der Beschluß ist gefaßt, die Neue Rundschau umzubringen. Das ist für mich die letzte freie Arbeitsmöglichkeit. Der Beschluß ist eine Vorstufe zur Beseitigung des Verlages. – Zum Steineklopfen bin ich zu alt und zu krank.

Und dann der langsame Mord an mir. Ist der Verlag kaputt, so ist auch mein Werk dahin. Da die Bücher nichts einbringen, nimmt sie keiner. Wahrscheinlich wird sie irgendwann nach meinem Tode jemand auflesen. Könnte ichs verhüten, daß ich dann »ausgewählt« werde, d.h. zerrissen, bevor vorhanden. Insbesondere sollte man bei einer Gesamtausgabe der Gedichte den ersten Band Wanderschaft auf keinen Fall weglassen. Der Beginn anderer Poeten ist nicht stärker, außer wo der Akzent sowieso am Anfang liegt. Gestern nach dem Verlag bei Schauers. Stille nette Stunden.

Sonnabend, 2. Februar 1935

Donnerstag Stammtisch abends bei Weiß Czarda Kurfürstendamm. Benn rief ich am Vormittage an; er war sehr nett. Und ich fand ihn dann abends völlig zurückgekehrt in eine vernünftige Denkweise. Es waren sonst anwesend: Hofer, Weiß, Belling, ich. Bellings Erlebnisse mit der Ausfuhr seiner Bilder nach den Vereinigten Staaten. Benn schrieb Rezepte.

Freitag hatte ich eine Gedenkstunde für Julius Levin gehalten, indem ich in seinem Buche über Bach las. Gespräch vom Verstoßensein in die große, wahre Vorwelt. Im Anschluß an die Verse aus Goethes Faust II:

Erst gewahrten wir vergnüglich
Wilder Zeiten irren Lauf
Unerwartet, unverzüglich
Trat ein neuer Kaiser auf.
Und in vorgeschriebnen Bahnen
Zieht die Menge durch die Flur.
Den entrollten Lügenfahnen
Folgen alle. – Schafsnatur![49]

Dienstag, 5. Februar 1935

Freitag vormittag um 10 Uhr ist Julius Levin begraben worden. Henry van de Velde hat gesprochen am Grabe. – Sonntag nachmittag besuchte mich Victor Otto Stomps. Es ist viel dienende Güte in ihm, so daß man freundlich in die Zukunft sieht, solange Menschen dieser Art da sind. Von mir möchte er alles drucken, was er haben kann. Orliks Kamel-Karten und -Briefe durchgesehen.[50] Gestern Gedicht: Baum der Unterwelt.

Freitag, 8. Februar 1935

Dienstag abend mit Walter von Molo zusammen. Traurig über die Schwere auch seiner Zeit, doch beschwingt. Wer in geistigen Gebieten hätte noch Aussichten und Hoffnungen! Abschiedskuß. Fast die einzige Freude ist das Musizieren. Mittwoch Gerücht von Verstaatlichung des Verlages. – Nachher zu Stucken. Beratung über das Verlegerische.

Sonnabend, 9. Februar 1935

Gestern abend ist Max Liebermann gestorben. Er war mein Präsident. Die diesseitige Welt wird so rasch leerer und leerer.

Donnerstag, 14. Februar 1935

Am 9. war die Reise nach Potsdam schleppend. Ungeduld in teilweise überfüllten Zügen. Um so schöner der Nachmittag und nächste Vormittag dort. Hermann Kasack zwei neue, sehr schöne Gedichte. Herzliche Gespräche ohne Anfang und Ziel. Abends Caruso-Platten und Bachs 2. Brandenburgisches Konzert. Am nächsten Nachmittag schnelle Rückfahrt. Gestern Verlag. Besuch Friedrich Bischoffs, des ehemaligen Breslauer Rundfunkintendanten. Er ist ein Vierteljahr ins Gefängnis gesperrt gewesen, dann freigelassen worden, weil absolut nichts da war, was ihm zur Last gelegt werden konnte. Auch sonst viele Mitteilungen zur Chronik. Hans Grimm lehnt jede Feier seines 60. Geburtstages ab, tief verstimmt. Herr Dschingis [= Hitler]: der Feind ist nicht der Kommunismus, sondern die Intelligenz. Herr Rosenberg: Wer noch gläubig ist, muß auf seinen Verstand untersucht werden. Verordnung von Herrn Blunck im Buchhändlerbörsenblatt: nach § 10 müßten Betriebe geschlossen werden. Treuhänder besorgt die Liquidation, bestimmt über zu erhaltende Arbeitsplätze. Wie lange noch?

Geheimrat Oncken, der Historiker, darf nicht Vorlesungen halten wegen verweichlichender Objektivität. Richard Billinger in München verhaftet wegen Sekretär. Mittwoch nach dem Verlag Stammtisch: Benn, Weiß, Sintenis, Hofer, Belling. Belling fährt nächsten Donnerstag nach Amerika zu einer Ausstellung.

Resultat: in zehn Jahren haben wir keine Kultur mehr.

Sonntag, 24. Februar 1935

Alte Musik. Viel Buxtehude, Fescobaldi, Praetorius. Sodann das höchste: Bach. Wieder das schon urvertraute Wohltemperierte Klavier. Heute abend will Buber mich besuchen. Sein Anruf war mir eine große Freude.

Sonnabend, 9. März 1935

Seit vergangem Sonntag wieder Schneelandschaft. Hatte ich Zeit, oder nahm ich sie mir, so habe ich Händel gespielt, mit viel größerer Freude als bisher. Einen kleinen Aufsatz Bach vor der Orgel für die Zeitschrift Die Koralle geschrieben. Mit Lust. Aufsehen erregt hat die große Arbeit über Bach: Das unsichtbare Reich. Überall leidenschaftliche Zustimmung.

Montag, 24. Februar rief mich Bermann an, er wolle eine Broschüre daraus machen, in 1500 Exemplaren. Große Freude für mich. Es ist doch eben wieder ein neues kleines Werk in der Öffentlichkeit.[51] Ludwig Landshoff gab mir freundlicherweise noch einige historische Berichtigungen. Die trübe Stimmung des Verstoßenseins lichtet sich durch solche schöneren Zwischenfälle auf eine Weile.

Mittwoch, 27. Februar. Stammtisch. Renée Sintenis, Weiß, Hofer, ich, später Buchhändler Benario. Es wurde, da ich gerade die Sonderdrucke des Bach-Aufsatzes bei mir hatte, sozusagen ein musikalischer Abend, ich hatte sehr viel Geschichtliches und von der Art der alten Musiken zu erzählen. Der grimme Benn.

Donnerstag, 28. Februar Amersdorffers Jubiläum nach 25 Jahren Dienstzeit als Erster Ständiger Sekretär der Akademie. Ich hatte ihm einen anspracheartigen Brief geschrieben, worüber er sich sehr herzlich gefreut hat, und den Essay über Bach. Die Feier fand im Mozartsaal des Hotels Adlon statt, war sehr eindrucksvoll, menschlich-schlicht und schön. Es war ergreifend, wie auch die Älteren und Alten etwa Richard Straussens Telegramm sehr verurteilten, und wie alle über die schauerliche Unwissenheit in Kunstdingen empört waren. So Klimsch, Kampf, Recniczek. Binding hielt eine gelungene Ansprache mit geschichtlicher Unterrichtung. Georg Schumann und Wilhelm Kempf spielten auf zwei Klavieren ein Werk Schumanns, Variationen und Fuge nach einem Thema von Beethoven. Arthur Kampf überreichte ein von ihm gezeichnetes farbiges Blatt mit einer Darstellung der drei Künste. In weitem Halbrund saßen wir in den schönen Raum bei dieser Huldigung. Dann zu einem Essen in den Nebenraum, wo Amersdorffer antwortete und Philipp Franck nach der väterlich zusprechenden Schumanns in Reimen eine kleine Kundgebung machte. Anwesend 16 Personen, nämlich der Jubilar Amersdorffer, der frühere Präsident Arthur Kampf, der jetzige Präsident Georg Schumann, der Zweite Ständige Sekretär Kurt von Wolfurt, der verflossene Sekretär der Dichtersektion, d. h. ich, der Vorsitzende unserer Abteilung Rudolf G. Binding, vom Ministerium Dr. von Staa, von der Musikhochschule deren Direktor Prof. Fritz Stein, von der Akademie Verwaltungsoberinspektor R., Poelzig, Frh. von Recniczek, Paul Gräner, Wilhelm Kempf, Max Trapp, Klimsch, Philipp Franck. Mit einem guten Gefühl heim. Mittwoch, 6. im Verlag Wolf Zucker zu Besuch, dann der nette Buchhändler Haffke aus Königsberg. Ich habe ihn gern. Ihm sind die Schullieferungen gesperrt, weil er Bücher unseres Verlages verkauft.

Donnerstag, 7. Besuch Grellchens. Sie erzählte von den letzten Wochen und dem Sterben unseres Freundes Julius. Wie er von einem guten Arzt gepflegt worden ist, wie auch die Königin Elisabeth seiner so schön gedachte mit Blumen und Laotse. Ein wenig musiziert, Arien von Händel und Lieder von Schubert.
Nachtrag: 24. Februar. Bubers Besuch. Die alte Herzlichkeit. Der 23. Psalm, von ihm neu übersetzt, hängt neben mir am Bücherschrank. Erzählen von den zwei Jahren, und ihrem Beginn. Dreißig Mann bei Haussuchung. Ein Schandschild, das in der zweiten Nacht entfernt wurde und das Buber bezahlen mußte. Frau Buber in Vertretung des verreisten Mannes zur Polizei; der Begleiter: Nein, Frau Professor, ich gehe nicht mit, unterwegs. Dann nur Steuer mit zehn Prozent Aufschlag, welcher nicht zurückgezahlt wurde. Sonst Arbeit, Bibelstunden, Besuch im ganzen Lande.

März 1935

Mittwoch, 13. März erschien der Sonderdruck Das unsichtbare Reich. Viel Liebes darüber gehört. Zu meinem Geburtstage viele Freuden. Clärchen schenkte mir den Weltatlas des Bibliographischen Instituts. E. R. Weiß Chinesische Schriften, er hat mir wunderbar ein altes chinesisches Gedicht abgeschrieben. Besonders gefreut habe ich mich über die kleine Fenne Jacubeit, die als Weihnachtsmännchen am Geburtstagstisch stand und außer Blumen einen Rucksack voll Zigarren hatte. – Von Jacubeits wurde ich aus dem Verlage abgeholt und traf zu Hause Hermann Kasack an mit Bordeaux, Inselbändchen Gilgamesch usw. Donnerstag, 28. März. Suhrkamp Geburtstag. Ein Widmungsgedicht für ihn, wohl gut.

Sonnabend, 6. April 1935

Zu Herrn Jacubeit, spielen. Brandenburgische Konzerte vierhändig. Orchestersuiten. Orgelwerke. Wir haben das nun schon mehrere Freitage hintereinander gemacht, zu gegenseitiger großer Freude. Mittwoch, 13. März fand ich im Verlage schöne Geschenke, von Weiß: ein Büttenband für Gedichte, altgriechische Musik und einen Faksimiledruck der Bachschen Kantate Ach Gott, mich armen Sünder. Am 18. März Stuckens 70. Geburtstag. Ich hielt die Rede. (Binding hatte für die Akademie vormittags gesprochen.) Dann die schönen Lieder Marschalks auf Texte von Stukken, später Kompositionen von Spies in Händelschem Stil, meisterhaft gespielt. Dieses »Alles im Hause gemacht« voll Kunst, war das Wohltuende.

Stucken hat auch eine Menge Geld erhalten, so daß er fürs erste wohl gut gesichert ist. Einfaches Essen, wie es sich gebührte. Alte Bekannte wieder: Lina Lossen und Eduard von Winterstein. Viel Freude Leopoldine Konstantin. Marschalks natürlich. Donnerstag, 28. März Besuch von Joachim Maass, später Peter Beckmann. Dieser suchte mich vorigen Dienstag (2. April) zu langem Besuch auf. Von seinem Roman und der Lage der Kunst, im besonderen der jungen Künstler gesprochen.

Ostermontag, 22. April 1935

Mittwoch, 10. abends nach der Stadt. Renée Sintenis, E. R. Weiß, Purrmann, Hofer, vorübergehend Hans Meid. Hofer sehr klar, wie man gegen die Unanständigkeit radikal ablehnend sein müsse (die größte Unanständigkeit, die es je auf der Welt gab). Alle einig. Schlechter Nachruf auf Benn. Es sei höchste Zeit gewesen, daß er sich zurückgezogen habe. Flucht in die Reichswehr. – Am vergangenen Montag die liebe kleine Freundin Cilly Hensel bei uns. Sie blieb bis Mittwoch nachmittag. Das Kind war wieder ein großes Erlebnis. Vom Gesang das Schönste das Halleluja aus Händels Messias, das ich begleitete. Viel Improvisieren. Liedertexte, welche vernünftig, eindringlich, tonmalerisch, theatralisch sofort vertont und gesungen werden. Goethes Lynkeus Zum Sehen geboren, zum Schauen bestellt. Neun Gavotten, Sarabanden usw. aus Bachs französischen und englischen Suiten, improvisierter Tanz, vortrefflich. Sonntag, 14. hörte ich im Radio mit Renate, die in den Noten mitlas, die Johannespassion aus der Singakademie. Gewaltiger Eindruck, vermehrt durch das entzückende Kind Renate Kasack.

Am Karfreitag hörten wir, ebenfalls am Radio, mit Jacubeits die Matthäuspassion. Vor der Passion mit Jacubeit die 6 Klavierkonzerte Bachs aus der Breitkopf-Edition vierhändig gespielt, so daß ein richtiges Bachfest herauskam. Wir spielen übrigens jeden Freitag abend vierhändig Bachsche Musik. Hermann Kasack war von Sonnabend, 6. bis 8. abends da. Er half mir einige Manuskripte lesen und brachte selbst ein sehr schlechtes, leeres, nichtiges: Die Teekinder. Kaum einzelne Szenen daraus sind annehmbar als Grotesken. – Die Kinder waren uns diesmal eine besonders große Freude.

Sehr viel in den vergangenen anderthalb Wochen im Garten gear-

beitet. Die Sträucherränder ausgeharkt und die Beete, was recht schwierig ist. Torfmull gestreut. Seit Sonnabend nun ist richtiger warmer Frühling. Die Forsythien in voller Blüte, Tausendschön, Primeln, wilde Pflaumen und Johannisbeeren. Seit gestern die Pfirsichbäume. Viele viele hundert Veilchen an den Rändern.
Ekelhaft viel Verlagslesearbeit hat mich nie zum Eigenen kommen lassen. Zwischenein Aufsätzchen über Mechtilde Lichnowskys Delaïde, ich mußte vorvergangenen Donnerstag und Freitag schleunigst lesen und schreiben.

Freitag, 26. April 1935

Der Frühling in voller Blüte. Viel lauer Regen. Es ist ringsum jetzt voller Flor. Die Pfingstrosen schießen, Primeln und Stiefmütterchen immer voller und herrlicher. Die Hyazinthe neigt sich vom schweren Stengel, eine Anzahl Tulpen öffnen sich. Tanne und Lebensbäume tragen frischgrüne Spitzen an den Astenden. Der Garten ist voller Veilchenduft, die Ebereschen haben ihr Laub entrollt, Kastanie und Nußbaum folgen jetzt langsamer. Wirkliche Träume im Frühling sind die Birken. Es sind die Tage, da die Augen nicht folgen können; an einer Stelle sind sie aufmerksam, an anderen haben sich längst neue Wunder ereignet. Auch schon viel Vogelgesang. In der Seele aber etwas wie ein leichter froher Gottesdank. Ostermontag und Dienstag eindringlich die späten Gedichte Rilkes gelesen. Stößt man sich an den Manieren nicht, so überfällt einen ein ganz großer Reichtum. Trost: das Große kann ja nicht viele Aufnehmende zugleich finden. Gestern, von Peter Beckmann im Wagen abgeholt, dort in die Wohnung. Herrliches Erlebnis: die vielen großen Bilder Beckmanns dort, die Auferstehung, Kreuztragung, der Schiffsuntergang usf., aber auch die Stilleben, der Akt. Ein schönes Gefühl in mir lebendig: es ist eine Zeit der Fülle.[52]

Sonnabend, 18. Mai 1935

Ists möglich? Wo blieb die Zeit? – Den 6., 8., 10., und 12. ganz großes Erlebnis: Edwin Fischer mit seinem Kammerorchester spielte die Hauptorchesterkonzerte von Bach, die Brandenburgischen, solche für Klavier, zwei Klaviere, drei Klaviere und das für vier Klaviere nach Vivaldi. Der Eindruck bleibt. Hingerissenheit. Heimat: geistige Welt.
Mittwoch, 8. Aufsatz über Thomas Manns Leiden und Größe der

Meister für die Neue Rundschau abgeliefert. Ich habe das Buch sorgfältig und mit Gewinn gelesen. Zwischenein geschrieben. Mit größter Freude für den Verlag Ernest Renans Saint Paul studiert, die Bibel dabei gelesen, Briefe des Paulus. Zum ersten Mal ein wirklich lebendiges, glaubhaftes und starkes Bild dieses Mannes und seiner Zeit. Ferner Thomas von Aquin, Summe wider die Heiden (contra gentiles) mit äußerster Verehrung. Man wird zum Theologen auf seine alten Tage.

Enorme Verlagsarbeit. Nur in Musik Seligkeit. Mit Jacubeit vierhändig und allein für mich besonders das Konzertante von Bach. Bei einiger Übung wird es dann auch recht schön, zuweilen gelingt es, alle Schauer des Großen zu fangen. Im Verlage sah ich Kritiken über das Unsichtbare Reich. Außerordentlich ehrenvoll für mich; die meisten sind zentral getroffen. Einigen Erfolg habe ich auch sonst. Neue Besprechungen des Silberdistelwaldes. Gestern Ärger über den Reichsbund Deutscher Schriftsteller. Die Popel wünschen Unterlagen des Ariernachweises. Ich fuhr in die Akademie zu Amersdorffer, traf dort auch Binding. Man will von dort antworten. Heute mit Gerhart Hauptmann gesprochen. So herzenswarm wie immer. Er lebe ganz in der Hamletwelt –: das Drama vom schwarzen Studenten in Wittenberg.

Montag, 27. Mai 1935

Mittwoch, 22. Nach dem Verlage zu E. R. Weiß Bilder anschauen. Der unerbittlich klare Blick auf alles, auch die Möbel, was daran, wie etwa die Schlösser, nicht ganz richtig sein möchte. Rahmen. Erinnerungen an Julius Levin. Musik: Gelobet sei der Herr, aus actus tragicus, Kreuz und Krone. Händel. Ich allein Preludio con Fuga a-moll, wonach das Klavierkonzert gebaut ist, und das d-moll-Konzert. Herrlich durch den Anteil, den Weiß nimmt.

Vergangenen Donnerstag bis Sonnabend war Hermann Kasack hier. Er brachte vier wunderbare Gedichte mit und wetzte seine Scharte mit den Teekindern völlig dadurch aus. Ich bin glücklich, wenn sich der Vorrat des Bleibenden vermehrt. Das ist hier der Fall. Gestern der Besuch des Oberstudiendirektors Felix A. Voigt, des Hauptmannkenners, Biographen. Vorbereiten der Ausgabe letzter Hand. Es scheint in der Tat noch sehr viel vorhanden, wovon wir nichts wissen. Dr. Voigt meinte, das Ungedruckte habe den Umfang des Gedruckten. Hauptmann hatte ihm telegraphiert, er möge mich besuchen und mir seine Bücher überreichen. Ein äußerst angenehmer, von den Drecktretern schwer getroffener Mensch.[53]

Sonntag, 9. Juni 1935. Pfingsten

Sonntag, 3. Juni nachmittags und abends bei Fischers im Garten. Die Angestellten des Verlages mit ihren Frauen. Sehr hübsch die Gartenspiele: Bogenschießen, Boccia usf. Donnerstag nachmittag Joachim Maass über mich sehr liebenswürdig im Hamburger Rundfunk. Viel Herder gelesen. In den theologischen Schriften. Der Aufsatz gestaltet sich. Empfindung der Großartigkeit. Thomas Mann hat sich über mein Referat über sein Meister-Buch zum 60. Geburtstag sehr gefreut. Glückwunschschreiben. Andere alte Beziehungen sind aufgenommen. Ich bekam auf meine Äußerung zur Delaïde einen sehr lieben Brief von der Fürstin Lichnowsky. Wir sprachen viel von ihr und haben uns auch das Dackelbuch [An der Leine] vorgenommen. Von Helene Grell erfuhr ich, daß dieser Tage Julius Meier-Gräfe gestorben ist.

Dienstag, 11. Juni 1935

Sehr viel Herder weitergelesen und Notizen gemacht. In den theologischen Schriften. Es ist überwältigend Großartiges darinnen. Sonntag abends kamen Jacubeits mit ihrem Gaste Dr. Lechner. Wir veranstalteten eine herrliche Musik. Programm: Bach, Orchester-Suite Nr. 3 D-dur, Brandenburgische Konzerte Nr. 1, 3 und 4. Als Zugabe noch die Tanzstücke aus der 4. Suite. Alle hörten gern. Bei mir oben Betrachten von Kunstwerken.

Donnerstag, 20. Juni 1935

Weiter an Herder gearbeitet. Außer theologischen Schriften die Arbeit gegen Kant, die wunderliche, haßvolle, und die Volkslieder. Dies eine Erschütterung höchsten Grades. Dienstag, 11. kamen Weiß und Renée Sintenis pünktlich zum Tee. Dann Jacubeits alle, auch die Kinder, Dr. Lechner. Das Haus war voll. Ich in meinem bescheidenen Anzug. Bilder angesehen. Photographiert. Von der chinesischen Laterne, die am Ende des Steinwegs stehen sollte. Rezepte. Musik, schließlich Bachs 4. und 3. Brandenburgisches Konzert. Viel Freude. Sonnabend, 15. Rudi Kayser zu Besuch. Lieb. Man hat ihm sein Haus genommen. Er will nach Amerika, Arbeit suchen. Gestern Hanns Henny Jahnn im Verlage. Nett. Ausführliche Gespräche.

Freitag, 28. Juni 1935

Halb und halb Ferien. Sie beginnen am 1. Juli, aber die Manuskripte sind erledigt. Gekramt, die Noten [= Bücher] neu geordnet. Die verräterischen nach oben, auf den Boden gebracht.[54]
Sonnabend, 21. an meinen Versen. Zu Hermann Kasack nach Potsdam. Es war schön, nur hatte ich wieder heftige Schmerzen. Ich las meine neuen Verse, sie machten sich gut. Auch den Entwurf zum Gedicht Auge des Todes. Daran arbeitete ich auf der Bahnfahrt und versäumte fast das Umsteigen. Sonntag Besuch Martin Gumpert, an seinem naturwissenschaftlichen Biographienbuch gearbeitet. Ludwig Landshoff war dagewesen, eine Urausgabe Bachs zu überbringen. Alt-Arie Gern will ich bekennen, mit zwei Violinen, schönes Werk der späteren Zeit.

Sonntag, 14. Juli 1935

Einen Ekel gibt es in der Welt, der reicht über den Tod und dauert die Ewigkeit.
Von der Reise nach Rügen zurück. Abgesehen vom Narrenhaus[55] waren es wunderbare, an Versen reiche Tage. Sie sind nur noch ein bißchen auszuputzen zum Teil. Im Grunde ein einziges großes lyrisches Erlebnis. Die ehrwürdigen Bäume waren das Erregende. Als wäre ich in einer Schule der Weisen gewesen. Wunderlich, wie viel sich in wenigen Tagen ansammelt.
Ein paar Notizen von unterwegs:
Putbus, Rügen, 3. Juli. Auf der Fahrt arbeitete ich an Herder. Die Zeit verging ganz schnell. Erregend schön das Übersetzen nach Rügen. An schöngebauten Gehöften vorbei, alte hohe Wälder. In den Ort und Park. Sonderbares Gefühl: wie menschlich und notwendig solch eine kleine Residenz! Nach Lauterbach an den Strand, lange auf die Ostsee geschaut. Blaue und weiße Wimpel.
Putbus, 4. Juli. Gang nach Lauterbach. Zauberhaft. Auf lindem Grasrondell mit Steinbänken bei Versen gesessen. Dann in den herrlichen Buchenwald. Steilküste. Sturm. Schaumköpfe in der See. Wellenschlag. Großes Sausen. Als ich weiterging und die Küste flach wurde, vertrieben mich zeltende Wanderjungen. Bald heftiger Regen. Ich erreichte ziemlich durchnäßt das Friedrich-Wilhelm-Bad und aß dort. Zwei Lastautos mit Kraft-durch-Freude-Frauen und -Kindern. Schöner Saal von Schinkel, er hat das Bad 1818 erbaut.
Putbus, 5. Juli. Gang zum Wildgatter zu den lieben rundgefütterten

und überfütterten Tieren (Rot und Dam). Auf einer Bank schrieb ich Verse. Dann weiter nach Wreechen. Entzückende Häuser. Herrlich die See in einiger Entfernung hinter den vom Sturm zerwühlten Getreidefeldern. Der Wreechener See. Durch angenehmen Wald nach Neuendorf, Lauterbach und den Weg nach Putbus.
Sonnabend, 6. Juli wieder Sturm. Nach Alt Krammin. Tierpark. Viele Verse. Große Einsamkeit, wohltätig. Abends Fischerfest. Marschmusik. Ich freundete mich mit einer Tuba in B an und mit zwei Trompeten.
Sonntag, 7. Mit den Versen fortgefahren. Abends viel los im Hotel. Direktor des Lessingsmuseums hier, Kruse getroffen, begrüßt. An seinem Tisch Oberst Weström mit Frau und Tochter. Ich merkte, daß hier gegen das Gröbste Gesinnungsgenossen waren. Einladung, die Seidenraupenzucht zu besichtigen.
Montag, 8. Fahrt nach Göhren. Schöner Eindruck. Nach Binz. Das Plakat auf der Landungsbrücke: schauerlich! Mit der Kleinbahn zurück.
Dienstag, 9. mit dem Mittagszug nach Bergen – Sassnitz. Sofort den zauberhaften Marsch nach Stubbenkammer angetreten. Bei der Waldhalle in die dichteste Stubnitz geraten, umgekehrt, wieder den Uferweg. Imposant. Einigermaßen müde. Dampfer Stubbenkammer-Binz. Ebenfalls schön. Beschaulich mit der Kleinbahn zurück.
Putbus, 10. Juli. Heute Ruhetag, strahlende Sonne. Warm. Vogelgesang. Die anmutigen jungen Hirsche, rotbraun mit weißen Punkten. Am Hinterteil gleichsam ein schwarzes Hufeisen, vor dem der kleine Schwanz beim Äsen unaufhörlich hin- und herwedelt. Viele Insekten. Es riecht nach dem gemähten Heu. Lindenblüten noch. Speckig schwüler unangenehmer Geruch, ists Holunder oder Jasmin? Beides blüht.
Donnerstag, 11. Juli. Nach dem Frühstück nach Lauterbach hinunter. Motorboot. Vor dem Essen den rechten, mehr heidemäßigen Teil der Insel, nach dem Essen in den linken, von dichtem Wald bewachsenen. Vor dem Erlebnis geben, glaube ich, die beiden dort entstandenen Gedichte (Die Insel der tausendjährigen Bäume) am besten Auskunft.
Freitag, 12. Juli. Ich nahm einen früheren Zug als den geplanten und fuhr gut. Unterwegs die Widmungsverse für Jacubeit.

Sonntag, 28. Juli 1935

Heute ist der letzte Ferientag dieses Jahres. Im Grunde ist nicht viel zu berichten. Ich habe so fleißig an meinen Versen gearbeitet wie vielleicht noch nie im Leben. Der Strom hörte nicht auf, die Spannung tut nun innerlich schon fast weh. Montag, 15. besuchte mich Werner Bukofzer (dem ich eine Reihe Gedichte vorlas, zum Schluß selber sehr ergriffen und tränengetrübt). Gelesen zwischenein: Maeterlinck, Von der großen Stille (in Fahnen); Shakespeare, Julius Caesar und Coriolan. Gespielt: wieder Bachs ganzes Wohltemperiertes Klavier, Beethoven, die meisten Sonaten von op. 31 ab, die Hammerklaviersonate op. 106 mehrfach. Von der Fuge darin einen gewaltigen Eindruck.

Liste der Gedichte: 6. 7. Sprache. 11. 7. Die Insel der hundertjährigen Bäume: 1. Sonnenfriede; 2. Ballade [Müde Hände]. 12. 7. Widmung zu: Das unsichtbare Reich an Bruno Jacubeit. 15. 7. Jenseits der Schatten. 16. 7. Die Inseln. 17. 7. Parabel [Traum von den Disteln]; Gesang über totem Lande. 19. 7. Ein Großstadtabend; Eine Stunde nur. 20. 7. Die ehrwürdigen Bäume, 2. Gestaltung, 3. Das Gebet, 4. Die Kinder. 21. 7. Reime (Unter Narren Narr [Hexeneinmaleins]. Zwang); An die Grundmächte; Die ehrwürdigen Bäume, 5. Der Dachshund. 22. 7. Die ehrwürdigen Bäume, 1. Die Geister. 23. 7. Zuspruch. 24. 7. Totenfrühling; Hochsommer; Weltgeschichte; Zu mir (Elche). 25. 7. Das Auge des Todes; Gewitterausbruch [Die gefangenen Bäume]. 26. 7. Dämmergesicht am Meere; Rote, weiße, gefleckte Blumen; Altenheim. 27. 7. Der Hügel; Der Tanzbär (Nachschrift dazu). 28. 7. Andreas Gryphius.

Mittwoch, 31. Juli 1935

Sonntag, 28. abends kam Stomps. Nette Stunden. Wir aßen auf der Pergola, saßen dann in meinem Zimmer. Vorlesen von Gedichten. Eine große Zahl von den dreißig neuen. Stomps hat etwas so Rührendes in seiner Freundlichkeit. Montag, 29. Besuch bei E. R. Weiß im Atelier. In der herrlichen Silberpappel, deren Krone vor dem Balkon liegt, sauste es. Wind und Wolkenschatten im Oberlicht. Ganz großer Eindruck die neuen meisterlichen Bilder. Alles von außerordentlicher Schönheit der Arbeit und wahrer Größe und Adeligkeit der Empfindung.

Zu Hause musiziert. Gerhart Hauptmann, Hamlet in Wittenberg. Ein bedeutendes Werk. Geprägt. Voll Geist und Seele. Gestern mit der Verlagslektüre begonnen. Walther von der Vogelweide. Beethoven, letzte Quartette.

Freitag, 23. August 1935

Furchtbarer innerer Zustand. Die körperliche Verfassung ist schlecht. Eine Unzahl Manuskripte gelesen. Es ist in diesem Jahr wie auch sonst: ich muß die Urlaubswochen in doppelter Arbeit zurückgeben. Mittwoch holte mich Herr Jacubeit mit seinem Wagen aus dem Verlage ab. Spaziergang im Garten. Dann Musik hier. Das vorletzte Quartett Beethovens und mehrmals die Orgelphantasie und Fuge g-moll von Bach. In meinem Zimmer bis gegen Mitternacht. Von alten Zeiten gesprochen. Meine Bilder von Orlik. Ich verschenkte das letzte. Gestern Peter Beckmann zu Ende durchgearbeitet. Er selbst kam nach dem Abendessen. Darüber gesprochen und philosophisches Gespräch von gewesenen und kommenden Dingen. Man könne nur aus dem Leben in Leben fallen, das Nichts unvorstellbar. – Einige weite Spaziergänge. – Unbeschreibliche Foltern und Qualen in der Seele, die ich, gepeinigt wie wohl selten ein Mensch, alle Tage erneut zu bestehen habe. Höllenjahre.

Mittwoch vor zwei Wochen holten mich Weißens vom Verlage ab. Weiß brachte mir ein Selbstporträt vom Jahre 1907, das an Stelle des schöneren, das mir gehört, den Platz einnehmen soll, den es für die Freiburger Ausstellung zum 60. Geburtstag räumen mußte. Waschzettel für den Verlag gemacht. Mühe über Mühe. Besuch Hermann Kasacks. Eine Erquickung. Ich las meine sämtlichen neu entstandenen Gedichte vor. (9.–11. August.) Den Universitätsvortrag über Lyrik gründlich korrigiert für die Sonderausgabe bei Stomps. Spaziergang durch Glienicke. Welt als Entdeckung.

Donnerstag, 19. September 1935

Unabsehbarer Sturz der Zeit. Sie verläuft im allgemeinen Gewürge des Ekels qualvoll über alles Aussprechbare und doch schnell.

Gedichte: 25. 8. Zu spät. 4. 9. Die Hand des Gemordeten.

Donnerstag, 12. September, Hochzeit Suhrkamps mit Frau van Hoboken, der Schwester Ina Seidels. Ich war Trauzeuge mit der Schauspielerin Elsa Wagner. Sie nahm uns allen an Äußerlichkeit alles ab. Der Gruß, die Ansprache des Standesbeamten. Hinterher Steinhäger-Frühschoppen. Ausgeruht in der Wohnung Elsa Wagners. Großes Bild Heines über dem Sofa. Viel schönes Berliner Porzellan. Mittagessen bei Suhrkamps. Sehr nobel. Penzoldt kennengelernt, er kam in Reiseanzug vom Timmendorfer Strand. Sehr lieber Brief von Plesch aus London. Er hat viel Erfolg und gibt mir auch ärztliche Ratschläge.

Sonntag, 22. September 1935

Schöne, stille blanke Herbsttage. Viele Rosen. Meiner Gesundheit ergeht es nicht gut. Schlaflosigkeit. Herzunruhe. Große Schwäche. Die Nervenschmerzen könnten einen irrsinnig machen, wäre man es nicht schon auf andere Weise. Gestern vormittag Verlag. Mit Dr. Franzen die Korrekturfahnen zu Renans Paulus-Übersetzung durchgegangen.

Sonntag, 29. September 1935

Ich fühle mich innerlich wieder mehr gefestigt. Die wirkliche Scheidung von Welten, die mich nichts angehen. Im Herder weiterstudiert. Unendliches Wohltun durch seine Humanität und ihren Preis. Gedichte: 19. Der Leuchter [für Georg Kurt Schauer]; 23. Der gute Lohn. 24. Der unsichtbare Strom, Widmung für Hermann Kasack [zu: Das unsichtbare Reich]. Gedichte von Wilhelm Lehmann: Antwort des Schweigens. Die wunderbare Einsamkeit voll Anschauung. Mit Widmung »Gruß aus der Verzweiflung«.

Sonntag, 27. Oktober 1935

Ein ereignisreicher Monat.

Sonnabend, 19. habe ich meinen Aufsatz über Herder abgeschlossen. Eine Last ist mir damit vom Herzen. Aber es war eine schöne Arbeit. Interessant auch, wie sich das Material von selbst mehr und mehr zusammenzog. An gelehrten Dingen fast nichts gelesen. Ich will jetzt nachträglich noch dies und das nachprüfen. Aber in Herder selbst viel wieder und anderes neu, so daß ich mich als Beherrscher dieses Stoffes bezeichnen kann. Am vorletzten Septembertage begonnen und dann jeden Tag fleißig ein paar Seiten. Darüber vergaß ich dann fast die übrige Welt.[56]

Vor mir in der Vase die letzten Rosen, drei gelbe und sechs rote. Die Laternenblumen geerntet. Sie leuchten in den Zimmern.

Am ersten Oktober war Bermann zehn Jahre im Verlage. Feier. Ich habe ihm (am 30. September) das Widmungsgedicht zum Unsichtbaren Reich geschrieben: Das Recht. (Am 4. Oktober schrieb ich noch das Eingangsgedicht: Vorspruch an Baum und Stein). Zu Wei-

ßens 60. Geburtstag am 12. habe ich die meisten meiner neuen Gedichte in einem schönen Buche abgeschrieben und Weiß damit offenbar sehr erfreut. Die neue Ausgabe seines Gedichtbuchs Der Wanderer ist mir mitgewidmet. Freitag, den 25. spielte Jacubeit Chopin, teils sehr schön. Ich las Gedichte.
Suhrkamp erzählte mir, daß die Verfügung da sei, die Neue Rundschau müßte mit Ende dieses Jahres ihr Erscheinen einstellen. Doch scheint es jetzt, als könne sie vorläufig noch fortgesetzt werden. Die Verfolgungen dauern an. Im Katalog Volk und Buch ist nichts aus unserem Verlag aufgenommen.
In den Buchhandlungen von der Schrifttumskammer gesandte Aufpasser, die die Buchhändler verpetzen. Anfrage: warum hundert Exemplare von Fischer und nur zwei von den Rechtgläubigen.

Sonntag, 3. November 1935

Die Schwelle des Königs von Yeats gelesen, ein kleines schönes Drama voll Wahrheit über den Dichter. – Große, gleichsam verdeckte Unruhe, was aus dem Verlage werden soll. Immer neues Hin und Her zwischen immer neuen Gerüchten. Jetzt werden auch die Bücher der toten Juden verboten. Dr. Bermann will sie, wie verlautet, nach Zürich mitnehmen. Das Buch des Grafen Kessler verboten, nicht weil es »gefährlich« sei, sondern weil der Verfasser etwas gesagt haben soll.

Donnerstag, 7. November 1935

Im Verlage Dr. Bermann nicht gesehen, Suhrkamp nur flüchtig. Er ist mit dem Verkaufe des Verlages beschäftigt. Bermann möchte 40% des Wertes nach der Schweiz mitnehmen. Die Vorräte der Bücher von Schickele sind abgeholt worden. Die Korrektur meines Aufsatzes über Herder erledigt. Er machte mir Freude. Das Buch von Kühnemann über Herder zu Ende gelesen. Ich habe nicht allzu viel Erleuchtendes darin gefunden. Interessant nur die Äußerungen anderer. – An Versen.

Sonnabend, 16. November 1935

Der Verlag ist öde. Suhrkamp immer unterwegs in Verhandlungen und bei Bemühungen um den Verkauf. Vorgestern zur Eröffnung der Buchkunstausstellung von E. R. Weiß. Warmer, wohltuender Eindruck. Sonnige, kühle Novembertage. Schnelles Entblättern des Gartens.

Sonnabend. 30. November 1935

Mittwoch, 20. das Gedicht: Der Mann mit der Schaufel beendet. Heute wieder gestimmt, Verse zu schreiben. Donnerstag, 21. die Gedichte: Katakombe und Hintergrund zu Ende gebracht. Sonnabend, 23. Grellchen zu Besuch. Die Manuskripte der Gedichte von Julius Levin mit ihr durchgegangen und geordnet.[57] Eine Reihe von Liedern, Händel, Gluck, Schubert.

Montag, 9. Dezember 1935

Gestern nicht sehr arbeitsfrisch. Wohltemperiertes Klavier. Am ersten lieber Brief von Jakob Schaffner. Wilhelm Lehmann hatte großen Eindruck von meinem Herder-Aufsatz. – Vollmond war. Ich zog die Vorhänge der Balkontür gestern nacht nicht zu, um beim Wachen ein bißchen von der Helle zu genießen. Herriots Beethoven, interessante Darstellung. Mit Ergriffenheit zu Ende gelesen.

Donnerstag, 12. Dezember 1935

Im Verlage steht es schlimm. Suhrkamp bleich, mager, abgemattet. Aus der Verkaufsgeschichte wird immer wieder nichts. Immer neue Bücher werden umgebracht. Was alles in letzter Zeit: Schickele, Kessler, Maaß, »Bohème ohne Mimi«, neuerdings der dreitausendfach vorbestellte Zuckmayer. Alle Arbeit umsonst.

Große literarische Freuden: Dienstag kam das neue Heft des Bücherwurms mit einem langen und sehr eindringlichen Aufsatz von Rudolf Bach, vielleicht das Beste, was über meine Gedichte geschrieben worden ist. Thomas Mann hat sich über meinen Aufsatz über Herder auf einer Karte an Dr. Bermann folgendermaßen geäußert: »Sagen Sie doch Loerke Dank und Bewunderung für seinen Aufsatz über Herder. Ich finde ihn großartig wie schon die kosmisch orgelnde Bach-Studie. Das sind wirklich deutsche ›Beiträge‹.« Gestern abend hier Musik mit Jacubeit. Der Schlaf ist meist nicht gut. An Versen gearbeitet. Das Hamburger Fremdenblatt hat mir rasch, wahrscheinlich entsetzt, die auf Wunsch eingeschickten Gedichte zurückgesandt.

Freitag, 13. Dezember 1935

Gestern und heute Reger gespielt, mit der Empfindung seiner spezifischen Magie. Außer der besonderen Musik hört man sein Leben von früher, Erfüllungen als Aufbruch in der Sehnsucht. Das ist merkwürdig. Dabei kommt es nicht eigentlich zu Szenen der Erinnerungen. Es ist wie die Befriedigung eines ethischen Glaubens.

Dienstag, 17. Dezember 1935

Sonnabend, 14. kam nach dem Abendbrot Peter Beckmann mit seiner Mutter. Wir schwatzten. Adventskerzen im Zimmer. Über den Niedergang der Kultur. Frau Beckmann dazwischen auch Optimistisches. Es war 1 Uhr nachts, als die Gäste gingen. Ich hatte auch viele Verse gelesen. Ein Zyklus wie Der Wald der Welt erscheint mir selbst wie eine Art Symphonie. Sonntag: Stille im Haus. Ich beendete bis zum Abendbrot das Gedicht von den Vogelinseln. Wir hörten am Radio große Teile des Wagnerschen Siegfried aus Leipzig. Im Komplizierten, auch Kranken zusammenraffend eine großartige Simplizität, manchmal auch eine großartige Roheit. Dann spielte ich die Hammerklaviersonate Beethovens und die Variationen der letzteren. Diese Menscheneinsamkeit voll Schmerz, Sehnsucht und Festigkeit tröstete mich sehr.

Preisgegeben mit den Freunden, wie die Vögel im harten Winter – nun gut. Ich wachse immer tiefer in meinen Stolz und meine Ehre.

Freitag, 20. Dezember 1935

Im Verlag bleibt alles auf dem alten Fleck und geht also zurück. Viele, aber nur kleine Umsätze. Die regelmäßigen Chikanen. Zynische Begründungen. Mit Schauer bis Bahnhof Zoo gegangen und dort mit Rührung Abschied vor seiner Abreise nach Leipzig. Er sagte recht klug: Ob man zu arbeiten hat und auch Lohn empfängt, sichert einen in keiner Weise auf den nächsten Tag. – Man lebt eben hin wie die Amsel im Schnee. Vorher Stunden bei Amersdorffer. Ach, er hatte mir viel Trübes zu erzählen. Die Kette der »Fälle« reißt nicht ab. Und ob man etwas tut oder nicht, verändert die Ungewißheit nicht.

Versuch an Versen führte nicht weiter.

Sonnabend, 21. Dezember 1935

Heute den größeren Teil der Kunst der Fuge gespielt. Ungeheuer gebannt und ergriffen. Davor hört wirklich die Zeit auf. Vor dem Schlafengehen meist ein Stück Thomas von Aquino. Jetzt: Über den Logos. »Das Wort«! O die Ahnungslosen, die von scholastischem Tiefsinn nichts wissen; und o Wunder, wie weit doch der

Geist erlesener Menschen dringen konnte. Schade um die Vergeblichkeit.

Mittwoch, 25. Dezember 1935

Vorgestern im Verlage. Dieser sehr öde. Für die Angestellten fröstelndes Zukunftsbild der Verkleinerung und Verkürzung. Die Leute alle in einer verhaltenen Trauer. – Heiligabend. Es kamen viele Sendungen an. Liebes Weihnachtspaket von Kasacks mit schöner Holzschale, Scarlatti-Sonaten, hübschem Metallmetermaß, köstlichem Gedicht. Im Ganzen nicht mehr glücklich, die Sorgen und der Ekel melden sich.

Sonnabend, 28. Dezember 1935

Gestern das Gedicht Verzauberte Seelen fertig gemacht. Nervös. Kleiner Spaziergang. Jetzt wieder an Versen, die innerlich freimachen helfen sollen.

Montag, 30. Dezember 1935

Schlechter Schlaf. Laues, sonniges Wetter. Ein falscher März. Die Gänseblümchen blühen im schwarz bestreuten Rasen zu Hunderten. Gefaltete Veilchen am Rande des steinernen Weges [Steinpfad]. Stille. Schwermut. Gestern das Gedicht von der Schlange im Blumenmeer [Blumenwald] fertiggemacht. Heute das vom Ohrenklingen in der Stille. – Winterstille. An den Verlag mag ich nicht denken. Unfreiwillig traurige Ferien.

Dienstag, 31. Dezember 1935

Silvester. Gestern abend rief Hermann Kasack an, er könne nur allein kommen, Maria müsse wahrscheinlich nach Wien. Wir waren betrübt. – Neuer Anruf, sie kommen doch beide zu unserer herzlichen Freude. Bach, Orgelmusiken geübt. Jetzt in Erwartung des Besuchs. Die Gedichte geordnet.

Montag, 6. Januar 1936

Froh und hoffnungsvoll. Warum? Dies Jahr hat in schlimmer äußerer Bedrängnis begonnen. Am Donnerstag im Verlag, vollkommene Öde. Niemand weiß, was werden soll. Aufregung, daß die Firma im Adreßbuch der Verleger gestrichen wird, ebenso Brockhaus und Peters. Wo das hinführen soll, ist dunkel. Nun: es wird dahin führen, wohin es führen muß. Goethe sagt, kein Volk wisse,

was in ihm vorgehe. Was vorgegangen ist, wird erst nachträglich klar.
Die tiefe Wintersonne zeigt sich jeden Tag, jeden Abend der zunehmende, jetzt volle Mond. Die Knospen schwellen vorzeitig im milden Winter. Der bleibende große Trost ist die Musik, ferner Gedanken, die wie Musik sind; meine Verse ferner für mich. Meisen, Amseln und Sperlinge geben weiter das gute Beispiel: »Und der Himmlische Vater ernähret sie doch«. Ich will an die Erzählung Der Lügner gehen. Verse klingen weiter. Eine Sendung von Gedichten an die Zeitschrift Schildgenossen. Es gibt eine ganze Menge Menschen, die mir innig folgen.
Silvester still und herzlich, Kasacks die lieben, kamen gegen Abend. Nach dem Essen Jacubeits und Dr. Lechner aus Landsberg. Wir spielten Mozart Sonate D-dur, Bach Orgel-Präludium und dreifache Fuge in Es, Brandenburgisches Konzerte 4 und 6. Freitag, 3. an den Versen um die Jahreswende. Gestern um halb sieben E. R. Weiß. Er erzählte von den Schwierigkeiten, die Renée Sintenis habe und die daher nicht unter Menschen ginge. Gemeinsames Essen. Charmantes, bezaubernd anschauliches Erzählen von der Stadt Freiburg und von der Ausstellungseröffnung. Hinterher zu Jacubeits zur Musik. Mozart, Sonate D, Cavatine aus Beethovens op. 130, das ganze op. 135, Bachs Orgelpräludium und Fuge Es-dur, Bach, Orgelphantasie und Fuge g-moll, vier Präludien von Chopin, gespielt von Jacubeit, zauberhaft. – Hoffnungsstrahlen durch Weiß.

Freitag, 10. Januar 1936

Vorgestern Verlag. Suhrkamp mager und angestrengt. Gespräche über Emil Strauss und Ina Seidel. Das Programm fürs Frühjahr. Darauf stand ein neuer Gedichtband von mir: Der Wald der Welt. Mich ergriff eine maßlose Freuden- und Hoffnungserregung. Ich habe die folgende Nacht nicht geschlafen, geplant und Verse gehört. Die Ordnung des Ganzen klärt sich mehr und mehr. Gestern im Impetus drei weitere Gedichte fertig gemacht: Die Tröstungen, Ödes Meer über Atlantis, Der Magier vor dem Untergang [Der Magier vor der großen Flut]. Nach dem Abendbrot las ich in dem Buche mit den Handschriften und erschrak einen Augenblick vor Befremdung. Die Müdigkeit gab mir den bösen Blick; ich begriff, daß flüchtige Leser vor meinen Versen so stutzen. Heute nun wieder sind die Gedichte so, wie sie wirklich sind. Ich versenkte mich in die weiteren. Es ist ein schönes strenges Gefühl, sich dem Abschluß eines Werkes zu nähern. Und diesmal rundet sich der siebente Band des Symphonienkreises, in dessen Mitte der Band Der längste Tag steht.

Sonntag, 19. Januar 1936

Donnerstag zu Fuß Potsdamer Straße, Tiergarten, Unter den Linden bis Ecke Friedrichstraße. Staunen in die Auslagen der Geschäfte hinein. Merkwürdig im Gewimmel. Entfremdete Welt, die mich verlassen hat. Aber ich weiß besser als früher, welches die wirkliche Welt ist, die über dem bunten Spuk.
Stille im Verlage. Dr. Bermann wieder verreist. Ich habe mein Gedichtbuchmanuskript abgeliefert. Es sind nur noch einige Ergänzungen und Umstellungen nötig. Im Grunde, über die Alltagsarbeit hinweg, habe ich nur in den Gedichten gelebt. Es ist Bedeutsames gelungen. Das merkwürdig Bedrängende, das irgendwo in mir wartet und sich wieder und wieder meldet, rückt plötzlich an seine Stelle. Hier die Reihe der seit der letzten Eintragung abgeschlossenen Stücke. 10. 1. Atlantische Bergstadt; Äonischer Strom; Garten um Weihnacht. 11. 1. Der Fund; Winterliches Vogelfüttern; Gedankengebild. 12. 1. Neugeborenes Fohlen. 13. 1. Zwei unbemalte Krüge dazwischen; Der alte Lehrer; Kehraus. 14. 1. Gehütetes Geheimnis. 17. 1. Mit beiden Händen [Bildnerhände an den Vasen]. 18. 1. Es zieht dich einwärts [Kunde 1 und 2].
Freitag habe ich neue Noten angeschafft, u. a. die Ausgabe der Kunst der Fuge von Hans David. Darin mit Gewinn studiert. Ferner neu in der Genialität Regers untergetaucht. Die Bach-Variationen, die a-moll-Sonatine, Fugen 4 bis 6 für Klavier. Trotz allem und allem: Die Welt, die wahre, läßt sich nicht verdrängen. Mit merkwürdiger Ergriffenheit lese ich die Briefe Busonis weiter. – Viele Gedichte: Goethe, Hölderlin, Walther von der Vogelweide. Konrad Weiss, Rilke, Lasker-Schüler usf.

Mittwoch, 5. Februar 1936

Den dicken Roman von Richard Grande,[58] einem sympathischen, sehr begabten jungen Autor durchgearbeitet: schwache Stellen, Längen etc. Es war eine sehr stramme, doch lohnende Versenkung. Montag lernte ich Grande kennen und konnte mit ihm die Einzelheiten besprechen. Die Übersetzung Julia Koppel-Jensens korrigiert. Eine fatale und recht lange Mühe. Dschung Kwe, der chinesische Roman, so herrlich an Humor und Weltweite. – Gedichte: 19. 1. Abstieg zur Unterweltstadt; Zwiegespräch im Dunkel; 20. 1. Gleichlaufende Streifen; 21. 1. Belauscht in meiner Bücherei [= Belauscht im Bücherraum 1–3]. Seitdem mußte ich aufhören, weil die tägliche Arbeit mich in Anspruch nahm. Aber das Buch steht ja.

Sonntag, 16. Februar 1936

Freitag voriger Woche mit Hermann Kasack bei Jacubeits. Wir saßen die Nacht noch bis halb vier Uhr auf und lasen in meinen Versen. Auch die folgenden Tage wurde es sehr spät, hinter Mitternacht. Wir haben gearbeitet, hatten uns seit Herbst nicht ausführlich besprochen. »Archimedes«, gut angelegtes Stück von Hermann Kasack. Ich hatte Freude daran. Und mein Gedichtbuch scheint mir richtig gelungen. Dazu Notizen entworfen. Jetzt lieber Brief Hermann Kasacks mit Anordnungs- und Änderungsvorschlägen. Er freute mich sehr. – An eigene Arbeiten nicht mehr gekommen. Nur am 7. noch das Gedicht: Die kleinsten Tagewerke. Gestern in der Kunst der Fuge studiert. Abends in Platens Gedichten. Angeregt durch den Artikel Thomas Manns, der soviel Verwicklungen für den Verlag gebracht hat.

Sonnabend, 22. Februar 1936

Letzten Mittwoch bei Trude Heimann, nach Jahren. Über die Lage. Über den inneren Untergang von Emil Strauss. Thomas Manns Ägyptenland [Joseph in Ägypten] mit Fleiß begonnen. Heute wieder einmal an meine Verse gedacht. Das erleichtert die Stimmung. Im Buche Schöpfer und Magier von Karl Muth gelesen.

Montag, 24. Februar 1936

Im Verlag war Norbert Jacques, später Benvenuto Hauptmann. Der erzählte von Plesch in London und überbrachte Grüße.

Sonntag, 8. März 1936

Mittwoch im Verlag. Die Ablösung von Dr. Bermann scheint gefunden. Donnerstag Linferts großartiger Aufsatz über Architektur durchgearbeitet. Freitag zu Suhrkamp. Max Kommerell. Er erzählte von seiner langen Zeit mit Stefan George. Er gibt sich im ganzen fast studentenhaft, so daß man den Urheber seiner großen und weiten Gedanken in ihm ohne weiteres nicht vermuten würde.

Sonnabend, 4. April 1936

Ein Monat, erfüllt von Aufregungen. Vorgestern, gestern und heute ist der Verlag umgezogen, von der Bülowstraße nach Lützowstraße 89/90. Wir haben noch diesen und den folgenden Monat Zeit zum Verkauf. Sonst der Garaus. Das Leipziger Haus ist aufgelöst. Montag, 9. März erhielt ich telephonisch die Nachricht, daß Stucken gestorben sei. Also noch einsamer. Am nächsten Tage war eine kleine Trauerfeier in der Wohnung. – 13. März, der Nachmittag meines Geburtstages voll von Überraschungen. Weiß und Renée, der ich das Gedicht vom neugeborenen Fohlen widmete. Alle Jacubeits. Kasacks. Weiß hatte auf zwei Zigarrenkisten Aquarelle gemalt: den Dackeltraum und das Mondkamel. Von Hermann Kasack Alge mit Gedicht. Sonntag, 29. 3. war die Abstimmung für den Frieden. In der Welt sieht es düster aus.

Freitag, 24. April 1936

Größeste Sorge um den Verlag. Gestern war der Abschied für Dr. Bermann. Suhrkamp hatte die schöne Idee gehabt, einen großen Strauß dunkelroter Rosen an alle Mitarbeiter zu verteilen, wenige ernste Abschiedsworte zu sagen, denen der Vorstand des Aufsichtsrats Dr. Sarre sich anschloß. Bermann dankte bewegt und sammelte mit Händedruck an jeden die Rosen ein, so daß sie wieder den Strauß bildeten. Nachher in Sorge und Verwirrung durch die Straßen. Vorgestern erzählte mir Suhrkamp die Regelung und sagte, wie auch in der Versammlung nach Geschäftsschluß, daß er mit dem voraussichtlichen Käufer des Verlages wahrscheinlich nicht werde arbeiten können. Meine Existenz sei wohl gesichert. Das eben ist es: wenn der Verlag nicht S. Fischer Verlag geistig bleibt, wie soll ich dann mittun können![59] Also nahe Zusammenbruchsdrohung. In jüngster Zeit eindringlich Bach gespielt.

Donnerstag, 14. Mai 1936

Vergangenen Freitag ist mein Gedichtband Wald der Welt erschienen. Im Verlage Stille. Widmungseinzeichnungen vorgenommen. Heute erwarten wir Grellchen und Fridolin Klingler zum Musizieren. Ein Aufsätzchen für S. Fischer-Korrespondenz über Hauptmanns Hamlet-Roman Im Wirbel der Berufung. Es geriet ganz gut. Doch Hauptmann rief wegen des Anfangs, den er mißverstand, aus Bad Eilsen an und unterhielt sich lange mit mir. Freude, seine

Stimme zu hören. Reger gespielt. Die Verzweiflung über das Teuflische war in den Nächten groß.

Mittwoch, 3. Juni 1936

Lehrter Bahnhof. Rasche Fahrt. Die Einsamkeit im Geestland nach Husum. Als wir auf den Hindenburgdamm kamen, sammelten sich Wolken, in Westerland Regen. In Kampen goß es. Wir freuten uns an dem Häuschen [von Frau Suhrkamp], richteten uns ein. Gesundungsgefühl alsbald.

Freitag, 5. Juni 1936

Die Veranda unser Hauptaufenthaltsraum für die Mahlzeiten. Im Ort, am Strande. Fahrt nach Westerland. Hitze. Renée Sintenis hatte morgens vom Pferde aus gewinkt, wir erkannten sie nicht.

Sonnabend, 6. Juni 1936

Gestern und heute am Aufsatz über den Bezwinger der Teufel [Dschung Kwe] für die Rundschau. Spaziergang am Watt nach Vogelkoje. Gegen Abend im Orte. Feuerwehrfest. Renée Sintenis getroffen und begrüßt.

Montag, 8. Juni 1936

Ich machte auf dem geraden Wege einen Gang nach dem Meer. Heftiger Wind und Kühle. Großartige Natur.

Mittwoch, 10. Juni 1936

Bei mildem Wetter und wenig Wind südlich am Watt entlang nach Munkmarsch. Die Flut war eben im Kommen. In Munkmarsch schönes Strandgasthaus, Kaffee. Weiter nach dem herrlichen Keitum. Nielsens Kaffeegarten, altfriesisches Haus, Museum. Mit der Bahn nach Westerland und mit dem Autobus zurück. Reicher, schöner Tag. Unterwegs der Schäfer, der ein Schaf schor.

Dienstag, 16. Juni 1936

Stürmisch. Wir versuchten, zu dem gestrandeten französischen Schiff zu gehen, gaben es aber auf. Zu mühevoll. Im Dünenschutz dann über Wennigstedt, am Rande von Munkmarsch nach Keitum. Die schöne alte Kirche und der alte Friedhof. Gefrühstückt im landwirtschaftlichen Haus. Kapitänshaus von 1764, schöne

Räume. Promenade über das Watt. Omnibus über Munkmarsch hierher.

Donnerstag, 18. Juni 1936

Sehr heiß. Renée Sintenis auf ihrem Ritte hier am Zaun mit Kaffee getränkt. Zum Bahnhof, um nach List zu fahren. Leichter Wind. Dünenlandschaft, großartige Öde, an Afrika erinnernd. List neue Straßen, nur Militär, schöne Bauten übrigens. Soldaten. Viel Fliegerei. Altes Wirtshaus. Klage der vertriebenen Eingesessenen. Schöne Strandpromenade.

Sonnabend, 20. Juni 1936

Frau Tiedemann Das Unsichtbare Reich und Silberdistelwald überreicht. Sprüche hinein:

Dem guten Geiste von Kliff-Ende
Zur Nordseesonnen-Sommerwende

Wir hören Bach die Ordnungen bestellen
Mit Klanges Geist
Wie Gott die Welt der Dünen und der Wellen
Sich auftun heißt.

Wilhelm Lehmann kam. Sehr herzliche Stunden. Wir saßen bis nach Mitternacht auf unserer Veranda. Ostwind pfiff im Dache. Wilhelm Lehmann wohl im Gesichte, innerlich ruhig, von seinem Augenübel ist nichts zu merken.

Sonntag, 21. Juni 1936

Gang zum Strand. Zum Essen bei Frau Tiedemann eingeladen. Mit ihr und Wilhelm Lehmann das Haus und seine Kunstschätze angesehen. Nachher am Strandkorb geplaudert. Anekdoten aus der Gegend. Wilhelm Lehmann zum Autobus, gerührter Abschied.

Freitag, 26. Juni 1936

Viel Post, u. a. an Binding, der an meinen Gedichten Anstoß genommen hatte.

Sonntag, 26. Juli 1936

Seit unserer Rückkehr aus Kampen sehr arbeitsamer Monat. Der Verlag nahm mich ganz außerordentlich in Anspruch. Gelesen, gelesen. Über die Zustände außerhalb meines Kreises wenig

Gedanken. Drang, das Meine innerlich zu behaupten. – Ich soll für die Neue Rundschau über meine sieben Gedichtbände schreiben. Ich tus gern, wenn die Zeit sich findet. Vorgestern holte mich Hermann Kasack im Verlage ab. Zwei Platten, Bach d-moll-Klavierkonzert unter Edwin Fischer für ihn zu seinem 40. Geburtstag gekauft. Gestern abend bei Jacubeits Musik. Bach, Mozart, Händel.

Freitag, 18. September 1936

[Acht Wochen ohne etwas] zu registrieren. Völlig mit der Gesundheit herunter. Das ständige Hinfahren ins Büro, das mich von meiner dichterisch-schriftstellerischen Arbeit völlig trennt, mich wurzellos, überflüssig, sinnlos macht, wirkt in rascher Zerstörung unheimlich!

Sonnabend, 17. Oktober 1936

Donnerstag, 15. war der Tag des 50jährigen Bestehens des S. Fischer Verlages. Zugleich Fischers zweiter Todestag. Und drittens die dreißigste Wiederkehr des Tages, an dem ich meinen ersten Vertrag mit dem Verlag unterzeichnet habe. Sehr trübe. Suhrkamp eine Rede, in der er bekannte, mit leeren Händen dazustehen. Am 7. lieferte ich Suhrkamp meinen Rundschau-Aufsatz über die Sieben Gedichtbücher ab. Er hat vierzehn Tage rechte Mühe gekostet. Es ist schwer, über sich selbst zu schreiben. Gefühl, als werde alle Anstrengung ja doch nicht helfen, den Verlag zu halten. Wenig Musik. Abends im Rose-Theater. Hauptmanns Ratten. Ganz großer Eindruck. Gestern in Thomas Manns Joseph in Ägypten fortgefahren. Viel zu lang, doch meisterhaft. Durch die Überlänge wird das Dichterische zurückgedrückt. Es ist, als würden Blitze der Vision analysiert.

Donnerstag, 5. November 1936

Vorigen Mittwoch, 28. Oktober, im Verlage den Schluß meines Aufsatzes über die Sieben Gedichtbücher abgeliefert.[60] Freitag, 30. von Suhrkamp hinbestellt und die Streichung eines Drittels davon angenommen. Manches davon schmerzt, aber das Ganze hat doch senr an Leichtigkeit und Halt gewonnen. Sonnabend, 31. abends in der Singakademie. Ein Konzert zu Ehren Georg Schumanns mit Werken des Komponisten und unter seiner Leitung. Eine Neuheit darunter, eine symphonische Arbeit Vita somnium. Schöne Übergänge. Am wirkungsvollsten der 2. Teil Ruth mit hervorragenden Einzelleistungen. Die außerordentlichen Philharmoniker, besonders die Bläser, der Pauker. Nach dem Konzert die Linden entlang zur Akademie. Da war ein geselliges Zusammensein. Die Alten Amersdorffer, Wilhelm von Scholz, Philipp Franck, Arthur Kampf. Schumann selbst. Herr von Staa. Etwa 60 Personen. Man lächelte über das Verkehrte, freute sich über das Herzliche und Richtige. Heute Walt Whitmans herrlichen Grundaufsatz über Demokratie gelesen. Das waren Erquickungen. Sonst aber von Ekel zerfressen. Wieder schlimme schlaflose Stunden. Der Verlagssommer hat mich unglaublich heruntergebracht. die Leere infolge der unterdrückten persönlichen Arbeit. – Und die unsägliche Hölle.

Sonnabend, 14. November 1936

Die letzte Woche viel Mendelssohn gespielt. Viel Können, aber doch selten etwas, was in der Tiefe ergreift. Es bleiben aus dem großen Œuvre verhältnismäßig wenige Stücke. Mittwoch, 11. Ein wesentlicher Aufsatz von Erwin Laaths in der Rundschau. Wieder die Feststellung jener Wirkung meiner Gedichte: erst Zögern und Verwirrung, dann hinein und berserkerhaft in einen Strudel gedreht. Ich ging mit dem Nachdenken darüber in der Stadt spazieren. Unruhig. Frage: wer bin ich? Zu Hause Verse aufgeschlagen. Bei solchen, die mir nicht ganz gegenwärtig waren, konnte ich zum ersten Male deutlich nachfühlen, welche Anforderungen an die Konzentration des Lesers darin gestellt werden.

Mittwoch, 18. November 1936

Sonntag, den 15. abends mit Jacubeits ins Konzert Alfred Cortots. Das war ein Haupterlebnis. Cortot hat als Klavierspieler heute gewiß nicht seinesgleichen. Chopin, Phantastische Polonaise, drei Mazurkas, drei Walzer, zwei Scherzi, b-moll-Sonate, ungeheuer gestaltet, wahrhaft unheimlich der Trauermarsch und der letzte Satz. Schumann, Kinderszenen (hier manches wohl zu virtuos) aber alles verzaubert. Debussy, Präludien, zweites Heft. Da ist manches nur äußerlich und mir interessant, einige Stücke aber bedeutend. Gespielt: hinreißend, keine Schwierigkeiten bleiben übrig, in allen Stärkegraden freie Natürlichkeit, unerschöpflich viele Register, ausgemessene Pedalkunst, Staccato und Legato als bildende Mittel in vielstufiger Mannigfaltigkeit. Wie benommen kamen wir heraus.

Vorgestern das Holzschiff von Hanns Henny Jahnn zu Ende gelesen. Abends griechische Geschichten. Gestern in den Verlag. Gespräch mit Suhrkamp. Dringen auf meine Erzählung. Ernsthaft, hilfreich. Ich muß versuchen, daraus etwas Rechtes zu machen [Der Lügner]. Um fünf holte mich Rudolf Bach ab. Wir fuhren hierher heraus. Ansehen von allerlei schönen Dingen, ergiebiges Gespräch. So viele Kenntnis meiner Verse! Etwas Sonniges im Wesen. Um viertel zwölf fuhr Bach. Ich noch ein Weilchen mit mir allein. Viele Gedanken an Orlik. Den lieben nie mehr erreichbaren und immer nahen Freund.

Sonntag, 6. Dezember 1936

Sonntag, 22. 11. Spaziergang. Dann zu Herrn Walter Kruppa hier. Ein schwerarbeitender Bankbeamter mit Haus nach eigenem Plane. Gedichte von wenig Klang. Aber das Wohltuende, daß da einer das Leben meistert. Montag, 23. ein sehr herrlicher Tag. Große Musik! Mit Fridolin Klingler, Jacubeit und Grellchen. Bach-Arien; Händel, Sonate D-dur, mit der None; Schubert: Ich will von Kadmos Söhnen, Silvia. Grellchen sang herrlich. Bach, Sonate h-moll und Mozart, Sonade C-dur von mir mit Klingler gespielt; Mozart, G-dur-Sonate für vier Hände mit Jacubeit. Und fortmusiziert bis Mitternacht. Schon seit Sonnabend war Hermann Kasack bei mir, las mir den letzten Akt seines Archimedes, der gewichtig ist und schön. Das schwermütige Gespräch in die Nacht hinein. Über die Erfolglosigkeit, und fast neidvolle Anerkennung meines Ruhmes. Ich konnte da nicht widersprechen, weil es in der Tat ein Wunder ist, daß die Verse in einem nicht mehr engen Kreise durchgedrungen sind. Und schon: mir grauet vor der Götter Neide. Mittwoch, 25. November Verlag. Besuch Ernst Hardt: ein gebrochener Mann. Er erzählte Interessantes. Kurze Begegnung mit Dr. Bermann. Über die wirtschaftlich schwierige Lage des Verlages. Die Nachricht, daß Thomas Mann mit seiner ganzen Familie ausgebürgert sei und die Vermögen eingezogen. Überhaupt fehlt es an dergleichen Nachrichten in Fülle nicht.

Donnerstag, 10. Dezember 1936

Montag, Verlag. Ausführliches Gespräch mit Frau von Hollander-Lossow über Aage Madelung. Gang durch die weihnachtlich betriebsame Stadt. Gestern Verlag. Besuch Dr. C. F. W. Behl. Über die

Lage. Über Hauptmann. Heute ein paar Gänge durch den Garten. Breysig, Stufenbau der Weltgeschichte gelesen.

Sonntag, 13. Dezember 1936

Seltsam losgerissener, unfruchtbarer Zustand. Das Unfaßbare um mich herum. Unheimliches Gefühl wegen des Verlages. Könnte ich die Erzählung schreiben! Sie will sich nicht ordnen, Anstöße ringsum. Mit großem Eindruck in Lloyd Georges drittem Erinnerungsbande gelesen. Studium des Hauptmannjahrbuchs. Immer unheimlich unterweltlich.

Donnerstag, 17. Dezember 1936

Könnte ich mich doch ganz auf die Erzählung konzentrieren! Ich habe mit dem in Versen Vorangegangenen große Verpflichtungen auf mich geladen. – Gestern vor sechs Jahren sind wir hier eingezogen.

Donnerstag, 24. Dezember 1936

Sonntag, 20. abends das Weihnachtsoratorium in der Philharmonie. Schön wie immer. Montag, 21. spät nachmittags langes herzliches Gespräch mit Suhrkamp.

Silvester 1936

Die Weihnachtstage still. Am 28. mit Jacubeits Brüderschaft gemacht. Am Nachmittag kam E. R. Weiß mit Renée Sintenis; er kommt immer als der Schenker. Diesmal eine schöne Zeichnung zu dem Bilde Julius Levins, eine vergrößerte Photographie meines Kopfes – die beste, die es gibt; er hatte sie vor etwa einem Jahre aufgenommen als Vorstudie zu einem geplanten Bilde. Heute herrlicher Tag, Frühling fast. In Erwartung Kasacks. – Silvesterfeier bei Jacubeits. Sehr behaglicher Abend. Im neuen Eßzimmer musiziert. Feuerwerk für die Kinder. Erfreulich musiziert.

Freitag, 1. Januar 1937

Dr. Eiermann und Frau zu Besuch. Kasacks fuhren mit ihnen nach Tegel.

Montag, 4. Januar 1937

Gestern Wyneken Weltanschauung gelesen. Dr. W. von Einsiedel, der jetzt die Rundschau redigieren soll. Mit mir einen Aufsatz über Bruckner verabredet.

Dienstag, 16. Februar 1937

Im Körper völlige bedrohliche Unordnung. Nervenschmerzen. Galle. Herzunruhe. Sehr viele Manuskripte. Sie peinigen mich bis zur Verzweiflung. Ich denke an Schopenhauer, der schlechte Bücher als Gift des Geistes bezeichnet. Nach Tagen ein bißchen musiziert, doch nicht gut. Donnerstag, 28. Januar, den Tag über meinen Aufsatz über die Gedichtbände zur Vorlesung bei Stomps hergerichtet. Abends der Raum am Märkischen Ufer überfüllt. Sehr gutes Publikum. Junge Künstler. Von alten Bekannten: C. F. W. Behl, Kiepenheuer und Frau, Dr. Kramer, Bohner, Elisabeth Langgässer mit ihrem Mann. Grellchen, Frau Pfarrer Rackwitz. Vom Verlage Herrmann, Kühnel, Dr. Goertz, Dr. von Einsiedel. – Hermann Kasack, Günter Eich. Atemlose Stille, intensivstes Folgen. In den Räumen noch eine Weile beisammen.

Sonnabend, 31. bei Suhrkamp. Weitere Vorlesung des »Dankbaren Patienten« von Ernst Penzoldt. Diesmal gut, nicht so anstrengend. Mittwoch, 10. Februar, vor dem Verlag die Hofer-Ausstellung bei Nierendorff. Gestern mit Dr. Eiermann, der mich abholte, durch den Nebel nach Potsdam zur Vorlesung Hermann Kasacks in der Kantgesellschaft. Wir kamen schlecht vorwärts.

Donnerstag, 4. März 1937

Freitag, 19. bis Dienstag, 23. Februar am Aufsatz über Cisek.[61] Dazwischen Manuskripte. Am Bruckner gearbeitet. Mittwoch, 24. im Verlag von Clärchen abgeholt. Zu Grellchen. Dort E. R. Weiß und Renée. Musiziert, viele Lieder von Schubert. Am eindringlichsten An Thekla. Vorgestern Aufsatz über Cisek zu Ende. Gestern im Verlage. Besuch Hans Hennecke und Joachim Günther. Rudolf Haffke aus Königsberg, der wie alle Jahre um diese Zeit auf seiner Reise ist und mich hier besuchte.

Freitag, 12. März 1937

Gestern Besuch Schauers. Seine furchtbare Lage durch verbrecherische Machenschaften [Schauers Frau war Jüdin].

Dienstag abend Wilhelm Meisters theatralische Sendung, erstes Buch mit gewaltigem Entzücken gelesen.

Dienstag, 30. März 1937

Zu E. R. Weiß in die Wohnung. Fürstlich. Ich war viele Jahre nicht mehr bei ihm. Renée sehr freundlich. (Übrigens habe ich ihr zum 20. März, ihrem Geburtstage, ein kleines Gedicht gemacht: Die

Reiterin der Nordseeinsel.) Dann mit E. R. Weiß in die Marienkirche, zu der schönen Aufführung der Kunst der Fuge. Durch Hermann Diener und sein Collegium Musicum. Überweltlicher Eindruck, gefestete Ruhe dabei, durch nichts mehr zu stören. Nachher mit Weiß und Jacubeits zu Habel, dort bis nach Mitternacht. Erfüllt im Innersten heim.
Die Osterzeit intensive Studien zu Bruckner. Das erhebende Ereignis der Zeit war die große Musik an meinem Geburtstage und dem Tage darauf. Grellchen und Fridolin Klingler übernachteten hier, ich bei Jacubeits. Meine Schwestern Erna und Else, E. R. Weiß, Kasacks, Jacubeits, später Dr. Eiermann und Frau. Programm: Schumann, Gottes ist der Orient (Grell, Jacubeit). Bach, Ich will doch wohl Rosen brechen, Gott der Herr ist Sonn und Schild, Gelobet sei der Herr (Grell, Klingler, ich). Händel, Arie aus Xerxes, Mozart, Ave verum. Händel, Sonate A-dur (Klavier Jacubeit). Mozart, Sonate C-dur und Es-dur, 2. Satz. Beethoven, Sonate F-dur op. 24 (Jacubeit). Schubert, An die Leier, Im Frühling, Nachtstück, Thekla, An Silvia (Grell, ich). Bach, Sonate c-moll (ich). Dann frei weiter, Italiener u.a. Sonntag, 14. gegen zehn abends fuhren die Musikanten ab. Heute abend Bruckners Quintett im Radio, gut. Gewaltige Musik.

Montag, 25. Mai 1937

Zeit der Unruhe. Viele Manuskripte. Musik. Regers Serenade geübt. Viele Besuche inzwischen. Sonnabend, 24. April bei Marschalks. Der Dramatiker Goetz und Frau, Frau Stucken. Sehr liebe Aufnahme. Donnerstag, 6. Himmelfahrt. Besuch Stomps: sein Verlag Die Rabenpresse pleite. Donnerstag, 14. Verlag. Suhrkamp war bei Hauptmann gewesen, ich wurde mitgenommen. Vorlesung Ulrich von Lichtenstein, die burleske Komödie von Hauptmann. Sehr gute Dinge darin, Meisterhaftes in den ersten Akten. Sonnabend, 16. Pfingsten. Beide Suhrkamps hier. Prangender Garten.

Montag, 5. Juli 1937

Schlechtes, schauriges Jahr. Keine Zeit, einen Gedanken zu denken, ein Gefühl zu fühlen.
Hauptmanns Autobiographie (Wachen und Werden) von Schludrigkeiten des Diktierens, von Altersphrasen befreit. Erschrekkend, wie stereotyp dieser große Dichter werden kann. Mehr als hundert Arbeitsstunden an die tausend Seiten gewendet. Etwa

5000 Änderungen![62] Ilse Langners Roman Die purpurne Stadt zum vierten Male. Gestrichen. Vorschläge. Vergangenen Donnerstag war sie wieder zur Arbeit hier, wie schon vor etwa einem Monat. Imma von Bodmershof noch einmal durchgearbeitet. Johannes V. Jensen, Gudrun, noch einmal die Übersetzung. Dem Zusammenbruch nahe. Dr. Eiermann Arsen-Strychnin-Chinin-Kur.

Dienstag, 10. August 1937

Seit vorigen Montag Ferien. Sind das Ferien? Die hingeworfenen Knochen freie Zeit sind benagt, man geht in Trauer daran vorbei. – Trotz Leid und Leiden viel studiert an Bruckner. Lieber Brief von Hermann Hesse.

Freitag, 20. August 1937

Bruckner weiter studiert mit Erschütterung und Verzückung. Ich bin jetzt soweit fertig, daß ich zu schreiben beginnen könnte. Ich darf sagen, daß ich vieles genau kenne, und dreißig Jahre immer wieder spielen, machte die Symphonien Bruckners gefühlsmäßig zu vertrauten Gestalten.[63]

Im Garten volle Dahlienblüte. Wunderbar die Bärenklaue. Voll gesegnet auch die Trompetenblume. Sie steht diesmal auf der Pergola. Leichenhaft das schnelle Verwelken. Veilchen. Die Phlox waren noch niemals so schön. Ziemlich viel Regen. Ein Gedichtzyklus Der Steinweg [Der Steinpfad] scheint zu reifen. Eine ziemliche Reihe von Versen notiert. Aber noch ists nicht gebildet, sondern tastet noch im Dunkel.

Montag, 6. September 1937

Die Zeit rast. Mäßige Gesundheit. Seit zwei Wochen wieder im Verlage. Verhältnismäßig ruhig. Mittwoch. Dr. Hartmann Goertz hier zu Besuch. Donnerstag spät abends Dr. Eiermann und Frau. Sie brachten herrliche Astern. Einen ganzen Eimer füllten sie. Freitag abend kam Hermann Kasack, er blieb bis heute vormittag. Das war recht schön, aber für mich wegen des langen Aufseins anstrengend, auch wegen der ausfallenden Arbeit, kostspielig zudem in meinen jetzigen Verhältnissen. Lieber Brief von E. R. Weiß aus Badenweiler.

Sonntag vormittag Bruno Jacubeit, wir spielten Bruckners 2. Symphonie miteinander. Nachmittags und abends Grellchen. Sie hat uns sehr viel und sehr schön gesungen. Die Edwin-Fischer-Abende waren großes Erlebnis, besonders der zweite mit der Suite h-moll, Ricercare aus dem Musikalischen Opfer. – Ein Gedicht. Ach, wärs am inneren Horizont heller!

Gedanken und Bemerkungen. Undatiert. 1933 bis 1938

Ein Verbrechen hört dadurch, daß es zum Gesetz erhoben wird, nicht auf, Verbrechen zu sein. Vielmehr wird ihm dann die Anerkennung gegeben und seine tausendfache Verbreitung gewährleistet. Demnach: wenn hunderttausend lügen, und nur einer sagt die Wahrheit, so sagt eben nur einer die Wahrheit und die hunderttausendfache Majorität gegen ihn lügt.[64]

Früher hatte das Leben einen Sinn, weil es Leben war. Einen genaueren Sinn weiß niemand. Jetzt hat es keinen Sinn, weil es nicht mehr Leben ist.

In »Romanen« heißt es oft: man solle nicht gegen den Strom schwimmen. Ich prüfte gegenüber den sich darbietenden Umständen, was das wohl heiße? Kein Strom war da, also war es unmöglich, wider einen Strom zu schwimmen. Eine Latrine war da: darin tauchten die Köpfe unter. Dem Helden wurde übelgenommen, wenn er den Kopf nicht in die Jauche tunken wollte.

Ein Trost. Schlimmer als der eingesperrte Wahnsinn ist der in Freiheit grassierende. Wüßten es die Wahnsinnigen, daß sie wahnsinnig sind, so wären sie es ja nicht. Der König im Irrenhause »glaubt«, daß er ein König ist. So zieht man die rechten Folgerungen daraus.

Für den Roman: Besser zu den sechs Verratenen zu gehören als zu den sechzig Verrätern.

Für das Drama: Man soll ihn zu Schnupftabak zerstampfen und als Brechmittel verkaufen, aber milligrammweise, damit der Patient nicht vor Ekel verreckt.

O Babylon. Es schufen tausend Jahr an dem Gotte,
und von Verbrechern eine irre Rotte
vernichtet ihn wie eine schlechte Ware.

Leopold von Ranke sagt, ein Volk, dem das Gefühl für Gerechtigkeit abhanden kommt, hat kein Recht mehr zu existieren.

Einen Tiger und eine Sonnenblume zu kreuzen, würde die Arten verderben, aber es ist ziemlich schwer.

Ich verkehre nicht in Denunziantenkreisen – die vornehmste erhaltende Gesellschaft.

Gesunder Menschenverstand: Man freut sich, daß schwarz nicht zugleich weiß sein kann, daß also niemand zugleich Mozart und den Teufel verehren kann.

Für den Roman-Stammtisch: Wer sich selbst opfert, kann ein großer Held sein, wer einen andern opfert gegen dessen Willen – nun antworte!

Todfeinde. Unter tausend sind nur zehn Verbrecher, vielleicht dreißig Irre, die übrigen Dummköpfe.

Das öffentliche Verbrechen siegt sehr oft in der Welt, niemals aber auf die Dauer.

Vermächtnis: Am wenigsten können die Menschen Freundlichkeit oder gar Güte vertragen. Wer jung und stark ist, glaubt das nicht, der Alternde erfährt es aber allenthalben.
[Tagebuchaufzeichnungen vom Herbst 1937 und aus dem Jahre 1938 sind verloren. Für 1939 fanden sich in einem kleinen Kalender noch stichwortartige Notizen.]

Januar 1939

Sonntag, 15. Opernhaus. Hugo-Wolf-Matinée. Von Grellchen eingeladen.
Mittwoch, 18. Bruckners f-moll-Messe vom Hedwigsdomchor in der Philharmonie. Hervorragend. Dr. Forster, den Dirigenten, begrüßt.
Freitag, 20. Schillertheater mit Eiermanns, neben Dr. Korn. Legals Gott unter Göttern. Ernsthaftes Stück.
Dienstag, 24. Bruno Jacubeit, wir übten Schubert. Die Nacht hindurch Manuskripte gelesen. T. S. Eliot.
Donnerstag, 26. mit Albrecht Goes zusammen bei Huth. Suhrkamps. Schneesturm beim Gang dahin und auf dem Rückwege.
Sonntag, 29. abends nach langer Zeit Musik mit Bruno Jacubeit.

Kunst der Fuge. Aus Regers Serenade schlecht. Schubert, F-dur Rondo.

Februar 1939

Freitag, 3. Besuch Hermann Kasack. Abends Jacubeits, Frau Ruth Eiermann.

Sonnabend, 4. unangemeldeter Besuch von Wilhelm von Scholz und Frau. Freundlich. Abends Hanns Hennecke. Gedichte von Kasack. Über die Übertragungen Henneckes der englischen Gedichte.

Sonntag, 5. mit Grellchen Opernhaus-Matinée. Symphonie von Boris Blacher.

Sonnabend, 18. Aufsatz Frank Harris beendet, sieben Schreibmaschinenseiten. Ziemlich erschöpft.

Sonntag, 19. Matinée in der Oper. Schlecht dirigiert von Heger. Mäßige Musik. Lieder von Pfitzner überflüssig.

Dienstag, 21. Verlagsarbeit. Ein wenig Musik, viel Einsamkeit. Edlef Köppen gestorben.

Donnerstag, 23. Lektüre des Barockfrauenbuches von Flake. Große Müdigkeit.

Sonnabend, 25. Die schmachvollen Tributerhöhungen. Gefühl, es werde nicht mehr möglich sein weiterzuleben.

Sonntag, 26. Die Schmach. Der Esel in der Mühle dreht das Werk. Manuskripte über Manuskripte. Nie Sonntag.

Dienstag, 28. Die Schmach. Aus der Bürgerlichkeit endgültig ausgestoßen. – Rückert.

März 1939

Mittwoch, 1. Die ganzen Tage leidend unter der Schmach der neuen Erpressung. Stück von Billinger und Hauptmanns Novelle Der Schuß im Park (meisterhaft) gelesen. Lange mit Suhrkamp deprimiert gesprochen.

Sonnabend, 4. Kellermanns 60. Geburtstag. Kasacks wollen nach Italien. Mit Bruno Jacubeit Schubert gespielt.

Montag, 27. Gedicht für Suhrkamp: Die Prüfungen.

April 1939

Montag, 3. Henneckes. Nach dem Essen Jacubeits. Mir wurde beim Spielen der 2. Symphonie Bruckners schwach.

Freitag, 28. zu Frau Eiermann zum Geburtstag gratulieren. Sehr nette Unterhaltung.

Mai 1939

Sonnabend, 13. Alle Tage fleißig am Aufsatz über Rückert. Aufsatz über den Steinpfad an Dr. Schauer gesandt. [Erschien mit der Dichtung erst nach Loerkes Tod als Beilage der Zeitschrift Philobiblon, Maiheft 1941.][65]
Mittwoch, 17. Verlag. Zerschmetternde Nachrichten. Lebensekel in dieser Umwelt. Herzanfall. Suhrkamp nett, holte Auto. Am Abend ging es wieder.
Donnerstag, 18. die drei Klaviersonaten Bachs geübt. Wieder Unheimliches um das Herz. Weiter am Aufsatz über Rückert.

Juni 1939

Freitag, 2. Abfahrt nach Groß-Neuendorf.[66]
Dienstag, 6. Die Tage fleißig an Hugo Wolf. Mein ganzes mitgebrachtes Material durchgearbeitet.
Donnerstag, 10. in der Arbeit an Herder fortgefahren.
Montag, 12. Arbeit an meinem Essaybande, machte ziemlich müde.
Sonnabend, 17. letzte Behandlung mit Kurzwellen. Nachmittags zurück nach Berlin.
Montag, 19. frühzeitig von Clärchen zum Anhalter Bahnhof gebracht. Grellchen auch früh da. Angenehme Fahrt, gute Gespräche. Bis Regensburg. In der Dunkelheit zum Hotel.
Dienstag, 20. herrliche Fahrt nach Spittal. Längerer Aufenthalt Salzburg. Postauto nach Millstadt am See. Köstlich untergebracht im Herrenhaus des Amtshofes. Besuche bei Prof. Tömlich und Frau C.
Mittwoch, 21. Schlucht bis zu den Wasserfällen allein. Grellchen bei Prof. Tömlich zur Gesangstunde.
Dienstag, 27. Gedicht Der Bergbach. Abends mit Grellchen und Tömlich.
Donnerstag, 29. nach dem Frühstück in der Sonne. Grellchen wie jeden Tag Gesangstunde bei Tömlich. Nachmittags Motorboot nach Seeboden. Langsame Bootsfahrt bei Mond zurück.

Juli 1939

Sonnabend, 1. zwei Gedichte.
Sonntag, 2. Grellchens Gesang in der Kirche. Zum Hochamt. Mozart, Agnus. Schubert, O wie schön. Kleiner Chor. Abends las ich zehn Gedichte.

Donnerstag, 6. Großglocknerfahrt. Heiligenblut, Glocknerhaus, Franz-Josef-Hütte. Nach Sonne Gewitter, Hagel, Regen. Auf der Höhe mit Glücksgefühl spazieren. Herrlichster Tag.
Sonnabend, 8. vormittags Probe an der Orgel. Cherubini, Schubert. Auch nachmittags.
Sonntag, 9. Hochamt. Grellchen sang, Cherubini, Schubert.
Dienstag, 11. zwei Gedichte. Kreuzgang und Seeufer. Nachmittags Rittersaal. Frau C. sang Zauberflöte und Freischütz.
Mittwoch, 12. drei Gedichte.
Sonntag, 16. Ludwig Kropff teilte mir Nickelchens Tod mit. Große Trauer.
Dienstag, 18. Fahrt nach Villach und weiter nach Velden am Wörther See. Jacubeits abgeholt. Spaziergang nach Charlottenhof.
Donnerstag, 20. Abschied. Fahrt nach Salzburg.
Freitag, 21. Berlin. Frohnau: erster Gang zu Nickels Grab.
Freitag, 28. Manuskripte. Besuch der Kasack-Kinder.
Sonnabend, 29. bei Eiermanns. Hermann und Maria Kasack.
Sonntag, 30. Juli. Kasack half mir sehr fleißig lesen. Das Manuskriptgebirge nahm ab.

August 1939

Sonntag, 6. die Kärntner Gedichte – alle zwanzig – getippt. Sie Jacubeits vorgelesen.[67]
Donnerstag, 10. nachmittags Besuch Dr. Korn. Fräulein Urbach, die Ärztin Fräulein Dr. Schmidt. Garten, Bilder. Grellchen sang herrlich, ich las meine zwanzig Kärntner Gedichte. Sehr gelungener Tag.
Donnerstag, 17. Lektüre und Vorbereitung des Aufsatzes Hugo Wolf. Die Einleitung zu meinem Buche Hausfreunde beendet.[68] Abends Jacubeits zum Spielen bei uns. Schubert, Mozart – es ging ganz gut.
Montag, 21. Verlag. Viele Stunden mit Suhrkamp konferiert.
Sonnabend, 26. das Gedenkgedicht an Nickel.
Montag, 28. Verlag. Äußerste Nervosität wegen der Spannung. Lange mit Suhrkamp gesprochen.
Mittwoch, 30. Verlag. Suhrkamp ganz zerbrochen, unerträgliche Spannung.
Donnerstag, 31. Arbeit über Hugo Wolf fortgesetzt. Die böse Spannung.

September 1939

Freitag, 1. 5.45 Uhr: Kriegsbeginn mit Polen. Abends bei Jacubeit.

Sonntag, 3. 11 Uhr Kriegsbeginn mit England.

[4. September bis 27. Oktober keine Eintragung.]

Oktober 1939

Sonnabend, 28. Dr. Eiermann Geburtstag. Morgen Kindtaufe bei ihm.

Sonntag, 29. Mutter gestorben.

November 1939

Mittwoch, 1. Mutters Begräbnis.

Mittwoch, 8. Hennecke. Mit diesem in großem Einverständnis bis nach Mitternacht.

Donnerstag, 9. Verlag. Attentat in München wird bekannt.

Sonnabend, 18. C. F. W. Behl und Frau zu Besuch.

Sonntag, 19. Besuch Grellchen. Nach dem Abendessen auch Jacubeits und Pfarrer Rackwitz und Frau. Schöner Gesang. Schubert, Mozart, Wolf.

Dienstag, 21. übel im Verlag. Dann Erstickungsanfall, halb zwölf bis vier Uhr. Schrecklich. Um zwei Ärztin. Nach drei Dr. Eiermann. Kampferspritzen, Strophantin usw., im Auto zurückgebracht. Sehr matt.

Donnerstag, 23. noch matter. In der Nacht vor Morgen auch das Gedicht Lebensschiff.

Sonntag, 26. Besuch Ferdinand Leitner mit Grellchen. Leitner spielte mir aus Wolfs Corregidor und seiner Märchenoper. Starker Eindruck.

Dienstag, 28. Widmungsverse gemacht. Besuch Prof. Tömlich und Grellchen. Diese sang, Tömlich korrigierte. Sehr schön.

Mittwoch, 29. nachmittags kam Hermann Kasack. Viel Pessimismus.

Dezember 1939

Freitag, 1. Besuch Dr. Wernher Siebert.

Sonntag, 10. zum Weihnachtsoratorium unter Ramin. Herrlich. Abends bei Jacubeits, mit Grellchen.

Donnerstag, 14. Verlagsarbeit. Nachmittags Grellchen. Einige Lie-

der. Über Mittag 9. Symphonie von Bruckner. Im wohltuenden Frost im Garten.
Sonnabend, 16. Seit einigen Tagen Winterfrost.

[Hier enden die Aufzeichnungen.]

Loerke in seinem Garten und Clärchen, etwa 1936

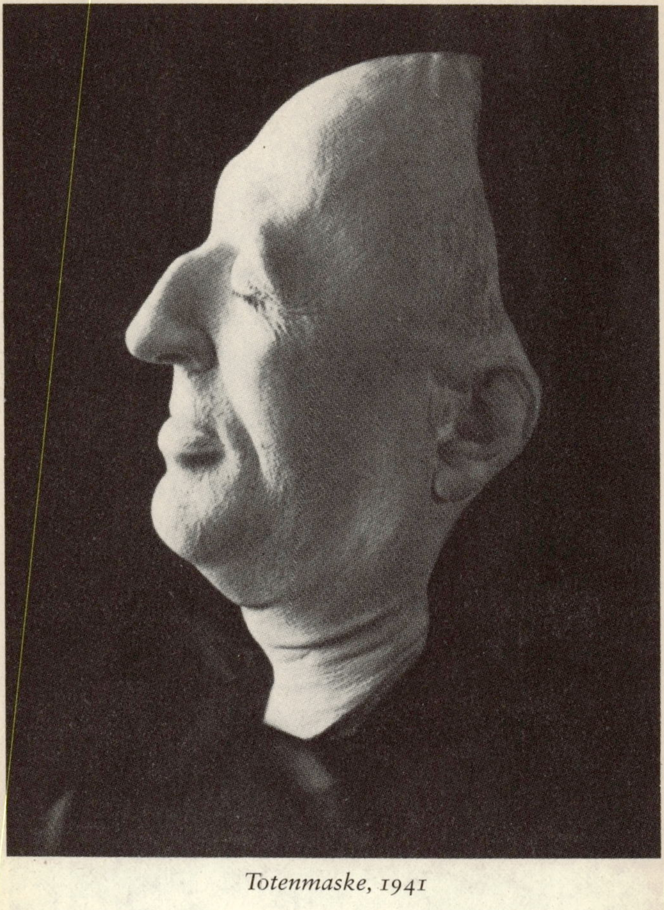

Totenmaske, 1941

Letztwillige Bitten für den Fall meines Todes

Alle meine Freunde wissen, daß ich nichts, was heilig ist auf Erden, verraten habe. Seit meinem bewußten Denken und Fühlen denke ich über menschliche Ehre und Würde genau wie heute, jede Sekunde bei Tag und Nacht.

Darum hätte ich am liebsten bei meinem Begräbnis nur Menschen, die mit meiner Weltanschauung übereinstimmen. Ich kann aber nicht verhindern, wenn ich tot bin, daß Feinde meiner Grundgesinnung, wie sie in meinen Schriften, sonderlich in den sieben gedruckten und weiter in meinen unveröffentlichten Gedichtbänden aufgezeichnet ist, an meiner Bestattung teilnehmen; ich habe die Genugtuung, daß sie den Leichnam nicht schänden können, wie sie den Lebenden oft und oft geschändet haben.

Aber ich habe an meine wahren Freunde die einzige, sie schwer belastende Bitte: nicht mein Andenken besudeln zu lassen und jedem entgegenzutreten, der etwa behaupten wollte, ich sei an dieser oder jener Krankheit gestorben, etwa an meinem Herzleiden, einer Erkältung oder was es sein mag, weil eine jegliche Krankheit, selbst jede Disposition zu einem Unglücksfall, durch die feindlichen Handlungen und Anschauungen veranlaßt worden ist in langen Jahren.

Das Begräbnis soll so ärmlich wie möglich sein. Die Kosten werden meine jetzigen oder früheren Arbeitgeber vielleicht auslegen; Verkäufe aus der mir verbliebenen Habe werden sie decken, falls nicht ein rapides Absinken erfolgt.

Nur, wer es willig tut, mag mir ans Grab folgen; das Grab später zu besuchen ist überflüssig. Wer in den Grundgesinnungen mit mir nicht übereinstimmt, soll mir, solange er lebt, keinen Gedanken mehr widmen. Denn es hilft keinem Lebenden, einen Toten zu beleidigen.

Kein Geistlicher soll mir eine Nachrede halten, sofern es nicht Pfarrer Arthur Rackwitz sein kann, der Schwager von Jacubeits. Die alttestamentarischen Aussegnungen genügen vollauf.

Es soll mir nicht etwa ein Denkstein errichtet werden. Wozu sollte dieser dienen? Die meiner in Freundlichkeit gedacht haben, werden es weiter tun, und für ein stolzes Denkmal habe ich selbst durch meine Dichtungen gesorgt: sind die meisten Mitmenschen

aus meinem Volke daran gleichgültig, achtlos, zuweilen hämisch vorbeigegangen, wie sollte ein Stein daran etwas ändern?
Ist es den wahren Freunden ein Bedürfnis, so mögen sie später, nach Wochen oder Monaten, eine Gedenkstunde für mich veranstalten, in kleinem Kreise, in irgend einer geeigneten Wohnung. Dafür hätte ich die folgenden, unschwer zu erfüllenden Bitten: auf dem Klaviere könnte jemand zu meinem Gedächtnis das »Benedictus« aus der f-moll-Messe von Bruckner spielen. Ein zweihändiger leichter Auszug, auch die Partitur, befindet sich unter meinen Noten. Will man ein Übriges tun, so spiele man das Adagio oder gar die gesamten drei vorhandenen Sätze der Neunten Symphonie von Bruckner: darin ist alles Glück, Geheimnis und Leid dieser Welt enthalten. Eine zweihändige und eine vierhändige Bearbeitung, desgleichen die Partitur findet sich ebenfalls in meinem Notenbestande. Ich weiß genau, daß die Musik Bachs die größte auf Erden ist, ich weiß ebenso genau, daß ich die Musik Bruckners zeitlebens am meisten geliebt habe. Singt außerdem Helene Grell irgendetwas von mir so sehr innig Verehrtes von Schubert oder Hugo Wolf, so bin ich gleichsam nicht abgeschieden. Drei meiner Gedichte mögen eingefügt werden, und zwar Pansmusik, das Jesus-Gedicht aus dem Steinpfad (Nr. 10, S. 14 des Manuskriptdruckes) und Die späte Reise aus dem »Kärntner Sommer«.
Wohl denen für die Zeit ihres Erdenwandels, die meine Wünsche achten!

Berlin-Frohnau, den 6. Februar 1940

Anmerkungen

1 *Oktober 1903* – Vilmar, Geschichte der deutschen National-Litteratur. 1. Aufl. 1845.

2 *13. 3. 1905* – Vgl. die Krankheit des Knaben in dem Roman Der Oger, 1921.

3 *1908* – Auszüge der Harzreise 1908 in: Deutsche Rundschau 78 (1952), H. 3, S. 296–304.

4 *1. 12. 1908* – Vgl. Mondwolken, letzte Strophe. In: Die heimliche Stadt, 1921.

5 *12. 1. 1909* – Vgl. Schwebend im Schnee, erste Strophe. In: Die heimliche Stadt, 1921.

6 *1909* – Auszüge in: Jahrbuch 1951 der Akademie der Wissenschaften und der Literatur, S. 303–313. Wiesbaden: Steiner.

7 *24. 10. 1911* – Vgl. Der Krebsreiter. In: Der längste Tag. »Der lange Umweg, den ich angetreten, War doch der nächste Weg zu mir.«

8 *29. 7. 1912* – Verwandt in dem Roman Der Oger, S. 25–55.

9 *22. 9. 1913* – Clara Westphal, Loerkes spätere Lebensgefährtin, der auch der Roman Der Oger gewidmet ist.

10 *16. 11. 1913* – Die Novelle Das Goldbergwerk erschien 1919 als Bd. 2 der Bücherei Die Pforte im Dreiländerverlag, München, Wien, Zürich. – Pansmusik in: Gedichte 1916. Neuauflage dieses Bandes 1929 unter dem Titel Pansmusik.

11 *1. 12. 1913* – Der Roman Julius Levins erschien 1915 bei S. Fischer.

11a *25. 2. 1914* – Daß Loerke seine Tagebuchaufzeichnungen als Erinnerungsstützen benutzte, zeigt z. B. die z. T. wörtliche Aufnahme dieser Eintragung in dem Aufsatz: Der Künstler und Künder Hermann Stehr, Neue Rundschau, Februar 1934. Vgl. auch 5. 12. 1933, S. 305 f.

12 Die unter den Daten *12. Oktober 1914, 10., 20., 22. Februar 1915* und »Monate später« notierten Aufzeichnungen sind unter dem Titel »Gedanken über den Krieg« veröffentlicht in: Die Neue Rundschau 62 (1951), H. 1, S. 82–89.

13 15. 3. 1921 – Loerke hat das Manuskript des Romans Der Oger in den Jahren 1919/20 völlig umgearbeitet und in der Komposition die Rahmenerzählung mit den Abschnitten »Eingang« und »Ausgang« durchgeführt. Die Buchausgabe erschien 1921 bei Hoffmann und Campe, Hamburg und Berlin, und wurde 1927 von S. Fischer übernommen.

14 *24. 3. 1921* – Loerke hatte den Kleistpreis für 1920 Hans Henny Jahnn für das Drama Pastor Ephraim Magnus zuerkannt. Das 1919 bei S. Fischer erschienene und später auch in Berlin aufgeführte Stück erregte wegen seiner Kraßheiten heftigen Unwillen.

15 *20. 4. 1921* – Die Dichtung. Herausgegeben durch Wolf Przygode. Zweite Folge, Erstes Buch. Potsdam 1920. (Erst 1921 erschienen.) Mit

sechs Gedichten Loerkes. – Die Notizen vom 16. und 20. März beziehen sich auf eine Vorlesung von Autoren der »Dichtung«.

16 *30. 5. 1922* – Später in: Zeitgenossen aus vielen Zeiten. Essays. Berlin 1925. Neudruck in: Johann Sebastian Bach. Zwei Aufsätze. Berlin 1950.

16a *4. 7. 1922* – In memoriam Walther Rathenau. In: Die Neue Rundschau, 33 (1922), Bd. II, S. 825–827.

17 *31. 12. 1922* – Der kurz resümierende Hinweis vom 13. 3. 1924 auf den Zusammenbruch über der Arbeit am Bachbuch Anfang März 1923 läßt darauf schließen, daß der möglicherweise begonnene Band der Tagebücher danach nicht mehr fortgesetzt wurde. – Orlik hatte damals in freundschaftlicher Hilfsbereitschaft die Vorschüsse an den Verlag Kiepenheuer zurückgezahlt. Vgl. auch die Briefstellen jener Zeit in meiner Abhandlung über Loerke, a. a. O. S. 43 f.

18 *13. 3. 1924* – Auszug aus den Aufzeichnungen vom 29. 1. bis 29. 2. 1924 unter dem Titel Italienreise 1924 in: Die Neue Rundschau 65 (1924), H. 1, S. 102–116.

19 *7. 5. 1924* – Den Plan des Romans Der Lügner – nach einer handschriftlichen Notiz »Die Biographie eines Mannes, der keine Biographie hat« – beschäftigte Loerke über ein Jahrzehnt hin. Die wenigen Blätter, die sich im Nachlaß fanden, rechtfertigen Loerkes letztwillige Bestimmung: »die noch vorhandenen Stücke und Entwürfe eines Romans Der Lügner zu vernichten«.

20 *19. 8. 1924* – Die Heine-Ausgabe mit einer Einleitung von Loerke erschien 1925.

20a *26. 9. 1925* – Worte, gesprochen am Sarge Moritz Heimanns. In: Almanach 1926 des S. Fischer Verlages, Berlin.

20b *17. 1. 1926* – Emil Strauß zum 60. Geburtstage. In: Vossische Zeitung, Berlin, 29. 1. 1926. Vgl. auch Festgruß für Emil Strauß. In: Almanach 1926 des S. Fischer Verlages, Berlin.

21 *24. 1. 1926* – In dem handschriftlichen Band der Gedichtreinschriften stehen die bisher unveröffentlichten Verse – »aufgeschrieben 1937«: Polnisches Volksliedchen. Überliefert von unserer Kinderfrau Marianna Tawczykowska. Polnisch klang es annähernd so:

Właz kotek	Ein Kätzchen kroch schaun
Na płotek,	Auf einen Zaun,
Oczkami mruga –	Dreht mit den Äugelchen blank –
Ładna ta piesneczka,	Schön ist dies Liedchen,
Ale nie długa.	Aber nicht lang.

22 *18. 7. 1926* – Almanach des S. Fischer Verlages: Das vierzigste Jahr. Berlin 1926. Darin: Die Bibliothek der vierzig Jahre. Eine Zusammenstellung durch Oskar Loerke. S. 26–73.

22a 31. 12. 1926 – Bruchstücke aus Wilhelm Lehmanns Roman Der Überläufer veröffentlichte Die Literarische Welt, Jg. 8, Nr. 3 vom 15. 1. 1932 und die Europäische Revue, Jg. 11, Heft 3 vom März 1933.

23 *15. 2. 1927* – Baudisch übersetzte den 1927 bei S. Fischer erschienenen Roman Manhattan Transfer von John Dos Passos.

24 *29. 3. 1927* – So nannte Loerke oft die Altistin Helene Grell. Er hat ihr später den Gedichtzyklus gewidmet: Kärntner Sommer 1939.

25 *9. 5. 1927* – Vgl. das Gedicht Gedenkzeit, in: Die Abschiedshand. Berlin 1949.

26 *18. 11. 1927* – Zu diesen im Tagebuch jäh hingeworfenen Visionen vgl. die Gedichte Mondstunde aus dem Zyklus Die Gescheiterten der Weltstadt im Bande Atem der Erde, und Berliner Winterabend im Bande Der Silberdistelwald.

27 *3. 12. 1928* – Die erwähnten Universitätsvorträge der Akademiemitglieder Walter von Molo, Oskar Loerke, Alfred Döblin, Ludwig Fulda, Theodor Däubler in: Jahrbuch der Sektion für Dichtkunst 1929. Berlin: S. Fischer. Loerkes Beitrag »Formprobleme der Lyrik« mit geringfügigen Veränderungen unter dem Titel Das alte Wagnis des Gedichtes. Berlin: Die Rabenpresse 1935. Vgl. auch die Eintragung vom 23. 8. 1935.

28 *10. 11. 1929* – Der gemeinsame Erwerb des Grundstückes Kreuzritterstraße 8 in der Gartenstadt Frohnau, einem Vorort Berlins, und der Bau des Hauses durch den Architekten Prinz war Loerke nur durch die Aufnahme einer größeren Hypothek und durch die auf Clärchen Westphal nach dem Tode des Vaters entfallende Erbschaft möglich. Eigenes Vermögen hat Loerke niemals besessen. Nach Loerkes Tod ging das Grundstück an den Partner Ludwig Kropff über. Vgl. die Eintragung vom 6. 11. 1933. Das Haus wurde nach 1945 von der französischen Besatzungsmacht teilweise beschlagnahmt. Kropff, der in seine Heimat Klein-Rönnau bei Segeberg übersiedelte, hat es dann weiterverkauft.

28a 12. 5. 1930 – Wilhelm Lehmanns Roman Der Provinzlärm ist unter dem Titel Ruhm des Daseins 1953 im Manesseverlag, Zürich, erschienen.

29 *17. 8. 1931* – Abgedruckt in: Die Neue Rundschau 1933.

30 *19. 5. 1932* – Brief an einen jüngeren Lyriker. In: Das alte Wagnis des Gedichtes, 1935. – Sturmgespenst, aus: Die Fahrt in die Wüste. In: Neuer Merkur 1921.

31 *16. 6. 1932* – Sechsteiliges Wandbild (über Eck) für die offene Sommerlaube in Loerkes Garten. Das Pferd am Halfter führend: Ludwig Kropff. Sitzend: Max Slevogt. Dahinter stehend: Emil Orlik. Kauernd: Prof. Plesch. Vorn am Kamel: Oskar Loerke. Die Rückseite beschreibt Loerke unter dem 20. 6. 1932. Das Wandbild ist 1945 bei dem Einmarsch sowjetischer Truppen zerstört worden.

32 *22. 7. 1932* – Das einige Jahre später geschriebene Gedicht Der Verräter (Fegefeuer, 6) nimmt darauf Bezug.

33 *14. 2. 1933* – Später korrigiert in: Viel Entscheidendes. Vgl. die Einführung.

34 *11. 4. 1933* – Vgl. zu diesem Ausbruch des Temperaments meine Abhandlung über Loerke, a.a.O. S. 34f.

35 *11. 6. 1933* – Skizze zu dem Gedicht Seemann Sindbad. In: Der Wald der Welt.

36 *1. 11. 1933* – In Emigrantenkreisen hat es wiederholt Verwunderung, ja Befremden hervorgerufen, Loerkes Namen unter jenen 88 Schriftstellern zu sehen, die eine Ende Oktober 1933 veröffentlichte politische Erklärung unterzeichnet haben. Obwohl darin mit einer spürbaren Nuance nicht vor dem »Führer«, sondern »vor dem Reichskanzler« ein Treuegelöbnis abgelegt wird, ist die politische Propagandaabsicht unverkennbar. Wie kam Loerkes Name, von dessen unwandelbarer Gesinnung in den »Jahren des Unheils« auch nach den Tagebüchern kein Zweifel besteht, unter dieses peinliche Dokument? Die Tatsache, daß fast zwei Drittel der Akademiemitglieder beteiligt waren, gibt keine genügende Erklärung, zumal da ausgesprochen nazistisch interessierte Autoren wie z.B. Kolbenheyer, Stehr, Strauß, Grimm fehlen. Die Aufforderung zur Unterschrift wurde durch Prof. Amersdorffer, den Ersten Sekretär der Akademie, an Loerke herangetragen. Loerke hat in jenen Oktobertagen, in denen er nicht wußte, ob er sie würde überleben können, nicht nur mit mir verzweifelte Telefongespräche geführt. S. Fischer gab Loerke zu verstehen, daß er für seinen Verlag schwerwiegende Folgen befürchte, wenn Loerke als sein Lektor die Unterschrift versage. Wer die Verhältnisse damals in Deutschland gekannt hat, weiß, daß eine derartige Besorgnis für den jüdisch exponierten Verlag durchaus berechtigt war. In dieser Zwangslage gab Loerke, um den Verlag nicht zu belasten, seine ursprüngliche Weigerung auf. Wie schmerzlich er unter der Entscheidung, den Kotau mitzumachen, gelitten hat, geht aus den Aufzeichnungen hervor. Ich erinnere mich noch, daß er mir damals auch gesagt hat: »Viele meiner Freunde, vor allem die im Ausland, werden das nie verstehen – das ist das Schlimmste.« Wer die Tagebücher kennt, wird um so tiefer die Wahrheit der Aussage in den »Letztwilligen Bitten für den Fall meines Todes« begreifen: »Alle meine Freunde wissen, daß ich nichts, was heilig ist auf Erden, verraten habe.« (Vgl. S. 369.) Otto Flake, der jene Erklärung ebenfalls unterzeichnet hatte, gab, wie ich erst nachträglich erfahre, schon 1950 eine Darstellung, wie es dazu gekommen sei. Darin heißt es: »S. Fischer schrieb, als Jude fühle er sein Unternehmen bedroht und hoffe auf Erleichterung, wenn möglichst viele seiner Autoren sich an der Adresse beteiligten ...« (Eine Richtigstellung. In: Otto Flake zum 70. Geburtstag. Keppler, Baden-Baden 1950.) Auch

hier bestätigt sich, daß die Unterschrift ohne das Drängen S. Fischers nicht gegeben worden wäre.

36a *22. 1. 1934* – Zum Tode Hermann Bahrs. In: Die Neue Rundschau, 45. Jg., Bd. I, S. 240.

37 *26. 2. 1934* – Rede zum 70. Geburtstag von Professor Oscar Bie und Geheimrat Samuel Saenger, die seit 1894 bzw. 1905 der Redaktion der Neuen Rundschau angehörten. »Professor Bie«, heißt es in Loerkes Rede, »wissend um alle Träume, Triebe und Lüste jeder Kunst, wissend über die Anschauung hinaus mit dem zweiten Gesicht der Nerven und des Blutes – Geheimrat Saenger, ein Führer durch die Gefahren und Wildnisse der Politik um der Humanität willen ... «

38 *9. 3. 1934* – Die Hochzeit der Aufrührer. Berlin: S. Fischer 1934.

39 *1. 4. 1934* – Die Mappe mit den Widmungsblättern enthält u.a. Beiträge von: Richard Beer-Hofmann, Martin Beheim-Schwarzbach, Gottfried Benn, Martin Beradt, Alice Berend, Gottfried Bermann, Oscar Bie, Rudolf G. Binding, Gunter Böhmer, Werner Bukofzer, Hans Carossa, Alfred Döblin, Hans H. Ehrler, Günter Eich, Paul Eipper, Emil Faktor, S. Fischer, Otto Flake, Hans Grimm, Gerhart Hauptmann, Manfred Hausmann, Hermann Hesse, Kurt Heuser, Karl Jakob Hirsch, Georg Hirschfeld, Karl Hofer, Heinrich Eduard Jacob, Norbert Jacques, Hermann Kasack, Rudolf Kayser, Bernhard Kellermann, Annette Kolb, Fritz Landsberger, Elisabeth Langgässer, Wilhelm Lehmann, Alexander Lernet-Holenia, Julius Levin, Mechtilde Fürstin Lichnowsky, Joachim Maaß, Thomas Mann, Max Marschalk, Julius Meier-Graefe, Max Mohr, Alfred Mombert, Walter von Molo, Fred Neumeyer, Prof. Plesch, Hans Reisiger, Gabriele Reuter, Samuel Saenger, Jakob Schaffner, Kurt Schauer, René Schikkele, Wilhelm von Scholz, Georg Schumann, Renée Sintenis, Hermann Stehr, W. M. von Staa, Eduard Stucken, V. O. Stomps, Peter Suhrkamp, Johannes Urzidil, E. R. Weiß, Alfred Wolfenstein. – Das Widmungsgedicht Gerhart Hauptmanns »Freund, der du Freund den Besten bist gewesen ... « ist in der 17bändigen Ausgabe, letzter Band, Berlin 1942, veröffentlicht, Döblins Brief im Beitrag Kasack zur Festschrift: Alfred Döblin – siebzig Jahre, Wiesbaden 1948. Die handschriftliche Widmung von S. Fischer lautet: Dem langjährigen treuen Freunde und Mitarbeiter, dem Hüter der Tradition unseres Hauses, dem Großsiegelbewahrer deutschen Geistes danken wir heute von Herzen und wünschen dem Dichter viele Jahre fruchtbaren Schaffens.

40 *1. 4. 1934* – Am 19. 9. 1935 schrieb Loerke das Georg Kurt Schauer gewidmete Gedicht Der Leuchter. In: Der Wald der Welt, 1936.

41 *26. 4. 1934* – Gemeint ist der damals befohlene und mit ausgestrecktem Arm zu vollziehende Gruß »Heil Hitler«, statt Guten Tag zu wünschen oder bei einer Begegnung auf der Straße den Hut zu ziehen.

42 *30. 6. 1934* – Zum 60. Geburtstag von Wilhelm von Scholz. In: Die Abschiedshand, 1949.

43 *11. 7. 1934* – Der »gleichgeschaltete« Schutzverband deutscher Autoren.

44 *20. 10. 1934* – »Worte, gesprochen am Sarge von S. Fischer.« In: Almanach, das 48. Jahr. Berlin: S. Fischer 1934.

45 *21. 11. 1934* – »Vom Reimen.« In: Hausfreunde, 1939.

46 *13. 12. 1934* – Der ironische Ausdruck Loerkes meint die von der herrschenden Partei anberaumten Kurse für Luftschutz.

47 *26. 12. 1934* – »Von der unermüdlichen Freude / Für E. R. Weiß.« In: Imprimatur, Jahrbuch für Bücherfreunde 1935. Die Widmung in einem Sonderdruck des Aufsatzes an mich vom Februar 1935:

Uns verbannt und bannt mit Weiß
Gleich zu gleich der Geisterkreis.

Vgl. die Eintragung Silvester 1934: Die Verbannten leben ja in der vergangenen wohlgefügten Welt.

48 *12. 1. 1935* – Gemeint ist das im Saal aufgehängte Hitlerbild.

49 *2. 2. 1935* – Diese oft zitierten Verse aus Goethes Faust in deutlicher Anspielung auf die Nazibewegung.

50 *5. 2. 1935* – Loerkes besondere Liebe galt nach seiner afrikanischen Reise dem Kamel, dem Gemel. Orlik hat später alle Briefe und Karten an Loerke mit anspielungsreichen Kamelzeichnungen geschmückt. Vgl. auch: Der jüngst starb, 2. In: Der Silberdistelwald, 1934.

51 *9. 3. 1935* – Neudruck in: Johann Sebastian Bach. Zwei Aufsätze. 1950.

52 *26. 4. 1935* – Max Beckmanns Haus in Berlin-Hermsdorf, nahe Frohnau.

53 *27. 5. 1935* – Eigenwillige Prägung für die Funktionäre der Partei.

54 *28. 6. 1935* – Noten: Getarnte Bezeichnung für Bücher jener Autoren, die durch ihr Bekenntnis zum Nazismus den deutschen Geist verraten hatten.

55 *14. 7. 1935* – Bitter-ironische Bezeichnung für das Nazi-Unwesen.

56 *27. 10. 1935* – Herders Weltgebäude. Später in: Hausfreunde. 1939

57 30. 11. 1935 – Gedichte von Julius Levin. Privatdruck. Berlin 1936.

58 *5. 2. 1936* – Richard Grande, Der Menschenfeind. Roman. Berlin: S. Fischer 1936. – Julia Koppels Übersetzung des Romans Gudrun von Johannes V. Jensen, Berlin: S. Fischer 1937.

59 *24. 4. 1936* – Erst nach langen Bemühungen gelang es Suhrkamp, bei der sogenannten »Arisierung jüdischer Firmen« durch Gründung einer Kommanditgesellschaft den Namen und die verbliebene Substanz des Verlages zu erhalten. Mit den Einlagen der Kommanditisten konnte die Familie S. Fischer ausbezahlt, darüber hinaus in das Verfü-

gungsrecht über ein nicht unerhebliches Vermögen in der Schweiz gebracht werden. Auf behördliche Anweisung mußte der unter Suhrkamps Leitung stehende Verlag um 1940 firmieren als Suhrkamp Verlag, vormals S. Fischer; später ohne diesen Zusatz. Nach Loerkes Tod, 1941, übernahm ich sein Amt als Lektor des Verlages. Über die Vorgänge, die im April 1944 zur politischen Inhaftierung Peter Suhrkamps führten, unterrichtet mein Beitrag »Der Lübecker Kaufherr Dr. Hahn« in: Tymbos für Wilhelm Ahlmann, ein Gedenkbuch. Berlin: Walter de Gruyter 1951. – Nach der Rückkehr Dr. Bermanns aus der Emigration bestehen der von ihm geleitete S. Fischer Verlag, Frankfurt am Main und Berlin, und der Suhrkamp Verlag, Frankfurt am Main und Berlin.

60 *5. 11. 1936* – Meine sieben Gedichtbücher. Versuch einer Selbstdarstellung. In: Neue Rundschau 1936.

61 *4. 3. 1937* – Vgl. die Widmung: Mit Ciseks Buch »Strom ohne Ende«. In: Die Abschiedshand, S. 76. Dort muß es in der letzten Zeile heißen: vom Strömen, anstatt: von.

62 *5. 7. 1937* – Gerhart Hauptmann, Das Abenteuer meiner Jugend. Autobiographisches Werk in 2 Bänden. Berlin: S. Fischer 1937. – Imma von Bodmershof, Der zweite Sommer. Roman. Berlin: S. Fischer 1937.

63 *20. 8. 1937* – Anton Bruckner. Ein Charakterbild. 1938.

64 *Undatiert 1933–1938* – Vgl. den Vierzeiler Fegefeuer, 5, in: Die Abschiedshand, 1949, und das Gedicht Lügner in: Gedichte, Auswahl 1954. – Diese und die folgenden Eintragungen sind ausschließlich aus der politischen Situation zu verstehen.

65 *13. 5. 1939* – Ebenfalls in: Der Steinpfad. Privatdruck bei V. O. Stomps, Berlin, 1938, und in: Die Abschiedshand, 1949.

66 *2. 6. 1939* – Zu einer Kur bei seinem Bruder, dem Arzt Herbert Loerke, in Groß-Neuendorf an der Oder.

67 *6. 8. 1939* – Kärntner Sommer 1939. Privatdruck bei V. O. Stomps, Berlin 1939, und in: Die Abschiedshand, 1949.

68 *17. 8. 1939* – Die vorher erwähnten Aufsätze »Friedrich Rückert« und »Das brennende Opfer – Hugo Wolf« in dem Essaybande: Hausfreunde, 1939.

*Buchveröffentlichungen von Loerke (Auszug)**

Lyrik

Wanderschaft. 1911.
Gedichte. 1916. Neuauflage unter dem Titel Pansmusik 1929.
Die heimliche Stadt. 1921.
Der längste Tag. 1926.
Atem der Erde. Sieben Gedichtkreise. 1930.
Der Silberdistelwald. 1934.
Der Wald der Welt. 1936.
Der Steinpfad. Dichtung. Als Manuskript in wenigen Stücken gedruckt. Berlin: V. O. Stomps [1938].
Kärntner Sommer 1939. Ebd. [1939].

Epik

Vineta. Erzählung. 1907.
Franz Pfinz. Erzählung. 1909.
Der Turmbau. Roman. 1910.
Chimärenreiter. Novellen. München: Roland Verlag 1919. (Die Neue Reihe. 20.)
Das Goldbergwerk. Novelle. München, Wien, Zürich: Dreiländerverlag 1919. (Die Pforte. 2.)
Der Prinz und der Tiger. Erzählung. 1920 [1919].
Der Oger. Roman. Hamburg: Hoffmann & Campe 1921. Vom S. Fischer Verlag 1927 übernommen.

Essay

Zeitgenossen aus vielen Zeiten. 1925.
Das unsichtbare Reich (Johann Sebastian Bach). 1935.
Das alte Wagnis des Gedichtes. Berlin: Die Rabenpresse 1935. (Die neue Reihe 1/2)
Anton Bruckner. Ein Charakterbild. 1938.
Hausfreunde. Charakterbilder. 1939.

* Wenn nicht anders angegeben, erschienen im S. Fischer Verlag, Berlin.

Posthume Ausgaben (Auszug)

Die Abschiedshand. Letzte Gedichte. Hrsg. und mit einem Nachwort von Hermann Kasack. Berlin: Suhrkamp vorm. S. Fischer 1949

Johann Sebastian Bach. Zwei Aufsätze. Geleitwort von Hermann Kasack. Ebd. 1950

Gedichte. Auswahl und Nachwort von Hermann Kasack. Berlin, Frankfurt a. M.: S. Fischer 1954

Tagebücher 1903–1939. Hrsg. von Hermann Kasack. Heidelberg, Darmstadt: Lambert Schneider 1955. (Veröffentlichungen der Deutschen Akademie für Sprache und Dichtung Darmstadt. 5.) – Zweite Aufl. 1956

Reden und kleinere Aufsätze. Hrsg. von Hermann Kasack. Wiesbaden: Steiner in Komm. 1957. (Akademie der Wissenschaften und der Literatur. Abhandlungen der Klasse der Literatur. Jg. 1956, Nr. 5.)

Anton Bruckner. Ein Charakterbild. Berlin, Frankfurt a. M.: Suhrkamp 1957. (Bibliothek Suhrkamp. 39.)

Gedichte und Prosa. Hrsg. von Peter Suhrkamp. Bd. 1. Die Gedichte; Bd. 2. Die Schriften. Frankfurt a. M.: Suhrkamp 1958

Reisetagebücher. Eingeleitet und bearbeitet von Heinrich Ringleb. Heidelberg, Darmstadt: Lambert Schneider 1960. (Veröffentlichungen der Deutschen Akademie für Sprache und Dichtung Darmstadt. 22.)

Der Bücherkarren. Besprechungen im Berliner Börsen-Courier 1920–1928. Unter Mitarbeit von Reinhard Tgahrt hrsg. von Hermann Kasack. Ebd. 1965. (Veröffentlichungen der Deutschen Akademie für Sprache und Dichtung Darmstadt. 34.)

Literarische Aufsätze aus der »Neuen Rundschau« 1909–1941. Hrsg. von Reinhard Tgahrt. Ebd. 1967. (Veröffentlichungen der Deutschen Akademie für Sprache und Dichtung Darmstadt. 38.

Die Gedichte. Hrsg. von Peter Suhrkamp. Revidierte Textfassung. Frankfurt a. M. Suhrkamp. 1984. (Suhrkamp Taschenbuch 1049.)

Hermann Kasack: Oskar Loerke. Charakterbild eines Dichters. Wiesbaden: Steiner in Komm. 1951. (Akademie der Wissenschaften und der Literatur. Abhandlungen der Klasse der Literatur. Jg. 1951, Nr. 2.)

*Namenregister**

* Indirekte Erwähnungen sind kursiv gedruckt, nicht aufgenommen die Namen in der Einführung und in den Anmerkungen Kasacks.

Verzeichnis
der suhrkamp taschenbücher
Eine Auswahl

2/1/6.84

2/2/6.84

2/3/6.84

2/4/6.84

2/5/6.84

2/6/6.84